Geliebter und Feind

ECON Sachbuch

Zum Buch:

Wie sehen Frauen Männer wirklich? Existieren die Beziehungen zwischen Mann und Frau an einer Frontlinie: Wo der eine Raum gewinnt, verliert der andere? Sind weibliche Schritte in Wirtschaft und Politik und männliche Schritte in Haushalt und Kindererziehung der Weg zur Emanzipation oder bislang nur eine neue Runde im Kampf der Geschlechter? Die amerikanische Psychologin Judith Levine hat Gespräche mit Frauen geführt, ihre Alltagssprache, ihre Lieder, Witze, Filme und Erzählungen analysiert und ist zu erstaunlichen Ergebnissen gekommen. Gängige Redewendungen und Verhaltensweisen zeigen fast durchweg negative Bilder. Haß und ambivalente Gefühle gegenüber Männern sind im Leben von Frauen omnipräsent. Behutsam und ohne Schuldzuweisungen untersucht Judith Levine dieses Phänomen zum ersten Mal in seiner gesamten Dimension, zeigt die Stereotypen auf, die das Bild vom Mann im Bewußtsein von Frauen prägen, und untersucht sowohl an einzelnen Biographien als auch anhand der historischen Entwicklung der Frauenbewegung die individuelle wie die gesamtkulturelle Ebene des Problems.
»Der Krieg der Geschlechter tobt über das Land – an den Arbeitsplätzen, in den Schlafzimmern und in den Regierungsgebäuden – ›Geliebter und Feind‹ entwickelt eine erhellende und originelle Theorie, warum wir so wütend aufeinander sind. Sowohl Frauen als auch Männer werden in diesem Buch viel zu debattieren und diskutieren finden. Sie mögen sogar, dank des überlegenen Humanismus der Autorin, beginnen, aufeinander zuzugehen.«

Barbara Ehrenreich

Die Autorin:

Judith Levine ist Autorin zahlreicher Veröffentlichungen über Frauen, Sexualität und Politik. Sie arbeitet für die Zeitschrift »New York Woman« und die National Writers Union und lebt in Brooklyn, New York.

Judith Levine

GELIEBTER UND FEIND

Frauen sehen Männer

ECON Taschenbuch Verlag

Ökologisch handeln:
Dieses Buch ist gedruckt auf 100% Recyclingpapier,
chlorfrei gebleicht

Lizenzausgabe

Veröffentlicht im ECON Taschenbuch Verlag GmbH,
Düsseldorf und Wien, 1994

Titel des amerikanischen Originals: My enemy, my love: Man Hating and
Ambivalence in Women's Lives

Aus dem Amerikanischen übersetzt von Ulrike Bischoff
Umschlaggestaltung: Theodor Bayer-Eynck
Titelabbildung: Silvia Christoph
Druck und Bindearbeiten: Ebner Ulm
Printed in Germany
ISBN 3-612-26138-X

Für Deborah Tanzer

INHALT

Einleitung

MÄNNERHASS

Im Frühjahr 1987 gab mir eine Freundin eine Informationsschrift einer Gruppe, die sich *A Southern Women's Writing Collective: Women Against Sex* (W.A.S.) nannte. Es war ein Manifest, verfaßt in einer merkwürdigen Sprache mit verschlungenen Sätzen, in einem Ton voller Ingrimm, und die Welt, die es schilderte, bestand aus Terror und Wut, männlicher Eroberung und weiblicher Ergebung.

Für die Frauen von W.A.S. nehmen Männer, dem Teufel gleich, von Frauen Besitz und zwingen ihnen ihre üblen Phantasien und Begierden auf. Eine Frau, die mit einem Mann sexuell verkehrt, tut dies gegen ihren Willen, »*selbst wenn sie sich nicht gezwungen fühlt*«.

In dieser Welt gibt es keine Grenze zwischen leidenschaftlichem Sex und Sklaverei. Unterscheidungen zwischen Lust und Aggression sind rein akademisch; die in einem Absatz aufgeführte Liste der schmutzigen »Sexualakte« umfaßt Vergewaltigung, Fellatio, Inzest, Analverkehr, Herstellung und Konsum von Pornographie, Cunnilingus, sexuelle Belästigung und Mord.

Es gibt auch keine gemeinsamen Interessen der Bettgenossen. Sexualität dient ausschließlich einem Zweck: der männlichen Erregung. »Die Sexualpraxis ... lebt aus einer erotisierten Dynamik aus männlicher Dominanz und weiblicher Unterwerfung ... Wenn sie Frauen nicht unterwirft«, so schließt das Kollektiv mit tautologischer Treffsicherheit, »dann ist es kein Sex.«

Ich las das Manifest mehrmals fasziniert durch, weniger der Ideen wegen, die mich abwechselnd abstießen und amüsierten, als vielmehr wegen der Gefühle, die es wachrief.

Das Pamphlet war ein feministisches Fossil. Als ich es in den sanften achtziger Jahren vor mir sah, fühlte ich mich zurückversetzt ins Jahr 1971, in die wilden Anfänge der Frauenbewegung und den mit Orientteppichen ausgelegten Sitzungsraum im ersten Stock des

Verwaltungsgebäudes eines College in West-Massachusetts. Unsere kleine Gruppe, die Women's Liberation, nannte dieses Zimmer den Männerraum, weil an allen Wänden Porträts der Gründungsväter hingen, die mit unbeugsamen Gesichtern auf uns herabschauten. Es hätte keinen unpassenderen Namen geben können. Der Raum diente uns als Kommandozentrale; von hier aus führten wir neben eher herkömmlichen politischen Aktivitäten einen Lysistrata-ähnlichen Guerillakrieg. Im Laufe der Zeit setzten wir fast jeden Mann, den wir kannten – selbst unsere eigenen Freunde und Ehemänner –, auf eine schwarze Liste, sobald uns eine vermeintliche Gemeinheit gegen Frauen aufgefallen war. Bis er sich gebessert hatte, sollten seine Frau, Freundin und jedes Mitglied von Women's Liberation ihm sexuelle Kontakte verweigern.

Es bedarf nicht der Erwähnung, daß die Einhaltung dieser Taktik sich als unmöglich erwies. Unsere Truppe brachte nicht ganz die nötige Disziplin auf – ohnehin war dieser Kampf nicht mit einem Streich zu gewinnen oder, sozusagen, mit dem Verweigern eines solchen. Aber wir machten systematisch und fast fröhlich weiter. Im Krieg zwischen uns, den Frauen, und ihnen, den Männern, hielten wir unsere Methoden für gerechtfertigt und notwendig. Wenn Sex oder Beziehungen unausgefüllt blieben, lag die Schuld bei den Männern. Das war eine brillante, wenn auch stark vereinfachende Entdeckung des Augenblicks: Es – was immer *es* auch sein mochte – war nicht Schuld der Frauen. Die Männer vermasselten das harmonische Funktionieren der Heterosexualität, daher konnte es nur von Vorteil sein, sie aus unseren Schlafzimmern – ja aus unserem Leben – zu verbannen.

Als ich diese Zeilen nun mit einem Abstand von fast zwanzig Jahren in meiner kleinen, sonnigen Wohnung in Brooklyn noch einmal las, fühlte ich mich zunehmend unbehaglich. Ich legte die ganze Sache aber wieder in die Schublade. Die Ablehnung sexueller Lust, mit der die Autorinnen sich selbst bestraften, bedrückte mich. Ich war überzeugt, ihre »Linie« bilde die äußerste Ecke einer Politik, die schon an sich ein Randphänomen sei, und ich war mir sicher, daß die meisten Frauen, die ihr Manifest lasen, es für verrückt halten würden.

Doch allmählich fanden die Worte dieser Botschaft Zugang zu

meinem Inneren. Meine innere Stimme war noch heiser vom langen Schweigen, hinter dem sich lange nicht eingestandene Gefühle verbargen. Ein Teil von mir sieht die Welt immer noch so, wie ich sie 1971 gesehen habe, fühlt sich von Männern ebenso verletzt wie die Frauen der W.A.S. Er fürchtet Männer und empfindet ihre Körper als Bedrohung. Er hegt den Verdacht, daß die Heterosexualität ein goldener Käfig ist, ein Lustzwang, der in seiner Art den eigentlichen Interessen von Frauen widerspricht.

Ich empfinde in einer Beziehung das gleiche wie sie: Männerhaß, jene flüchtige Anwandlung von Mitleid, Verachtung, Ekel, Neid, Entfremdung, Angst und Wut auf Männer. Es ist nicht nur Haß auf jenen anonymen Mann, der Frauen auf der Straße Kußlaute zuschmatzt, auf den Vergewaltiger oder den Richter, der ihn freispricht, es ist vielmehr ein Gefühl, das die Griechen *philo-aphilos* nannten, Haß in der Liebe zu den Männern, mit denen die Frauen ihr Leben teilen, Ehemänner, Liebhaber, Freunde, Väter, Brüder, Söhne, Kollegen.

Nicht die Tatsache, daß die Frauen der W.A.S solche Gefühle *haben* oder daß sie so extrem sind, ist so anders, schockierend und beeindruckend an ihnen, daß man sie als Amazonen abstempelt. Es ist die Lautstärke, der Stolz, die Gewißheit, mit der sie den Männerhaß zum Ausdruck bringen. Gerade heutzutage posaunen Frauen solche Worte nicht schreiend in die Welt hinaus und schreiben sie nicht in grellen Farben auf Plakatwände.

Männerhaß ist überall, doch überall ist er verzerrt und verbildet, versteckt, beruhigt und abgeschwächt. Er führt eine – niemals friedliche – Koexistenz mit Liebe, Begehren, Respekt und Verlangen, die Frauen ebenfalls für Männer empfinden. Männerhaß ist immer überschattet von seinem milder wirkenden, diplomatischeren und zweifelhaften Pendant, der Ambivalenz.

Ein Vorhaben wie das des vorliegenden Buches muß mit einer gesunden Portion Selbstkritik einhergehen. Einerseits akzeptieren wir alle, daß Männer und Frauen miteinander im Kampf liegen. Es ist eine Platitüde, eine Binsenweisheit, belegt durch James Thurber und Alice Kramden, Spencer Tracy und Katherine Hepburn, Thelma und Louise.

Aber Haß? *Hassen* Frauen die Männer wirklich? Wäre es nicht vernünftiger, zu schließen, daß es *mein* Problem ist oder im äußersten Fall das der Frauenbewegung?

Ich glaube weder das eine noch das andere. Oder vielmehr, es ist mein Problem und das der Frauenbewegung, aber auch das aller anderen. Männerhaß ist insofern ein emotionales Problem, als er Leid und Feindseligkeit erzeugt. Aber er ist keine individuelle Neurose. Männerhaß ist ein kollektives, kulturelles Problem – oder, um sich jeglicher Wertung zu enthalten, ein kulturelles Phänomen –, und Männer als Objekt dieses Hasses sind ebenfalls Teil dieses Phänomens.

Feministinnen hat man schon immer Männerhaß vorgeworfen und in gewisser Weise zu Recht. Was dieses Kapitel des Feminismus von früheren unterscheidet, ist die Entdeckung, daß »das Persönliche politisch ist«; das bedeutet, sich klarzumachen, wie die starke Hand der Unterdrückung sich anfühlt, wenn sie eng mit der eigenen Person in Berührung kommt. Unterdrückung erkennen heißt wütend werden, und sie unmittelbar bei sich zu Hause erkennen bedeutet wütend werden auf jemand Bestimmten, auf jemand Bekannten – manchmal bedeutet es sogar, ihn zu hassen.

Männerhaß ist keine Erfindung des Feminismus, allerdings hat er dieselben Ursachen. Frauen aller politischen Richtungen und gesellschaftlichen Schichten wurden durch diese Gefühle in den siebziger Jahren aufgerüttelt, und sie haben sie seitdem mit sich herumgeschleppt, manchmal haben sie sie besiegt, manchmal wurden sie von ihnen besiegt, aber immer haben sie sich mit ihnen auseinandergesetzt. Wenn Männerhaß etwas ist, was ich fühle und was die Frauen der W.A.S. fühlen, dann ist es auch ein Gefühl, das meine Nachbarin hegt, meine Mutter und die Frau, die in der Schlange am Postschalter vor mir steht.

Feministinnen haben den Männerhaß zwar nicht erfunden, aber sie haben ihm einen Namen und eine Stimme gegeben, und in diesem Sinne haben sie ihn zu einem Problem erhoben, mit dem es sich zu befassen gilt. Ist eine Sache erst einmal erkannt, läßt sie sich nicht wieder völlig verdrängen; es gibt keine Gruppen zur »Bewußtseinsminderung«, wie eine Freundin einmal bemerkte, allerdings löscht dieses neue Wissen auch nicht die Gefühle aus, die vorher da waren. Die Frau kann also nun hassen; was macht sie aber, wenn sie den Gehaßten immer nach liebt, ihn emotional braucht oder materiell von ihm abhängig ist, wenn sie sich verpflichtet fühlt, ihn zu besänftigen, oder Angst hat, ihn zu verärgern? Die Auseinandersetzung mit dieser tragischen Ambivalenz, die mit der Wut über erkannte Unterdrückung einhergeht, bildet ein wichtiges Thema des Feminismus seit dem Zweiten Weltkrieg – und des Lebens von vielen Frauen, seit der Feminismus uns wachgerüttelt hat.

Nachdem ich erst einmal eine zugegebenermaßen dunkel gefärbte Brille aufgesetzt hatte, sah ich doch noch überall um mich herum Männerhaß. Ich forschte nach, lauschte. Mit Achselzucken, Inbrunst, Vorsicht, Lachen und Anekdoten bestätigten Frauen meine These. Männer sind Kinder, hörte ich. Männer sind unmöglich, Männer sind Tiere, Männer sind unbedeutend.

»Frauen stehen unter dem Fluch, wissend zu sein«, erklärt Paula bei einem Drink. »Wir kennen die Männer zu gut. Daher wissen wir, wie unzulänglich sie sind.«

»Ihr Gehirn sitzt zwischen den Beinen«, meint eine Frau in der U-Bahn zu ihrer Begleiterin. Diese nickt und wendet sich wieder ihrer Zeitschrift zu. Pause. »Gut, nicht bei allen. Nicht immer . . . Jedenfalls bei Michael nicht.« Hochgezogene Augenbrauen bei der Begleiterin. »In Ordnung, bei Michael auch.«

Männerhaß äußert sich in nebensächlichen Kleinigkeiten, manchmal aber auch in Schmerz. »Es ist eine intensivere Liebe, als ich sie je gekannt habe«, erklärt Carol mir über ihre Gefühle für ihren heranwachsenden Sohn. »Aber manchmal habe ich den Eindruck, er ist so anders, so fremd, so *männlich,* daß ich ihn kaum noch leiden kann. Es ist, als könne er mein Feind sein – ist das möglich?« Oder der Männerhaß bricht sich in unkontrollierter Wut Bahn. Roslyn erinnert sich an einen Spaziergang mit einer anderen Frau. Als sie an eine Stelle kamen, an der Männer den Bürgersteig mit Preßlufthämmern aufbrachen und die beiden einen kleinen Umweg nehmen mußten, brach es plötzlich aus der Freundin, einer verheirateten Frau mit sanfter Stimme, heraus: »MÄNNER! Männer tun uns das an!«

Immer noch sondierte ich das Terrain, mit neuem Interesse sichtete ich Witze, Lieder, Filme, Romane und Ratgeber von und für Frauen und die Politik von feministisch bis konservativ. Mit der Post kamen Zuschriften. Ein Kettenbrief traf ein mit der hingekritzelten

Randbemerkung einer Freundin: ›Männerhaß – was sonst?!‹: Schicke eine Kopie dieses Briefes an fünf Freundinnen, die ebenso unzufrieden und müde sind. Dann pack Deinen Mann oder Freund ein, schicke ihn an die Frau, deren Name ganz oben auf der Liste steht, und setze Deinen Namen unten auf die Liste. Sobald Dein Name oben auf der Liste ankommt, erhältst Du 16877 Männer . . . und einer von ihnen muß einfach verdammt viel besser sein als der, den Du jetzt hast.

LASS DIE KETTE NICHT ABREISSEN!
HAB VERTRAUEN!«

Eine Geburtstagskarte: »Geburtstage sind wie Männer . . . je mehr Du erlebst, um so mehr möchtest Du schreien!«

Schriftstellerinnen und ihre Männerfiguren fielen mir wieder ein, die Verachtung, das Mitleid, der Haß. Von Edith Walkers ausweichenden Verführern über Edna O'Briens betrunkene Trampel und die schwächlichen Narren, die die Frauen bei Doris Lessing enttäuschen, bis hin zu den Vergewaltigern und Schlägertypen bei Alice Walker und den sexuellen Versagern und Ausbeutern bei Jackie Collins.

Ich blätterte Frauenzeitschriften durch, die fast ausschließlich von Frauen geschrieben, herausgegeben und gelesen werden. Sie alle folgten einem gemeinsamen Schema: Präsentiere eine Sammlung männlicher Unzulänglichkeiten – »Siebzig vielsagende Indizien, daß Männer wie Kinder sind« –, und versichere dann den Frauen, daß nicht alle Männer so schlecht sind. Sollte es der Leserin nicht gelingen, einen passablen zu finden, biete ein paar leichte Schritte an, wie sie den ändern kann, den sie hat. *Cosmopolitan* beschreibt zum Beispiel in dem Artikel »Nachts sind nicht alle Männer grau« humorvoll ein paar sexuelle Versager – den Stoppuhr-Typ, den Vorschnellen-Typ und so weiter – und rät zu Geduld und wohlwollender Hilfe.

Hinter diesen aufmunternden Ermahnungen lauert die Feindseligkeit. Hinter der zupackenden Art, praktische Verantwortung zu übernehmen, steht die trübe Einsicht: So ist es eben, oder besser: So sind die Männer eben, albern oder allzu ernst, gefühllos oder allzu flatterhaft, geradezu komisch durchsichtig oder tragisch undurchsichtig.

Auch in Interviews mit Frauen – alleinstehenden, glücklich oder unglücklich verheirateten, heterosexuellen und lesbischen, schwarzen, weißen und lateinamerikanischen, Hausfrauen, Stahlarbeiterinnen und Anwältinnen – hörte ich Männerhaß, von milder Herablassung bis hin zum Rufmord. Manche Frauen sprachen ohne Vorbehalte. »Ich verstehe nicht, wie eine Frau von heute, die nicht völlig abgestumpft ist, eine enge Beziehung mit einem Mann nicht als ambivalent sehen kann«, erklärte die Schriftstellerin Anne Rivers Siddons. Michaelene Varda, eine Künstlerin aus New York, brauste auf, als sie ihr hektisches Leben – Ganztagsjob, künstlerische Arbeit, Kindererziehung, Hausarbeit, gesellschaftliches Leben – im Vergleich zu dem wesentlich entspannteren und geordneteren Leben ihres Mannes beschrieb. »Die ganze Sache kann mich dazu bringen, meinen Mann und die ganze von Männern gemachte Welt zu hassen«, sagte sie. »Nachts läßt es mich ihn hassen.«

Frauen beschreiben ihre Väter von »einfach nicht da« (»Mein Vater? Meinen Sie den Mann im Anzug, der im Zimmer meiner Mutter schlief?«) über »da und doch nicht da« (»Wir Kinder hatten den Eindruck, daß er sich für unser Leben interessierte, aber nicht direkt mit uns sprechen konnte«, erklärte eine Lehrerin aus Chicago mit kühlem Gleichmut. »Es war so ziemlich das Beste, was er machen konnte«) bis hin zu »allzusehr, zu aufdringlich da« (»Mein Vater war ein betrunkener, bigotter, gemeiner Schuft. Irgendwo im Inneren liebe ich ihn, glaube ich«).

In meinen Interviews waren die Frauen meist vorsichtig, ängstlich auf Fairneß bedacht und scheu, so schien es mir, negative Gefühle zu äußern, sie zögerten, sie öffentlich zu machen, selbst anonym, sogar allein mit mir in einem Zimmer.

Da ich das vorhergesehen hatte, legte ich in meinen Vorgesprächen mit potentiellen Interviewpartnerinnen die Betonung stärker auf die Ambivalenz als auf den Haß. Das war durchaus keine falsche Darstellung; die Ambivalenz interessierte mich tatsächlich am meisten. Und obwohl ich auf Verdrängung gefaßt war, hatte ich doch nicht mit den überraschend vielseitigen Verdrängungsmechanismen gerechnet, auf die ich dann stieß.

Eine neunundsechzigjährige Kalifornierin, die zusammen mit ihrem Mann einen Photokopierladen betreibt, war höflich und beantwortete meine Fragen geradeheraus. Sie erzählte allerdings wenig ohne Aufforderung, als hätte sie den Eindruck gehabt, daß ihre Äußerungen für niemanden von Interesse sein könnten, gerade so, als könnte sie, indem sie sich in aller Bescheidenheit jede Autorität abspräche – »Das ist nur meine Wenigkeit. Kümmern Sie sich nicht um das, was ich sage« –, auch alle bedrohlichen Gefühle verleugnen – »Das hat niemand gesagt«.

Ich stellte ihr eine meiner Standardfragen: »Wenn die Kellnerin im Café seufzt und sagt, ›Oh, Männer‹, und alle Frauen wissen, was sie damit klarmachen will, was meint sie dann?«

Sie lachte und blieb einen Moment still. »Sie ist ungeduldig, schätze ich.«

Ungeduldig worüber?

Pause. Dann: »Deren Dummheit.« Sofort lachte sie wieder und nahm es zurück: »Nicht wirklich Dummheit.« (Erneutes Lachen) »Ihr mangelndes Gespür, ehm, für Frauen.«

Feministinnen – die der Vorwurf des Männerhasses am ehesten trifft – hatten andere, aber nicht weniger effektive Vermeidungstaktiken. Als Gruppe hatten sie so lange Jahre damit verbracht, alles wie Steine auf einem Feld auszusortieren, was sie aus der Kultur gelernt hatten, was der Feminismus sie gelehrt hatte, was sie von sich selbst erwarteten, was sie von Männern erwarteten, welche Erwartungen sie für angemessen hielten, was emotional aufrichtig und was politisch richtig war, was persönliche Eigenheiten waren und was sich verallgemeinern ließ, daß diese rationalen Kategorien nun in großen Haufen dalagen und alle primitiven, unmittelbaren Gefühle aus lange vergangenen Zeiten unter sich begruben.

»Männer an sich hasse ich nicht«, erklärte eine feministische Kunstkritikerin. »Sie verkörpern die schreckliche Klemme, in der wir uns befinden, die eine so machtvolle soziale und politische Geschichte hat und einer bestimmten Sicht des Lebens gedient hat, die ich nicht mehr unterschreiben will.«

Sicht des Lebens: Diesen Ausdruck benutzte sie im Laufe unseres Gesprächs mehrmals. Ich stellte sie mir auf einem Berg vor, wie sie durch ein Fernglas auf eine Stadt herunterschaut. Von dort oben lag das Häßliche und Gefährliche, selbst wenn es in allen Einzelheiten zu erkennen war, doch in sicherer Entfernung. Es ließ sich eine Strategie planen, ehe es an den Abstieg ging.

Nicht daß sie oder andere Feministinnen – oder auch andere Frauen – sich nicht bemühten, hinabzusteigen und die dunkle Seite ihrer Gefühle zu äußern. In den Interviews offenbarten sich diese Gefühle in lebhaften, messerscharfen Äußerungen.

Von der Kritikerin: »Es kann einen zum Mord treiben.« ». . . wie durchdringend dieser profunde Antagonismus ist . . .«

Von der Besitzerin des Photokopierladens: »Ein Psychologe bat mich, spontan auf Worte zu antworten. Er sagte: ›Männer.‹ Und ich lachte. Ich lachte einfach nur.«

Oder von einer Frau in meinem Gymnastikkurs: »Wenn ich nicht so viel außer Haus arbeiten würde, würde ich rasen vor Wut.« Worüber? »Ach, Sie wissen schon. Über meinen Mann, meinen Sohn, die Hausarbeit, meinen Mann, die U-Bahn, Geld, meinen Mann. Das Leben.« Lachend erklärt sie: »Ich bin abends körperlich so erschöpft, daß ich nicht die Energie habe, etwas anderes zu sein als nett.«

Was mich persönlich anbelangt, so muß ich geglaubt haben, nachdem ich mich erst einmal zur Existenz des Männerhasses bekannt hatte, sei ich über jedes Leugnen erhaben. Je weiter ich allerdings kam, um so mehr stellte ich fest, wie tief die Ambivalenz reicht und wie schwierig es ist, sich den Männerhaß im eigenen Herzen einzugestehen.

Eine Zeitlang schaffte ich es, flüchtigen Bekannten gegenüber mein Buch nicht zu erwähnen. Doch bald wurde eine Enthüllung meiner Pläne unvermeidlich. Wenn also Leute, und vor allem Männer, mich fragten, worüber ich gerade schreibe, stritt ich jede persönliche Verbindung zum Thema ab. »Über, ehm, Männerhaß«, gab ich zu und beeilte mich hinzuzufügen: »Es ist keine Verifizierung, nur eine Bestandsaufnahme.« Die Erklärung »keine Verifizierung« entsprach der Wahrheit, aber kam sie nicht verdächtig schnell und nachdrücklich?

Damals hätten mich die »Women Against Sex« sicher zu den Kollaborateuren mit dem Feind gezählt. Ich hatte eine langjährige Beziehung mit einem Mann. Er war mein Freund; Sex war alles andere als die grauenhafte Tortur, die sie beschrieben. Sicher, wir stritten uns, aber gewöhnlich war unser Streit schnell und konstruktiv beigelegt. Am Wochenende fuhren wir mit dem Fahrrad aufs

Land oder gingen sonntags mit seinem Sohn in den Zoo. Wir kochten zusammen, er war ein guter Koch.

Aus der Sicherheit, zu lieben und geliebt zu werden, konnte ich über Männerhaß sprechen, soviel ich wollte. Ich konnte ihn kontrollieren wie ein Zirkusartist, der sicheren Fußes auf dem Rücken eines Elefanten tanzt. Männerhaß konnte mich nicht verletzen.

Dann trennten wir uns, mein Freund und ich, und mit ihm schwand auch mein gewendetes Selbstvertrauen. Plötzlich konnte ich nicht mehr um meine eigene Angst vor dem Männerhaß herumscharwenzeln. Ich fragte mich: Hat mein Buch zum Bruch zwischen meinem Freund und mir geführt? War es unvereinbar, einen Mann zu lieben und gleichzeitig jeden keimenden Ansatz von Männerhaß zur Untersuchung ins Labor zu schleppen? (Auf beide Fragen lautete die Antwort nein, aber das zu verstehen sollte einige Zeit in Anspruch nehmen.)

Und was bedeutete es, an die Öffentlichkeit zu gehen, nun, da ich meiner gesellschaftlichen Stellung als heterosexueller Partnerin einer Zweierbeziehung beraubt war? Zum einen, so vermutete ich, hatte ich meine Objektivität verloren, oder zumindest den Anschein davon. Als Single war ich keine Person mehr, die Männerhaß nüchtern *erörterte*. Leicht konnte ich mir den Vorwurf einhandeln, ihn zu *praktizieren*. In Anbetracht meiner Lage konnte die Aussage »ich hasse Männer« ohne meine Zustimmung in eine veritable politische Grundsatzerklärung umschlagen.

Als die Zeitschrift *Esquire* ihre alljährliche Sommerkolumne »Frauen, die sympathisch sind, und Frauen, die unsympathisch sind« veröffentlichte, empfand ich es als wenig tröstlich, in der zweiten Kategorie Shere Hite zu finden, die es gewagt hatte, die Enttäuschung der Frauen über ihre Ehe öffentlich zu machen, oder festzustellen, daß die Redakteure das einzige schlechte Photo aufgetrieben hatten, das je von ihr gemacht worden war. Ihr Gesicht war verzerrt, die Haare wild, medusenhaft. Ich stellte mir vor, wie ich in ein paar Jahren auf dieser Liste als *Persona non grata* auftauchen würde.

Die Vergeltungsmaßnahmen, die ich mir ausmalte, waren nicht völlig aus der Luft gegriffen, aber, wie meine Erfahrungen in Gesprächen mit Männern über das Buch zeigten, weit überzogen. Viele Männer waren sogar fasziniert. Sie nahmen den Grund, aus dem ich dieses Buch schrieb, als selbstverständlich: Männerhaß existiert, allerdings im verborgenen, und deshalb wäre es für Frauen und Männer interessant und fruchtbar, ihn aufzudecken und zu analysieren. Diese Männer stellten freundliche Fragen, trugen Anekdoten bei und betrachteten – meist – die ganze Sache mit einer Portion Humor. Warum erwachte ich dann also mitten in der Nacht mit Visionen meiner sexuellen Verbannung?

Allmählich wurde mir klar, daß das meine Methode des Verleugnens war. Indem ich mich auf die Meinung der Männer über mich konzentrierte statt auf meine Entdeckungen über die Meinung der Frauen über Männer – von denen ich manche teilte –, konnte ich die erdrückende Last der Ambivalenz auf sie abwälzen. Ebenso wie Frauen Begierde nur passiv erleben – statt »ich begehre« wollen sie »ich werde begehrt«[1] spüren –, leugnete ich den gefährlichen Akt der Ablehnung, indem ich mir im voraus meine eigene Ablehnung vorstellte.

Viele Psychologen sind der Ansicht, daß beide Geschlechter Schwierigkeiten mit Wut haben; sie haben beobachtet, daß dort, wo Männer nur allzu bereit sind, Wut zum Ausdruck zu bringen, Frauen nicht genügend bereit dazu sind. Es ist nicht so, als würden Frauen nicht kämpfen, das tun sie; doch ihr Bestreben, negative Gefühlsäußerungen zu vermeiden, treibt sie letzten Endes oft dazu, in der Auseinandersetzung »gemeine Mittel«, indirekte und manipulative Taktiken einzusetzen, dem anderen zum Beispiel Schuldgefühle zu machen oder ihren Angriff mit so vielen Tränen und Selbstvorwürfen zu begleiten, daß er jede Glaubwürdigkeit und Schlagkraft verliert. Ebensooft wenden Frauen ihre Wut gegen sich selbst, wo sie in Schuldgefühle, Selbstvorwürfe, Traurigkeit und Einsamkeit umschlägt.

»In der Durchsicht meiner klinische Erfahrungen fiel mir auf, wie oft Frauen Ausdrücke benutzten wie ›verletzte Gefühle‹, ›Angst, ihre Gefühle zu verletzen‹ und auch ›Verletzung‹ und wie selten ich diese Ausdrücke von Männern hörte«, schreibt der Psychoanalytiker Martin Symonds. »Diese Beobachtung wirkte noch erstaunlicher, wenn sie diese Ausdrücke offenbar als Äquivalent für Ärger, Unmut oder auch Wut benutzten.«[2]

Warum halten Frauen sich so zurück, zumal wenn ihr Groll berechtigt ist?

Zunächst einmal prägen zwei entscheidende Faktoren das weibliche

Dasein. Einer ist die ökonomische Abhängigkeit der Frauen. Ob es sich nun um eine mißhandelte Ehefrau handelt, die Angst hat, ermordet zu werden oder zu verhungern, wenn sie ihren Mann verläßt, oder um eine schlecht bezahlte Akademikerin, deren Hypothekenraten, teure Haarschnitte und Kosten für das Ferienlager der Kinder vom Gehalt ihres Mannes bezahlt werden: Frauen empfinden die finanzielle Überlegenheit der Männer sehr stark. Die Soziologen Pepper Schwartz und Philip Blumstein haben herausgefunden, daß bei heterosexuellen Paaren die relative Entscheidungsgewalt entsprechend dem finanziellen Beitrag steigt, den er oder sie leistet.[3] Es macht durchaus Sinn, daß die Person – meist ist es die Frau –, die weniger Geld beiträgt und geringere Verdienstmöglichkeiten hat, mehr Angst hat, sich durchzusetzen, und eher bereit ist, nachzugeben.

Der zweite Faktor ist die männliche Gewalt, eine latente Bedrohung, die jeder Mann für jede Frau darstellt, auch wenn er sie nicht umsetzt. Eine Frau, die in Wut gerät, ist für diese Bedrohung besonders empfänglich, so tief sitzt der Mythos, daß Frauen das Leid, das ihnen zugefügt wird, selbst »heraufbeschwören«. Männer, die Frauen schlagen, fühlen sich von ihren Partnerinnen provoziert; Vergewaltiger glauben gemeinhin, eine Frau, die sie nur angesehen hat oder einfach die Straße entlanggeht, fordere sie mit stummem Hohn geradezu heraus, sie anzugreifen. Wenn eine Frau unverblümte Wut äußert, vor allem körperlich, hat sie das Gefühl, eine Abmachung zu brechen. Der Mann muß dann *seine* Wut gegen Frauen nicht mehr im Zaum halten, eine Wut, die sie dicht unter der Oberfläche brodeln fühlt.

In ihrem Buch *Anger: The Misunderstood Emotion* hebt Carol Tavris den gesellschaftlichen *Status* als stärkere Hemmschwelle gegen Aggressionen bei Frauen hervor als unbewußte oder verinnerlichte Hemmungen. Frauen empfinden nicht weniger Wut, so argumentiert sie, sie bringen sie nur weniger zum Ausdruck, weil ein offenes Wort sie mit größerer Wahrscheinlichkeit teuer zu stehen kommt.

> Da Frauen im Durchschnitt die unteren Ränge der sozialen und ökonomischen Hierarchie einnehmen, geraten sie häufiger als Männer in Situationen, in denen beide Geschlechter »Wutpro-

bleme« haben könnten. Die meisten Menschen haben Schwierigkeiten, Wut gegenüber gesellschaftlich Höhergestellten zum Ausdruck zu bringen, vor allem, wenn sie die Macht haben, Beförderungen, Kündigungen, Verwarnungen oder Anzeigen wegen Mißachtung des Gerichts zu erwirken.[4]

Tavris ist der Ansicht, Frauen ließen in der privaten häuslichen Umgebung ihrem Ärger vermutlich ebenso freien Lauf wie Männer. Allerdings zieht sie nicht in Betracht, welche Voraussetzungen Frauen erst schaffen müssen, ehe sie das »Recht« dazu erwerben, und welche Auswirkungen diese Äußerung hat. Wenn eine Frau das Gefühl hat, sie müsse erst ihren Status gegenüber ihrem Partner festigen oder sich seiner emotionalen Abhängigkeit von ihr vergewissern, ehe sie Unzufriedenheit äußert, dürfte sie wohl mit der Zeit immer mehr zögern, den »Bann zu brechen« und ihre Nettigkeit und Angepaßtheit aufzugeben. Das Klischee der Frau, die sich in cinc Xanthippe verwandelt, sobald das Paar aus den Flitterwochen kommt, ist nicht völlig aus der Luft gegriffen. Wenn sich eine solche Wandlung vollzieht, kann es durchaus sein, daß beide Partner ihren Wutausbruch gerade seiner Neuheit wegen als um so beängstigender empfinden.

Männer setzen den Forderungen der Frauen innerhalb der Familie starken Widerstand entgegen, zumal heutzutage der männliche Rückfall in alte Verhaltensweisen gesellschaftlich als erlaubt, wenn nicht gar als schick gilt. Auf jeden Neuen Mann kommen unzählige alten Typs. Das sind jene Männer, die sich nach einer *guten Hausfrau* und »Traditionalistin neuen Stils« sehnen, die, wie es in einer solchen Anzeige weiter heißt, »nach etwas sucht, an das sie glauben kann«, und »ihren Mann, ihre Kinder, ihr Heim, sich selbst« findet. Es sind jene Männer, die den regen Kataloghandel mit Bräuten fördern, die wegen ihrer Fügsamkeit und Unterwürfigkeit aus Asien importiert werden; und es sind jene Männer – um ein weniger extremes Beispiel anzuführen –, die über die »Gebrauchsanleitung« für Ehefrauen in der Zeitschrift *Esquire* kichern.

Selbst wenn Frauen den Mut aufbringen, sich ihren Ehemännern entgegenzustellen, und diese sich tatsächlich ändern, ist die Einwilligung der Männer noch nicht unbedingt gleichzusetzen mit Kapitulation oder Frieden. Eine Studie zeigt, daß Paare mit einem hohen Grad an Partnerschaft in der Aufteilung der Kindererziehung und der Hausarbeit auch sehr viele Konflikte angaben.[5]

Obschon finanzielle Ungleichheit die Regel ist, kommt völlige finanzielle Abhängigkeit selten vor, in nur 13 Prozent der amerikanischen Ehen sorgen die Männer allein für den Unterhalt.[6] Und während emotionale und körperliche Gewalt alarmierend weit verbreitet ist – der New York Coalition Against Domestic Violence zufolge kommt sie in 20 bis 30 Prozent der Ehen regelmäßig vor –, halten die meisten Männer ihre Ehefrauen oder Freundinnen nicht gewaltsam unterjocht. Und dennoch nehmen Frauen nach wie vor einen niedrigeren Status ein, und der Schlachtruf gegen diesen Zustand ist allem Anschein nach immer weniger zu vernehmen, oder er ist so verschlüsselt und versteckt, daß er schon an Ingrimm verliert, ehe er zum Ausdruck kommt.

Zu behaupten, daß Frauen an der Fortschreibung ihrer eigenen Unterjochung selbst beteiligt seien, bedeutet nicht, die vielen Mittel zu leugnen, mit denen Männer Frauen gegen ihren Willen an ihrem Platz halten. Wie interessierte Beobachter von Hegel bis hin zu Mitgliedern der Eulenspiegel-Gesellschaft gezeigt haben, ist Herrschaft nicht immer ein Akt, den eine Gruppe an einer anderen begeht. Sie ist eine *Interaktion;* überall dort, wo die Versklavten nicht buchstäblich in Ketten liegen, sind sie in gewisser Weise Komplizen, ziehen sie etwas aus ihrer Unterordnung. Schließlich gilt, was Michel Foucault gesagt hat: Wenn Macht »nie etwas anderes täte, als nein zu sagen, glauben Sie wirklich, daß sie jemanden dazu brächte, ihr zu gehorchen?«[7].

Es ließe sich vertreten, daß unzählige Frauen einfach nicht wütend über die Dinge seien, von denen die Verfechterinnen ihrer Rechte meinen, daß sie darüber wütend sein müßten. Denn die Vorteile einer abhängigen, zweitklassigen Existenz stellen die nebelhaften und scheinbar unerreichbaren Verheißungen der Freiheit oft in den Schatten. Diese betrübliche Tatsache ist selbst den feurigsten Freiheitskämpferinnen nicht entgangen. Die Feministin des ausgehenden 18. Jahrhunderts Mary Wollstonecraft behauptete, Frauen würden degradiert und geistig und intellektuell verkrüppelt durch den Zwang, den Männern gefallen zu müssen, um sich überhaupt eine gewisse Stellung und »Macht« im Leben zu verschaffen. Und dennoch sah sie, wie die Frauen sich fest an die Zwänge klammerten, die die Männer ihnen auferlegt hatten. Frauen, so schrieb sie, haben »Verzicht getan und wollen lieber eine kleine Weile Königinnen sein, als nach den mäßigen Freuden, welche die Gleichheit gewährt, streben«[8].

Es mag sein, daß die Gefahren der Unabhängigkeit Frauen stärker motivieren, ihren Mund zu halten, als die Bequemlichkeiten der Abhängigkeit. Doch beides kann ebensowenig wie die Angst vor Vergeltung der Männer erklären, warum Frauen unter größten Zugeständnissen mit Männern zusammenbleiben, obwohl sie die Möglichkeit hätten, auszubrechen. All das kann nicht erklären, warum es Frauen im tiefsten Inneren widerstrebt, aggressiv zu werden.

Einige Psychologen haben die Theorie aufgestellt, Frauen fürchteten an ihrer eigenen Wut eine unberechenbare Zerstörung – ihrer selbst, des anderen, aller möglichen Dinge. Diese Angst, die bei Männern und Frauen meist unbewußt vorhanden ist, mag sogar größer sein als die Angst vor der Gewalt der Männer. Daß wir Frauen, die gebären, nähren und die Art erhalten, mehr fürchten sollten als Männer, die weitgehend für Verbrechen und Krieg verantwortlich sind, ist ein zu verbreiteter und tief verankerter Bestandteil der menschlichen Kultur, um es mit dem Wort *Ironie* abzutun. Wie Dorothy Dinnerstein in ihrem Buch *The Mermaid and the Minotaur* sagt, ist es ein zentrales Organisationsmoment der Geschlechter, von Herrschaft und Unterordnung, der – wie man sagen könnte – *Conditio humana*. Dinnerstein schreibt:

> Die tiefste Wurzel unserer Fügsamkeit in Verkrüppelung und gegenseitige Gefangenschaft von Männern und Frauen liegt in einer unerschütterlichen Tatsache der menschlichen Kindheit: unter den heute herrschenden Verhältnissen ist eine Frau der Elternteil, der für jedes Kind die erste Liebe, die erste Bezugsperson und der erste Chef ist ... Die früheste Erfahrung der Abhängigkeit von einer weitgehend unkontrollierbaren äußeren Quelle von Wohlbefinden konzentriert sich ebenso auf eine Frau wie die erste Erfahrung von Verwundbarkeit für Enttäuschung und Schmerz.[9]

Die Mutter ist das eigentliche Mittel, zu überleben, ihr Körper ist Quelle von Nahrung, Geborgenheit, sinnlicher Lust; sie verlangt auch die erste Unterordnung, mißt die erste Zurückweisung zu, verhängt die erste Strafe.

Männer gehen mit der Angst vor dieser starken Macht auf eine ganz bestimmte Weise um, sagt Dinnerstein: Um eine lange Geschichte in kurzen Worten zu schildern – sie haben das gesamte Patriarchat errichtet, das das Geheimnis weiblicher Macht sowohl mythologisiert als auch in Schranken hält. »Die Herrschaft des Mannes über das, was wir für die Welt halten, beruht auf einer Angst, die wir alle haben: der Angst, wieder völlig in die Hilflosigkeit der Kindheit zurückzufallen.«[10] Wenn alle Mächte der Finsternis, des Todes, der zerstörerischen Sexualität, der Fremdheit weiblich konstruiert sind – von Lillith bis hin zu der von Glenn Close dargestellten Frauenfigur in *Eine verhängnisvolle Affäre* –, dann sind Frauenfeindlichkeit und männliche Gewalt gegen Frauen defensiv und gerechtfertigt.

Unsere Familien, die uns als Männer oder Frauen in unserer Kultur definieren, verewigen diese Geschlechterfeindschaft und das männliche Privileg auf Herrschaft. Jungen werden zu Männern, trennen sich von ihrer ersten Liebe, der Mutter, und identifizieren sich mit dem Vater. Und dazu müssen sie alles »Feminine« in sich ablehnen, einschließlich der Abhängigkeit, der sie allerdings nicht wirklich entrinnen können. Diese Eigenschaften lernen sie zu verachten und zu fürchten, was den Praktiken des Frauenhasses Vorschub leistet und die Geschlechterhierarchie stärkt.

Und wie gehen Frauen mit dieser Angst vor jener Person um, zu der sie selber werden oder schon geworden sind, der Mutter, der erwachsenen Frau? Sie verinnerlichen sie und verleugnen sie zugleich. Frauen spüren diese Macht in sich und lernen, wenn sie sie freisetzen sollten, würde der Himmel einstürzen, nichts Geringeres als das. Um sich und anderen diesen scheinbar unausweichlichen Schmerz zu ersparen, verhalten Frauen sich »feminin«.

»Die Definition der ›normalen‹ Frau wird aufrechterhalten durch ständige Warnungen vor der Gefahr, in eines jener verachtenswerten Klischees zu verfallen, die Frauen als neidisch, rachsüchtig oder ›kastrierend‹ darstellen«, schreibt die Psychologin Teresa Bernadez-Bonesatti.[11]

Die Angst ist allerdings nicht eindimensional und die Unterdrükkung nicht perfekt. Und daher setzen Frauen diese Klischees in die Wirklichkeit um. Die Psychologin Harriet Lerner schreibt:

> Die neidische, kastrierende »Männerhasserin«, die ihrer Wut und Abneigung gegen Männer Luft macht; die passiv-aggressive Hausfrau, die hinter den Kulissen ihren Mann verbittert beherrscht und kontrolliert; die kindliche, irrationale, »heißblütige« Frau, die Töpfe und Pfannen durch die Küche schleudert und sich wie eine hysterische Hexe aufführt – diese vertrauten Bilder sind mehr als nur grausame, sexistische Klischees. Es sind neurotische Haltungen, die reale Frauen annehmen, wenn innerpsychische und kulturelle Zwänge so zusammentreffen, daß sie den direkten und angemessenen Ausdruck berechtigter Wut und legitimen Protests verbieten.[12]

Es ist nicht überraschend, daß es eine Ausnahme von diesem Gesetz gegen weibliche Aggression gibt: Mütter haben nicht nur das Recht, ihre Jungen leidenschaftlich zu beschützen und sich an allen zu rächen, die ihren Kleinen etwas zuleide tun, man erwartet es sogar von ihnen. Das amerikanische Wohlfahrtssystem zum Beispiel ermuntert Männer, ihre Kinder im Stich zu lassen, während es Frauen und Kinder regelmäßig in Armut stürzt und Demütigungen aussetzt und so mütterlichen Heldenmut fast schon zur Vorbedingung macht, »Unterstützung« zu bekommen. Aus dem gleichen Grunde sind wir auch entsetzt, wenn eine Frau nicht wie eine Löwin um ihr Kind kämpft. Nur unter ganz außergewöhnlichen Umständen sind wir vielleicht bereit, diese Selbstverständlichkeit auch nur in Frage zu stellen, wie zum Beispiel im Fall Hedda Nußbaums, deren Liebhaber sie mißbraucht und damit so gebrochen hatte, daß sie vielleicht nicht mehr fähig war, ihr Kind vor seinen tödlichen Schlägen zu retten. Doch nicht einmal systematische Quälerei wie im Falle Hedda Nußbaums spricht eine Frau frei.

Denn die weibliche Fürsorge erstreckt sich auch auf erwachsene Männer, und etwas Negatives gegen einen Mann zu sagen ist eine Perversion dieser »guten« Aggression und damit verheerend für ihr »Opfer«. Da Frauen gleichzeitig von Männern abhängig sind, bedeutet die Äußerung von Wut ein hohes Risiko: Wenn sie die Grenzen ihrer vorgeschriebenen Rollen überschreiten, fürchten sie die Strafe der Männer – den Verlust ihrer Liebe, das Verlassenwerden. So tief reicht die Herausforderung und Drohung, die von der Wut der Frauen ausgeht, daß sie nicht nur die sexuellen Machtverhältnisse aus dem Gleichgewicht bringt, sondern auch die vertraute geschlechtliche Identität an sich aus der Bahn wirft. Dazu Bernadez-Bonesatti:

> Frauen werden dazu erzogen, in Gemeinschaft zu leben, Anschluß an andere zu suchen, andere zu versorgen und zu unterstützen. Das Gefühl von Frauen, nützlich und wertvoll zu sein, hängt zum großen Teil mit dieser [Funktion] zusammen, die bedroht ist, wenn sie Wut und Protest äußern ... Mit der Wut stellt die Person sich automatisch als Einzelwesen hin und löst sich vorübergehend vom Objekt ihrer Wut. Diesen Verlust der Zusammengehörigkeit, der eintritt, sobald negative Gefühle offen zum Ausdruck kommen, fürchten viele Frauen so sehr, daß die Äußerung von Wut häufig einhergeht mit Tränen, Äußerungen von Schuldgefühlen und Kummer sowie einer Fülle von Reaktionen, die die ... Wut verwässern oder völlig aufheben. In dieser komplexen Reaktion bringt die Frau offenbar zugleich ihre Wut, ihren Konflikt damit und ihre Angst davor, ihren Kummer über den Verlust einer Beziehung, die Trauer über ihren eigenen Selbstbetrug und ihre Unfähigkeit, sich verständlich zu machen, zum Ausdruck.[13]

Männerhaß zu äußern, der an sich schon neben anderen Gefühlen Wut enthält, ist ein aggressiver Akt. Und ebenso wie sich Wut oft verschleiert, tut dies auch der Männerhaß. Und ebenso wie Schuldgefühle, Kummer und Angst die Wut nicht völlig ersticken können, pulsiert auch der verleugnete Männerhaß weiter in den Adern. Im Inneren vermischen sich verbietende Gefühle mit verbotenen Gefühlen zu einer unbehaglichen Ambivalenz. Doch äußerlich läßt sich beides oft wirkungsvoll trennen. Während meiner Nachforschungen überraschte es mich, wie selbstverständlich Frauen der Gedanke an Männerhaß war – »Natürlich«, »Ja«, war die übliche

Antwort –, während Männer häufig erstaunt waren, damit konfrontiert zu werden. Ein Lektor, der mein Buchkonzept las, erklärte, er habe das Gefühl, in ein Geheimnis eingeweiht worden zu sein.

Doch das Talent der Frauen, zu besänftigen und zu beschönigen, bildet nur einen Teil der Ursache, daß der Männerhaß so greifbar und zugleich so unmerklich ist. Auch die weibliche Selbstkontrolle spielt eine Rolle, allerdings ist es die männliche Zensur grundlegendster Art, die ein ganzes Spektrum weiblicher Erfahrung aus der Wahrnehmung und dem Verständnis tilgt. Männerhaß kennt keine Sprache.

Frauen sprechen die Sprache der Männer als Ausländer, in den Männerforen sind sie Eindringlinge. »Wir schweben außerhalb der Geschäftswelt und der Sprache herum«, schreibt die Wort-Bild-Künstlerin Barbara Kruger, »und wir sind gezwungen, Sprache zu stehlen.« In dieser Sprache kann der Männerhaß sich nicht einmal selbst erkennen, wie der Psychoanalytiker Jacques Lacan sagen könnte: In der männlichen Welt der Definitionen und Regeln, in der nur das Benannte existiert, gibt es den Männerhaß nicht einmal offiziell. Außer dem erst kürzlich geprägten, wenig verwendeten Begriff *Misandrie* besteht sonst kein Wort dafür.

Zudem ist Männerhaß keine Aktion, sondern eine Reaktion, keine Macht, sondern ein Untergraben von Macht. In einer patriarchalischen Welt ist Frauenhaß Bestandteil jeder Institution. Patriarchalische Familien löschen Namen und Rechte von Frauen aus, Religionen definieren Frauen als Sünde, Gesetze machen weibliche Opfer zu Kriminellen, und Arbeitsplätze beschränken Frauen auf Berufe mit niedrigem Status und niedrigen Löhnen. Wenn Frauenhaß das Establishment ist, ist Männerhaß nicht mehr als eine Gegenkultur. Wenn Frauen das Fremde sind, muß auch ihr Haß fremd sein, außerhalb stehen. Wenn er auftaucht, erfährt er alle möglichen Benennungen, nur nicht die ihm gebührende. Er ist eine Laune, ein Mittel der Verführung: »Du bist so süß, wenn du wütend wirst.« Er ist Besessenheit, Hexenwerk. Er ist eine sexuelle Verirrung, Lesbianismus. Er ist Penisneid, fehlende Anpassung, Frigidität.

Praktisch sprachlos, durch Selbstzensur mundtot gemacht – wie drückt sich Männerhaß aus? Ein illegaler Ausländer für immer im Exil – wo lebt er, wie kleidet er sich, wie verhält er sich? Teil I dieses

Buches, »Feindbilder«, untersucht diese Fragen im Rahmen einer Klassifikation des Männerhasses, einer Sammlung der negativen und ambivalenten Klischeevorstellungen der Frauen über Männer. Mir geht es weder um eine Beurteilung, inwieweit diese Typologie zutreffend ist, noch darum, eine dieser Darstellungen als »Wahrheit« zu bestätigen – denn da es sich um Klischeebilder handelt, ist keines genau zutreffend oder wahrheitsgemäß –, vielmehr möchte ich untersuchen, wie sie aussehen, was sie bedeuten und wie sie sich auswirken.

Einige dieser Porträtierungen sind fast beschützend, andere sind schon schlichtweg verletzend. Wie ich vermutet habe, sind die häßlicheren Aspekte des Hasses häufig kosmetisch aufbereitet. Mitleid gibt sich als Mitgefühl, Spott putzt sich als liebevolle Amüsiertheit, und sexuelle Wut wird neutralisiert zu romantischem Geplänkel oder höflichem Desinteresse. Insgesamt sind diese Klischees ein Geplauder, bestehend aus konkurrierenden und oft widersprüchlichen weiblichen Behauptungen, wie Männer seien. Allein schon ihre Anarchie zeugt von der Ambivalenz der Frauen.

Zu zeigen, daß Männerhaß existiert, und auch zu beschreiben, wie er funktioniert, erklärt noch nicht vollständig, warum es ihn gibt und woraus er entspringt. Teil II sucht die Wurzeln für Männerhaß und Ambivalenz in der Kernfamilie. Wo die psychologische Theorie sich in jüngster Zeit auf die Beziehung des Kindes zur Mutter konzentriert hat – und lange neigten die Psychologen dazu, den Müttern an allem die Schuld zu geben –, schlage ich vor, daß Männer, Väter, und die patriarchalische Struktur der Familie weitgehend für antimännliche Gefühle von Frauen verantwortlich zu machen sind. In der westlichen Familie ist der Vater abwesend; ist er schon für seine Söhne unerreichbar, so ist er von seinen Töchtern um so weiter entfernt. Dennoch idealisiert jede Familie ihren Papa ebenso, wie das Patriarchat Männer im allgemeinen idealisiert; zugleich untergräbt jede Mutter diese Idealisierung auf subtile Weise. Kapitel 4, »Töchter und Väter«, untersucht, wie diese und andere Prozesse innerhalb der übergeordneten Aufgabe der Familie, die Kinder geschlechtsspezifisch zu erziehen, Töchter hervorbringen, die sich ständig bei Männern nach Vollkommenheit sehnen und zugleich mit ihrer Unzulänglichkeit rechnen.

Männerhaß entspringt aus der Tochter-Vater-Beziehung, doch zu manchen Zeiten bricht er aus dem Treibhaus der Familie aus; in den sechziger und siebziger Jahren tat er das mit bemerkenswerter Vehemenz und Konsequenz. Kapitel 5, »Schwesterliche Gemeinschaft und Patriarchat«, untersucht, wie politische und gesellschaftliche Kräfte und diese persönlich-familiären Gefühle sich wechselseitig befruchten und sich als moderner Feminismus in der amerikanischen Frauenwelt ausgebreitet haben. Auf welche Weise belebte der Männerhaß die ersten Jahre der Bewegung, und inwiefern behinderte er ihren Fortschritt? Wie schafften es die Töchter, eine feministische Gemeinschaft aufzubauen, die genügend Selbstvertrauen besaß, daß sie es wagte, den Vater, den Patriarchen, zu stürzen?

Und wie leben die Frauen nun, da die Frauengemeinschaft gespalten und weit gestreut ist, mit dem unleugbaren Bewußtsein des Männerhasses? Teil III, »Leben mit der Ambivalenz«, verfolgt die Entwicklung von den brodelnden sechziger und siebziger Jahren bis in die Gegenwart, um auf diese Frage eine Antwort zu finden. Heute ist der Feminismus zwar nicht verschwunden, aber er hat sich gewandelt. Ein großer Teil selbst der radikalsten Prinzipien sind in das allgemeine Gedankengut eingegangen, aber es hat auch Rückschläge gegeben, und manches hat seit jenen frühen Jahren eine Korrektur erfahren. Zudem ist die Generation jener Frauen, die seine Geburt durchlebt haben, inzwischen erwachsen geworden; sie haben Ehemänner, geschiedene Ehemänner, Liebhaber, Beruf und Kinder.

Teil III basiert auf fast 80 Interviews mit Frauen unterschiedlichen Alters, unterschiedlicher Rasse, Schichtzugehörigkeit, sexueller Orientierung und unterschiedlichen Familienstandes.* Er stellt neun dieser Frauen ausführlich vor und arbeitet ihre Strategien heraus, mit Liebe und Männerhaß, Kooperation und Rebellion, Nähe und Entfremdung und all den anderen ambivalenten Gefühlsstrebungen zu leben, die eine Beziehung ausmachen.

Unter diesen Strategien gibt es zwar einige, die ich bevorzuge, und andere, die ich nicht als Programm unterstützen würde, doch möchte

* Namen und charakteristische Angaben von Personen, die sich über Einzelheiten ihres Privatlebens äußern, habe ich durchgehend geändert. Dagegen sind die Namen von Psychologen, Schriftstellern, Schauspielern und so weiter, soweit sie in ihrer jeweiligen beruflichen Eigenschaft an die Öffentlichkeit treten, beibehalten.

ich von keiner behaupten, sie sei eine umfassende, endgültige »Lösung« für Männerhaß. In unserer äußerst psychologisierten Zeit ist die Versuchung groß, Frauenprobleme als rein individuell hinzustellen, Männerhaß als »Funktionsstörung« zu begreifen, als Symptom zu großer Liebe, Angst vor Nähe, Begleiterscheinung der Abhängigkeit, Niederschlag einer falschen Wahl. Die Wurzeln für Männerhaß und Ambivalenz in der Familie zu suchen, droht eine solche Tendenz zu verstärken; wenn das Problem in einer Zweierbeziehung begonnen hat, ließe sich vermuten, daß es dort auch aufhören kann.

Ich bin durchaus für Verständnis, Kommunikation und alle möglichen Formen der therapeutischen Arbeit, doch wenn es eine Lösung für das Problem des Männerhasses gibt, dann muß sie in einer Bewegung liegen, einer feministischen Bewegung, die Macht in ihren konkreten Ausformungen ebenso erkennt wie in ihren ungreifbarsten, unbewußten Formen. Selbst die feministische Maxime, »das Persönliche ist politisch«, kann, wie die Historikerin Alice Nichols bemerkt, »eine solipsistische Beschäftigung mit der eigenen Veränderung bestärken«[14], also mehr mit dem eigenen »Lebensstil« als mit der gesellschaftlichen Veränderung.

Wie dieses Buch meiner Ansicht nach deutlich zeigen wird, messe ich materiellen oder »strukturellen« Gewalten wie der Wirtschaft oder der Schichtzugehörigkeit kein größeres Gewicht bei als weniger offensichtlichen, weniger quantifizierbaren Phänomenen des Unbewußten wie Bedürfnissen, Sexualität und frühkindlichen Erinnerungen. Ich halte mich nicht an eine Theorie einer nach oben oder unten sickernden sozialen Interaktion und bin nicht der Meinung, Ereignisse auf einer »Ebene« lösten auf einer anderen Reaktionen aus. Macht gibt es in der Familie und in Sexualbeziehungen, vom Geben und Verweigern von Küssen oder Geld bis hin zu Geschirrspülen oder häuslicher Gewalt. Sie herrscht in der Welt der Presse und der Werbung, der Löhne und der Star Wars. Die Familie ist sowohl ein »psychologischer« Ort als auch eine gesellschaftliche Institution, der Mikrokosmos einer größeren Welt, grundlegend für und abhängig von einer ausgedehnten und komplexen patriarchalischen Struktur. Das eine kann sich nicht ohne das andere ändern; es gilt, den Haß, der in Ungleichheit und starren Rollenfestlegungen der Geschlechter wurzelt, überall auszurotten, von den verborgenen Schlupfwinkeln zu Hause bis zu den Gremien von Politik, Wirtschaft, Krieg und Frieden in der Weltgesellschaft.

Vor allem in den Gesellschaften, und darin liegt der letzte Grundsatz, der mein Denken prägt. Ich begann meine Arbeit mit einer Vorstellung über Frauen und die Art, wie Frauen empfinden. Ich reiste durchs Land und sammelte eine kleine, aber demographisch repräsentative Stichprobe von Interviewthemen. Ich sichtete die Fundgruben der Kultur, sah mir Graffiti ebenso an wie landesweite Zeitschriften, Folksongs ebenso wie Rapsongs, die Stimmen ungehörter Frauen ebenso wie jene, die auf der ganzen Welt Gehör finden.

Im Laufe der Arbeit wurden mir immer deutlicher die Gefahren klar, die es birgt, Frauen als einheitliche Kategorie darzustellen, die einmütig empfindet, denkt oder auch leidet; und ich wurde mir der Problematik bewußt, die es mit sich bringt, eine amerikanische Durchschnittsfamilie vorauszusetzen, aus der all diese Gefühle hervorgehen. Ich stellte Grundmuster in dem fest, was ich sah und hörte; sie sind für jede schlüssige These, für jede narrative Integrität von entscheidender Bedeutung. Und doch mußte ich mir zugleich ständig in Erinnerung rufen, daß meine Muster, je stärker verallgemeinert und homogenisiert und je weniger nuanciert, vielschichtig und ungeordnet sie erschienen, sich immer mehr den »Mainstream-Darstellungen« der Welt annäherten, die per definitionem ungenau sind.

Sie sind ungenau, weil der sogenannte Mainstream, um existieren zu können, die Unterschiede zwischen den Menschen auslöschen muß, ob es sich nun um Unterschiede der Rasse und Schichtzugehörigkeit, um die Ausstattung durch Erziehung und Temperament oder um ideologische Zuordnungen und sexuelle Orientierungen handelt. Selbst wenn ich die Welt in eine »Mehrheit« und eine »Minderheit« aufteilte, würde ich mitwirken, einen anderen zu schaffen, dessen Fall »ungewöhnlich« genug wäre, ihn an den Rand zu schieben, auf eine spätere Betrachtung zu vertagen oder zu vergessen.

Gewiß habe ich mir einige dieser Ausschließungen zuschulden kommen lassen, denn da jede Autorin unvermeidlich auf das angewiesen ist, was andere schon vor ihr erörtert haben (einschließlich aller Vorurteile, die dort zwischen den Zeilen stehen), muß auch sie einen Großteil auf eine spätere Bearbeitung verschieben. Das vorliegende Buch soll weder enzyklopädisch noch abschließend sein, beides Begriffe, mit denen zu operieren verdächtig ist. Es ist ein Satz in einem langen und fortdauernden Gespräch, das nicht mit einem Punkt, sondern mit einem Fragezeichen endet.

Teil I:

FEINDBILDER

Frauenfeindlichkeit und Klischeevorstellungen über Frauen haben die Aufgabe, die bestehende Situation zu erhalten. Männer übertreiben die Bedrohung durch die Frau und werten Frauen ab, um zu rechtfertigen, daß sie sie unterjochen. Frauen haben es schwerer: Sie wollen das Joch abwerfen oder, wenn es ihnen nicht gelingt, zumindest der Tatsache Sinn verleihen, daß sie es nicht schaffen. Es kann sein, daß sie die unannehmbare Erkenntnis mildern wollen, daß das Joch ihnen ein gutes Gefühl gibt; zumindest ist es warm und sicher. Diesem Zweck dienen die Klischeevorstellungen der Frauen über Männer.

Geschlechtsklischees stützen einen kulturellen Status quo. Sie entspringen und dienen der Tatsache, daß die Kultur jedem biologischen Geschlecht gewisse Merkmale exklusiv zuschreibt. Statt Männlichkeit und Weiblichkeit als Phänomene zu begreifen, die sich ständig an den geschichtlichen Wandlungsprozessen reiben, sich an sie anpassen und in neuer Form aus ihnen hervorgehen – wie es meiner Ansicht nach der Fall ist –, geben Klischeevorstellungen sich als unabänderliche Wesensmerkmale. Sie gehen von der Voraussetzung aus, daß die Fähigkeit, Windeln anzulegen oder einen Nagel in die Wand zu schlagen, das Verlangen, andere zu umsorgen, oder die Bereitschaft, zu töten, im gleichen Paket mitgeliefert werden wie Testosteron und Östrogen, Penis und Vagina – daß Männlichkeit und Weiblichkeit in die DNS-Kette eingebunden, statisch und unwandelbar sind.

Klischeevorstellungen wirken als Keil, der die Geschlechter auf Abstand hält, indem er Geschlechtsunterschiede verdinglicht; doch dieser Keil nimmt in dem Maße unerwartete, neue Formen an, wie die Geschlechter sich spalten, wieder aufeinanderprallen und einander aufreiben. Gegenwärtig bröckeln die Grenzen zwischen beiden Einflußsphären – der männlichen in der Außenwelt und der weiblichen zu Hause bei den Kindern. Doch während die Männer sich selbstsicher in der Domäne der Frauen bewegen (am deutlichsten in den feierlich aufgewerteten Bereichen des Gefühlsausdrucks und der Vaterschaft, am wenigsten im abgewerteten Bereich der Haushaltsplackerei), haben Frauen es weitaus schwerer, in die Männerwelt vorzudringen. Der Feminismus, das ist vielleicht mit Bedauern festzustellen, war gut für die Männer.

Die Entstehung moderner negativer und ambivalenter Klischeevorstellungen über Männer und der Fortbestand anderer, überlebter Gemeinplätze offenbaren die Besorgnis der Frauen angesichts dieser sich verschiebenden Grenzen und ihre Frustrationen, wenn die Grenzen fest geschlossen sind.

So war zum Beispiel unter den kindlichen Männertypen der Unbeholfene, der im häuslichen Bereich Untaugliche, jahrhundertelang Gegenstand amüsierter Spötteleien, ein nettes Symbol der weiblichen Dominanz im Haushalt. In dem Maße, wie allerdings die glückliche Hausfrau an Ansehen verliert und die unglückliche Hausfrau bei dem Versuch verrückt wird, ihren Mann zur Beteiligung an der Drecksarbeit zu überreden, nutzt sich der Charme des ungeschickten Mannes ab, und er geht ein in die Galerie der verhaßten Typen. Die Kindmänner stehen für ein Gefühl weiblicher Überlegenheit und das Gefühl, gebraucht zu werden: Männer, die armen, sind solche Kinder (Muttersöhnchen), so unfähig (der Unbeholfene) oder emotional oder körperlich verletzlich (der Invalide), daß sie ohne Frauen gar nicht leben könnten. Indem Frauen Männer klein machen, gleichen sie zumindest symbolisch ein Ungleichgewicht der Macht aus und verwahren sich gegen eine Verdrängung aus ihren einzigen Bereichen gesicherter Autorität: Heim und Herd.

Eine neue Gruppe männlicher Stereotypen ist auf dem Vormarsch: die Betrüger. In unserem kulturellen und emotionalen Erbe entsprechen die Untugenden des Verführens und Verlassens dem obersten Gesetz der geschlechtspezifischen Sexualität: Der Mann ist aktiv, die Frau passiv; Männer handeln, Frauen werden behandelt. In jüngster Zeit haben Frauen allerdings angefangen, das männliche Sexualprivileg in seiner Ausschließlichkeit in Frage zu stellen und die vorgebliche Stärke und Vorherrschaft der Männer im Liebeswerben und auf dem Schlachtfeld von Ehe und Scheidung anzuzweifeln. Gleichzeitig stellen sich andere Frauen als neue Opfer der Betrüger dar, indem sie sexuelle und familiäre Verantwortungslosigkeit mit Männlichkeit gleichsetzen und Treue und Verantwortungsbewußtsein mit Weiblichkeit.

In der neuen sexuellen Landschaft sind die klassischen männlichen Betrüger schwieriger auszumachen. Der herzlose Verführer kann einfach seinen lästigen Komplizen nicht loswerden, den Sklaven, der schon beim kleinsten Anzeichen weiblicher Aufmerksamkeit servil katzbuckeln muß. Der Treulose, der sehr viel Ähnlichkeit mit seinem Vorfahren des 18. und 19. Jahrhunderts aufweist, erlebt ein Comeback, doch hat der Vater, der seine Familie im Stich läßt, einen neuen üblen Trick. Statt für immer von der Bildfläche zu verschwinden, bleibt er bedrohlich präsent: Der Entführer ist ein Kidnapper mit einem unrechtmäßig erworbenen Sorgerecht, das ihm seine Vaterrechte sichert und zugleich seine dunkle Vergangenheit in der Erfüllung elterlicher Verpflichtungen auslöscht. Er verkörpert die Wut und Verletzung von Frauen, die gezwungen sind, auf eines der wenigen Privilegien zu verzichten, die mit den Belastungen der Mutterschaft einhergehen – das unbestrittene Sorgerecht –, ohne daß sie eine Entschädigung dafür bekämen.

Klischeevorstellungen vom Mann als Tier richten sich gegen den männlichen Körper und die Anziehungskraft und Drohungen, die von ihm ausgehen. Bestie und Killerhai verkörpern so Abscheu und Schrecken der Frauen gegen männliche Gewalt. Da Darstellungen einer unerbittlichen, skrupellos gewalttätigen männlichen Sexualität weibliche Solidarität und militante Mobilisierung fördern, mildern sie auch die Schuldgefühle von Frauen, sich mit ihrer eigenen Unterwerfung abzufinden. Wenn Männer, wie Susan Brownmiller meint, alle potentielle Vergewaltiger sind, oder der Mann, wie Andrea Dworkin behauptet, in jedem heterosexuellen Liebesakt die Integrität der Frau in Stücke reißt, dann sind Männer so widerlich, aber zugleich auch so stark, daß jede weibliche Reaktion von verzagter Unterwürfigkeit bis hin zu Aufrufen zur Massenkastration zu rechtfertigen ist.

Klischeevorstellungen verteidigen die Grenzen zwischen den Geschlechtern, sie können jedoch keine Geschlechtertrennung bewirken. Es mag zwar sein, daß Männlichkeit und Weiblichkeit durch eine kilometerhohe Mauer voneinander getrennt sind, und dennoch teilen Frauen und Männer Bett und Tisch, Leben und Kinder. Während also rassische oder ethnische Klischees sich aus der Trennung nähren und eine Familienzusammengehörigkeit ausschließen (das Bild des Juden mit Hörnern und einem Schwanz ist von jemandem erfunden, der nie einen Juden näher gekannt hat, geschweige denn gut genug, um die Stellen zu kennen, an denen ein Schwanz sitzen könnte), bilden sich sexuelle Klischeevorstellungen in intimer Nähe. Das macht sie so einmalig und so einzigartig problematisch. »Der Versuch der Geschlechter, sich in den Zwischenräumen zwischen dem Beischlaf gegenseitig zu studieren, ist menschlich und ist wiederum für die einzigartige Fähigkeit der Menschen verantwortlich, sich zugleich angezogen und abgestoßen zu fühlen«, sagt die Literaturkritikerin Mary Ellman. »Die schwierige Prüfung, mit jenen, die anders sind als sie selbst, nicht nur ständig umgehen zu müssen, sondern über sie auch nachdenken zu sollen, bringt zusammen mit der ausweichenden Natur dieses Unterschiedes ein ausgedehntes Meinungsspektrum hervor, das vielleicht nicht präziser, aber gewiß empfindlicher ist als andere Ansichten.«[1]

Nähe ist an sich schon schwierig, und es mag tatsächlich sein, daß gerade die Empfindlichkeit unserer Ansichten über das andere Geschlecht – unsere negativen Klischeevorstellungen – das Instrument bilden, mit dem wir sie bewerkstelligen. Wir alle wollen verstanden sein, aber wir wollen nicht jede Privatheit vor einem Großen Bruder aufgeben, ganz gleich, wie gut er es meinem mag. In der Nähe zu überleben erfordert ebensosehr Loslösung und Abstand – Meilensteine im Heranwachsen von Kindern zeichnen sich durch neue Geheimnisse aus, die sie vor ihren Eltern haben – wie Verschmelzung und Gemeinsamkeit.

Wenn jemanden lieben bedeutet, sie oder ihn zu kennen – das heißt, die Einmaligkeit des anderen zu erkennen –, dann ist hassen der Versuch, zu homogenisieren, zu vernichten und unkenntlich zu machen, also willentlich nicht zu kennen. »Jegliche Wahrhaftigkeit bedeutet erhöhte Komplexität«[2], schreibt Adrienne Rich. Doch Klischeevorstellungen entwickeln heißt in die entgegengesetzte Richtung gehen, zur Vereinfachung und weiter zur allzu großen Vereinfachung. Ein Klischee zerlegt einen komplexen Gegenstand und setzt ihn, wie der Kunstkritiker Craig Owens sagt, »als diskontinuierliche

Folge von Gesten und Posen« wieder zusammen.[3] Es macht uns blind, so daß wir eine Sache möglicherweise nur noch in Teilen, das heißt falsch wahrnehmen.

Dieses Nichtwissen, das als oberflächliches Kennen erfahren wird, bietet Frauen eine Möglichkeit, die Grenzen aufrechtzuerhalten. Wenn Männer alle Standardausgaben sind, fällt es um so leichter, sie zu verstehen, zu »beherrschen«, wie man eine Sprache »beherrscht«. Eine der ersten feministischen Zeitschriften brachte eine Art geologischen Überblick über die »Vier Männertypen« – Stein, Chrom, Silber und Lehm. Die Verfasserinnen schrieben: »Im folgenden stellen wir eine knappe Skizze der vier Männertypen vor, mit denen wir umgehen mußten und die wir geliebt haben. Wir haben bereits festgestellt, daß sie ein nützliches Hilfsmittel in der Diskussion ist, wie Männer unserer Erwartung nach sind und als was sie sich in Wirklichkeit erweisen. Daher dachten wir, andere Frauen möchten vielleicht versuchen, sie als systematisierendes Kürzel für den gleichen Zweck zu benutzen.«[4] Ein solches Kürzel, das von der Gleichheit sehr vieler Männer ausgeht, macht jeden einzelnen undurchsichtig, unkenntlich, nur oberflächlich erkennbar.

Der Reiz der Heterosexualität liegt im Anderssein, und das Erschauern vor dem Anderssein entspringt dem Geheimnis. Es gehört zur unwandelbar traurigen Ironie der Ehe, daß eben die Vertrautheit, aus der Geborgenheit erwächst, auch Langeweile schafft: Wie so manch ein Ehepartner klagt, leiden Sexualleben und Romantik. Wenn Vertrautheit ein gewisses Maß an Verachtung hervorzubringen vermag, kann die Annahme eines unabänderlichen Maßes an Fremdheit genau die gegenteilige Wirkung haben. Fremdheit verspricht Überraschung oder schafft zumindest einen Abstand, den es zu überbrücken gilt.

Negative Klischeevorstellungen können demnach auf zweierlei Arten dazu beitragen, die erstickende Wirkung heterosexueller Intimität zu mildern: Indem sie das Anderssein gewährleisten, schaffen sie den Abstand, der die Besonderheit beider Partner wahrt. Und sie können zwei Menschen so auseinanderbringen, daß sie wieder zusammenkommen wollen, um sich erneut zu begegnen und die Einzigartigkeit des anderen ebenso neu zu erfahren wie ihre Gemeinsamkeit. Auf diese paradoxe Weise unterstützen Klischees die Intimität – doch gerade die Vertrautheit macht es um so schwerer, negative Klischees zu rechtfertigen. Im Dienst der Liebe sind Klischees launische Verbündete. Dem Haß unterstellt, bilden sie eine schlagkräftige Armee.

Kapitel 1

DER KINDMANN

Ich wollte einmal von einem Mann wissen, was eine Frau ihn fragen müsse, damit er sich geliebt fühle. Zu meiner Überraschung war das erste, was er antwortete: »Bist du hungrig?«

Toni Grant,
Die Chance, eine Frau zu sein[1]

Die infantilen Ansprüche erwachsener Männer an Frauen sind lange genug als »Liebe« sentimentalisiert und romantisiert worden; es ist an der Zeit, sie als Entwicklungshemmung zu erkennen und das Ideal der Erhaltung der »Familie« zu überprüfen, in der diese Ansprüche sich frei entfalten dürfen ...

Adrienne Rich,
Husband-Right and Father-Right[2]

Das Muttersöhnchen

Die geplagten Mütter ausgemachter Lümmel machen und tun alles für sie und werden letztlich doch von ihnen eingemacht. Und doch sind die Frauen nur allzu bereit, die Schuld für diese bösen Buben auf sich zu nehmen.

»Männer sind Kinder«, sagt Rosalie Angel, vierunddreißig, Sekretärin in einer großen Firma in New York, geschieden, zwei Kinder.

»Sie sind wie unmögliche Kinder«, berichtigt sie ihre Kollegin, Michelle Washington, fünfundzwanzig, alleinstehend, kinderlos und rege am Geschehen auf dem Heiratsmarkt beteiligt.

Warum bemuttern wir sie? Eine Frau nach der anderen erklärte mir, sie hätte kaum eine andere Wahl, als stelle sie eine unbestreitbare, unausweichliche Tatsache fest. Mütter verwöhnen ihre Söhne und stellen damit sicher, daß diese niemals wirklich erwachsen werden – und die nächste Frauengeneration muß einfach sehen, wie sie damit fertig wird.

Eine Geschichte in Gloria Naylors Buch *Die Frauen von Brewster Place* ist eine Warnung an Mütter, die versucht sind, ihre Jungen zu bemuttern. Mattie Michael lebt ausschließlich für ihren Sohn Basil und meint, dafür seine lebenslange Treue als Gegenleistung zu bekommen. Mit fünf Jahren schläft er immer noch in ihrem Bett; ihre rationale Begründung ist, er habe Angst vor der Dunkelheit. Als er älter wird, bringt sie immer neue Entschuldigungen für ihn vor:

> Verantwortungslos, hatten seine Vertrauenslehrer in der Schule gesagt. Von heftiger Gemütsart, hatte sie in ihrem Herzen geantwortet. Hatte er nicht gesagt, daß sie ständig an ihm herumnörgelten; alle waren gegen ihn gewesen, nur sie nicht. Sie war die Zuflucht, wenn er von Schule zu Schule, von Job zu Job Reißaus nahm. Sie erwarteten zu viel von ihm ... All die Jahre hatte sie nichts verlangt und nie daran gezweifelt, daß er dasein würde, wenn sie ihn brauchte.[1]

Wie vorherzusehen, wächst Basil zu einem nichtsnutzigen Süßholzraspler heran. Er kann sich nicht einmal zwischen zwei Freundinnen Zeit nehmen, seiner alternden Mutter den Rasen zu mähen. Schließlich wird er unter Mordverdacht verhaftet, und Mattie nimmt eine Hypothek auf das Haus auf, um die Kaution für ihn aufzubringen; das Haus, dem sie ihr ganzes Leben geopfert hat, damit er »einen Garten hatte, in dem er umherrennen, eine anständige Wohnung, in die er Freunde mitbringen konnte«. Basil nimmt ihr Geld und verschwindet aus der Stadt: Sie bleibt obdachlos zurück.

Kaila Lacrosse, eine fünfundzwanzigjährige Journalistin aus Cleveland, fiel noch etwas zu Naylors Geschichte ein, und sie erzählte mir von ihrer Tante, die die Drogensucht ihres Sohnes unterstützt; sie meint, die Tante habe Angst vor einer Zurückweisung des Mannes – oder schlimmer noch, vor seiner Gewalttätigkeit. Kailas Freundin Tania Peters, mit Vierundzwanzig gut bezahlte Personalchefin einer mittleren Firma, warf ein, es sei Schuld ihrer Mutter, daß ihre eigenen beiden Brüder »Nichtsnutze« seien – einer liegt auf der Straße, und der andere lebt mit fast Dreißig immer noch bequem zu Hause. »Schwarze Mütter erziehen ihre Töchter und lieben ihre Söhne«, schließt sie.

Wie andere Äußerungen bestätigen, ist dieser Satz kaum auf schwarze Mütter beschränkt.

»Du erwartest einfach ständig im Leben, daß die Dinge dir in den Schoß fallen, daß jemand die Dinge für dich geregelt hat, und diese Person ist gewöhnlich deine Mutter«, erklärte ein Mann, der sich selbst als jüdisch-amerikanischen Prinzen einstuft, der Autorin Marcelle Clements.

»Jede Beule wird geküßt, jeder Schrei gehört. Jeder Zweifel wird mit einem besänftigenden Wort ausgeräumt«, singen die französisch-kanadischen McGarrigle Sisters über den erstgeborenen Sohn. Das gleiche ließe sich allerdings auch für den zweiten, dritten und alle weiteren Söhne sagen. »Ich sehe, daß ich denselben Fehler bei meinem Sohn mache«, erklärte Michaelene Varda, eine vierzigjährige Künstlerin, nachdem sie geschildert hatte, wie ihre Schwiegermutter ihren Mann daran gewöhnt hatte, sich endlos umsorgen zu lassen.

> [Mein Sohn] hat noch nie im Leben die Wäsche aus dem Korb genommen, sortiert, in die Waschmaschine gesteckt, anschließend wieder sortiert, zusammengefaltet und in den Schrank geräumt. Er öffnet also den Schrank, und da liegt sie aufgestapelt. Ich glaube nicht, daß ich eine Tochter so behandeln würde, obwohl ich gerne von mir meine, ich stünde über solchen Unterscheidungen.

Michaelenes Analyse, warum Frauen ihre Söhne bemuttern, geht über die übliche Erklärung hinaus, daß ihre Mütter sie eben ein für allemal daran gewöhnt haben, anderen zu dienen. Das mag zwar stimmen, meint sie, aber dahinter verberge sich unterschwellig der Griff nach der Macht.

> Es hat einen tiefliegenden Grund, daß Mütter ihre Söhne verwöhnen: den heimlichen Wunsch, daß mein Kind es zu einem kleinen König bringen soll – denn Frauen steht diese Möglichkeit nicht offen. Mich faszinieren Männer, die damit durchkommen. Wenn ich Männer sehe, die hopphopp! sagen und es schaffen, daß die Leute sich danach verhalten, werde ich wütend, aber auf irgendeiner Ebene flößt es mir Ehrfurcht ein; es ist meiner Art, mich in der Welt zu bewegen, so entgegengesetzt.
> Es ist fast so wie bei Vätern, die ihnen beibringen wollen, wie man Sachen repariert. Du möchtest deinen Kindern die für ein Überleben grundlegenden Fähigkeiten vermitteln ... Es mag sein, daß du deinem Sohn eine tödliche Pille verabreichst, die in ihm losgeht und ihn an einen schrecklichen Ort verschlägt, an dem er weder die sozialen Fähigkeiten hat, das umzusetzen, noch die lebensnotwendigen Fähigkeiten, für sich selbst zu sorgen. Vielleicht verstehen Frauen ja insgeheim, daß es für Jungen eine wichtige Fähigkeit ist, arrogant und anspruchsvoll zu sein und hohe Erwartungen an das Verhalten anderer ihnen gegenüber zu stellen. Frauen wollen, daß ihre Söhne Macht haben, und sie glauben, daß sie ihnen die nötige Arroganz mit auf den Weg geben.

Nicht alle Frauen sind der Ansicht, männlicher Infantilismus liege in der Kindheit begründet oder sei eine Anlage, die wie ein rezessives Gen über Generationen von Frauen und Töchtern an Söhne weitergegeben werde. Die konservative Denkrichtung, die immer wieder auf ein historisch nicht näher zu bestimmendes goldenes Zeitalter der Familie zurückgreift, behauptet, wenn Frauen wirkliche Frauen wären, seien auch Männer echte – erwachsene – Männer. Nach der Auffassung dieser Kritiker ist der Feminismus Schuld, daß Männer Wutanfälle bekommen; selbst wenn sie erwachsen sein *wollten,* lassen die neuen Frauen sie ja nicht. Dee Jepsen, eine engagierte Abtreibungsgegnerin und Vermittlerin der Frauenorganisationen während der Reagan-Regierung, meint:

Wenn nun der Ehemann jeder sinnvollen Position in der Familie beraubt ist, die Ehefrau ebenfalls arbeitet und teilweise die Versorgerrolle übernimmt, wo bleibt da der Mann? Was bleibt ihm anderes übrig, als umherzuirren wie ein verlorener kleiner Junge oder in irgendeiner Weise zu rebellieren – wenn er sich nicht sicher ist, wer er eigentlich ist und welchen Sinn sein Leben hat?[2]

Konservative und christliche Eheberater veranlassen die Frauen, die Männlichkeit ihrer Männer wiederherzustellen, indem sie sich ohne Protest oder Groll darein schicken, daß er, wie es die Bibel bestimmt, das »Oberhaupt« ist. Eine Ehefrau darf ihren Mann niemals kritisieren oder ihm Ratschläge erteilen. Statt dessen muß sie ihn lieben und bewundern mit all seinen Fehlern und Schwächen. Sie, nicht er, sollte sich benehmen wie ein Kind.

Ironischerweise fordern diese Berater Frauen jedoch auf, Männer wie Babys zu verhätscheln, weil – so unterstellen sie – Männer tatsächlich Kleinkinder *sind.* Der Kindmann darf nicht verärgert werden, nicht nur, weil die Bibel Frauen vorschreibt, zu gehorchen, sondern weil er zu empfindlich ist, ein entmutigendes oder auch provozierend konstruktives Wort zu hören, ohne sich niedergeschlagen zu fühlen. »Spare dir deine Lektionen«, rät Marabel Morgan, Autorin des Bestsellers *Total Woman.* »Er braucht dein offenes Ohr, nicht dein Gerede. Ein Mann versteckte sich dreizehn Jahre lang hinter seiner Zeitung, um einer offenen Konfrontation mit seiner Frau auszuweichen. Er hatte Angst, sie würde ihm sagen, was er zu tun habe.«[3]

Baue ihn immer auf, selbst wenn du ihn für ein bißchen unterentwickelt hältst, sagt Darien Cooper in ihrem Buch *Mein Mann ist gern verheiratet.* Ihre Schilderungen von Männern deuten auf eine Frauenverachtung schlimmster Art hin. Die folgende Passage über unkritisches Akzeptieren erinnert ungemein an Mattie Michaels Ausreden für ihren ungeratenen Sohn:

Wenn Schwächen umgeformt oder in die richtigen Bahnen gelenkt werden, können sie oft zu Stärken werden. Sturheit kann zu Beharrlichkeit werden. Feigheit läßt sich in Freundlichkeit verwandeln, Taktlosigkeit in Offenheit. Wenn Sie darauf vertrauen, daß Jesus Christus sich der Probleme Ihres Mannes annimmt, und Sie sich auf die positiven Eigenschaften Ihres Mannes konzentrieren, können Sie Ihrem Mann helfen, Schwächen in Stärken zu verwandeln.[4]

Coopers Ratschläge für Ehefrauen, ihre Männer zu akzeptieren und ihnen aufmerksam zuzuhören, klingen wie ein Kursus in Kindererziehung; die versprochenen Erfolge könnten sich ebensogut in einem Elternhandbuch für schwierige Teenager finden.

Schenken Sie Ihrem Mann Ihre ungeteilte Aufmerksamkeit, selbst wenn er von Dingen spricht, die Sie nicht verstehen oder für die Sie sich nicht interessieren. Sie werden dabei eine Menge über ihn erfahren. Sie werden herausfinden, wie er über bestimmte Menschen und Situationen denkt. Sie werden sogar edle, reife Dimensionen seines Charakters entdecken, die Ihnen bisher nie aufgefallen sind.[5]

Für viele Frauen ist die Taktik, einen Mann wie einen Jungen zu behandeln, um den Erwachsenen in ihm zum Vorschein zu bringen, sehr fragwürdig. In einer Mischung aus resignierter Einsicht, daß Männer in ihrer Entwicklung dauerhaft gehemmt sind, und vorsichtigem Optimismus gehen diese Frauen das Problem geradewegs an. »Ein guter Mann fällt nicht vom Himmel«, belehrt Roseanne Barr ihre Kolleginnen in der Kantine. »Wir Frauen machen sie. Ein Mann ist wie dieser Kringel. Zuerst [sie wedelt den Zucker ab] mußt du all das Zeug loswerden, das seine Mama ihm beigebracht hat. Dann kommt das Machoverhalten, das er aus der Bierwerbung lernt [sie nimmt einen Bissen]. Dann kommt mein Lieblingsstück, das männliche Ego.« Mit ein paar großen Bissen vertilgt sie das ganze Ding. Ein interessantes Bild: einen Mann zu formen, indem man ihn verschlingt – genau das, was Männer von Frauen befürchten.

Roseanne zeigt in dieser Szene erheblich mehr Gefallen an dem Gebäckkringel als an der Arbeit, die er versinnbildlicht – einen Mann zur Männlichkeit zu erziehen. Und nach den Äußerungen anderer Frauen löst diese Aufgabe ebensoviel Überdruß wie freudige Erregung (falls sie überhaupt mit im Spiel ist), ebensoviel Ungeduld wie

Toleranz aus. Blues-Songs und die Literatur schwarzer Frauen zum Beispiel zeugen von der historisch ambivalenten Einstellung afroamerikanischer Frauen, Männer zu umsorgen. Durch Sklaverei, Armut und Migration selbst in eine sexuelle und wirtschaftliche Unabhängigkeit gezwungen, empfinden schwarze Frauen Mitgefühl und Solidarität mit Männern, die der Rassismus gleichzeitig abhärtet und kulturell infantilisiert. In diesem historischen Kontext schwingen schmerzliche Erinnerungen mit, die über die Geschlechtererfahrungen hinausgehen, wenn eine Frau einen Mann »Junge« nennt.

Allerdings wird es vielen Frauen zuviel, wenn ein Mann nimmt, ohne gleich viel zurückzugeben. Chippie Hill trennt sich in ihrem »Charleston Blues« von einem undankbaren »Baby«, während sie für zwei oder drei weitere sorgt.

> Ich kannte dich, Baby, da kanntest du dich selbst noch nicht.
> Ich kannte dich, Baby, als du es selbst noch nicht wußtest.
> Jetzt versuchst du, mir Märchen zu erzählen, Baby, aber du mußt sehen, wo du bleibst.

Andere Kulturen bringen andere Ambivalenzen hervor. Eine ähnliche Dur-Moll-Stimmung herrscht auch in dem Ende der siebziger Jahre erschienenen Sachbuch *Über die Liebe zu Männern* von Jane Lazarre, einer weißen Feministin, die als jüdische Kommunistin aufwuchs. Sie gibt ein Gespräch wieder, in dem sie eine Freundin fragt, wie sie sich fühlt, wenn Männer sich hilflos geben, und weist auf die Reize männlicher Abhängigkeit ebenso hin wie auf die abstoßenden Seiten.

> Judith schüttelte sich. »Ich nehme es ihnen übel. Ich hasse sie. Selbst wenn ich sie liebe, selbst wenn ich ihr Bedürfnis gerne befriedigen würde.«
> »Mein Vater fragte gewöhnlich genauso«, sagte ich. (Judiths Säugling schreit und nimmt die Mutter ganz für sich in Anspruch; das Gespräch ist unterbrochen.) »Mein Vater auch«, sagte Judith, als sie sich wieder freimachen konnte, und dann – vor unseren Augen war gerade das symbolische Bild gezeichnet worden – lächelte sie plötzlich.

»Also, er war in gewisser Weise wie Emma, wie ein Kleinkind. Es ist die gleiche Absolutheit. Wenn du mir schon etwas gibst, schien er zu sagen, dann mußt du alles geben. Halbherzige Aufmerksamkeit reicht nicht aus, nicht einmal für meine geringen Ansprüche. Gib sie mir! Ich will sie ganz. Und wenn ich überhaupt auf ihn reagiert habe, dann war es so, wie ich es jetzt mit den Kindern mache, mit ungeteilter Aufmerksamkeit. Sie ziehen die Energie von allem, aber auch von allem anderen ab. Sie verschlingen dich.«[6]

Männer, die den verschlingenden Mund der Mutter fürchten (ist die große, dominierende Roseanne, abgesehen von ihrem Umgang mit dem Gebäckkringel, Sinnbild dieser Angst?), wenden sich an ihre Frauen und verschlingen *sie* mit ihren Bedürfnissen. Es ist eine interessante Wendung, typisch für die vielen Ambivalenzen – bei Männern und Frauen –, die den Kindmann umgeben.

Das Kind im Manne ist unleugbar eine charmante, entwaffnende Größe in der kollektiven Libido. Er ist der arglose James Stewart, der leichtgläubige Henry Fonda, das geschwätzige, versoffene Genie Jack Kerouac. Er ist der ständig geile Rockstar und der Baseballspieler, jenes Sandkastenkind mit ausgewachsenen Muskeln und noch ausgewachseneren Genitalien, auf die er unablässig die Aufmerksamkeit zieht, indem er sie auf dem Spielfeld befummelt.

Das unwiderstehliche Kind stößt allerdings auch auf Widerstand, und wo Männerverhätscheln in Männerhaß umschlägt, wird das Muttersöhnchen zum Ausbeuter, zum Ärgernis und schließlich zur unnötigen Bürde. »Ich bin geschieden, und es ist schwer, allein zu sein, aber ich habe genug zu tun, auch ohne mir noch mehr Arbeit aufzuhalsen«, beklagte sich eine Krankenhaushelferin aus Detroit 1970 in einem Interview. »Und Männer sind Arbeit. Ich möchte keinen, der nur herumhängt.«[7]

Der Stammler

Ein Teil der Arbeit, das Kind im Manne großzuziehen, besteht darin, ihm beizubringen, seine Gefühle zu verstehen und zu äußern. Der erste Schritt, sagen Frauen, ist, ihm bewußtzumachen, daß er überhaupt Gefühle hat. »Frauen erhalten die Dinge am Leben, sehr sogar«, meint Mary Louise Finnegan, eine sommersprossige dreiunddreißigjährige irisch-katholische Verkaufsleiterin aus Chicago.

> In persönlichen Beziehungen sieht die Frau von ihren Gefühlen ab ... Die Frau muß aus dem Mann herauslocken, was nicht in Ordnung ist. Sie muß wirklich daran arbeiten, die Kommunikation aufrechtzuerhalten. Der Mann wäre nur zu glücklich, wenn er sich zurücklehnen und den Mund halten könnte, bis er vielleicht geht oder eine wirklich schwierige Situation auftritt.
> Eine Frau ist darauf eingestellt, offen zu sein für das, was vorgeht. Aber der Mann, den mußt du schon mit der Nase darauf stoßen.

Männer sind schweigsam; Männer reden zwar viel, aber sagen wenig; Männer hören nicht zu; Männer explodieren oder weichen aus, aber sie sagen nie von sich aus, was ihnen auf die Nerven geht; Männer wollen, daß Frauen ihre Gefühle intuitiv ahnen oder interpretieren – das sind einige der Klagen, die zusammen die Klischeevorstellung vom »sprachlosen« Mann ausmachen, vom Kind, das zu einer emotionalen Sprache kaum fähig ist.

»Männer sind Gefühlsamateure«, erklärt eine Malerin.

»Praktisch präverbal«, meint eine kürzlich geschiedene Frau, die ihren Ex-Mann beschreibt wie eine Mutter ein Kleinkind. »Er kannte nur wenige Worte. *Ich, will* und *nein* waren bei ihm großgeschrieben.«

EHEMANN SCHWEIGT SEIT DREIßIG JAHREN!! verkündet eine Schlagzeile in der Boulevardpresse und verweist damit in der für sie charakteristischen Art durch eine massive Übertreibung auf eine Binsenwahrheit. Die Geschichte, in der der Mann schließlich seine sprachliche Abstinenz mit einer trivialen Bemerkung über das Essen bricht, erinnert an den Witz – auf dem sie vermutlich sogar beruht – über den Mann, der jahrelang kein Wort mit seiner Frau gesprochen hat; sie nahm daher an, er sei stumm. Dann, eines Morgens, nachdem sie bereits Jahrzehnte verheiratet sind, erklärt er: »Der Haferbrei ist kalt.« Vor Erstaunen selbst fast sprachlos, bringt die Frau schließlich heraus: »Warum hast du denn vorher nichts gesagt?« Worauf er antwortet: »Bisher war alles in Ordnung.«

Emotionale Taubstummheit und unsensibles, ichbezogenes Gebrabbel durchziehen als Themen auch die Gegenwartskunst von Frauen. Barbara Kruger zeigt auf einem Bild das Gesicht eines Mannes, überschattet von einem Filzhut; einen Finger hat er an die Lippen gelegt, als wolle er um Ruhe bitten; der Titel »Your comfort is my silence« (»Deine Ruhe ist mein Schweigen«) verweist auf das komplexe Verhältnis zwischen unterdrückter Sprache und Intimität. Eine andere amerikanische Künstlerin, Nancy Grossman, schafft männliche Gestalten, die in hautenges, sado-masochistisch anmutendes schwarzes Leder geschnürt, gekettet, gezwängt sind und Kopfbedeckungen tragen, die Augen, Ohren und Mund bedecken, »die sie eindrucksvoll in einem Zustand sinnlicher Deprivation gefangenhalten, unfähig, sich mitzuteilen oder auf Reize zu reagieren«, schrieb Sarah Kent. »Grossmans Zeichnungen und Skulpturen geben einen erschreckenden Einblick in eine Welt, in der Sexualität und Aggression untrennbar verknüpft sind, in der jede Kommunikation unwiderruflich blockiert ist und Frustration herrscht.«[1]

Grossman geht unterschwellig von der Annahme aus, daß Männer durch gefühlsmäßige Hemmungen und sprachliche Knebelung frustriert seien. Manche Frauen behaupten allerdings, diese Frustration sei eine weibliche Erfindung, Frauen projizierten ihren eigenen verzweifelten Wunsch nach Kommunikation in Männer hinein, die eigentlich ganz zufrieden seien, »den Mund zu halten«. In einem Buch mit dem Titel *Was Männer meinen . . . wenn sie reden* erklärt die Autorin Irma Kurtz, wenn Frauen Männern gefühlsmäßige Leere vorwerfen, hielten sie ihnen eigentlich vor, daß sie den Frauen nicht ähnlicher seien.

> Was sind das für Gefühle, die man Männern abspricht, die aber Frauen anerkannt wissen wollen? Gefühle von Unzulänglichkeit, von emotionaler Verletzlichkeit, grenzenloser Zärtlichkeit und tiefer Schuld. Mit anderen Worten: wie man sich als Frau fühlt.[2]

Doch selbst Irma Kurtz, die wenig für einen, wie sie es sieht, weiblichen Hang übrig hat, anderen Gefühle »aufzuzwingen«, ist der Ansicht, daß Männer ihre wahren Gefühle zurückhalten. Und das tun sie, wie sie sagt, aus Egoismus. »Der Mann hat tatsächlich

Gefühle, auch wenn Frauen sie nicht erkennen, da sie normalerweise nicht geäußert oder zur Schau getragen werden; sie sind schützender Natur und sollen sein bestes Stück, sein Ego, vor wirklichen oder eingebildeten Angriffen bewahren ... im Extremfall wird es [das männliche Ego] versuchen, ihn von Frauen fernzuhalten, die mit allen Mitteln seine Aufmerksamkeit erringen wollen, und es wird sogar seinen ganzen Charakter bestimmen.« Zum Glück, räumt Kurtz ein, »so etwas kommt jedoch selten vor, weit weniger häufig, als es empfindliche Frauen vermuten«[3].

Cathy Guisewaites Comicfigur »Cathy«, eine unermüdliche Schwerarbeiterin in den Gruben der Heterosexualität, versucht häufig, Gefühle über die Geschlechtergrenzen hinwegzutragen. Nach langen Jahren, in denen Cathy die Männerknappheit überstanden hat, hat sie nun Irving geheiratet, einen netten, aber leicht trotteligen Kerl. In einer Folge in der Frühzeit ihrer Romanze sitzt Irving auf der Couch, als Cathy aus der Küche kommt. »Kann ich etwas helfen?« fragt er. »Nein, ich habe telephonisch etwas zu essen und zu trinken bestellt ... Filme und Popcorn werden später geliefert ... Und für morgen habe ich ein Mädchen, das saubermacht ... Ich möchte einmal einen ganzen Abend ungestört sitzen und mich mit dir unterhalten, Irving.« Im nächsten Bild sitzen beide nebeneinander und grinsen nervös. Das letzte Bild zeigt Cathy am Telephon: »Mit wem muß ich sprechen, um ein Gespräch zu bestellen?«

Bildet Cathy das eine Ende der Temperamentsskala, so steht am anderen Tina Turner, die sexuell rotglühende, aber emotional vorsichtige Rebellin eines Musikgenres, das praktisch Männer feiert, die Frauen schlecht behandeln und betrügen. Tina Turner sang als Überlebende des Mißbrauchs von Ehefrauen: »Who needs a heart when a heart can be broken?« (»Wer braucht ein Herz, wenn es gebrochen werden kann?«), und signalisiert ihren Überdruß über den Gefühlsmangel bei Männern, wenn sie fragt: »Should I be fractured by your lack of emotion? Should I?« (»Soll ich an deinem Mangel an Gefühlen zerbrechen? Soll ich?«) Ihr Refrain deutet an, daß sie befürchtet, es könne so kommen; er ist ebenso flehend wie herausfordernd: »You better be good to me« (»Ich rate dir, sei gut zu mir«).

Dieser Mischung aus Kampf und Ergebung, aus zähem Ringen und Anzeichen des Scheiterns, liegt der Gedanke zugrunde, daß

Männer und Frauen zwei verschiedene Sprachen sprechen, deren Begriffe und Voraussetzungen ebenso unterschiedlich sind wie Chinesisch und Englisch und für die es keine Dolmetscher gibt. Verständigungsversuche sind nicht nur frustrierend, sondern auch tückisch und vielleicht aussichtslos, wie Adrienne Rich in »Versuch, mit einem Mann zu sprechen« feststellt:

... wir gehen mittags durch die Geisterstadt
von Schweigen umgeben
es klingt wie das Schweigen dieses Orts
nur kam es mit uns,
ist vertraut,
und jedes Wort, das wir bisher gesagt,
war ein Versuch, es zu übertönen –
Wir kamen hierher und wollten dagegen an.
Hier draußen fühle ich mich hilfloser
mit dir als ohne dich ...[4]

Soziologen, Anthropologen und Soziobiologen haben eine Fülle von Erklärungen für das Zweisprachenphänomen, das sie vom Paarungsverhalten der Gorillas und Schwäne herleiten und mit rituellen Gesängen in den Gesellschaften von Sammlern und Jägern vergleichen. Die meisten sehen diese Kluft inzwischen als Folge der sozialen Erziehung. Jean Barko Gleason zum Beispiel, Psychologieprofessorin an der Boston University, die sich mit Forschungen zum Geschlechterverhalten und Spracherwerb befaßt, hat herausgefunden, daß Eltern mit Kindern unterschiedlichen Geschlechts auch unterschiedlich sprechen. Im Gespräch mit einem Reporter von *Newsweek* äußerte sie: »Beide Elternteile benutzen Mädchen gegenüber mehr Begriffe der inneren Befindlichkeit, Worte über Gefühle und Emotionen, als gegenüber Jungen. Im Alter von zwei Jahren beherrschen Mädchen mehr Ausdrücke des Gefühls als Jungen.«[5]

Im Alter von, sagen wir, Zweiunddreißig kommen im Vokabular eines Mannes sogar noch weniger »Ausdrücke des Gefühls« vor, und wenn er gezwungen ist, sich in solchen Worten zu äußern, ist er etwa ebensogut in der Lage, sich auszudrücken wie ein Geschäftsmann aus Topeka, Kansas, der in Hongkong nach dem Weg fragen muß. »Sie war Anna Freud«, erklärte ein Mann, den eine Eheberatung bescheiden gemacht hatte, »und ich war ein Bär.« Das Gefühl dieses Mannes, sich nicht ausdrücken zu können, mag durch die Therapeutin noch verschlimmert worden sein. Es hat sich herausgestellt, daß Psychotherapeuten, die sich täglich mit maulfaulen Männern auseinandersetzen, Patientinnen vorziehen, weil sie das Gespräch in Gang halten.[6]

Eine erhellende Analyse der beiden Sprachen hat die Psycholinguistin an der Georgtown University Deborah Tannen mit ihrem letzten Buch vorgelegt, *Du kannst mich einfach nicht verstehen*. Tannen sieht die geschlechtsspezifischen Kommunikationsarten ebenfalls als Ergebnis des sozialen Lernens, setzt allerdings die Akzente etwas anders. Mädchen lernen, über Gefühle zu sprechen, als Möglichkeit kennen, Vertrautheit zu schaffen, sagt sie. Das ist ihre Art zu spielen. Jungen wachsen in die Rituale der Hierarchie hinein und lernen zu handeln, nicht zu sprechen, und ihr Ziel ist es, diese Hierarchien in allen Situationen neu festzusetzen. Wenn sie überhaupt miteinander sprechen, so lediglich, um die Konkurrenz zu verstärken, nicht um sie abzuschwächen. Wo Frauen sich auf Zusammenhalt durch Gleichheit und Gemeinsamkeit konzentrieren, steht für Männer der Status durch Beibehaltung der Unterschiede im Mittelpunkt. Wo Frauen einander näherkommen, indem sie Probleme »austauschen« – Tannen nennt das »Problemgespräche« –, sind Männer gewöhnt, abfällige Bemerkungen oder Komplimente aufzuschnappen, all jene Anzeichen, aus denen hervorgeht, wer »eine Stufe höher« und wer »eine Stufe niedriger« steht. Männer empfinden Problemgespräche als Eingeständnis einer Niederlage. Mit emotionalen Schwierigkeiten konfrontiert, neigen Männer dazu, dem zu entfliehen, was Frauen Gemeinsamkeit nennen würden, und eine Lösung zu suchen – das ist ihre starke Seite. Frauen empfinden das oft als Gefühllosigkeit, Ablehnung oder Zurückweisung.[7] Die Vorstellung, daß Männer unfähig seien, Gefühle zu teilen, ist so tief verankert, daß ein verständnisvoller Mann für manche Frau ein Widerspruch in sich ist. »Ich suche einen Mann, der mitfühlend ist, einen Mann, der zuhören kann«, spöttelt eine Komikerin vor einem größtenteils weiblichen Publikum. »Ich schätze, ich suche nach einer meiner Freundinnen, der ein Penis wächst.«

Tannen dürfte die Schlußfolgerung dieser Komikerin besorgniserregend finden. Sie meint, Männer können »fühlen wie Frauen«, und Frauen können Probleme instrumentell lösen »wie Männer«. Wenn jedes Geschlecht lernen würde, ein wenig in der Sprache des anderen zu sprechen, so meint sie, gäbe es erheblich weniger Streit. Sie hat recht, glaube ich, aber doch nicht ganz.

Denn nachdem Frauen jahrelang Männer gedrängt und gequält haben, mehr Gefühl zum Ausdruck zu bringen, und sie erst einmal anfangen, offen zu sprechen, sind Frauen nicht immer damit einverstanden. »Nächstes Jahr um zwei Uhr mittags werden die Männer anfangen, über ihre Gefühle zu sprechen«, sagt eine Wahrsagerin in einem Cartoon von Nicole Hollander voraus. »Und um fünf nach zwei wird es den Frauen in ganz Amerika leid tun.«

Es gibt natürlich Ausnahmen, Männer wie Dante, Donne und Marvin Gaye, die anerkannte und beglaubigte Gefühlsäußerer sind (Dichter und Musiker gelten daher fast schon definitionsgemäß als feminin). Im allgemeinen, wenn Frauen das Wort *verletzlich* aus dem Mund eines Mannes hören, schneiden sie dem Sprecher allerdings das Wort ab und wenden sich stärker »androgynen« Themen zu, ganz wie ein Automechaniker, der sich weigert, sich mit einer Frau zu unterhalten, die vergebens Worte wie *Vergaser* benutzt.

Zum einen verdächtigen Frauen Männer, ihr Vokabular zu unehrenhaften Zwecken zu mißbrauchen. Wo der altmodische Mann eine Frau überredet hätte, mit ihm ins Bett zu gehen, indem er seine unsterbliche Liebe bekannte, läßt seine moderne Inkarnation ein paar wohlüberlegte, vorzugsweise der Frauenbewegung entlehnte Gefühlsäußerungen fallen. Nicht daß diese List nicht wirkte; die hartgesottene Cartoonistin Mimi Pond unterweist Männer sogar in ihrer richtigen Anwendung. In ihren »Konversationstips« zeichnet sie unter der Überschrift »Sage nicht« einen vornübergebeugten Einfaltspinsel mit irren Augen, der erklärt: »Sie sagen, jeder Mann ist zu einer Vergewaltigung imstande. Es ist irgendwie verrückt, aber ich schätze, es stimmt, he?« (In der Sprechblase der bissigen Frau bilden sich Eisklumpen.) Unter der Überschrift »Sage« schmachtet ein netter Junge mit der Hand am Herzen: »Weißt du, manchmal liege ich nachts wach und denke darüber nach, wie falsch doch die unterschiedlichen Maßstäbe sind, nach denen wir erzogen werden ...« – »Wirklich?« erwidert sein hingerissenes Opfer.[8] Das »weibliche« Gefühlsvokabular zu beherrschen oder ein Gedankenrepertoire zu äußern, das von Mitgefühl mit Frauen zeugt, ist kein schlechtes Mittel, Mädchen herumzukriegen.

Oder Aufmerksamkeit zu gewinnen, ohne unbedingt dem anderen Aufmerksamkeit widmen zu müssen. Um es mit den Worten einer gewitzten Frau zu sagen: »Ein Mann, der weint, kommt mit Gefühlen in Berührung – mit seinen eigenen.«

Das Zögern der Frauen, Männer in den Kreis der Gefühlsäußerungen zu ziehen, ist durchaus verständlich. Gefühle zu äußern ist nicht unbedingt anerkannt. Rationalität rangiert weit über Emotionalität; Macher und Unternehmer rangieren weit über pflegenden und hegenden Berufen (wer daran zweifelt, braucht nur das Einkommen einer Erzieherin oder Hausfrau mit dem eines Ingenieurs oder Börsenmaklers zu vergleichen). Und dennoch bergen Fürsorge, Liebe, Bildung, Harmonieförderung und sprachliche Gefühlsäußerung eine gewisse Macht, und Frauen empfinden es als Übergriff auf ihre begrenzte Macht, wenn ihre weithin anerkannte Dominanz in diesem Bereich in Frage gestellt wird. Ebenso wie der Mann, dessen Fähigkeiten, zu kochen und Fläschchen zu spülen, denen der Hausherrin gleichkommen, ist auch der neue, Gefühle äußernde Mann ein Konkurrent. Kommt zu dem bereits etablierten Arsenal seiner sexuellen und wirtschaftlichen Vorteile auch noch emotionales Geschick, dann geht er besser gerüstet in den Wettstreit als Frauen.

»Ich habe gebettelt und gebettelt, daß er eine Therapie macht«, erzählt eine Frau, die ihren Mann den Experten nennt. »Nach langer Zeit hat er es dann getan. Es war der größte Fehler, den ich je gemacht habe. Früher wußte er, wie man Salatsauce macht, wie mein Computer zu bedienen ist, wie man Auto fährt, wie man alles besser macht als ich. Jetzt weiß er sogar besser als ich, was ich *fühle.*«

Doch der emotional reife Mann, der Mann, der seine Gefühle äußern will und versucht, eine Frau zu verstehen, ist noch in einem tieferen Sinne ein Eindringling, in einem Sinne, der über den Konkurrenzkampf hinausgeht.

Jede intime Beziehung ist ein ständiges Hin und Her zwischen dem Verlangen, eins zu werden, und dem Bedürfnis nach Loslösung. Die Psychologinnen Susie Orbach und Luise Eichenbaum untersuchen, wie heterosexuelle und homosexuelle Partner die Rollen aushandeln, wenn sie um Nähe und Abstand ringen. Geht einer einen Schritt vor, geht der andere einen Schritt zurück, dann macht der andere einen Schritt nach vorne, während der erste zurückweicht, und so weiter in einem andauernden Tanz von Abhängigkeit und Unabhängigkeit.[9] Die meisten Psychologen, so auch diese beiden, stimmen mit Nancy Chodorow, der Autorin des Buches *The Reproduction of Mothering*, überein, daß Heterosexualität und die traditionelle Familie mit ihren eingefahrenen Geschlechtsrollen die Rollenpolarisierung in diesem Tanz übertreiben: Frauen gehen öfter auf den anderen zu, während Männer sich zurückziehen. Frauen, die ihre Identifikation mit der ersten Person, von der sie Liebe erfahren haben, der Mutter, beibehalten haben, fühlen sich in der engen Vereinigung wohler und haben mehr Angst vor Isolation. Männer, die die Mutter abweisen mußten, um eine männliche Identität zu erlangen, neigen aus Angst, verschlungen zu werden, zur Zurückhaltung bis hin zur Einsamkeit.

Und dennoch ist bei beiden Geschlechtern sowohl Sehnsucht nach als auch Angst vor Nähe und Abstand vorhanden. Auch Frauen können das Gefühl haben, erstickt zu werden; Männer können sich einsam fühlen. Manche Lesbierinnen haben mir beschrieben, wie unerträglich es sein kann, wenn zwei ein Paar sind, die ständig die Nähe suchen. »Gott, die Rechenschaft über jede einzelne Minute, das ständige Wie-geht-es-dir und Was-denkst-du-gerade!« explodierte eine lesbische Nachbarin einmal nach einem schwierigen Telefongespräch mit ihrer Freundin. »Gib mir einen Mann! Laß mich allein sein! Aber bitte, laß mich nur einen Moment für mich sein!« Ich sagte ihr, sie klinge wie ein Vater, der es sich gemütlich gemacht habe und seine lästige Familie verscheuche, um die Festung seines Lehnstuhls zu verteidigen.

Der Widerstand der Frau gegen männliche Bemühungen um größere Nähe und ihr Beharren auf seinem angeborenen Autismus deuten auf ein starkes Verlangen hin, das weniger offen zugestanden wird als der Wunsch nach Nähe – nämlich das Bedürfnis nach Privatheit und Abstand. Die Klischeevorstellung vom Kindmann erhöht die Möglichkeit, diesen Abstand zu schaffen. Eine Frau kann ein Baby leidenschaftlich lieben, und jede Mutter weiß, daß ein Baby ständig die größte Aufmerksamkeit verlangt. Doch zwischen

Erwachsenem und Kind bleibt immer ein gewisser Abstand bestehen; ein Erwachsener kann mit einem Kind »allein« sein. Kleine Kinder fragen häufig, wann sie ihre Eltern im Alter »einholen«. Die Versicherung, daß das unmöglich sei, ist gleichermaßen enttäuschend wie beruhigend.

Diese Ambivalenz ist unter anderem auch Gegenstand der Geschichte von Peter Pan: Als Peter immer noch als Junge von einem Aufenthalt im Niemals-Land zurückkehrt, trifft er im Kinderzimmer, in dem Wendy als Kind geschlafen hat, ihre Kinder an. Peter Pan ist, wie der Titel des Stückes schon sagt, die Geschichte des Jungen, der sich weigert, erwachsen zu werden. Es ist aber auch die Geschichte von Wendy, die sich entscheidet, erwachsen zu werden, und die über diesen Entschluß zwar Wehmut, aber keine Reue empfindet. Peter Pan handelt von den Vorzügen und Gefahren des Erwachsenseins, aber es ist auch eine Fabel über den Unterschied der Geschlechter: Mädchen werden erwachsen, Jungen nicht.

Was wäre, wenn Männer Frauen »einholen« könnten? Was wäre, wenn sie die Kluft zwischen den Geschlechtern schließen, über die Alters-/Geschlechts-Klippe springen und in das Reich der Frauen eindringen könnten, die ganze Zeit in der weiblichen Geheimsprache plaudernd? Welche Möglichkeit zur Abgrenzung würde die Heterosexualität dann noch bieten?

In dem Maße, wie der Geschlechtsunterschied stärker in Frage gestellt ist, hält der sprachlose Mann Wache an der Grenze zwischen den Geschlechtern. Als Amateur der Vertrautheit schützt er die Privatheit. Als Verweigerer der Nähe rettet er die Abgrenzung.

Der Unbeholfene

Der Mann als unpraktisches Wesen ist vielleicht der liebevollste, erwachsenste Typ der Kindmänner, und bis zu den Hausarbeitskriegen der frühen siebziger Jahre stieß er bei Frauen wohl auf die freundlichste Nachsicht. Eine solche Charakterisierung ist weniger eine Anklage als vielmehr eine Schelte, ein Nasenstüber für einen großen, unbändigen, aber gutmütigen Hund, der mit seinem großen Schwanz gern die Aschenbecher umstößt und dessen fröhliches

Gebell die Kinder der Nachbarn weckt. Er macht Unordnung, aber er plündert nicht. Seine Übeltaten beruhen auf Vergeßlichkeit, vielleicht auch auf Schwerfälligkeit, aber nicht auf Böswilligkeit.

Der Unbeholfene ist ein Ehemann, kein Liebhaber, er verkörpert die Domestizierbarkeit des Mannes und ihre Grenzen. Er mag durchaus ein großer Mann sein, der in wichtigeren Dingen aufgeht – Einstein, der das Haus auf Strümpfen verläßt, Nelson Mandela, der seine Schuhe oder seine Krawatte nicht finden kann.[1] Oder einfach, und um so schlimmer, ein ganz gewöhnlicher Mann im ganz normalen Alltag, der die Ordnung durcheinanderwirft, die Frauen in die Welt bringen – »Ist das nicht typisch Mann«, seufzt eine weibliche Stimme.

Dieser unfähige, einfältige (und nicht selten voll und ganz mit sich beschäftigte) Bursche liefert nachhaltig Stoff für Hausfrauenhumor, Comics und Situationskomik und für ihre verkürzten und erweiterten Versionen, die Fernsehwerbung und bestimmte brillant-verrückte Hollywood-Komödien. Er ist in erster Linie Gegenstand der Belustigung, die allerdings an beißenden Spott grenzt; unter seinem süßen Äußeren ist der Unbeholfene keineswegs amüsant. »Als ich deinen Vater kennenlernte, war er ein unsensibler Langweiler«, erzählt eine neunundsechzig Jahre alte Frau ihrer Tochter lächelnd. »Heute ist er ein sensibler Langweiler.«

Blindlings stolpert der Unbeholfene von der Eingangstür zum Eßtisch, rutscht vielleicht wie Dick Van Dyke auf einem Schlittschuh oder Spielzeug aus, vom Eßtisch zum Sessel, wo er sofort hinter der Abendzeitung verschwindet oder im gespenstischen Licht des Fernsehgeräts untertaucht, vom Sessel ins Bett, wo er sich nicht weniger ungeschickt anstellt, und repräsentiert in alledem gleichermaßen die Aussöhnung der Frauen mit der traditionellen Ehe und – subtiler, vorsichtiger – eine resignierte Unzufriedenheit mit den in ihr herrschenden Geschlechtsrollen. Auf den neuen Konfliktfeldern zwischen Frauen und Männern – im partnerschaftlichen Haushalt und am geschlechtlich integrierten Arbeitsplatz – gerät der Unbeholfene unter grimmigere und offenere Kritik. Doch selbst dort, wo er und die Einstellungen zu ihm den gutartigsten Eindruck machen, ist sein Image eine Art Rache an der Inflation männlicher Privilegien und der Tatsache, daß Frauen zu Hause in die Unsichtbarkeit häuslicher oder sexueller Dienstbarkeit und am Arbeitsplatz in unbedeutende und untergeordnete Stellungen verbannt sind.

Der »Hausfrauenhumor« von Schriftstellerinnen wie Phyllis McGinley, Peg Bracken, Jean Kerr und Erma Bombeck erlangt Bestsellerstatus, indem er das Ideal der glücklichen Hausfrau durchlöchert und Frauen gegen kulturelle Angriffe auf ihren Charakter und ihre Fähigkeiten verteidigt – nicht selten mit Seitenhieben auf den kleinen Haustyrannen der Familie. Gespickt mit negativen Beobachtungen über Ehemänner, enthält der Hausfrauenhumor eine Fülle von Oden auf weibliche und mütterliche Liebe und Einwände der Art »Ich liebe ihn, aber ...« Da er die Ehe als Gegebenheit ohne Alternative ansieht, sind diese kleinen Kränkungen wie Pfefferkörner in einem herzerwärmenden Eintopf häuslicher Zufriedenheit: Es ist ein wenig störend, auf sie zu beißen, aber letztlich verbessern sie den guten Geschmack.

Hausfrauenhumor dreht sich um Mami, die aufgelöste Generalin, die auf weibliche Weise ihre bunt zusammengewürfelte Armee durch den Dschungel täglicher Gefahren führt – Stromausfälle, verstopfte Toiletten, Masern – und nebenbei die verrückten Guerillas bekämpft – bockige Haustiere, exzentrische Verwandte. Generalin Mami muß sich allerdings nicht nur um feindliche Truppen kümmern: Nie kann sie genau vorhersagen, wann ihre eigene Schar meutern wird. Und mag sie auch zynisch werden, ihre Loyalität zu ihnen versagt nie. Ein Großteil der Komik beruht auf den verschrobenen Wegen, auf denen die Frau im Kampf besiegt wird – doch ihre Niederlagen bringen weder sie noch den Leser ernstlich aus der Fassung. In einer Welt ohne Scheidung ist der Krieg nie wirklich zu verlieren.

Viele Arten von Komik haben einen Heldenmut gemeinsam, der sich selbst schlechtmacht. S. J. Perelman äußerte, Humoristen lebten vom Mißgeschick, deshalb wohne er in einem Hotel in New York City. Unter den Komikern steht die Hausfrauenhumoristin allerdings dem frühen Eddy Murphy näher als Perelman: Sie hat nicht das Gefühl, dort, wo sie ist, ganz freiwillig zu sein. Sie sieht ihre Lage wie Murphy seine schwarze Hautfarbe als unvermeidlich und unausweichlich. In beiden Arten der Selbstverunglimpfung liegt ein gerüttelt Maß Selbstverteidigung, und doch besteht zwischen ihnen ein Unterschied: Afro-amerikanische Komiker verteidigen ihre weißen

Peiniger nicht; Hausfrauenhumoristinnen verteidigen die traditionelle Ehe und ihre Ehemänner.

1946 schrieb Phyllis McGinley folgende »Entschuldigung für Ehemänner« (als »Antwort auf die Bemerkung einer Freundin, sie seien störender, als sie es verdienten«).

> ... ich gebe zu, der Mann im Haus
> hemmt den geordneten Verlauf.
> Rasierzeug, Kamm – zahnlos wie immer
> stören das Bild im Badezimmer.

Die Liste seiner Vorzüge schließt:

> Welches Gerät ist nützlich wie ein Gatte?
> Bedenke das nur eine einzige Minute,
> dann gibst du zu, daß jedes rechte Haus,
> kommt ohne einen Mann nicht aus.[2]

1946, als die GIs gerade nach Hause kamen, brauchte natürlich jedes anständige Haus einen Mann. Der häusliche Humor lieferte ihn, unerschütterlich und manchmal unerbittlich wie ein Fels, und immer spielte er die gleiche Rolle: Er verhinderte den Vormarsch der Frauen über das Haus hinaus und stellte die Stabilität wieder her, die der Krieg ins Wanken gebracht hatte.

Der Unbeholfene und seine treuergebene Frau bildeten ein Hauptthema der Radiosendungen, Komödien und frühen Fernsehsendungen der Nachkriegszeit: Lorenzo Jones macht sich mit seinen Erfindungen zum Gespött der Stadt, doch seine Frau Belle glaubt bis zuletzt an ihn; Fibber McGee benutzt bei einer Bootsfahrt im Mondschein das falsche Ende des Paddels, und als er es schließlich ganz verliert, nimmt er statt dessen seine Mandoline, und bei alledem findet Molly ihn immer noch romantisch und sexy. In den »Honeymooners« tut die kaltschnäuzige, aber mit einer Engelsgeduld ausgestattete Alice Ralphs Drohungen und Wutanfälle nicht nur mit einem Achselzucken ab, sie hilft ihm auch aus jeder Patsche und küßt und knuddelt ihr Riesenbaby am Ende jeder Folge.

Mit Fibber, Ralph und Konsorten haben die meist männlichen

Autoren eine ganz bestimmte weibliche Einstellung zu Männern recht genau getroffen. Und doch fällt es schwer, in diesen hypertoleranten Ehefrauen mehr zu sehen als nur eine männliche Phantasie. Letzten Endes enthüllen diese Geschichten wohl eher das männliche Unbehagen über den Wandel, den die Familienverhältnisse damals erfuhren – den Ärger der Männer, nach den Kriegsabenteuern wieder domestiziert zu werden, und ihren Wunsch, das Widerstreben der Frauen zu unterdrücken, sich aus gut bezahlten, einflußreichen Stellungen wieder in die Küche befördern zu lassen.

Bildeten die glückliche Hausfrau und ihr unbeholfener Ehemann einen festen Bestandteil der Unterhaltungskultur der fünfziger Jahre – das Fernsehen der Anfangszeit ist ohne sie kaum vorstellbar –, so mehrten sich bald die Anzeichen, daß das Leben mit solchen Männern nicht ganz so lustig war, wie die (männlichen) Lehnstuhlautoren behaupteten. Frauen begrüßten 1963 Betty Friedans Buch *Der Weiblichkeitwahn* mit stürmischem Beifall. Mitte der siebziger Jahre stellte Ann Landers fest, daß Frauen in der Ehe nicht glücklich waren. Als sie ihre Leser fragte, ob sie ihren jetzigen Partner wieder heiraten würden, wenn sie noch einmal vor die Wahl gestellt wären, lauteten von 30 000 eingehenden Antworten, die größtenteils von Frauen kamen, 70 Prozent nein. 190 davon sagten: »Um Gottes willen, nein!«, und nahmen damit die wissenschaftlich zweifelhaften, aber insgesamt glaubwürdigen Ergebnisse vorweg, die Shere Hite ein Jahrzehnt später erhielt, daß nämlich Frauen mit ihren Ehemännern und Liebhabern weitgehend unzufrieden seien.[3]

Als Archie Bunker seine Bigotterie und seinen Sexismus hinausbrüllte, hielten die Drehbuchautoren der Serie es für nötig, der verschreckten Überängstlichkeit von Ehefrau Edith einen Gegenpol in der weit weniger toleranten feministischen Tochter Gloria gegenüberzustellen. Die Fernsehanstalten brachten Cagney und Lacey und Kate und Allie heraus, kompetente, unabhängige Frauen, die zum Vergnügen einer treuen Anhängerschaft regelmäßig Tiefschläge gegen den Machismo landeten.

Und immer noch singt die häusliche Humoristin ihr witziges, aber gefälliges Lied mit nur geringen Variationen. Um sie herum toben Scheidungskämpfe, unverheiratete, jugendliche Mütter leben ein paar Häuser weiter, auf dem Bildschirm im Wohnzimmer prangern

Moderatoren sexuellen Mißbrauch, Inzest und Alkoholismus von Jugendlichen an, aber bei ihr zu Hause läuft alles so chaotisch-gelassen wie immer. Erma Bombeck hält in ihrem Buch *Family*... kurz inne, um zu überlegen:

> Als ich dort so saß, dachte ich darüber nach, wie sehr die Jahre die Familie in einer Weise in Frage gestellt haben, bei der niemand es für möglich gehalten hätte, daß sie es überlebt. Sie hat Kombinationen aus Stief-, Pflege-, Einzel-, Adoptiv- und Ersatzkindern, tiefgefrorene Embryos und Samenbanken überstanden. Sie hat sich vermehrt, geteilt, ausgedehnt und zu Kommunen zusammengetan. Sie wurde bestürmt von der Technologie, von sexuellen Revolutionen erschüttert und vom Rollentausch durcheinandergebracht. Aber es gibt sie immer noch – und sie spielt vor ausverkauftem Haus.[4]

Der Frage ausweichend, welche »Familie« es immer noch gibt und ob »sie« demnach tatsächlich überlebt hat, versichert Bombeck, daß »sie« unzerstörbar sei. Die Herausforderungen, die sie anführt, klingen nach Geschichte, als habe die Familie eine harte Phase wie eine vorübergehende eheliche Entfremdung durchgemacht, und nun sei zu erwarten, daß sie zu ihrem früheren Wesen zurückfinde.

Bombecks Haushalt hat sich aufgelöst, ihre Kinder sind erwachsen und aus dem Haus. Der ungeschickte Ehemann ist dagegen noch sehr präsent. Der Neue Mann mag in Familien eingezogen sein, wie sie die Frauenmagazine auf Hochglanzpapier beschreiben, hier wohnt er noch nicht. Der alte Mann ist inzwischen buchstäblich alt und rund um die Uhr im Weg: »Männer im Ruhestand wie Jim bringen Effizienz ins Haus. Es ist billiger, Teebeutel selbst zu machen, als sie fertig zu kaufen«, schreibt Bombeck, das nächste Kapitel der glücklichen ehelichen Disharmonie entschlossen angehend.

Da Papi im Ruhestand ist, kümmert er sich ständig um irgendwelche Kleinigkeiten und ist zur recht armseligen Gestalt verkümmert: »Jim war immer unterwegs, auf dem Sprung, auf der Jagd nach Klienten. Jetzt bleibt er zu Hause. Er hat eine neue Armbanduhr. Er sagt jedem, wie spät es ist, auch wenn es niemand wissen will.« Jim hat »mehr zu tun denn je« (hinter der Hand: »er macht sich zu tun«), während Erma so viel zu tun hat wie immer mit der sinnvollen Plackerei, die Familie zu versorgen.

Der Hausfrauenhumor gibt sich als Tatsachenbericht, allerdings ist der Leserschaft zumindest unterschwellig bewußt, daß die Nur-Haufrau des Buches in Wirklichkeit eine schwer arbeitende Bestsellerautorin ist. Auf den ersten Blick scheint das eine unüberbrückbare Glaubwürdigkeitslücke aufzutun, tatsächlich kann ihre duale Persönlichkeit jedoch sogar zur Steigerung ihrer Popularität und Glaubwürdigkeit beitragen. Sie ist die echte Superfrau: Die gut frisierte Freischaffende, die sich auf dem Photo des Schutzumschlages über ihre Schreibmaschine beugt, tarnt sich im Inneren des Buches als breithüftige Matrone in altmodischen Klamotten. Zeichnen andere Medien die berufstätige Frau als Bedrohung der Familie, so gilt dies für Bombeck in keiner Weise. Ihre Loyalität gilt der Matrone, nicht der Karrierefrau, und ihre Entscheidung für diese Seite beruht auf reichhaltigen Erfahrungen. Sie besitzt ebensoviel Liebenswürdigkeit wie Autorität.

Barbara Ehrenreich zeigt in ihrem Buch *Die Herzen der Männer* auf, daß in dem Maße, wie die partnerschaftliche Ehe, die sich auf Zuneigung gründet, solche Ehen ersetzt hat, die auf wirtschaftlichen Zwängen basierten, ideologische Stützen dieser Institution um so wichtiger wurden.[5] Und Schwartz und Blumstein haben festgestellt, daß in dem Maße, wie die finanzielle Abhängigkeit einer Ehefrau sinkt, ihre persönlichen und sexuellen Erwartungen steigen. Diese beiden Faktoren – ihre Fähigkeit, wirtschaftlich unabhängig zu sein, und ihre größeren Ansprüche an die Beziehung – machen Ehen zwischen Doppelverdienern instabiler.[6]

Ideologisch und emotional liefert eine Frau wie Bombeck, die finanziell in der Lage wäre, die herumtobenden Kinder und den verkümmerten Jim einfach sitzenzulassen, aber durch Dick und Dünn zu ihnen hält, ein Rollenmodell für Frauen, die in ihrer Verpflichtung zur weiblich-familiären Selbstaufopferung ins Wanken geraten – Frauen, die zwischen generationsspezifischen Ehebegriffen schwanken (also sich vorstellen, ihren Mann zu verlassen, aber nichts von Scheidung halten) oder von der Doppelbelastung durch Berufstätigkeit und Mutterpflichten erschöpft sind. Sobald ein Fuß zur Tür hinauswill, zieht die Hausfrauenhumoristin diese Frauen zurück an den Küchentisch und bietet ihnen noch eine Tasse Kaffee an. Dort erteilt sie die Genehmigung, unzufrieden zu sein, indem sie sich an einer Meckerrunde beteiligt, garantiert allerdings, daß sie die Dinge nicht allzuweit treiben wird. Häuslicher Humor versichert der Leserin, daß ihr Schicksal nicht so hart ist, wie es erscheint, und daß der Unbeholfene erst recht ein Grund ist, zu bleiben. Er vermittelt die Botschaft, daß ein Mann, der wie ein Faulpelz oder ein sadistischer Peiniger wirkt, in Wirklichkeit selbst ein armer Sack ist. Der arme Liebling wäre ganz verloren ohne sein Frauchen.

Die Zweigleisigkeit im Leben dieser Autorinnen hat allerdings auch etwas Heuchlerisches, fast schon Verräterisches. Viele Pressekolumnistinnen des häuslichen Humors haben zum Beispiel eine Bezahlung der Hausarbeit vorgeschlagen, doch ihr Humor (und vielleicht ihr Erfolg) hängt von der Unwahrscheinlichkeit ab, sie jemals durchzusetzen. Um lustig zu sein, müssen ihre eigenen, ans Haus gebundenen Charaktere als Opfer herhalten, die letztlich weniger glückliche als glücklose Hausfrauen sind. In dieser Hinsicht feiern diese angesehenen und gut bezahlten berufstätigen Frauen die Hausfrau als Heldin und schreiben sie zugleich ab. Vermeintliche Streiterinnen für die gefangene Frau, können sie doch nicht wahrhaft für ihre Befreiung eintreten. Sie bringen das Boot zum Schaukeln, aber nicht zum Kentern.

Ganz gleich, wie schlimm sich die Dinge – oder die Ehemänner – gestalten, eine Scheidung kommt nicht in Frage. In einer Episode von »Maude« über ein Treffen von ehemaligen Collegestudentinnen entschließt sich Maudes Freundin Vivian, ihren Mann Arthur zu verlassen. Erst nennt Maude ihn einen Trottel, dann überlegt sie es sich noch einmal: »Also gut, nur einmal angenommen, er ist ein Trottel. Das ist noch lange kein Grund, ihn zu verlassen. Ich meine, wo kämen wir denn hin, wenn jede Frau sich scheiden ließe, nur weil sie mit einem Trottel verheiratet ist? ...«

Die Abhängigkeit des Unbeholfenen ist ein Gegenmittel gegen die negative Selbsteinschätzung, die eine solche Nachsicht schürt, und sie ist eine unterschwellige Garantie für den Bestand und die Dauerhaftigkeit einer Ehe. Phyllis McGinleys »nützliches Gerät« von Ehemann war so geschickt, daß er praktisch unverzichtbar war, doch Erma Bombecks Teebeutelbastler ist ein Ärgernis. Warum ihn behalten? Es gibt keine andere Rechtfertigung als die Liebe und die Liebe zur Familie.

Wie viele andere Klischees ist auch der Unbeholfene abhängig von einer Welt, in der Frauen und Männer unterschiedliche Bereiche ausfüllen – er am Arbeitsplatz, sie zu Hause. Heute sind die Grenzen allerdings in Auflösung begriffen, und die Zahlen der Opfer bei den Grenzstreitigkeiten zeigen, daß Frauen größere Verluste erleiden. In dem Maße, wie die Feindseligkeiten zunehmen, verliert der Unbeholfene an Charme, und die Nasenstüber gegen ihn werden böswilliger.

Die Familie, die Erma Bombeck heraufbeschwört, geht den gleichen Weg wie der Heißluft-Backofen: In fast 70 Prozent der Ehen arbeiten Mann und Frau in den ersten Jahren, und die meisten Mütter arbeiten irgendwann außer Haus.[7] Und allen gegenteiligen Medienäußerungen zum Trotz verspüren Frauen in ihrer Zukunftsplanung offenbar nicht den Wunsch, an Heim und Herd zurückzukehren. In einer Untersuchung von 1988 über die Berufswünsche von 200 000 Studienanfängern an 400 Colleges nannte nur ein Prozent der Frauen »Vollzeithausfrau«.[8] Wie Arlie Hochschild in ihrem Buch *The Second Shift* feststellt, sind Verhandlungen – oder oft Streitigkeiten – über Hausarbeit und Kinderversorgung zu einem der wichtigsten Barometer ehelichen Glücks geworden. Über acht Jahre lang untersuchte sie 52 Paare, in denen beide Partner berufstätig waren, und stellte fest: »Ob sie nun traditionell oder eher gleichberechtigt in ihrer Beziehung waren, Paare, bei denen der Mann einen erheblichen Teil der Hausarbeit und der Kinderversorgung übernahm, waren glücklicher.«[9] Auf der anderen Seite führt Hochschild eine Studie von 600 Paaren an, die die Scheidung eingereicht hatten; bei ihnen »führten Frauen, die die Scheidung wünschten, als zweithäufigsten Grund – nach ›seelischer Grausamkeit‹ – ›Vernachlässigung von Heim und Kindern‹ an«. Hochschild merkt an: »Da Frauen sich traditionell um das Heim kümmern, ist es überraschend, daß so viele Frauen die mangelnde Fürsorge des Mannes für sein Heim als so wichtige Ursache ihres Unglücklichseins ansahen.«[10]

Paaren gelingt es in unterschiedlichem Maße, die familiären Aufgaben zu teilen – in Hochschilds Stichprobe beteiligten sich nur 20 Prozent der Männer in gleichem Maße wie die Frauen. John P.

Robinson, ein Demograph, der die jüngere Literatur zu diesem Thema gesichtet hat, kam zu dem Schluß, daß Männer zwar mehr Hausarbeiten übernehmen als vor zwanzig Jahren, daß sie aber im Durchschnitt immer noch nur ein Fünftel der täglich anfallenden Arbeiten wie Saubermachen, Kochen und Wäsche ausführen. Und selbst in Familien, in denen Männer sich an Hausarbeit und Kinderbetreuung beteiligen, übernimmt fast keiner die Verantwortung, »Termine zu planen, zu verabreden und in Erinnerung zu bringen«, wie es in einer Studie hieß. Von 160 Vätern waren in dieser Studie 150 für keine »weibliche« Hausarbeit zuständig, acht waren für eine, zwei oder drei verantwortlich.[11]

Um ihre »Geschlechterideologien« und Wünsche den Realitäten ihrer Vereinbarungen anzugleichen, entwickeln Paare, wie Hochschild erklärt, »Mythen« der Gleichheit oder Ungleichheit, die oftmals dazu dienen, gestörte Ehen zu stützen. Bei den Tanagawas hat Nina Opfer in ihrer Karriere gebracht, die ihr viel bedeutet, um mehr für die Kinder dazusein, aber sie und ihr Mann Peter sind sich einig, daß es so sinnvoll ist, weil sie »von Natur aus« besser mit Kindern und Haushalt umgehen kann. In einem anderen Fall reagierte Evan Holt auf die Forderungen seiner Frau Nancy, er solle sich mehr an der Hausarbeit beteiligen, mit einer ausdauernden Kampagne der Ignorierung. Seine Aufgaben erledigt er einfach nicht, und so gewann er den Kampf mit der Zermürbungstaktik.

Beide Männer ließen sich als unbeholfen einstufen, doch Peter Tanagawa ist der Version der Hausfrauenhumoristinnen näher als Evan Holt. Der Unbeholfene ist schließlich mit der Vorstellung der Gleichberechtigung im Haushalt unvereinbar: Wenn Frauen wollen, daß Männer Hausarbeit übernehmen, müssen sie überzeugt sein, daß Männer Hausarbeit erledigen *können*. Wenn der Mann sie dann doch nicht macht – weil er sich entweder strikt weigert oder wie Holt durch stillschweigende Ausflüchte unterläuft –, dann ist eine Möglichkeit, mit seinem Versagen zu leben, ihn wieder als Unbeholfenen zu sehen und sich zu sagen, daß er es ja versucht, aber nicht geschafft hat. Für eine Frau wie Nancy Holt, die von der Erwartung ausgeht, daß ein Mann mehr Verantwortung zu übernehmen hat, und die auf unüberwindliche Widerstände stößt, erfordert die Umstellung ihrer Sicht des Mannes von fähig zu unfähig ein gewisses Maß an gezielter

Selbsttäuschung, sei es nun bewußt oder unbewußt. Es bedarf keiner Erwähnung, daß der heruntergeschluckte Ärger, der mit diesem Selbstbetrug einhergeht (vom Zusammenleben mit einem Mann, der zu Hause nicht viel tun will, ganz zu schweigen), auch seinen Preis fordert, von der Frau ebenso wie von der Ehe.

Heutzutage ist der Unbeholfene nicht mehr der liebenswerte Trottel, der mit der glücklichen Hausfrau zusammenlebt. Wenn er abends nach Hause kommt, sieht er sich weniger willkommen geheißen als eher aufgenommen wie der Verwandte in Frosts Gedicht, ob er nun erwünscht ist oder nicht. In den meisten Fällen geben Frauen es nicht ganz auf, ihn umzuerziehen, und er stellt seine Lernversuche nicht ein. Tatsächlich stehen heute im Mittelpunkt vieler Schilderungen männlicher Tölpelhaftigkeit die unbeholfenen Versuche eines Mannes, Hausarbeiten zu verrichten, und die Erinnerungen, Anleitungen und Bestärkungen, die er braucht. Eine Zeitungsredakteurin aus New York, die gerne sarkastisch erklärt, gewisse weibliche Fertigkeiten (die Fähigkeit, Staub in den Ecken zu sehen, zum Beispiel) »gehen mit den Geschlechtsteilen einher«, erzählt die Geschichte, wie sie vor vierzehn Jahren ihrem Freund das Bügeln beigebracht habe. »Er kommt immer noch jeden Morgen herein, hält sein Hemd hoch und sagt: ›Sieh mal, Deb. Hab' ich das nicht gut gemacht?‹«

Wie Hochschild aufzeigt, sind Paare, die die Hausarbeit relativ gleichmäßig aufteilen, im allgemeinen glücklicher als jene, die es nicht tun. Es wirken sich jedoch noch andere Aspekte der Gleichheit und Ungleichheit in Paarbeziehungen aus – der finanzielle Status ist nur einer der augenfälligsten –, und Paare, die rundherum Gleichheit erreicht haben, sind eher selten. Wenn in anderen Dingen Ungleichheit besteht, kann das Klischee des Unbeholfenen einer Frau, deren Einfluß oder Selbstwertgefühl leidet, »als Ausgleich« dienen. In meinen Gesprächen habe ich interessanterweise oft beobachtet, daß so etwas geschah, wenn ein Mann versuchte, sich an der Hausarbeit zu beteiligen.

Eine fünfundfünfzig Jahre alte Hausfrau sagte:

> Leo sagt schon mal abends: »Ich mache mir selbst etwas zu essen.« Dann sage ich: »Nein, nein, nein, ich mache das schon.« Und es macht mir nichts aus, es zu tun, weil ich weiß, es ist besser, als was

er kocht. Ich glaube wirklich, daß er besser ißt, wenn ich koche. Männer machen diese Dinge nicht so gut wie wir. Sie machen sich nicht die Mühe, es genau und akkurat zu machen ... jedenfalls trifft das auf uns zu, ich bin eben eine Perfektionistin.

Diese Frau stellt nicht nur ihre Überlegenheit in häuslichen Dingen heraus, sie scheint auch anzudeuten, sie sei im allgemeinen geschickter und besser gerüstet im Umgang mit der Welt als ihr Mann. Und doch hat er alle wichtigen Entscheidungen in ihrem Leben getroffen. So haben sie zum Beispiel Investitionen gemacht, die sie strikt ablehnte, und sind gegen ihren Willen ans andere Ende des Landes gezogen.

Auch in Beziehungen mit weitaus größerer Gleichberechtigung ist es durchaus nicht ungewöhnlich, zu hören, daß eine Frau sich mit gemischten Gefühlen über den Mann äußert, der alles macht. »Ich habe festgestellt, daß wir eine so gleichberechtigte Ehe führen, daß ich in nichts mehr die letzte Entscheidung habe«, erklärte meine Freundin Joan, als ihr Mann für einen Monat im Ausland war. »Immer, wenn ich koche, kommt er herein und kostet und gibt Ratschläge, hier noch etwas Salz, da noch ein bißchen Oregano. Wir besprechen alles – welchen Klempner wir rufen, welche Frühstückskörner wir kaufen, sogar das verdammte Staubsaugen. Es ist anstrengend, die Kinder alleine zu versorgen, aber irgendwie ist es auch eine Erleichterung.«

Viele Eltern und Erzieher haben bemerkt, daß Frauen ihre Neugeborenen ganz für sich in Anspruch nehmen und daß Väter, die sich liebend gerne um das Baby kümmern würden, sich nutzlos und ausgeschlossen fühlen. Eine Untersuchung unter 1000 Müttern aus dem Jahr 1987 ergab, daß zwei von drei Frauen »anscheinend den Gedanken einer gleichberechtigten Beteiligung der Väter für bedrohlich hielten«. Diese Frauen wollen gewöhnlich, daß ihre Männer ihnen helfen, aber nicht, daß sie Mama »in den Schatten stellen«, meinen Louis Genevie und Eva Margolis, die die Studie analysiert haben; doch die Autorinnen sehen dies als Reaktion auf eine Verlegenheitslösung:

Es mag sein, daß Frauen aus der Tatsache, die »Nummer eins« zu sein, ein Gefühl der Sicherheit und Stabilität ziehen, das die mangelhafte Unterstützung kompensiert, die sie von ihren Gatten erhalten... Die Tatsache, daß Frauen im allgemeinen nicht von ihren Männern erwarten, die Aufgaben gleichmäßig mit ihnen zu teilen, daß sie bereit sind, mehr als die Hälfte zu übernehmen, trägt allerdings nur zu ihrem Gefühl der Verärgerung bei.[12]

Seine Beteiligung löst bei den Frauen die Besorgnis aus, er könne in diesem Bereich an Einfluß gewinnen, wie es in »weiblichen« Berufen wie der Krankenpflege geschehen ist, wo es einen Zustrom von Männern gegeben hat.

Denn Männer haben in ihren Bereichen nicht unbedingt Macht an weibliche Konkurrentinnen abgetreten. Im Gegensatz zum Krankenpfleger, der schnell in Verwaltungsposten aufsteigt, arbeiten die meisten Frauen weiter unter Frauen und in einer kleinen Auswahl von Berufen; etwa die Hälfte arbeitet in Berufen, die mindestens zu 80 Prozent von Frauen ausgeübt werden.[13] Selbst jene, die in »Männerberufen« in vergleichsweise hohe Positionen aufsteigen, bleiben meist auf weibliche Sphären beschränkt – Personalbereich, Verkauf, Kundendienst und »helfende« Berufe im allgemeinen. Eine interessante Entwicklung der weiblichen Frustration über diese Situation ist in populären Darstellungen des Geschlechterkampfes und des Unbeholfenen im Arbeitsbereich zu finden.

Am Arbeitsplatz »in die Küche verbannt«, üben Frauen an Männern die gleiche Art von Kritik, die sie auch zu Hause an ihnen haben: Der bei der Arbeit Unbeholfene hat es im Beruf schwer; er scheitert allerdings in Dingen, die Frauen meistern – im Umgang mit der »femininen« Seite der Arbeit. Er ist emotional unbeholfen im Umgang mit Menschen. Das gilt zum Beispiel für den Chef Mr. Hart in dem Film »Warum eigentlich ... bringen wir den Chef nicht um?« nach einem Drehbuch von Patricia Resnick. Die Heldinnen, drei Sekretärinnen, sind im Büro Prachtstücke und zu Hause Energiebündel, sie können alles, Garagentore reparieren und ihre Männer im Bett zur Ekstase treiben. Hart ist beruflich ein Parasit und im Umgang mit seinen Untergebenen ein Tyrann. »Sie sind ein sexistischer, egozentrischer, heuchlerischer, bigotter Lügner«, erklärt ihm Judy, dargestellt von Jane Fonda.

Die Rache der Frauen besteht in einer Art erzwungenem Geschlechtsrollenwechsel. Zunächst drohen die drei, Hart zu kastrieren – »Ich kann Sie vom Hahn zur Henne machen – mit einem einzigen Pistolenschuß«, sagt Dolly Parton –, dann entführen sie ihn und sperren ihn wie eine Frau in seinem eigenen Haus ein. Unterdessen übernehmen sie die Leitung der Abteilung und »feminisieren« sie: Sie führen Tagesstätten für Kinder der Angestellten und flexible Arbeitszeiten ein und schaffen ein Verbot ab, das es den Sekretärinnen untersagte, ihre Schreibtische zu verschönern. Als der onkelhafte Vorstandsvorsitzende von den Änderungen angetan ist, die die Frauen eingeführt haben, versucht Hart, sie auf sein Konto zu nehmen, und wird degradiert. Er fällt nicht nur in Ungnade, weil er ein schlechter und unehrenhafter Geschäfts*mann* ist, sondern auch weil er in weiblichen Dingen unbeholfen ist, unfähig zur »häuslichen Gestaltung« des Büros und zur Sorge für die Angestellten.

Andere Medien zeichnen Superfrauen, die den alten Tölpel ganz schön auf Trab bringen, nicht nur zu Hause oder bei der Arbeit. Ein Werbespot für Frühstücksflocken zeigt einen Mann, der mit seiner Frau Tennis spielt. Er ist völlig unsportlich, während sie meisterhaft spielt. Er bekommt sogar einen Ball gegen den Kopf – und das alles, weil er unter Verstopfung leidet und vermutlich nichts über Pflaumen und Abführmittel weiß. In einem Comic strip zahlen die sprichwörtlich gewordene Luann und eine Freundin es einem »männlichen Experten« mit gleicher Münze heim. Die Freundin schaut unter die Motorhaube eines Wagens und erklärt dem Besitzer: »Hm, ich weiß nicht . . . Ich glaube, Sie müssen das Zylinderkopf-Drehmoment-Einspritz-Divotverhältnis zünden und diesen Zufuhr-Einlaß-Vorvergaser-Infilibrator einstellen.« Und zu Luann gewandt: »Ich mach' das gerne«; damit gehen die beiden fort und lassen einen Mann zurück, der völlig verständnislos und verwirrt in den Motorraum starrt.

War das Klischee des Unbeholfenen einst eine symbolische Verteidigung der traditionellen Frauenwelt, so steht es heute für die Wut, Rache und Entschlossenheit von Frauen, es auch in der männlichen Welt mit Männern aufzunehmen.

Können Frauen über den häuslichen Tolpatsch und sein Gegenstück im Büro noch in gewissem Maße zufrieden schmunzeln, so gilt das für eine andere Art männlicher Unfähigkeit kaum, und das ist sexuelles Versagen. Nicht, daß Frauen nicht einen gewissen Trost daraus gezogen hätten, sich über das aufgeblasene sexuelle Selbstbewußtsein von Männern lustig zu machen. »Wie kommt es, daß Frauen so schlecht in Mathe sind?« heißt es in einem alten Witz. »Weil man ihnen immer gesagt hat, daß das (Daumen und Zeigefinger markieren einen Abstand von sieben Zentimetern) 25 Zentimeter sind.«

»Gegenstand des Gelächters sind gewöhnlich Angeberei, Versagen oder Unzulänglichkeiten von Männern, ein ›Aufkommen für fehlendes Hochkommen‹, wie eine meiner Tanten sagen würde«, schreibt Rayna Green in einem Artikel über den Humor von Frauen im ländlichen Süden. Sie fährt fort: »Spötteleien über winzige oder nicht funktionierende Schniedelwutze oder die dummen Eskapaden betrunkener, impotenter Männer liefern reichlich Stoff, mit dem Frauen ihrem Ärger über Männer Luft machen und Zuhörerinnen alternative Empfindungsweisen anbieten.« Die kleinen Jungen in der Küche den Frauen zuhören zu lassen »ist nur ein kleiner, beiläufiger Racheakt an den großen Jungs draußen«.[14]

Eher praktisch veranlagte Frauen haben es sich zum Ziel gesetzt, dieses Problem durch Erziehungs- und Aufklärungskampagnen zu lösen. Eine Freundin von mir heckte den Plan aus, über allen größeren Städten Flugblätter abzuwerfen mit kommentierten Illustrationen von Vagina und Klitoris. Cynthia Heimel, deren *Sex Tips for Girls* die Schwächen der Männer mehr durch die Blume beschreibt, bietet als letztes Mittel, den Wunsch nach Cunnilingus zum Ausdruck zu bringen, folgendes an: »Leg dich mit dem Kopf zum Fußende ins Bett.«

Doch die Menge der Druckerschwärze, die Frauenmagazine ernsthaft über sexuelle Ignoranz und Fehlverhalten von Männern ausgießen, deutet an, daß dies für viele Frauen durchaus kein Grund zum Lachen ist. Ehefrauen finden den Tolpatsch in der Liebe nicht so liebenswert wie den liebenswerten Tolpatsch. Tatsächlich gilt der in häuslichen Dingen unbeholfene Mann als männlich; für jemanden, der am Körper einer Frau herumkramt, als suche er die Mayonnaise im Kühlschrank, gilt das eindeutig nicht. Mehr noch, seine Unfähigkeit in häuslichen Angelegenheiten bietet ihr zumindest die zweifelhafte Ehre, ihm in diesen Dingen überlegen zu sein. Mit einem Trampel Liebe zu machen bietet keinen derartigen Trost; eher noch wirkt es sich sogar nachteilig auf ihr Selbstgefühl aus, sie fühlt sich nicht nur vernachlässigt und ungeliebt, sondern auch unzulänglich und schuldig. Wie Lillian Breslow Rubin in ihrem Buch *Worlds of Pain* aufzeigt, erleben Frauen, die nicht zum Orgasmus kommen, dies oft als eigenes Versagen und als Enttäuschung für ihren Mann, der – wie sie unlängst erfahren durften – keine vollkommene Lust empfindet, wenn sie es nicht tun. Seine Unzulänglichkeit und ihr Versagen, zum Orgasmus zu kommen, sind beide »ihre Schuld«.[15]

Derart finstere, wütende Gefühle haben kaum Platz in den heiteren Haushalten häuslicher Humoristinnen, die ins Schlafzimmer nur sehen, um so intime Fragen zu erörtern wie die Beschränktheit der Männer, eine passende Krawatte zum Hemd auszusuchen, ihre Angewohnheit, ihre Unterwäsche auf dem Boden zu verstreuen, oder – und das ist schon gewagt – ihr Schnarchen. Der Unbeholfene mag im Bett ein wenig langweilig sein, aber das ist auch schon das Schlimmste an ihm; Impotenz und andere handfeste Sexualprobleme kommen in der Romanwelt, in der er lebt, nicht vor.

Das sind nur einige der realen Kümmernisse, die in den Ehen der Hausfrauenhumoristinnen nicht existieren. In seinen Bemühungen, die letzten Überreste weiblicher Vorherrschaft in häuslichen Dingen aufrechtzuerhalten – mit all den Lasten und Fragwürdigkeiten, die eine machtlose Vorherrschaft enthält –, muß der Hausfrauenhumor eine Familie präsentieren, deren Krisen zu bewältigen sind. So bleibt der Unbeholfene selbst da, wo sich der Ärger wie ungebügelte Wäsche häuft, wenn er sich weigert, seinen Teil zu übernehmen oder sein Einverständnis, es zu tun, voller Ambivalenz steckt, eine Gestalt, die echten Streit abwendet. Er wird gehänselt, aber nur selten in die Pflicht genommen und nie verurteilt.

Während der Hausarbeitskrieg tobt und im Arbeitsbereich die Geschlechterpolitik neue Höhepunkte an Komplexität und Konflikt erreicht, sitzt der alte Tolpatsch weiterhin auf dem patriarchalischen Thron, wie albern ihn seine Krone auch kleiden mag. Verspöttelt, aber respektiert, privat niedergemacht, aber öffentlich aufgebaut, ist er eine bequeme Schrumpfversion des Mannes in einer Welt, die ihn per definitionem zur obersten Autorität erhebt.

Denn eine Frau, deren schlimmste Klage es ist, daß ihr Mann Äpfel von Birnen nicht unterscheiden könne, ist eine sichere Frau – sicher in ihrer Autorität und letztlich auch in seiner. Die Freiheit, herablassend zu sein, ist ein Privileg der ungefährdeten Ehefrau, deren gesundes Überleben der weibliche Hausfrauenhumor seinen Lesern mit Feuereifer zu versichern sucht. Vom Unbeholfenen kann niemand erwarten, daß er eine reife Melone nach Hause bringt oder auch nur den Abfluß im Bad repariert, aber als beständiges Mitglied einer im Niedergang begriffenen Kernfamilie ist er so zuverlässig, wie der Hausfrauentag lang ist.

Der Invalide

Frauen trauen männlicher Behinderung nicht; sie halten sie oft für erfunden oder übertrieben. Aber sie bedauern sie auch, schwelgen darin und fördern sie mit großem Einfallsreichtum. Der Invalide, der körperlich, seelisch oder sexuell Behinderte, ist ebenso wie die anderen Kindmänner ein reduzierter und geschwächter Mann. Jahrhundertelang haben Schriftstellerinnen und Künstlerinnen männliche Charaktere verstümmelt, um sie ihren Heldinnen nahezubringen. Auch in unserer Zeit verkrüppeln Frauen Männer mit Zärtlichkeit und Spott, um sie symbolisch klein zu machen – und zu strafen.

Frauen haben das Bildnis des invaliden Mannes nicht erfunden, noch haben sie alleine ihn erotisiert. In der westlichen Kultur findet er sein Urbild im durchstoßenen, blutenden Christus, der matt, schutzlos, erschöpft und ernst wie ein Mann nach dem Liebesakt in den Armen der Jungfrau Maria liegt, bewacht von der guten Hure, Maria Magdalena. Doch der »zum Invaliden gemachte« Mann, wie die Kunstkritikerin Rozsika Parker ihn nennt, und vor allem der von Frauen verkrüppelte Mann hat die Kunst und das Kunsthandwerk von Frauen seit dem 17. Jahrhundert bevölkert. »Sie bestickten cremefarbenen Satin mit Jael, die einen Pflock in Siseras Schläfen treibt, und zeigten in feiner Weißstickerei, wie Judith Holofernes enthauptet.«[1]

Seinem matten, schmerzerfüllten Aussehen nach unmännlich, geht vom Invaliden dennoch eine starke emotionale und sexuelle Anziehungskraft aus. »Früher war er ihr immer ein Dorn im Auge«, erinnert sich Viola Jackson, eine fünfunddreißigjährige Sozialarbeiterin, an die Einstellung ihrer Mutter zu ihrem Vater.

> Heute geht es meinem Vater gesundheitlich schlecht – er hatte drei Schlaganfälle im letzten Jahr ... Er wird ein Invalide, und meine Mutter findet sich besser damit ab, wie er ist. Und für ihn zu sorgen – ich habe nie erlebt, daß es ihr so viel Freude gemacht hätte, für ihn zu sorgen, wie jetzt, wo er nicht mehr für sich selbst sorgen kann.

Eine gefallene katholische Schwester kicherte verstohlen, als sie eine Phantasie ihrer Mädchenjahre gestand: »Ich saß in der Kirche und dachte daran, Christus vom Kreuz zu nehmen, ihn auf den Boden zu legen und zu lieben.«

In Kitschromänchen des 18. und 19. Jahrhunderts wimmelte es nur so von verkrüppelten und kränklichen Männern. In den Romanen der Schriftstellerin Caroline Lee Hentz, einer verheirateten Frau des frühen 19. Jahrhunderts und Freundin von Harriet Beecher Stowe, kommt zum Beispiel kaum ein Mann vor, der gesund und munter wäre. Väter, Brüder, Verehrer und Ehemänner sind »Idioten ... moralische Krüppel, gewalttätig, unzuverlässig und eifersüchtig«, schreibt die Literaturkritikerin Helen W. Papashvily. Oder sie sind tot: sie sterben im Krieg, im Ausland oder in Hentz' Buch *Linda* »entgegenkommend ... auf See«.[2]

Streng an die Etikette hält sich in diesen Romanen natürlich die Szene am Krankenbett, in der eine Frau den Mann pflegt, der vielleicht wieder gesund wird. Viele Kritiker haben dies als rührselige Porträts einer sentimentalisierten weiblichen Tugend ausgelegt und das Genre als frömmelnd, klischeehaft und albern abgetan. Doch andere Kritiker haben in diesen Büchern – die fast ausschließlich von Frauen geschrieben und gelesen wurden und ebenso beliebt waren wie die Barbara Cartlands und Jackie Collins' in der heutigen Zeit – die nur spärlich verhüllten Wutgefühle und Rachegelüste ehrgeiziger Frauen entdeckt, die in den Moralvorstellungen und ökonomischen Zwängen einer männlich dominierten Gesellschaft gefangen waren. Krankheit und Tod des Mannes befreiten die Heldin von ihrer Passivität, oftmals zu Abenteuern und Wagnissen. Häufig ist sie aber auch gezwungen, gefährliche Prüfungen nur wegen männlicher Verantwortungslosigkeit und Unfähigkeit zu bestehen. In dem Bestseller *Queechy*, einem amerikanischen Bürgerkriegsroman der Schriftstellerin Susan Warner, entstehen die Zerreißproben der Protagonistin

> ... durch charakterschwache Männer, die ihre Pflichten vernachlässigen und ihre Autorität in einem System mißbrauchen, das ihnen alle wirtschaftliche Macht und Verantwortung überträgt. Männer schieben die Verantwortung mit einem Achselzucken auf Frauen ab, während sie die Macht für sich behalten, und lassen die Frauen ums nackte Überleben kämpfen ohne jede Hoffnung, finanzielle Sicherheit oder Geborgenheit zu erlangen.[3]

Die nicht im buchstäblichen Sinne invaliden Männer sind vielleicht charakterliche oder gefühlsmäßige Krüppel.

Nur wenige Liebesromane des 18. und 19. Jahrhunderts treten für so etwas wie eine feministisch angehauchte Gleichberechtigung der Geschlechter ein, obwohl solches Gedankengut manchmal unmittelbar vor den Fenstern der Arbeitszimmer dieser Autorinnen lautstark proklamiert wurde. In fast allen Geschichten kommt es schließlich zur Wiedervereinigung der Heldin mit einem geläuterten und nun verständnisvollen Geliebten oder Ehemann. Diese Romanschriftstellerinnen protestierten zwar gegen die Gesellschaftsordnung und verurteilten Männer als Ursache der Probleme von Frauen, aber sie sahen dennoch eine glückliche Ehe als einzig denkbares Ende für die Prüfungen einer Frau.

Die Literaturkritikerinnen Sandra Gilbert und Susan Gubar vertreten die Ansicht, die großen Autorinnen seien kaum minder als ihre Schwestern des Kitschromanmarktes gezwungen gewesen, einer direkten Konfrontation zwischen Frauen und Männern aus dem Weg zu gehen, indem sie zufällige Schicksalsschläge ins Geschehen einstreuten und die männlichen Protagonisten durch die Natur und nicht in der Auseinandersetzung besiegen ließen. Als Mr. Rochester erblindet, schreibt Charlotte Brontë, »sank seine Macht«, und Jane Eyres »Seele wuchs ...« In dem langen (und, wie manche sagen, protofeministischen) Gedicht *Aurora Leigh* läßt Elizabeth Barrett Browning Romney erblinden und sein Erbe verlieren und gibt Aurora so die Möglichkeit, zu triumphieren und zu lieben. George Eliot läßt störend-fiese Charaktere ertrinken, so zum Beispiel in *Die Mühle am Floß* und *Daniel Deronda*. In beiden Erzählungen, so erklären Gilbert und Gubar, wird »ein offener Kampf zwischen Held und Heldin vermieden, fast mit Sicherheit, weil sowohl die Autorin als auch ihre Protagonistin meinen, daß eine direkte antagonistische Konfrontation der Geschlechter nur in einer Niederlage der Frau münden würde«.[4]

Das Wort *Kastration* drängt sich auf. Und viele Kritiker sehen in diesen Phantasien von Erblindung, Verkrüppelung und Verstümmelung eine symbolische Entmannung. Roszika Parker meint dagegen, Männer, die zu Invaliden gemacht würden, seien nicht entmannt, sondern verweiblicht – eine freundliche Geste, die eher erotisch als entsexualisierend wirke. »Sanft, lieb, vergeistigt – wem ähneln diese kranken Männer, wenn nicht Frauen? Um begehrenswert zu erscheinen, müssen Männer *den* Objekten der Schönheit und Begierde unserer Gesellschaft gleichen – den Frauen.«[5]

Der durch Krankheit verweiblichte Mann ähnelt nicht nur einer Frau, er ist ihr auch an Macht gleichgestellt. Er kann sich in Frauen einfühlen und hat keine Angst, zu lieben. Den Zusammenhang zwischen Verkrüppelung und einer beruhigenden sexuellen Passivität haben moderne Autorinnen deutlicher zum Ausdruck gebracht; so zum Beispiel Marilyn French in ihrem Roman *Frauen:*

> Sie wußte, daß er es sich nie einfallen lassen würde, sich ihr sexuell zu nähern. Wahrscheinlich weil er hinkte. Auf dem College war er dank eines Stipendiums, das an Körperbehinderte vergeben wurde. Biff hatte Kinderlähmung gehabt. Deshalb ergriff er nie die Initiative bei Frauen, obwohl er gescheit war und blendend hätte aussehen können, wenn er genug zu essen gehabt hätte. Und da sie sich bei ihm sicher fühlte, konnte sie es sich erlauben, ihn zu lieben.[6]

Parkers Vorstellung, daß der Invalide eher ein verweiblichter und liebenswerter Mann sei und weniger ein entmannter und bestrafter, findet sich in freizügigeren zeitgenössischen Romanen wieder, deren Autorinnen sich von den Metaphern der Blindheit, Kriegsverletzungen, Tuberkulose und vagen Geisteskrankheiten losgesagt und einen männlichen Charakter geschaffen haben, der im eigentlichen Wortsinn impotent ist. Dieser sexuelle Krüppel ist allerdings nicht ermüdend, ärgerlich, betrüblich oder verwirrend, wie er es im echten Leben ist. Im Gegenteil, er ist sexy.

Der erotische Knüller der frühen siebziger Jahre, Erica Jongs *Angst vorm Fliegen,* stellt Isadora Wing als eifrige Spielerin in jenem ehemals männlichen Sport vor, der Jagd nach dem »Spontanfick«. Ihr erstes Opfer, ein zottelhaariger, hinterngrapschender Engländer namens Adrian Goodlove, erweist sich als impotent. Von Anfang an zeigen Isadoras Zuneigungsbezeugungen, daß sie ihn feminisiert, und doch ist sie fasziniert von seiner jungmädchenhaften Zurückhaltung: »Das hatte irgendwie etwas Rührendes. Er wollte keine Fickmaschine sein.«

Als Isadora im Bett liegt, denkt sie über die sexuelle Überlegenheit von Frauen nach, über die Unzulänglichkeit des launenhaften männlichen Organs gegenüber der »einmaligen Allwetter-Möse ... immer da, immer bereit«. Adrian zeigt sich der Lage gewachsen, wenn schon nicht körperlich, so doch immerhin rhetorisch:

> Wenn du dich dann schließlich hinsetzt, um über mich zu schreiben, wirst du nicht wissen, ob ich ein Held oder ein Anti-Held, ein Schuft oder ein Heiliger bin. Es wird dir nicht gelingen, mich in eine Kategorie einzuordnen. Und in diesem Augenblick verliebte ich mich leidenschaftlich in ihn. Sein schlaffer Schwanz hatte an Dinge gerührt, zu denen der prächtigste Ständer nie vorgedrungen wäre.[7]

Der sexuelle Krüppel ist, anders als der geistesabwesende Tölpel, im Bett emotional verletzlich, von seelischem Tiefgang und liebenswert.

In dem Film *Coming Home* (Drehbuch: Nancy Dowd und Walter Scott) verführt der verkrüppelte Vietnam-Veteran Luke (dargestellt von John Voigt) Sally (Jane Fonda), die ihrem Ehemann Bob (Bruce Dern) – er ist als Offizier in Vietnam – noch nie zuvor untreu war.

Während Bob einen Offiziersrang innehat, ist Luke ein einfacher Soldat; wo Bob hart ist, ist Luke weich, buchstäblich: Er ist von der Taille an abwärts gelähmt und an den Rollstuhl gefesselt. Doch gerade seine Weichheit gefällt Sally. Ihr Mann, ein Macho, emotional gehemmt und zu keinem Gefühlsausdruck fähig, macht sich im Bett lieblos an ihr zu schaffen, während sie nur stoisch an die Decke starrt. Luke legt sorgsam im Badezimmer den Exkrementebeutel seines künstlichen Darmausgangs ab, zieht sich aus dem Rollstuhl aufs Bett und beginnt, Sally langsam zu liebkosen. Er bringt sie zum ersten Orgasmus ihres Lebens, wie eine Frau es tun würde, durch Cunnilingus.

Schreckliche Krankheiten und unwahrscheinliche Unfälle heraufzubeschwören oder den Genitalien einen sanften Stoß zu versetzen, mag populären Ratgebern eine allzu radikale Strategie zu sein; sie haben ihre eigenen Mittel, Männer zu Krüppeln zu machen: Sie führen medizinische und wissenschaftliche »Belege« an, um zu beweisen, daß Männer das schwache, vielleicht sogar das unterlegene Geschlecht sind. Dr. Joyce Brothers Buch *Ich liebe ihn und möchte ihn auch verstehen* beginnt beim männlichen Embryo, dessen kleine Hoden sich abmühen, Testosteron auszuschütten, und jämmerlich darum ringen, seine Männlichkeit sicherzustellen, noch ungewiß, in welcher Richtung er sich entwickeln wird; unterdessen ist sich seine ruhige, würdige Schwester ihrer Weiblichkeit vom Augenblick der Empfängnis an sicher und weiß »nichts von diesen Ängsten«.[8] Gemeinsam mit Dr. Joyce Brother verfolgen wir die Entwicklung dieses »zerbrechlichen Geschlechts«, meistern die Gefahren einer höheren Neugeborenensterblichkeit und Krankheitsanfälligkeit im Erwachsenenalter (Legionärskrankheit, Magen-Darm-Katarrh und so weiter und so fort). Wir seufzen über seine geringere Widerstandskraft (es sei nur daran erinnert, daß Frauen bessere Astronauten abgeben) und weinen an seinem früheren Grab. Faß die Jungs sachte an, folgern wir. Sie vertragen die Hitze nicht so gut wie wir.

Konservative Ratgeber, die der notleidenden Kernfamilie Hilfestellung leisten, machen sich ebenfalls Sorgen über den anfälligsten Patienten, den Vater. Anders als sein Vorläufer des 19. Jahrhunderts, dessen männlicher Stolz nur insoweit geschwächt war, wie sein Körper der Krankheit erlag, sind bei diesem Patienten die ersten

Krankheitsanzeichen Verletzungen des Selbstwertgefühls. Ja, die Schwächung der Männlichkeit ist die eigentliche Krankheit. Frauen sollten ihm daher das emotionale Äquivalent für eine zuckerummantelte Kindertablette verabreichen und den Patienten heilen, ohne sich etwas anmerken zu lassen und damit seinen empfindlichen Stolz noch weiter zu schwächen. Wenn er eine echte Krankheit hat, sollte sie die Chance nutzen. Eine »passende Gelegenheit, den mütterlichen Aspekt der eigenen Persönlichkeit bei einem Partner einzusetzen, ist, wenn er körperlich krank ist. Zu solchen Zeiten kann eine Frau sehr fürsorglich und mütterlich sein, ohne daß er sich erdrückt fühlt«, rät Dr. Toni Grant.[9]

Konservative Populärpsychologen sehen Männer massenweise vom Übel der Geschlechterverwirrung und den opportunistischen Viren der Impotenz und des ehelichen Zwists befallen. »Der Fall, daß ein Mann ernstlich von seiner männlichen Seite und Identität abgespalten war, war einst eine pathologische Seltenheit, ein Zustand, der nur hin und wieder zu finden war«, schreibt Leanne Payne, Präsidentin der Pastoral Care Ministries, in ihrem Buch *Crisis in Masculinity*. »Männer, die bei ihren Vätern und den Männern der Gemeinde Bestätigung als Männer erfuhren, konnten im großen und ganzen zu Ehemännern, Vätern und Führungspersönlichkeiten heranreifen ... Heute jedoch ist das, was einst der psychogene Ausnahmefaktor war [der abwesende oder unzulängliche Vater], unglücklicherweise zum vorherrschenden Merkmal der Kultur allgemein geworden.«[10]

Payne und andere fundamentalistische Christen des rechten Flügels eilen Männern zur Seite, die sich unter den Qualen der Passivität, Unreife, Homosexualität, dem »Hang« zur Pornographie und dem unwiderstehlichen Drang zu abstoßenden Sexualpraktiken (selbst mit Tieren!) winden. Diese Heiler flehen zu Gott, den verlorenen Seelen wieder eine starke männliche Identität zu geben, die ihre menschlichen Väter zu kultivieren versäumt haben. Die Ehefrau ermahnen sie unterdessen, Gottes Werk zu unterstützen, indem sie so »weiblich« ist wie möglich und sich unter anderem allen Wünschen ihres Gatten demütig beugt, auch im Sex, ob ihr nun danach ist oder nicht.[11]

Der Rat klingt fast nach einer Buße: Wenn die Frau sich für ihre Unzufriedenheit (vielleicht sogar unbewußt) gerächt hat, indem sie den Mann entmannte, so muß sie nun mit gleicher Inbrunst ihre Weiblichkeit annehmen und sich aufopfern, um ihn zu pflegen, bis er wieder zur gesunden Männlichkeit gefunden hat.

Auf keinem Gebiet kollidieren Männerhaß und weibliche Selbstbezichtigung heftiger und folgenschwerer als auf dem Feld der »Suchtforschung« und der »Co-Abhängigkeit« – das heißt der Abhängigkeit von der Abhängigkeit des anderen. Hunderte von Büchern – zu 85 Prozent sind die Leser wie auch die meisten der bekannten Autoren Frauen – schreien den Notruf sexueller Kränkung und emotionaler Verletzung hinaus. Der Mann, der einst vielleicht als Don Juan, männlicher Chauvinist oder verheirateter Schürzenjäger verurteilt worden wäre, ist hier nicht länger ein moralischer Drückeberger, sondern ein »zwanghafter Casanova«, ein »Sexbesessener«, der vom »Jennifer-Fieber« oder der »Bindungsphobie« gepackt ist. Er ist nicht mehr Täter, sondern selbst leidendes Opfer.

In gewisser Weise kommt Frauen die Diagnose der schlechten gesundheitlichen Verfassung von Männern ganz gelegen. Viele waren es allmählich leid, sich sagen zu lassen, sie hätten sich den Mangel an zuverlässigen, monogamen, erwachsenen Männern selbst zuzuschreiben, weil sie zuviel Energie auf so selbstsüchtige Bemühungen verschwendet hätten, wie Doktorgrade und Beförderungen in Anwaltskanzleien zu erlangen, und nicht genug Kraft darauf verwendet hätten, weiße Staketenzäune zu polieren. Die Schwemme populärpsychologischer Bücher, die mit Titeln beginnen wie »Männer, die ...«, deutet nach wie vor an, daß Frauen sich vornehmlich mit dem anderen Geschlecht befassen oder befassen sollten. Sie zeigt aber auch, daß ein gesellschaftliches Problem einen neuen Namen bekommen hat, diesmal einen männlichen.

Es ist eine Ehrenrettung, gesagt zu bekommen, daß das Problem nicht allein eines der Frauen ist, sondern auch eines der Männer. Allerdings erteilt die Populärpsychologie (den Frauen) keine Generalabsolution. Gehüllt in die neue, medizinisch-therapeutische Sprache der »Suchtforschung«, vermittelt sie Frauen die uralte Botschaft: Wenn sie an diesem Problem auch nicht *schuld* sind, liegt es doch in ihrer *Verantwortung*, etwas dagegen zu tun. Sie stellen die »zwanghafte« Sexualität als Krankheit wie Alkoholismus dar, mit der der Erkrankte zwar erfolgreich umgehen kann, die er aber niemals vollständig zu beherrschen vermag.

In einem widersprüchlichen Wirrwarr von Ratschlägen beziehen sie die Frauen in die »Sucht« der Männer als »Co-Abhängige« – »abhängig von seiner Abhängigkeit« – ein, die deren Verhalten »ermöglichen«, oder sie raten ihnen, den Nichtsnutz zu verlassen – oder beides. Sie verlangen von ihnen Mitgefühl mit dem Patienten und erklären ihnen zugleich, ihre eigene »Krankheit« bestünde in zuviel Mitgefühl.

Co-Abhängigkeit ist anscheinend ein allgemein verbreitetes Problem: Die Schriftstellerin und Leidensgefährtin Melody Beattie versucht, ihr Wesen genauer einzugrenzen, und erklärt: »In ihrer Verzweiflung (oder Erleuchtung) haben Therapeuten ausgerufen: ›Co-Abhängigkeit ist *alles,* und *jeder* ist co-abhängig!‹.«[12] Ihr Buch *Die Sucht, gebraucht zu werden* enthält eine zwölfseitige Liste mit Verhaltensweisen, die eine Co-Abhängige an den Tag legen kann; sie reicht von »versuchen, andere statt sich selbst zu erfreuen« über »sich verfolgt und unterdrückt fühlen« bis »zuviel reden«. Wenn Sie Ihre Symptome – »sich bei Nervosität an die Nase fassen« oder »in Aufzügen schwitzen« – nicht finden, sind Sie immer noch nicht aus dem Schneider: »Die vorstehende Checkliste ist lang, aber sie umfaßt nicht alles.«[13]

Die angebliche Allgegenwart dieses Zustandes und der ausgesprochen weibliche Zuschnitt seiner Hauptsymptome – geringes Selbstbewußtsein, entgegen den eigenen Interessen andere an die erste Stelle setzen – könnte manche verleiten, »Co-Abhängigkeit« als gesellschaftliches Problem zu bezeichnen, verursacht durch (o Gott, jetzt kommt das Wort mit S!) Sexismus. Zu seiner Beseitigung könnte man jenen inzwischen kontrollierten Stoff verschreiben: Feminismus. Doch während der Zwölfschritteleitfaden (nach dem Vorbild der Anonymen Alkoholiker) im Anhang eines jeden Buches über Co-Abhängigkeit zwar darauf abzielt, der Leidenden Kraft zu geben, verlangt er zunächst, daß sie zugibt, ihrer Abhängigkeit »machtlos« gegenüberzustehen. Nicht Zusammenschluß, Trauer heißt die Devise.

Erst dann kann sich die Abhängige von ihrem Dilemma, dem Alkoholiker, Drogenabhängigen oder »Sexbesessenen«, befreien, der wiederum selbst seiner Abhängigkeit machtlos ausgeliefert ist. Schwer zu sagen, wer von beiden kränker ist, doch dem Sexabhängigen geht es eindeutig schlecht. Anne Wilson Schaef nennt die Sucht nach Sex in ihrem Buch *Escape from Intimacy* eine »progressive, tödliche Krankheit«.[14]

So wie sich mit einigem Recht alle Frauen als co-abhängig bezeichnen ließen, leiden alle Männer an Bindungsangst. »Wir nennen es das Kalte-Füße-Syndrom. Es breitet sich aus wie eine Epidemie«, schreiben Dr. Sonya Rhodes und Dr. Marlin S. Potash.

> Jeder Mann in unserer Gesellschaft ist davon befallen, zumindest bis zu einem gewissen Grad. Wir wollen hier keine Nackenschläge verteilen. Männer sind nicht nur anders als wir, sie sind, was Nähe betrifft, Amateure. Die Männer wurden in unserer Gesellschaft nicht dazu erzogen, mit der Nähe umzugehen. Und heute, erstmalig in der Geschichte, bedeutet die Bindung zu einer Frau vor allem emotionale Bindung und nicht in erster Linie finanzielle Verantwortlichkeit.[15]

Carol Botwin nennt in ihrem Buch *Männer, die nicht treu sein können* den Hang zum Schürzenjäger eine Sucht und entwirft ein Horrorszenario von Bösewichten, die sich wie riesige, frauenfressende Würmer über die Landschaft ergießen:

> Das bedeutet, daß die meisten Frauen – bei uns in den Vereinigten Staaten mindestens 35 Millionen – irgendwann erkennen müssen, daß sie von ihren Ehemännern sexuell betrogen werden – manche von ihnen wiederholt ... Die Zahlen besagen natürlich noch nichts über die zusätzlichen Millionen und Abermillionen unverheirateter Frauen, die genau wie ihre Geschlechtsgenossinnen unter Männern zu leiden haben, die nicht treu sein können.[16]

Der Rat, den Rhodes und Potash geben, ist in einem Punkt mit den Ansichten der Verfechter der Co-Abhängigkeit unvereinbar: Sie meinen, Frauen sollten die Schürzenjägerei des Mannes thematisieren. Denn im Gegensatz zu jenem Invaliden, der ins Bett kriecht, möchte dieser Patient wieder nach draußen gehen und spielen.

Sie sollten ... daran denken, daß ein Mann seine Angst vor Bindungen nur dann als Problem sehen wird, wenn Sie es so sehen, beim Namen nennen und nicht loslassen. Ansonsten wird er Ihnen nur zu gerne die Schuld zuschieben, wenn es nicht funktioniert. Und er wird die Grundzüge Ihrer Beziehung bestimmen.[17]

Margaret Kent rät in ihrem Buch *How to Marry the Man of Your Choice* den Frauen, das Reden den Männern zu überlassen.[18] Manche führen auch Selbstachtung ins Feld: Rhodes und Potash empfehlen Frauen, auf Sex zu verzichten, wenn »der Mann sich abkapselt oder herrschsüchtig, sadistisch ist oder einfach mechanisch handelt«.[19]

Botwins Erörterung der Frage, was gegen seine Untreue zu tun sei, vermengt die Widersprüche der »Behandlung« zu einem süßsauren Eintopf: Bewahren Sie ihre Würde, rät sie – »Fangen Sie nicht an, sich zu erniedrigen, zu betteln oder hysterisch zu werden« –, während Sie sich überlegen, wie Sie seinen Ehebruch heimlich unterstützt haben.[20] Werden Sie wütend, aber wiederum nicht so wütend, daß Sie ihn wütend machen. »Sie haben allen Grund, zornig zu sein und ihn das auch spüren zu lassen. Da Sie die Dinge aber wieder in Ordnung bringen wollen, sollten Sie versuchen, sich im Zaum zu halten.«[21]

In der Darstellung dieser Ratgeber mündet der Heilungsprozeß des Schürzenjägers glücklich in seinem Ziel: einem gemeinsamen ehelichen Projekt wie zum Beispiel, ein kleines Unternehmen aufzubauen, das die Partner einander näherbringt und so den Mann belohnt, der aufhört, Seitensprünge zu begehen, und ihn ermuntert, treu zu bleiben; das wiederum ist der Lohn der Frau. Für den Mann bringt diese Devise also Gewinn auf ganzer Linie. Ihm wird nicht nur verziehen, daß er seine Frau vernachlässigt und betrogen hat, er bekommt auch noch mehr Aufmerksamkeit dafür. Für sie sieht die Sache zwiespältiger aus. Angesichts eines eher kranken als schlechten Mannes wird von ihr erwartet (und sie selbst erwartet es auch von sich), Mitgefühl zu zeigen, statt Zorn, zu geben, statt es ihm heimzuzahlen.

Die Reaktionen, die Populärtherapeuten im Namen der weiblichen Selbstachtung anraten, erinnern verdächtig an altmodische Selbstaufopferung: Im Namen der ehelichen Gleichheit und Reife verlangt die »Heilung«, die gleichermaßen unterwürfige wie überlegene Rolle zu übernehmen, einen Erwachsenen zu verhätscheln, der, bei allem, was recht und billig ist, für sich selbst sorgen kann. Wenn die Literatur zur Co-Abhängigkeit Frauen ermutigt, sich aus schlechten Beziehungen zu lösen, und ihnen fast den Versuch verbietet, ihre Männer zu ändern, so ist auch das eine Form von Kapitulation: Wo sind ihre Ansprüche geblieben? In allen Fällen verlangt die Behandlung von Frauen, zu handeln, zu verändern, zu durchschauen und zu klären.

Diese Art von Literatur ist so ungemein populär, weil sie eine reiche Ader weiblicher Selbstvorwürfe anzapft und es den Frauen gleichzeitig ermöglicht, den Männern die Schuld an schlechten Beziehungen zu geben. Sie führt die bequeme, wenngleich traurige Vorstellung fort, biologische Gegebenheiten seien nun einmal Schicksal – in diesem Fall die Annahme, Untreue sei ein geschlechtsspezifisches Merkmal wie Kahlköpfigkeit oder Farbenblindheit (obwohl die *New York Times* inzwischen gezeigt hat, daß praktisch jedes Tier im Tierreich, männlich wie weiblich und solche bekanntermaßen treue Tiere wie Schwäne inbegriffen, »Kopulation außerhalb der Paarbeziehung« treibt[22]). Und zu alledem spricht sie den Wunsch und das Bedürfnis von Frauen an, langfristige Intimbeziehungen zu erhalten, zu vergeben und zu vergessen – und realistisch mit deren Seltenheit umzugehen.

Solche Bücher mögen durchaus Beziehungen retten, wer weiß – es gibt kein Datenmaterial, das eine Korrelation zwischen einem hohen Konsum populärpsychologischer Gebrauchsliteratur und der Langlebigkeit von Ehen herstellte –, doch wenn sie dies leisten, geschieht es um den Preis der Gleichberechtigung der Geschlechter. Der Invalide verkörpert jenes Paradox, das den Kern des Männerhasses bildet und Frauen zum Wahnsinn treiben kann: Er ist angeblich schwächer, besitzt aber allein kraft seiner Männlichkeit mehr Macht. Die Frau pflegt ihren Invaliden gesund. Heilt sie aber als Hobby-Ärztin auch sich selbst?

Es gibt natürlich Frauen, die die Männer satt haben, die im Bett herumliegen und Kamillentee und Mitgefühl verlangen. Neben den Klischeevorstellungen vom kränkelnden Mann als unfreiwilligem

Befreier der Frau, als verdientem Opfer oder liebenswertem Gegenstand des Mitleids lauert eine andere Art von Invalide, Sinnbild weiblicher Ungeduld, zynischer Angriffe und Verstimmungen. Dort, wo Frauen keinen Sinn mehr darin sehen, Florence Nightingale zu spielen, und sich weigern, Schuldgefühle zu empfinden, weil angeblich sie die Männer krank machen, betritt der Hypochonder die Szene.

Im Gegensatz zum redlichen Invaliden, den eine Kriegsverletzung, ein seltener Tropenparasit oder etwas ähnlich Heldenhaftes hingestreckt hat, ist der Hypochonder ein kleiner Junge, der nicht zur Schule gehen will und ein rätselhaftes Leiden entwickelt, mit dem er Mami an sein Bett entführt und sie zwingt, ihm die liebevolle Zuwendung zukommen zu lassen, von der er nicht genug bekommt. Dieser Simulant ist weder niedlich noch sexy, bewundernswert oder sonstwie ansprechend. Allein seine Beharrlichkeit wirkt verpflichtend. Bestenfalls gelingt es ihm, komisch zu sein, wenn auch auf rührende Weise. Der Hypochonder mit seinem eingebildeten Leid ist vor allem eine Qual für die Frau.

Der Hypochonder ist berüchtigt, weil er immer gerade dann mit irgendeinem Leiden darniederliegt, wenn es seiner Frau am wenigsten auskommt. »Ich mußte nach Denver zu einer wichtigen Verkaufskonferenz fahren«, erzählte mir eine Geschäftsfrau, »ich stand vor einem Abschluß von etwa einer Million ... das hätte vielleicht eine Beförderung gebracht. Ich renne also hin und her, um alles vorzubereiten, und Joe fängt an zu husten. Er erklärt, er kann auf keinen Fall aus dem Haus gehen. Er kann sich kaum aus dem Bett schleppen, um sich eine Tasse Suppe zu machen.«

Tina in *Diary of a Mad Housewife* hat Schuldgefühle, weil sie sich um die vagen Beschwerden ihres Mannes Jonathan nicht besser kümmert. Während Tina am Erntedankfest hin und her jagt, vollauf beschäftigt, ein Feinschmeckermenü zuzubereiten und die Kinder zum Festzug zu begleiten, schleicht Jonathan im Morgenmantel vom Bett ins Badezimmer und zurück. »Ich weiß, es ist unmöglich, aber ich glaube ich bekomme wieder diese Sache«, jammert er. Als sie es ablehnt, »mit ihm in die Federn zu schlüpfen«, damit er sich besser fühlt, bringt er sie dazu, ihm wenigsten die zweitbeste Behandlung zukommen zu lassen.

»Meinst du, du könntest es schaffen, mir auf einem Tablett Frühstück zu bringen? Ich glaube, wenn ich es den ganzen Tag sehr ruhig angehen lasse, geht es mir wieder besser ...«

»Natürlich mache ich dir ein Tablett fertig.« Ich fühlte mich so schuldig, daß ich den Tränen nahe war. »Was möchtest du gerne?«

»Mein übliches Sonntagsfrühstück. Saft und Kaffee, zwei Vierminuteneier, zwei getoastete Brötchen – aber heute ohne Butter – und etwas Pflaumenmus.«[23]

Die Autorin Sue Kaufman läßt keinen Zweifel daran, wer hier wen verrückt macht.

Jedes dieser Beispiele erhellt eine andere Seite des Hypochonders, doch gibt es wohl in modernen Schriften zu diesem Thema keine gründlichere Schilderung als die Schmährede der Journalistin Marcelle Clements gegen den jüdisch-amerikanischen Prinzen. Ich nehme mir die Freiheit, ihre Beschreibung auf alle Hypochonder auszuweiten, da die Autorin dies selbst tut. Nachdem sie ihren Untersuchungsgegenstand als »infantil, exhibitionistisch, manipulativ, tyrannisch, krankhaft wettbewerbsorientiert, weinerlich, gierig, boshaft, paranoid, feige, cholerisch, letztlich neurotisch, pompös« vorgestellt hat, fragt sie: »Aber, so ließe sich einwenden, trifft das nicht auf alle Männer zu?« Ja, antwortet sie und walzt weiter.

Clements sucht den Zugang zum Herzen eines (jüdischen) Mannes – »nicht durch den Magen, sondern über seine Krankheitssymptome«:

Befassen Sie sich mit Magengeschwüren, Gürtelrosen und wiederkehrenden Rückenschmerzen. Büffeln Sie alles über Asthma. Lernen Sie, in Gesprächen Worte wie Prostata und Nebenhoden einzuflechten. Wenn Sie etwas Besonderes suchen, konzentrieren Sie sich auf den Verdauungstrakt, angefangen bei den eingeklemmten Backenzähnen bis hin zu Dickdarmkrämpfen. Vergessen Sie nicht die tödliche Verdauungsstörung. Schlafstörungen sind Pflichtfach. Lernen Sie Erste Hilfe: Ein kleiner Schnitt im Finger kann jederzeit zu Tetanus führen. Seien Sie auf rätselhafte Erkrankungen vorbereitet: Ich kenne einen Juden, der zwei Jahre lang Schmerzen in der Zunge hatte. Interessieren Sie sich für jede Körperöffnung. Machen Sie sich jedoch von Anfang an klar, daß Sie nicht die allergeringste Chance haben, es auch nur annähernd mit dem Interesse eines Juden an seinen Symptomen aufzunehmen.[24]

Clements bezog wegen des Antisemitismus ihrer Attacke scharfe Kritik von Leuten aus der Ecke der Anti-Defamation League (sie ist selbst Jüdin und entschuldigte sich schon im voraus). Könnte ihre Empörung vielleicht etwas mit dem Männerhaß in Clements entschiedener Weigerung zu tun haben, die Schuld für Leiden der Männer auf sich zu nehmen?

Manche Frauen lehnen nicht nur die Schuldzuweisung ab, sie gehen noch einen Schritt weiter. Willentlich verletzen sie Männer – in ihrer Phantasie oder auch tatsächlich – oder machen sie krank, verletzen sie sogar mit tödlichem Ausgang. Bluessängerinnen zeigen wenig Mitgefühl für den »Sexbesessenen«, der mit anderen Frauen herumzieht. »I cut him with my barlow, I kicked him in the side. I stood there laughin' over him while he wallowed round and died« (»Ich stach ihn mit meinem Messer, ich trat ihm in die Seite. Lachend stand ich über ihm, während er sich wälzte und starb«), sang Bessie Smith.

Doch oft mildern Reue und Gewissensbisse ihre Wildheit. Denn der Gedanke, daß Frauen Männern Gewalt antun, hat teils, weil es in Wirklichkeit so selten vorkommt, immer etwas Unwiderstehliches und – wie bereits gesagt – Erschreckendes für beide Geschlechter. Nur wenige Frauen in der klassischen Literatur oder der Bibel töten ihre Ehemänner, Väter, Liebhaber oder männlichen Feinde. Trotz wachsender Angleichung der Geschlechter in bezug auf die Kriminalität hat es selbst heute noch Sensationswert, wenn eine Frau zur Schußwaffe oder zum Messer greift – obwohl ihr Motiv häufig nicht sensationell ist. Eine Studie über Gattenmord in Kanada kam zu dem Ergebnis, daß alle Mörderinnen von ihren Ehemännern mißbraucht worden waren. Eine Untersuchung über Frauen, die in Missouri unter Mordanklage standen, ergab, daß 75 Prozent mißbraucht worden waren. Eine dritte Studie stellte fest, daß 40 Prozent der Frauen, die einen Menschen töten, dies aus Notwehr tun. Wie unzählige Statistiken zeigen, geht dem Mord voraus, daß die Frauen von ihren Männern geschlagen werden – eine tragisch verbreitete Form von Gewalt –, obwohl nur wenige der mißhandelten Frauen ihre Angreifer töten.[25]

Frauen, die sich rächen, indem sie Männer krank machen, oder solche, die schwache Männer quälen, sind auf die gleiche Weise interessant und abstoßend wie Frauen, die ihre Kinder vernachlässigen oder mißhandeln: Sie höhnen der geheiligten weiblichen Pflicht, zu nähren und zu behüten, stellen sie in einer Weise auf den Kopf, daß einem übel wird, und bekennen sich trotzig zum Ruf der Frau als moralischer oder sexueller Anstifterin. Sie sind Eva, Typhoid Mary und Lizzie Bordon.

Wird die schändliche Tat mit Gift verübt (wie es zumindest in Romanen häufig geschieht), bedeutet dies eine weitere Verletzung der Weiblichkeit, da es das Bild der liebenden Nährmutter pervertiert. Shakespeares Hexen bewirken ihre Übel durch ein widerliches Gebräu. Mexikanische Frauen erzählen von Frauen, die die Schwarze Magie beherrschen und untreuen Liebhabern das Kraut *toloache* oder Stechapfel verabreichen, wodurch sie die Erinnerung an alles außer der betrogenen Frau verlieren.

In Kriminalromanen – einem Genre, mit dem sich bekanntermaßen sehr viele Autorinnen beschäftigen – töten Mörderinnen gewöhnlich mit Gift. Kürzlich zog ein Zeitungsbericht über eine scheinbar nette alte Dame aus Massachusetts, die angeblich ihren Liebhaber und zwei Ehemänner vergiftet hatte, die Parallele zu *Arsen und Spitzenhäubchen* – naheliegend aus bekannten Gründen. Daß dieses Theaterstück auf Schüler und Lehrer der Mittelschulen eine solche Anziehungskraft ausübt, muß etwas mit dem keuschen Erschaudern zu tun haben, das dieser Rollentausch auslöst.

Einer der schwärzesten zeitgenössischen Romane über Invalidität und Rache ist *Mrs. Munck* von Ella Leffland. Eine junge, unverheiratete Jungfrau, Rose Davis, wird von ihrem Chef, Mr. Leary, der doppelt so alt ist wie sie, vergewaltigt, und sie verliebt sich anschließend in ihn. Sie wird schwanger, er streitet die Vaterschaft ab und entläßt sie. Als sie ihn, fast mittellos, um fünfzig Dollar bittet, kommt er in ihre Wohnung, um sie mit seiner Weigerung zu verhöhnen. »Eines Tages bringe ich dich um«, erklärt sie. Es entspinnt sich ein heftiger Streit, in dessen Verlauf ihr Baby getötet wird.

Dreiundzwanzig Jahre später nimmt Rose – inzwischen Witwe des Neffen von Mr. Leary – ihn zu sich, angeblich, um für ihn zu sorgen. Er ist inzwischen ein Krüppel, halbseitig gelähmt, weiser und weinerlich geworden. Sie plant, ihn zu töten, allerdings nicht, ohne ihn zunächst über eine längere Zeit zu quälen und zu demütigen. Er bezahlt für seine Vergehen – daß er sich für unbesiegbar hält, gehört mit zu seinen größten Schwächen –, als er Rose anfleht, ihm zu helfen. Sie mag sich gnädig dazu herablassen und seine Dankbarkeit ausnutzen. Oder sie kann ihn seinem Leiden überlassen. Beides ist eine süße, ekelhaft süße Rache.

Schließlich entschließt sich Rose, Mr. Leary leben zu lassen; sie bringt ihn auf die abgelegene Farm, auf der sie aufgewachsen ist, und läßt ihn in der Obhut ihrer alten, gebrochenen Mutter. Sie fährt jedoch nicht ohne Last zurück; es besteht nur der Hauch einer Andeutung, daß ihr Leben vor einem Neubeginn steht.

Anders als in Kitschromanen, in denen der Invalide auf den letzten Seiten an den Busen seiner Geliebten zurückkehrt, anders als in der Populärpsychologie, die den Leser gerüstet mit einer therapeutischen Lösung entläßt, bietet *Mrs. Munk* weder Erleichterung noch Hoffnung, verspricht weder Liebe noch Heilung. Statt dessen bleibt der Eindruck des mitleidslosen Ekels, der methodischen Kaltblütigkeit in Roses Rache, ihrer Schadenfreude angesichts des angstvollen Schrekkens ihres Opfers. Was bleibt, ist der Widerhall der ringenden Atemzüge des Invaliden und seiner Pflegerin in ihrem »rasenden Kampf«, eines durch Alter und Krankheit geschwächten Mannes und einer Frau, deren Stärke nicht aus Mitgefühl, sondern aus Haß erwächst.

Kapitel 2

DER BETRÜGER

Der Mann kränkt oft den Mann,
Die Weiber stets.

Byron, *Don Juan, II.200*

Trau keinem Mann, trau keinem Mann
weiter als deine Augen reichen.
Er sagt, er liebt dich, und schwört, es stimmt,
und im nächsten Moment kehrt er dir den Rücken zu ...

Ma Rainey

Der Verführer

Der Kindmann erringt die Aufmerksamkeit der Frauen – und ihre Verachtung – nicht durch Handeln, sondern durch Bedürftigkeit und Jammern. Er ist nicht erwachsen geworden und wird es niemals werden. Bestenfalls finden sich Frauen mit ihnen ab; die Kindmänner leiden, und Frauen ertragen sie.

In der Hand der Betrüger leiden die Frauen. In den Intrigen der Liebe und den Kämpfen um Ehe und Scheidung sind diese Schwindler ihren weiblichen Gegnerinnen mehr als gewachsen. Lügner, Betrüger, Schwindler, gewitzter Manövrierer, unverbindlicher Charmeur, Lebemann, Schürzenjäger – der Betrüger ändert sein Erscheinungsbild täglich, doch seine Vergehen sind zum Verzweifeln berechenbar: Verführen, Betrügen, Verlassen – und, wie wir sehen werden, als neue Variante Entführen.

Samuel Richardsons Lovelace ist der Prototyp des Verführers:

> ... ein Mann, zur Intrige geboren, erfinderisch, furchtlos, skrupellos, fähig, geduldig auf seine Chance zu warten, nicht wie die meisten Männer gedrängt von Ausbrüchen wilder Leidenschaft, die oft einen Plan schon im Keim erstickt, und die Schnecke, die eben ihre Hörner dem Verführer entgegenstreckte, sich in ihr Haus zurückziehen läßt.[1]

Byron sagt von seinem Don Juan: »Sein Wesen war so sehr verführerisch,/ Weil er nicht sehr bemüht schien zu verführen;/ Nichts war gemacht, studiert, nichts vom Gemisch/ Des Gecken und Erobrers war zu spüren ...«[2]

Solches Desinteresse ist eine Form des Betruges, denn Verführung ist das genaue Gegenteil der Nonchalance. Des Verführers »ganzer Charakter ist gefangen in der Schinderei der Beherrschung«, erklärt Elizabeth Hardwick, »und sie schleppen sich immer weiter, nie befriedigt, nie in Ruhe, mythisch hungrig«.[3] Vom Verführer läßt sich nicht sagen, er handelte aus Zwang, auf unwiderstehliche Befehle aus dem Unbewußten. Nie ist er übereilt, nie impulsiv, er ist ein erfahrener Jäger: nüchtern, methodisch, zielstrebig, diszipliniert. Und ist er ein Besessener.

Die Kombination aus coolem Gehabe und feurigem Innenleben macht den Verführer zum vollkommenen Liebhaber. Nichts dämpft die Glut einer Frau so sehr wie die Verzweiflung eines Verehrers, doch nichts schürt sie so wie das Wissen, daß er unablässig an sie denkt. Doch die Umsetzung seiner Besessenheit bedeutet ironischerweise seine Unterwerfung. Solange er hart arbeiten muß, um sich zu beherrschen, ist er versklavt. Der Verführer bricht den Widerstand einer Frau, doch die Tatsache, daß sie widersteht, zeugt von mehr als nur den gesellschaftlichen Hemmnissen gegen ihr Erliegen. Sie stellt *seinen* Wert in Frage – verdient er sie? Sie ist oder wird seine *Mätresse:* Heute bezeichnet dieses Wort die zweitrangige Stellung der ausgehaltenen Geliebten, im buchstäblichen Sinne steht es jedoch für Überlegenheit, Besitz und Meisterschaft.

Beherrschung und Unterwerfung; Eroberung, die ein gewaltsames Element enthält und mit Vergewaltigung assoziiert ist, und Überredung, die eine scheue, aber willige Partnerin voraussetzt – die Spannungen zwischen diesen Gegensatzpaaren umgarnen die Seele des Verführers und durchziehen die Phantasievorstellungen der Frauen. Frauen erkennen natürlich eine echte Vergewaltigung, wenn sie ihr ausgesetzt sind. Tatsächlich ist die Zustimmung oder deren Fehlen die einzige Determinante der kriminellen Handlung; nur das Opfer kann darüber Auskunft geben. Diese Definition der Vergewaltigung, die zunehmend in die Gesetzgebung Eingang findet, bildet einen der echten Siege des Feminismus.

Doch soweit es das Unbewußte betrifft, verschwimmen die Grenzen zwischen Vergewaltigung und Verführung. Als Klischees, als Phantasiegestalten liegen der Vergewaltiger und der Verführer gefährlich, ja verwirrend nah beieinander. An diesem undurchdringlichen Ort, an dem kulturelle Mythen, subjektive Erfahrungen und Phantasien sich vermengen, ringen Frauen um die Definition einer aktiven weiblichen Sexualität, um die Benennung von Zwang und Zustimmung, darum, zu handeln, statt etwas mit sich machen zu lassen.

Es versteht sich von selbst, daß Männer Macht einsetzen, um Sex zu bekommen. In der sexuellen Hierarchie gehören alle Männer einer mächtigeren »Klasse« an als alle Frauen, und weil Männer fast alles beherrschen, das zu besitzen sich lohnt – Geld, Eigentum, Arbeitsplätze, die sie vergeben oder entziehen können, akademische Zeugnisse, die sie ausstellen dürfen –, brauchen sie nicht einmal immer physische Gewalt, um einer Frau sexuelle Gefälligkeiten abzuringen. Protektion – in der Schule, am Arbeitsplatz, in der Ehe – ist ein Angebot, das Frauen nicht ablehnen können. Susan Brownmiller war eine der ersten, die diese Machtanwendung *Vergewaltigung* genannt haben.

Vergewaltigung durch Männer in höheren Positionen – diese Fälle kommen selten, wenn überhaupt, je vor Gericht! Aber die Überlieferungen, die Berichte von Frauen sind voll davon. Der Psychotherapeut, der seine persönliche Form von Sexualtherapie anwendet, der Arzt, der eine Routineuntersuchung plötzlich in eine sexuelle Annäherung verwandelt, der sich die verwirrte Patientin hilflos ausgeliefert sieht, der Regisseur, der mit dem Ehrgeiz eines Starlets rechnet, der Professor, der das Interesse einer Studentin an seinem Fach zu seinem Vorteil ausschlachtet – das alles sind Beispiele, die von Männern gemeinhin als Verführung bezeichnet werden, da das sexuelle Ziel häufig ohne körperlichen Zwang oder Drohung erreicht wird, doch geschlechtlicher Kontakt mit einer Autoritätsperson dürfte kaum auf der Grundlage von Freiwilligkeit oder »Gleichberechtigung« zustande kommen.[4]

Die Ausnutzung dieser Macht und nicht Sex ist die Antriebskraft der Vergewaltigung, meint Brownmiller. Den Vergewaltiger erregt – ebenso wie den Verführer – die Tatsache, eine Frau seinem Willen zu unterwerfen; seine sexuelle Lust ist untrennbar mit der Ausübung von Macht verbunden.

Jacob Barker, den Titelhelden in Anne Bernays' Roman *Professor Romeo,* erregt Macht ebenso wie Sex, wenn er seine Fähigkeiten an einer verwundbaren jungen Studentin zum Einsatz bringt:

> Barker spürte die Doppelmotoren – Sex und Macht – auf verborgenen Pfaden entlangbrausen und auf seinem Gesicht mit einer Intensität zum Vorschein treten, der die meisten Mädchen nicht widerstehen konnten ... Er sagte ihr, sie sei eine der besten Studentinnen, die er im Laufe seiner siebenjährigen Lehrtätigkeit gesehen habe. »Ihr Verständnis ist weit über ihr Alter hinaus entwickelt«, sagte er ihr, den Tonfall [eines Mentors] imitierend ... Patty leckte es auf, ein Kätzchen vor einem Unterteller mit süßer Sahne. Fast machte es ihm Schuldgefühle, mit welcher Leichtigkeit er sie aus der Hand fressen lassen konnte.[5]

Barker stellt fortwährend gedankenlos unter Beweis, daß er ein hochstaplerischer Sex-Macchiavelli ist, beharrt aber auf seiner Selbsteinschätzung als großer Liebhaber. Selbst als seine Studentinnen ihn wegen sexueller Belästigung anzeigen, kann er sich nicht eingestehen, daß sie nicht auf seine Reize versessen, von seinen »Schlafzimmeraugen« hingerissen waren. Nach seiner eigenen Einschätzung ist Barker ein Verführer, ein geschickter Überreder; nach Brownmillers Definition ist er ein Vergewaltiger. Bernays stellt ihn als beides dar.

Ihr Roman ist zwar nicht polemisch, aber in gewisser Weise ideologisch; es ist eine der wenigen literarischen Umsetzungen dieses Themas, die ich kenne, die die weiblichen Opfer des Verführers/Vergewaltigers nicht in die Tat verwickeln. Es mag sein, daß sie eine unangenehme Situation (einen lüsternen Lehrer, der sie mit akademischen Gefälligkeiten besticht) zu ihrem Vorteil nutzen, aber keine findet Vergnügen am Sex mit diesem aufgeblasenen alten Knacker.

Andere Frauen stellen Verführung unter Einsatz von Druckmitteln weniger eindeutig dar als Bernays. Vergewaltigungen – die von Anfang bis Ende gewaltsam verlaufen oder plötzlich und wie durch ein Wunder von brutal in sanft umschlagen – spielen eine große Rolle in Erzählungen von Frauen, angefangen von *Die Geschichte der O,* Pauline Reages* Klassiker sadomasochistischer Pornographie, bis hin zu den Bestsellern von Rosemary Rogers und Jackie Collins. In diesen Geschichten ist es nicht der zuverlässige, ergebene, beharrliche Verehrer mit guter Anstellung und ehrbarer Familie, der die Leidenschaft der Heldin entflammt, sondern der eiskalte, gebieterische Vergewaltiger/Liebhaber. Warum?

Es gibt unzählige Theorien, weshalb Frauen Vergewaltigungsphantasien nachhängen. Psychoanalytiker, allen voran Helene Deutsch, sahen in diesen Phantasien den »Beweis« eines angeborenen weiblichen Masochismus. Andere Freudianer haben vertreten, Frauen (und Männer) träumten von Vergewaltigung, weil sie die Möglichkeit zu sexueller Betätigung ohne aktive Mitwirkung und daher ohne Schuld biete. Postfreudianer haben in jüngerer Zeit einen Zusammenhang zwischen sexueller Unterwerfung und dem Wunsch hergestellt, in den kindlichen Zustand der Hilflosigkeit und Abgrenzungslosigkeit zurückzukehren.[6]

Brownmiller lehnt jeden psychologischen Ansatz rundweg ab und argumentiert vor dem Hintergrund einer strikt politischen Analyse, vergewaltigt zu werden sei die einzige heterosexuelle Phantasie, die

* Pauline Reage ist ein Pseudonym, es ist allerdings inzwischen fast unstrittig, daß die Autorin eine Frau ist.

Frauen nach der Gehirnwäsche mit einer alles durchdringenden »männlichen Vergewaltigungsideologie« noch zur Verfügung stehe, die Vergewaltiger als Helden und Frauen als willige Opfer darstelle. Frauen könnten entweder gegen diese Ideologie rebellieren, indem sie ihre Traumvorstellungen auf annähernd nichts reduzierten, oder sie träumten die Träume, die Männer für sie entwerfen, erklärt Brownmiller. »Wenn Frauen über Sexualität phantasieren, dann sind die Phantasien Produkte männlicher Konditionierung und können auch gar nichts anderes sein.«[7]

Weder der von Psychoanalytikern angeführte Masochismus noch der von Brownmiller angeführte Zwang kann Vergewaltigungsphantasien hinreichend erklären. Die Film- und Literaturkritikerin Tania Modleski verbindet in ihrer Analyse trivialer Liebesromane, moderner Gruselromane und Seifenopern einen Freudschen Ansatz mit einer bestimmten Sicht der Macht der »realen Welt«. Ihrer Ansicht nach repräsentieren diese Schilderungen des Verführers/Vergewaltigers von magnetischer Anziehungskraft die »komplexen Strategien, die Frauen anwenden, um sich an ein Leben in fest umrissenen Bahnen anzupassen und sich selbst zu überzeugen, daß Beschränkungen in Wirklichkeit Chancen darstellen«.

In diesen Liebesromanen ist der Held grausam, arrogant, spöttisch, respektlos und undurchdringlich. Seine Annäherungsversuche sind eher Forderungen: Er schnappt sich die Heldin und küßt sie, schließt sie in seine Arme, sein Zimmer oder wohin auch immer. Die Heldin ist ständig dabei, »sich würdevoll aufzurichten«, während sie sich von seinen Kränkungen erholt, Tränen der Demütigung zurückhält, sein halbes Lächeln und sein Schweigen zu deuten versucht und – gewöhnlich ohne Erfolg – gegen seine Macht über sie rebelliert. Wenn es zu einer ausgesprochen sexuellen Beziehung kommt, besteht der erste Kontakt unweigerlich in einer Vergewaltigung.

Bei alledem haßt sie ihn bewußt und ist zugleich doch von seiner magnetischen Anziehungskraft fasziniert – hoffnungslos verliebt. Aus Stolz und Furcht weist sie ihn ab, und schließlich beginnt ihre Zurückweisung, wie künstlich sie auch immer sein mag, ihn zu quälen. Am Ende des Romans – das versteht sich von selbst – bekommt er sie. Immer noch ein wenig wie durch ein Wunder, etwas überstürzt (nichts von jener Trautes-Heim-Glück-allein-

Vision ist hier zu spüren) entpuppt er sich schließlich als Mensch, dessen goldenes Herz hinter dem stahlharten Äußeren nur für sie schlägt.

In den Gruselromanen steht diesem guten Fiesling das spiegelverkehrte Pendant eines fiesen Guten gegenüber, der legitime Liebhaber oder Ehemann der Heldin. Als Antithese zum Schurken mit reinem Herzen verhält sich dieser Kerl freundlich, beschützend und »normal« – aber er hat, wie die Heldin spürt, etwas Merkwürdiges an sich. Er hat seltsame Schlafgewohnheiten, verbotene Zimmer und Themen, die niemand ansprechen darf. Natürlich liegt die Heldin mit ihrem Instinkt richtig: Es stellt sich heraus, daß er ein Irrer ist, der die Hausgenossen einen nach dem anderen umbringt und es auf sie abgesehen hat.

Modleski ist der Ansicht, daß diese Marodeure die Angst der Frauen vor Männern verkörpern, die sie oftmals für gefühlsmäßig undurchsichtig und unberechenbar halten – für vertraute Fremde. Zudem, so erklärt sie, bieten diese Erzählungen eine Erklärung für die anscheinend unerklärliche Brutalität von Männern: ihre latente, verwirrende Liebe nämlich, ganz ähnlich wie die Mutter, die ihrer Tochter sagt, der Junge, der sie neckt, sei in Wirklichkeit in sie verliebt. Nach Modleskis Lesart kommen in der Heldin, die das Herz des Herzensbrechers – zumindest vorübergehend – bricht, weibliche Rachephantasien und »Machtgelüste« zum Ausdruck.

Es ist allerdings »wichtig, den zweischneidigen Charakter der Rachephantasien von Frauen zu begreifen«, denn keine dieser Rationalisierungen und Phantasien ist ohne Widersprüchlichkeit. Die Heldin leidet ebensosehr wie der Held, wenn nicht mehr. Sie wird gedemütigt, nach Lust und Laune von ihm hin- und hergeworfen und nicht zuletzt gewaltsam genommen.

> Solange der Zorn mit Selbstbezichtigungen einhergeht, läßt sich von diesen Liebesromanen kaum behaupten, sie erfüllten eine befreiende Funktion. Wenn allerdings erst einmal klar wird, wieviel Wut und Feindseligkeit von Frauen sich in diesen scheinbar simplen »Liebesgeschichten« (wenn auch in abgemilderter Form) widerspiegeln, werden alle Vorstellungen von Frauen unhaltbar, »die die Fesseln ihrer Bindung lieben«. Was Marx vom religiösen

Leid gesagt hat, gilt ebenso für »Liebesleid«: Es ist gleichermaßen ein Ausdruck realen Leidens und ein Protest gegen reales Leiden.[8]

Der Verführer und seine Auserwählte sind in einen äußerst nuancenreichen Kampf zwischen Mann und Frau verwickelt, den Kampf um Körper und Gefühl.

Traditionell will der Verführer den Körper der Frau, und er bekommt ihn auf dem Weg über ihre Gefühle. Das ist nicht nur der einzige Zugang zu ihrem Körper – abgesehen von tätlichen Angriffen, wird nur die Liebe eine Dame bewegen, ihre Unterröcke zu heben –, um ihre Tugend zu erobern, sich ihrer Integrität zu bemächtigen, muß er sie ebenso emotional wie körperlich ausplündern. Der meisterhafte Don Juan erlaubt seinen eigenen Gefühle nie, ihm in die Quere zu kommen.

Die romantischen Intrigen entspinnen sich, wenn der Verführer sich wider Willen gefühlsmäßig engagiert. Zunächst »fesselt« ihn die Heldin. Er genießt die sexuelle Anziehung, die von Leidenschaft schäumt wie ein Sahnehäubchen auf starkem Kaffee. Er genießt auch seine Beherrschung. Sobald sie sich allerdings in sein Herz einschleicht, wird er zu ihrem Gefangenen: Sie beherrscht ihn. »Was hatte diese Frau, was in ihm so unkontrollierbare Gefühle zu erregen schien – Empfindungen und Verlangen, die zu spüren er nicht den geringsten Wunsch hatte?« fragt sich der Verführer in *Takeover Man,* einem Liebesroman von Vanessa Grant. »Er war ein vernünftiger Mann, der sich damit brüstete, zu planen, zu analysieren.«[9]

Erst an diesem Punkt beginnt er wahrhaft zu leiden. Wenn sie dann schließlich andeutungsweise ihre Bereitschaft zu erkennen gibt, sexuell nachzugeben, kann er ihren Körper nicht mehr kalt nehmen, denn er ist eingestandenermaßen verliebt. Als hätte er ihr nicht über hundert Seiten lang Küsse und Zärtlichkeiten aufgezwungen, besteht er nun auf ihrer Keuschheit, bis sie sich das Eheversprechen gegeben haben.

Die Frau wiederum sehnt sich nach Liebe und benutzt Sex als Köder. Doch weder in ihrer bewußten noch in ihrer unbewußten Motivation ist sie »rein«. In dieser Art von Liebesromanen fühlt sie sich zu ihm hingezogen, doch ungeübt, die Zeichen der Lust zu erkennen, oder aufgrund des Verbots, sie als solche anzuerkennen, verschleiert und übersetzt sie sie in die Sprache der Liebe. Modleski meint, die Verwirrung der Heldin über ihre Empfindungen für den brutalen Helden sei eine Verarbeitung der Angst von Frauen vor Männern. Ich möchte dem hinzufügen, es ist eine Art, der Lust in einer Welt einen Namen zu geben, in der weibliche Lust unzulässig ist. Wenn sie solche Empfindungen hegt, muß es Liebe sein – aber wie kann sie einen solchen Schweinehund lieben? Der einzige Ausweg aus dem Dilemma ist, ihn schließlich doch noch liebenswert zu machen.

Männliches und weibliches Vorgehen verläuft in diesen Romanen in starren »Bahnen«. Seines ist offen und aggressiv-körperlich:

> Sein Arm schoß vor und ergriff ihre Schulter. Sie sprang zurück, sah sich jedoch plötzlich in seinen starken Armen gefangen, die sie umschlossen.[10]

Auch die Heldin der Romanze setzt ihre Sexualität strategisch ein, ist allerdings nur insofern »aktiv«, als sie Widerstand leistet – eine Art passiver Aggression, wenn man so will.

In den sexuell eindeutigeren Liebesromanen um Stars und Starlets ist der Einsatz erhöht und modernisiert. Wo die Heldin früher widerstrebend Küsse gewährte, geht sie nun bis zum letzten und macht dem Verführer seine Aufgabe und deren Folgen damit erheblich schwerer.

Der Verführer sondiert immer noch sorgfältig das Terrain, und seine Einschätzung der Frauen darin ist so verächtlich wie eh und je (ebenso verächtlich wie zwischen den Zeilen die der Autorin von ihm). »Diese kleine Nummer war für ihn ein beiläufiges Vergnügen, ein Bumshäschen für seine häufigen Geschäftsreisen nach Los Angeles«, resümiert einer der Fieslinge in *Rich Men, Single Women* von Pamela Beck und Patti Massman.

> Früher erzählte er ihnen nie, daß er verheiratet war. Aber jetzt tat er es gewöhnlich. Es war nicht mehr so ein Hindernis wie früher, warum sollte er sich also die Mühe machen, zu lügen? Da das Verhältnis von alleinstehenden Frauen zu alleinstehenden Männern so unausgewogen war, hatten die Frauen offenbar eine völlig neue Einstellung.[11]

Dem Verführer stehen heute noch weitere Waffen zu Gebote. Er kann Frauen mit hartem Sex angeln und nicht mehr nur mit heißen Küssen.

> Als sie schließlich diesen Punkt erreichte, von dem sie sich bisher nichts hatte träumen lassen, und wild und unkontrolliert seinen Namen hinausschrie, schob er noch einmal seinen Mittelfinger etwas tiefer in sie, damit sie sich, von nun an, für immer und ewig daran erinnerte, wer ihr Herr war. Daß seine Berührung dort wie ein Brandzeichen für sie wäre und sie ihn nie vergäße. Denn eben dies war die letzte und äußerste Befriedigung, die er so zielstrebig und nachdrücklich gesucht hatte.[12]

Doch ebenso wie er jetzt Körper *und* Seele geschickt instrumentalisieren kann, steht auch der Frau nun ein subtileres und widerspenstigeres, unergründlicheres Mittel des Widerstandes zur Verfügung: Sie versagt ihm ihre Liebe, nicht ihre Lust. In Rosemary Rogers' *Love Play* sagt sich Sara, sie müsse »akzeptieren, daß ihr Körper diesen unmöglichen, hassenswerten, arroganten Mann anscheinend wollte. Natürlich war keinerlei Gefühl im Spiel. Wie sollte es auch ...? Sie haßte ihn *wirklich* – diesen boshaften, skrupellosen Mistkerl!«[13] Vorübergehend vermag zwar dieser gefühlsmäßige Abstand der Frau den Verführer zu verblüffen, doch früher oder später verflüchtigt er sich. Es bedarf keiner Erwähnung, daß Sara ihren boshaften Mistkerl keineswegs haßt und die beiden sich auf der letzten Seite ihre Liebe gestehen.

Und doch verwirrt das weniger klar umrissene romantische Terrain, das durch sexuelle Gleichberechtigung etwas ausgeglichen ist, den Verführer: Frauen, die sich die Privilegien herausnehmen, die vormals ausschließlich ihm zustanden, erregen und ärgern ihn zugleich. Und in dem Maße, wie sich die Dinge emotional komplizierter gestalten, verfügen Autorinnen über einen neuen Dämon, mit dem sie ihn peinigen können: Schuld.

In *Glitter Baby* verführt Alexi Belinda, die Geliebte seines Freundes Errol Flynn. Wie seine Vorläufer in anderen Liebesromanen ist er verärgert und blockiert, weil sie ihm unter die Haut gegangen ist: »Nein, daß sie ihm ihre Liebe versagen könnte, befürchtete er nicht.

Ihn erschreckte die Macht, die sie schon jetzt über ihn hatte.«[14] Unfähig, sich zu beherrschen, beginnt er sie zu vergewaltigen. Doch ihre Proteste und sein Gewissen halten ihn schließlich zurück. Alexi sieht seinen Loyalitätsbruch und seine Lust als Fehltritt an – obwohl er im Grunde seines Herzens überzeugt ist, daß sie schuld an seinem Übergriff ist. Er heiratet Belinda und zwingt sie – als wolle er aus der heißblütigen Verführerin seiner Werbung eine jungfräuliche Braut machen –, in ihrer Hochzeitsnacht ein weißes Baumwollnachthemd und Unterhosen zu tragen und ihr Make-up abzuwischen. Er kann jedoch ihre Unschuld mit diesen Ritualen nicht wiederherstellen: Sie ist schwanger von Flynn. Als Alexi dies erfährt, verbannt er sie in ein Kloster und versucht – als wäre das noch nicht genug – sich für immer und ewig zum Wächter ihrer Tugend aufzuschwingen, indem er ihr die Scheidung verweigert.

Alexi beginnt die Beziehung zu Belinda mit einer Schuld. Um sie etwas zu mildern, heiratet er sie. Anschließend ist er besessen von etwas, was er als ihre Sünde ansieht – und von seiner Eifersucht und dem Wunsch, sie zu bestrafen. Doch indem er sich eine Scheidung von der Frau verbietet, die ihn nach seinem Empfinden hereingelegt hat, wird er für immer in wechselseitiger Schuld mit ihr verbunden bleiben; seine Strafe kommt der ihren annähernd gleich.

Neue sexuelle Regeln machen Vergewaltigung/Verführung auf andere Weise als zuvor zu einem riskanten Unternehmen. Ob das Jungfernhäutchen nun intakt ist oder nicht, junge Frauen flirten einfach drauflos. Sie verunsichern den Verführer in seinem Ziel: Er ist sich nie sicher, ob seine Beute ein Mädchen oder eine Frau ist. War die weibliche Jungfräulichkeit früher die Trophäe des Verführers, so ist sie heute eher ein Trostpreis. Erkennt der ahnungslose Gelegenheitsliebhaber sie zu spät, wird sie zur moralischen Fessel für ihn, wenn nicht gar zur zwingenden Verpflichtung, zu heiraten. Eine sexuell erfahrene Frau kann in dieser Romanwelt schon definitionsgemäß nicht vergewaltigt werden. Laufen aber Jungfrauen in Hurenkleidung herum und ist der Verführer fähig, unter Schuldgefühlen zu leiden, dann wird Vergewaltigung zum potentiellen Trauma für den Vergewaltiger wie für sein Opfer.

Die Themen Jungfräulichkeit und Vergewaltigung, die Schuldzuweisung und die Neuverteilung der Geschlechtsrollen sind besonders fesselnd für Frauen. Vielleicht liegt es daran, daß eine umfassend aktive Rolle in der weiblichen Sexualität immer noch ein relativ neues Phänomen ist. Wie Barbara Ehrenreich, Elizabeth Hess und Gloria Jacobs in ihrem Buch *Re-Making Love* argumentieren, war die sexuelle Revolution eine Revolution für Frauen: Sie konnten endlich bestimmen – wie Männer es schon immer getan haben –, wann, mit wem und in welcher Absicht sie mit jemandem Sex haben wollten.[15] Die Tatsache, daß erstmals Empfängnisverhütungsmittel allgemein zugänglich waren, traf zeitlich auf ein so empfängliches gesellschaftliches Klima, daß dies möglich wurde – vor kaum zwanzig Jahren.

Viele Frauen empfinden sich heute als erwachsene Sexualsubjekte, doch insgesamt läßt sich die Sexualität immer noch als in den Kinderschuhen stehend bezeichnen. In einer Zeit, in der Frauen als Geschlecht gerade erst »mündig werden«, sind Geschichten über das sexuelle Erwachen von Mädchen und ihre ersten sexuellen Erfahrungen ungemein faszinierend und vor allem problematisch. Molly Haskell befaßt sich in einer Arbeit mit der Popularität von Filmen wie *Stand by Me – Das Geheimnis eines Sommers* und *Big*, die das Erwachsenwerden von Jungen behandeln; sie stellt fest, daß Jungen Übergangsriten *haben*, während Mädchen Übergangsriten *sind*. Selbst wenn ein Junge von einer netten, erfahrenen, älteren Frau, einem jungen Mädchen oder einer Nachbarin ins Sexualleben eingeführt wird (ich bin mir nie ganz sicher, ob das eine männliche Wunschvorstellung oder ein verbreitetes Phänomen des tatsächlichen Lebens ist), empfindet er sein erstes sexuelles Erlebnis als »Nehmen« – er nimmt eine Frau, und symbolisch nimmt er sich den Mantel der Männlichkeit.

Ist der erste Geschlechtsverkehr der große Schritt in die Männlichkeit, so war die Menarche traditionell das Symbol, eine Frau zu werden. Er ist ein eingeführter Liebhaber, sie ein empfangsbereites Gefäß, eine potentielle Kinderproduzentin. Da die Kultur die Frauen über die Fortpflanzung definiert und die Frauen gerade erst anfangen, sich als sexuell zu definieren – und versuchen, die automatische Verknüpfung beider Elemente aufzuheben –, stellt die Abtreibung mit ihrem Beiklang von Schmerz und Erwachsensein vielleicht den modernen weiblichen Übergangsritus dar. Eine vierjährige Studie, die die John Hopkins School of Hygiene and Public Health in einer

Klinik für Geburtenkontrolle unter heranwachsenden Mädchen durchführte, ergab, daß Mädchen, die eine Abtreibung hinter sich hatten, sich schulisch und emotional besser entwickelten als Mädchen, die ein Kind geboren hatten, und auch besser als Mädchen, die zu Beginn der Untersuchung nicht schwanger waren. »Eindeutig wirft die Erfahrung einer Abtreibung diese Jugendlichen nicht zurück«, erklärte Dr. Laurie Schwab Zabin. »Allenfalls vermittelt sie ihnen ein Gefühl, ihr Leben in der Hand zu haben, so daß sie weitermachen und die Dinge tun können, die wichtig sind.«[16] Eine wichtige Entscheidung über den Verlauf des eigenen Lebens zu treffen gibt Kraft.

Doch Abtreibung ist bestenfalls ein *rite manqué,* ein sexuelles Mündigwerden durch das Nichteintreten eines Ereignisses. Der erste Geschlechtsverkehr ist möglicherweise auch nicht besser. Ich habe mit jungen Mädchen gesprochen, die sich wehmütig an ihre ersten Erlebnisse sexueller Kontakte erinnern, die sich nach ihren Wünschen entwickelten, manchmal mit einem anderen Mädchen stattfanden und von beiderseitigem Verlangen getragen waren. Wenn es allerdings dazu kam, *es* zu tun, war es der Junge, der »nahm«, und das Mädchen, das – ganz gleich, wie sehr es das auch begehrte – »gab«.

Definitionsgemäß ist der Verlust der Jungfräulichkeit feminin und passiv. Männer nennen ihren Mangel an sexueller Erfahrung nur selten Jungfräulichkeit, vermutlich weil das Wort einen femininen Klang hat. Eine Frau *wird defloriert* – es gibt kein aktives Verb dafür. Selbst der Ausdruck *seine Jungfräulichkeit verlieren* klingt nach Gedankenlosigkeit, als hätte die Frau versehentlich etwas verlegt. Schlimmer noch, ihr wurde etwas weggenommen. »In dem Augenblick, in dem Frauen ... ›Sex haben‹ ... ist er für sie verloren«, schreibt Catherine MacKinnon. »Ihn zu haben bedeutet, etwas weggenommen zu bekommen.«[17]

Eine faszinierende und feinsinnige Behandlung der Verwirrung zwischen aktiv und passiv, zwischen Hingerissensein und bewußtem Geschehenlassen, zwischen süßem Verlangen und dem süßen Schrecken, begehrt zu werden, zeigt der Film *Bedrohliches Geflüster,* den Joyce Chopra nach einer Erzählung von Joyce Carol Oates drehte.

Connie, eine hübsche Fünfzehnjährige (Laura Dern), und ihre Freundin sind die Jungmädchenflirts mit den Jungen am Einkaufszentrum leid und wechseln auf die andere Straßenseite zum Treff der älteren Jugendlichen – symbolisch ist es Connies Übergang in die Sexualität. Dort begegnet sie Jungen, mit denen sie die ersten Versuche im Schmusen und Petting unternimmt. Zu Hause setzt sich Connie mit ihrer mißbilligenden Mutter, ihrem gefühlsmäßig abwesenden Vater und ihrer eifersüchtigen älteren Schwester June auseinander. Doch in den Autos der Jungen, in ihren Armen, ist alles herrlich.

> Es ist nicht das, was du denkst – das würde ich nie tun [sagt sie June, die noch nie Sex gehabt hat]. Es ist nur, daß die Jungen so nett zu dir sind, wenn du mit ihnen zusammen bist. Ich habe nie geahnt, daß es so schön sein würde. Hat dich je ein Junge umarmt ... und für dich gesungen? ... O June, weißt du nicht, was das für ein Gefühl ist, nur so umarmt zu werden?

Dann entwickelt sich ihre wunderschön allmähliche Einführung ins Erwachsensein plötzlich und auf schreckliche Weise mit großer Geschwindigkeit. An einem Sonntagnachmittag, als ihre Familie bei einer Grillparty und sie allein in dem abgelegenen Haus ist, kommen Arnold Friend und sein unheimlicher Komplize, Ellie Oscar, in Arnolds goldfarbenem Wagen an. Arnold, in seiner sexy-bedrohlichen Art hervorragend von Treaty Williams gespielt, ist ein Mann von etwa dreißig, der Connie in dem Hamburgerlokal gesehen, als Opfer auserwählt und ihr nachspioniert hat. Arnold wird sie vergewaltigen, seinen Angriff in honigsüße Höflichkeit tunken und seine Verführung mit herber Gewalt würzen.

Er nennt die Namen ihrer Freunde und Familienangehörigen, eine Litanei der Allwissenheit und Allmacht, und stellt ihr Schicksal als besiegelt hin: »Ich bin dein Liebhaber, Connie«, teilt er ihr mit.

»Du bist mein was?« fragt sie ungläubig und erschrocken.

Er antwortet mit einer Art Prosagedicht der Vergewaltigung/Verführung:

Du weißt nicht, was das ist, aber du wirst es erfahren. Ich weiß auch das ... He, es ist wirklich schön. Ich werde dich so nett und eng festhalten, daß du gar nicht darüber nachdenken brauchst oder irgend etwas vorspielen mußt, und du wirst nicht einmal weg wollen, selbst wenn du Angst hast. Jeder hat beim ersten Mal Angst. Darum bin ich so besonders nett. Ich werde in dich kommen, wo alles geheim ist, und werde dir süße Sachen zuflüstern ...

»Halt«, sagt Connie, zitternd. »Du bist verrückt.«

Aber Connie kann ihn nicht aufhalten; es ist, als könne sie die Unausweichlichkeit der Erwachsenensexualität nicht aufhalten.

Connie [sagt er], den Ort, wo du hergekommen bist, gibt es nicht mehr. Der Ort, an den du gehen solltest, ist ausgelöscht ... Der Ort, an dem du jetzt bist, im Haus deines Vaters, ist nur eine Schachtel. Es ist nur ein Karton. Da gibt es nichts mehr für dich.[18]

Schleppend, ohne Widerstand, öffnet Connie die Fliegentür des elterlichen Hauses und schlendert in Arnolds Fänge. Sie ist sein Opfer, aber auch das Opfer ihres eigenen Mangels an Tatkraft oder Willen – ein Opfer dessen, was die Schriftstellerin Ann Snitow »die Leere der Mädchen« nennt, die darauf warten, daß ein Mann sie ausfüllt.

Hier endet die Geschichte von Carol Oates, doch im Film folgt noch ein zwiespältiger Schluß. Arnold läßt Ellie im Haus zurück und fährt mit Connie zu einem Feld in den Bergen; der Zuschauer sieht nur den abgestellten, leeren Wagen, doch es ist klar, was vor sich geht. Nachher setzt er sie an der Einfahrt des Hauses ab. Sie sagt ihm, er solle sich nie wieder blicken lassen – eine klägliche, allzu späte Willensbekundung. Connie kehrt zurück in den Schoß ihrer Familie, die inzwischen nach Hause gekommen ist. Ihre Mutter entschuldigt sich, daß sie sie morgens geschlagen habe. Später tanzt sie mit ihrer Schwester, die sie für das Vergnügen haßt, das sie bei Jungen findet.

Sucht Connie Zuflucht in der Kindheit? Oder ist sie unwiderruflich älter und klüger geworden und will nur vorübergehend Trost? Mußte sie für ihre schamlose Lust, ihren »plötzlichen Sprung« ins

Erwachsensein bezahlen? Ist die behutsame Freude an frühen sexuellen Erfahrungen und Vertraulichkeiten nur ein flüchtiger Jungmädchentraum, ist Arnold Friend die Verkörperung der wirklichen, erwachsenen Sexualität? Wird Connie vergewaltigt, oder sehnt sie sich nach Sex und tut es freiwillig?

Die Antworten auf all diese Fragen lauten ja. Für heranwachsende Mädchen – und für Frauen – ist Sexualität eine zwiespältige Sache. Während des gesamten weiblichen Lebens übertönen die Gefahren der Sexualität ihre Freuden. Nein! sagt die Stimme der Moral. Ja, ja, sagt eine andere, fordernd hier, vorsichtig flüsternd dort.

Der erste Verführer erhebt sich drohend als symbolische Inkarnation dieser Widersprüche. Er ist der geheimnisvolle Mann mit vertrautem Gesicht: Als Arnold auftaucht, erkennt Connie »das alertfreundliche Gesicht, das alle Jungen benutzten, um Gedanken mitzuteilen, die sie nicht in Worte fassen wollten«[19]. Das Gesicht des Verführers erstrahlt in Nachsicht, Aufforderung, Einblick, Versprechen und Begehren; es ist überschattet von Verboten, Zwang, Allwissenheit und Schrecken.

Der Sklave

Unsere Kultur kennt zwar Frauen, die verführen und verlassen, doch sind sie Ausnahmen. Eine Frau, die die Grenzen überschreitet, trifft der Fluch. Sie ist kein Mädchen, das nur Spaß haben will; sie richtet mit ihren Taten Verheerungen an. Odysseus und seine Mannen wären wohlbehalten zum Abendessen zu Hause gewesen, wenn sie nicht unterwegs auf die lockenden Sirenen gestoßen wären. Die afrikanischen Göttinnen Oya und Yamaya, die Hindu-Göttin Kali, Potiphars Frau, Lots Töchter, Salome, Eva oder Delilah – sie alle waren nicht gerade fügsame Gefährtinnen und ehrbare Bürgerinnen.

Die Femme fatale, die Verkörperung der tiefgreifenden Angst vor der weiblichen Sexualität, ist eine Erfindung der Männer. Männer statten sie mit unwiderstehlicher Macht aus, grämen sich deswegen und bestrafen sie schließlich dafür. Wenn Männer leiden, weil sie ihr erliegen, so bezahlt den eigentlichen Preis die Verführerin selbst. Emma Bovary und Anna Karenina quälen sich im Gegensatz zu ihren

Liebhabern mit Gewissensbissen. Emma grämt sich um die verlorene Glut ihres untreuen Geliebten, Anna um ihr Kind. Beide finden Absolution nur in einem schrecklichen Selbstmord. In den Filmen der Schwarzen Serie aus den vierziger Jahren kommt die Verführerin am Ende ins Gefängnis, oder sie wird getötet.

Eine besonders boshafte Neuauflage findet dieses Thema in dem Kassenschlager von 1987 *Eine verhängnisvolle Affäre* des Regisseurs Adrian Lyne und der Produzentin Sherry Lansing. Die von Glenn Close dargestellte Alix sieht den Mann als Objekt und wird zur aktiven Sexualtäterin an dem von Michael Douglas gespielten zunehmend sich passiver verhaltenden Opfer. Als sexbesessenes Biest, unmoralisch und krankhaft, macht sie nicht nur Jagd auf den Mann, sondern auch auf die geheiligte Familie; schon allein durch die Szene, in der das Hauskaninchen gebraten wird, verdient der Film einen Platz in der Galerie der Horrorfilme der Frauenfeindlichkeit. Natürlich muß Alix vernichtet werden.

Die Macht der komischen Femmes fatales, Sexbomben wie Marilyn Monroe und Mae West, wird auf andere Weise unterhöhlt. Diese Frauen bringen Männer mit ihren Reizen »zur Strecke«, indem sie ihr schönes Gesicht und ihren schönen Körper aufs vorteilhafteste zur Geltung bringen, doch ihre Spielchen sind eher unschuldig und ihre Absichten durchaus ehrenhaft. Sie sind berechnend, aber nicht skrupellos; Verführung als Sport unterliegt den Regeln des gefühlsmäßigen Fair play. Sie mögen zwar hinter dem Geld eines Mannes her sein (dem Gegenstück zur Tugend einer Frau, der buchstäblichen »Währung« der Heiratsfähigkeit), aber sie sehnen sich auch nach dauerhafter Liebe. »Ich liebe Gus wirklich«, erklärt Marilyn Monroe mit großen Augen ihrem wütenden Schwiegervater in *Blondinen bevorzugt* (Ko-Autorin Anita Loos). »Es gibt in der ganzen Welt nicht noch einen Millionär, der so nett ist. Er behält in keinem Streit recht, tut alles, worum ich ihn bitte, und er hat das Geld dafür. Wie sollte ich einen solchen Mann nicht lieben?« Marilyn wurde als Tigerin verehrt, aber geliebt – und bemitleidet – wurde sie als Kätzchen. In diesem Sinne stellte ihre Sexualität keine Bedrohung dar; ihre Verwundbarkeit machte sie umgänglich – sie garantierte ihre Weiblichkeit.

Die Bedrohlichkeit anderer lustvoll-männermordender Schönheiten wird durch Andeutungen ihrer androgynen Veranlagung gemildert; sie sind keine »richtigen Frauen«, sondern männliche Darstellerinnen. Mae West sah ganz wie ein Mädchen aus, doch ihre Art war entschieden zu burschikos. »Es ist das Spiel [der Männer]«, sagt sie in *Sie tat ihm unrecht* in jener schmeichlerischen Art, die ihr Markenzeichen ist, über ihre zahlreichen, beiläufigen Verführungen. »Ich bin nur zufällig klug genug, es auf ihre Weise zu spielen.« Marlene Dietrich in Frack und Zylinder ist ebenfalls Überfrau und *faux homme,* ein Mann in Frauenkleidung, der sich verkleidet hat.

Diese Darstellungen zeigen die sexuell aggressive Frau als so maskulin, daß man sie getrost vernachlässigen kann, oder als bezwingbar feminin, doch andererseits enthalten sie auch ein komplementäres männliches Klischeebild, das in den Volksweisheiten von Frauen einen Gemeinplatz bildet. Das Opfer der Femme fatale ist das Gegenteil des Verführers; es ist der Sklave, den eine sexy Frau auf der Stelle und vollkommen in Bann schlägt.

Im Sklaven durchspielen Frauen erneut den Mythos der gefährlichen Frau, und diesmal glorifizieren sie sie und verhöhnen ihr Opfer. Shulamith Firestone erklärt:

> Die Liebe ist der Unterbau der (männlichen) Kultur, so wie die Liebe auch der schwache Punkt jedes Mannes ist, der darauf aus ist, seine Männlichkeit in der großen männlichen Welt von »Reisen und Abenteuer« zu beweisen. Frauen haben schon immer gewußt, wie sehr Männer Liebe brauchen – und wie kraß sie dieses Bedürfnis abstreiten. Das erklärt vielleicht die eigenartige Verachtung, die Frauen durchweg für Männer empfinden (»Männer haben keine Ahnung«); denn sie durchschauen die Mätzchen und Posen ihrer Männer in der großen weiten Welt.[1]

Eine sehr schöne Afro-Amerikanerin aus Chicago drückte es knapper aus: »Männer sind schwach. Ihr schwacher Punkt sind die Frauen.«

Diese Feststellung kann in leicht verdrehter Form auch als Erklärung – man könnte auch sagen: Rationalisierung – für Sexismus dienen. »Meinen Sie nicht, daß die Darbietung der Beastie Boys Frauen verächtlich macht?« fragte eine Journalistin einen jungen weiblichen Fan bei einem Konzert der Rockband, der der Vorwurf der Frauenfeindlichkeit gemacht wurde.

> Ich meine eigentlich, daß sie sie in Wirklichkeit anbeten. Auch wenn sie sie in einem Käfig haben, sie stehen oben auf der Bühne, und sie singen all diese Lieder über die Suche nach Mädchen. Ich meine, es ist das, wofür sie leben – Bier und Frauen. Es sieht so aus, als könnten sie nicht ohne uns leben.[2]

Die einseitige Ausrichtung des Sklaven ist zugleich sein Ruin. »Sie können nicht über ihr Ding hinaussehen«, meinte eine Frau, die sich als »ehemalige Südstaatenschönheit« bezeichnete. In Zora Neale Hurstons Geschichte »Spunk« sind Spunk Banks und Joe Kanty so von Joes Frau Lena besessen, daß sie schließlich beide sterben. Nachdem Spunk Joe getötet hat, kehrt Joes Geist zurück, um ihn zu holen. Als Geist sieht Spunk »die Frauen beim Beerdigungsschmaus kräftig zulangen und überlegen, wer wohl Lenas nächster wird«.[3] Hormone machen Männer nicht nur blind, meinen Frauen, sondern auch dumm. »Die Natur hat den Männern übel mitgespielt«, erklärt Marcy in einer Folge der Fernsehserie »Married . . . with Children«, die von einer Frau geschrieben wurde. »Sie hat ihnen einen Quell der Lust mitgegeben, aber ehe er funktionieren kann, muß das Blut das Gehirn verlassen.«

Das Tierreich scheint Frauen ausreichend überzeugendes Beweismaterial zu liefern, um diese These zu stützen. Soweit meine Gespräche als Hinweis dienen können, scheint das Paarungsverhalten der Schwarzen Witwe und der Gottesanbeterin bei amerikanischen Frauen zum Allgemeinwissen zu gehören. Während des Geschlechtsakts (oder wie es unter Insekten auch immer heißen mag) dreht und wendet sich die Gottesanbeterin und beißt dem Männchen den Kopf ab; ohne Gehirn wächst seine Glut. Ist sie nach etwa einer halben Stunde (einer langen Befruchtungszeit für Insekten) befruchtet und befriedigt, verspeist sie ihn. Ein Witz, der die Runde macht, basiert auf einer Variation des Themas, der Liebesakt bewirke bei Männern, daß das Denken aussetzt.

Hast du schon von dem Baby im Lukaskrankenhaus gehört, das mit den Merkmalen beider Geschlechter geboren wurde? Es hatte einen Penis und ein Hirn.

Frauen sind allerdings über diesen Defekt durchaus nicht nur unglücklich: Wie andere männliche Schwächen läßt auch er sich ausnutzen. In *Rich Men, Single Women* wägt Paige auf der Suche nach einem Millionär als Ehemann die Vor- und Nachteile ab, einen Mann auszunutzen, der völlig von ihr betört ist.

Nicky Loomis' Frau zu sein hatte nichts damit zu tun, aus Liebe ihr Leben mit ihm zu teilen, eine gemeinsame Zukunft aufzubauen, eine Partnerschaft zu entwickeln, die stärker war als jede andere. Nicky zu heiraten war eher wie, eine Stellung anzunehmen.
Titel: Mrs. Nicky Loomis
Arbeitsbereich: Hosteß-Hure-Hausfrau
Bezahlung: gut.[4]

Zu ihrem Bedauern stellt Paige fest, daß der »Job« auch seelische, emotionale Nachteile mit sich bringt. Da sie finanziell von ihm abhängig ist, kann sie ihren Sklaven nicht völlig beherrschen.

Der Sklave ist wie die anderen Betrüger eine psychologische Kompensation, geboren aus Wunsch und Neid: aus dem Wunsch, daß Frauen ihre Begierde offen ausdrücken können, und dem Neid, daß Männer das Privileg haben, dies zu tun. »Ich wünschte verdammt, ich wär ein Mann«, singt die Folk-Rock-Sängerin Cindy Lee Berryhill.

Alles würde ich mitnehmen, nur so zum Spaß.
Gott, wenn ich ein Mann wär, dann würden sie sagen, sie wäre schlecht, und ich hätte einen guten Ruf.

Berryhills Wunsch ist der einer Frau um Mitte Zwanzig, die erwachsen wurde, als die sexuelle Revolution ihre Siege bereits errungen hatte. Doch Frauen, die in Zeiten vor und unmittelbar nach der sexuellen Revolution herangewachsen sind, hegen den Verdacht, sie würden nicht damit durchkommen, die Siegerin über ein männliches

Sexualopfer zu spielen. Selbst in den Phantasien von Frauen zahlt die Verführerin den Preis, wie *Looking for Mr. Goodbar,* Judith Rossners Bestseller von Mitte der siebziger Jahre, zeigt.

Rossners Heldin Theresa nimmt sich die sexuelle Revolution zu Herzen und zu Leibe. Sie durchstöbert die Single-Lokale mit dem gleichen nackten Hunger, der sie auch treibt, zu trinken, Drogen zu nehmen und einzukaufen. Diese Dona Juana *glaubt* nur, sie sei hinter Sex her; was sie eigentlich sucht (oder wovor sie wegläuft), ist Liebe oder Eigenliebe, doch auf ihrem freudlosen Vergnügungstrip findet sie weder sich selbst noch Kontakt zu anderen.

Unfähig, leidenschaftlich oder treu zu sein, vertreibt Theresa den Mann, der sie heiraten will, wird kühl gegenüber dem Liebhaber, der ebenso unzuverlässig ist wie sie, und sinkt schließlich in eine Depression, aus der sie nicht mehr herauskommt. Den Silvesterabend verbringt sie allein, denkt unzusammenhängend über verschiedene Strategien nach, sich zu bessern, während sie sich mit Schlaf und Wein betäubt. Wieder in der Goodbar, gabelt sie einen Unbekannten auf, den sie nach einer kurzen Unterhaltung mit nach Hause nimmt. Ihre sexuelle Begegnung kommt einer Vergewaltigung gleich und erregt sie ungemein. Als sie den Mann bittet, zu gehen, wird er gewalttätig. Noch einmal nimmt er sie auf grausame Weise und bringt sie dabei um.[5]

Theresa ist zwar kein Teenager, und doch hat sie Ähnlichkeit mit Connie in *Bedrohliches Geflüster:* Sie sucht sexuelle Lust, um eine innere Leere zu füllen. Connie, so dürfen wir vermuten, mag diese Lücke noch ausfüllen, Theresa bekommt dazu keine Gelegenheit. *Bedrohliches Geflüster* nimmt eine zwiespältige Haltung zu den Freuden und Gefahren des Sex außerhalb fester Bindungen ein. *Goodbar* ist – absichtlich oder unabsichtlich – eine finstere Warnung, die unterschwellig vermittelt, daß weibliche Promiskuität mehr ist als eine erholsame Droge, daß sie sich als tödliches Narkotikum herausstellen könnte.

Und was ist mit Theresas Männern? Sie sind ein erbärmlicher Haufen von Sklaven – plumpe, sonderbare oder lausige Liebhaber. Ihr Verehrer James ist ein selbstgefälliger Pedant und sexuell ein Versager (obwohl ihre Unfähigkeit, auf ihn anzusprechen, vielleicht ihr Problem ist), und Tony, ihr proletarischer Potenzakrobat, ist nervös, unbestimmt und praktisch sprachlos. Alle sind leicht einzuwickeln und nicht allzuschwer zu verlassen. Sie zieht sie mit hinunter in ihre Privathölle; sie können sie nicht retten, teils weil sie ebenso »leichtlebig« sind wie sie.

Auch Frauen, deren Schichtzugehörigkeit, Rasse oder Milieu eine gewisse Überschreitung der bürgerlichen Maßstäbe weiblichen Anstands zuläßt, kommen nicht davon, ohne ihren Preis zu zahlen. Blues- und Popsängerinnen und Schauspielerinnen zum Beispiel haben lange Zeit die Vorzüge gefeiert, offen Sex zu suchen, aber sie haben auch beklagt, welchen Preis es hat.* Bessie Smith ist bekannt dafür, daß sie keinen Hehl aus ihrem wildbewegten Sexualleben macht. Und dennoch sagt sie in »Young Woman Blues« deutlich, daß Frauen, die ein solches Leben genießen, nicht erwarten dürfen, lange etwas davon zu haben.

> Ich hatte keine Zeit, zu heiraten, keine Zeit, seßhaft zu werden.
> Ich bin eine junge Frau und bin noch nicht fertig mit dem Vagabundendasein.
> ... Ich werde im Mondschein tanzen und diese Arschlöcher fertigmachen.

Nicht jedes »Arschloch« ist jedoch mit Bessies Behandlung einverstanden:

> Ich wurde wach heute morgen, als die Hähne krähten. Neben mir auf dem Kissen war mein Mann verschwunden. Auf dem Kissen ließ er einen Zettel, der lautete: »Tut mir leid. Du hast mich auf die Palme gebracht.«

Die Männer im Blues stehen nicht immer einfach auf und gehen. Es

---

* Ich will damit nicht sagen, daß es in der afro-amerikanischen Gesellschaft nicht ähnliche Werte gibt. Daphne Duval Harrison sagt über die Botschaft der Bluessängerinnen: »Da man sich auf die Treue der Männer nicht verlassen kann, wäre es dumm von einer Frau, sich wie ein Engel zu benehmen, um einen zu halten.« Ein solches Verhalten läuft »den herrschenden Normen der Schwarzen zuwider – monogame Beziehungen, Treue, Mäßigung, Familie, Heim und Gesundheit, und dennoch verdeutlicht es den Drang nach Selbstbestimmung und Ausdruck«. *Black Pearls: Blues Queens of the 1920s*, New Brunswick, Rutgers University Press, 1988, S. 110 f.

kann sein, daß sie Frauen schlagen, mißhandeln, ausrauben und sogar töten, wenn sie den Verdacht haben, betrogen zu werden.

Die Entwicklung in der Popmusik von Frauen deutet Ende der achtziger und zu Beginn der neunziger Jahre darauf hin, daß Frauen einen Teil ihrer Ambivalenz gegenüber Verführern und Sklaven aufgearbeitet haben. Die Mütter der heutigen Sängerinnen waren Frauen von extremer Leidenschaftlichkeit und leidenschaftlichen Extremen: In den sechziger Jahren bot auf einer Bühne Janis Joplin ihr Herz stückchenweise an, während Nancy Sinatra die weibliche Hoffnungslosigkeit (und die Männer) in die Bretter einer anderen stampfte. Doch mit Ausnahme einer Handvoll ungestümer Rapsängerinnen scheinen die Künstlerinnen der achtziger und neunziger Jahre zur Santfheit geboren. Viele tragen eine trällernde Warte-bis-ich-meine-Nägel-gefeilt-habe-Pose zur Schau und bieten einen mädchenhaft-leichten, ungebrochenen Sound, der an Mädchenchöre der fünfziger Jahre erinnert.

Diese Prägung mag eher modisch als inhaltlich sein, denn die Texte machen deutlich, daß diese Frauen durchaus nicht in die sexuelle Untertänigkeit der fünfziger Jahre zurückgefallen sind. Es ist, als müßten sie sexuelle Gleichberechtigung nicht mehr verkünden; sie nehmen sie als gegeben hin. Es besteht eine mühelose Symmetrie zwischen den Waitresses, die »I know what boys like, I know what boys want« (»Ich weiß, was Jungs mögen, ich weiß, was Jungs wollen«) singen, und Cindy Laupers »Girls just wana have fun« (»Mädchen wollen einfach nur Spaß«). Die Bangles verführen einen Jungen, der jung genug ist, noch bei seinen Eltern zu wohnen, mit dem Versprechen: »I'll teach you everything a boy should know ... in your room« (»Ich bring dir alles bei, was ein Junge wissen sollte ... in deinem Zimmer«). Und selbst Debbie Gibson hat einen Übungskurs in Selbstbewußtsein mitgemacht: »Diesmal frage ich nicht, was du denkst. Ich sage dir: Wir bleiben zusammen.«

Das Idol der »postfeministischen« Femme fatale – und aller darin verkörperten Widersprüche – ist natürlich Madonna, die sich dazu bekennt, mit uneingeschränkter Selbstbestimmung sexuelle Initiative zu ergreifen. »Ich sage, wo's langgeht«, erklärt sie oft jenen, die ihr vorwerfen, sie wirke daran mit, sich selbst zum Sexualobjekt zu machen. Und dennoch hat sie in Kleidung und Körpersprache viele

Konventionen übernommen, die traditionell sexuelle Passivität von Frauen symbolisieren – die Spitzenwäsche und Pornostar-Posen, die eher »Komm und nimm mich« als »Hier komm ich« zum Ausdruck bringen.

In der szenischen Umsetzung destabilisiert Madonna allerdings diese weiblichen Klischees und geht über sie hinaus. Die Peep-Show-Tänzerin in »Open Your Heart« ist als Objekt den Blicken der Zuschauer ausgesetzt, doch die Kunden im Video sind zittrige, erbärmliche Sklaven, die in ihren kleinen Kabinen hinter Glas geifern. Und am Ende verläßt Madonna den Pornopalast, zieht Kleine-Jungen-Kleider an, vermeintlich die unzähligen »femininen« Absichten zusammen mit dem schwarzen Korsett und den schwarzen Strümpfen wegpackend, und hüpft auf der Straße davon, ein unbeschwerter Androgyne. In ihrem Video »Justify My Love« (das von MTV boykottiert wurde und womit sie auf eigene Faust Verkäufe in Rekordhöhe erreichte) ist Madonna als Sexgöttin in Softpornomanier aufgemacht, doch sie ist die Begehrende, die Komponistin, Arrangeurin und Dirigentin aller Sexszenen, die geltende Grenzen überschreitet, indem sie Bisexualität, Voyeurismus, Gruppensex und Transvestitentum andeutet.

Ungeachtet all dieser überzogenen Bühnensexualität, steht Madonna als Person humorvoll-professionell »über« dem heterosexuellen Kampf. Seit langem rekrutiert sich ihre Anhängerschaft vor allem aus Mädchen unter fünfzehn. Die allgemeine Meinung hielt sie einfach für zu aggressiv sexy, als daß männliche Jugendliche im Pickelalter sich für sie interessieren würden. Und obgleich in ihren Videos zahlreiche Männer vorkommen und ihre Texte ebenso von Lust und Liebe strotzen wie die aller anderen, scheint die männliche Reaktion für ihre Karriere wie für ihr persönliches Leben relativ unbedeutend zu sein. Es ist Aufgabe des Mannes, ihre Bedürfnisse zu befriedigen: In diesem Sinne ist Madonnas Partner ein Sklave. Doch ihre Unabhängigkeit und relative Gleichgültigkeit befreien ihn auch: Sie kann sich nicht die Mühe machen, ihn anzuketten.

Madonnas inzwischen gestählter, durchgestylter Körper macht ihr Image und die darin unterschwellig ausgedrückte Beziehung zu Männern noch komplizierter. Sie repräsentiert jetzt eine buchstäblich muskulös-zupackende Sexualität und eine wachsende Besessenheit vom Körper als Objekt. Aber ist es ein Sexualobjekt? Ihre Fans, die sich früher vielleicht einmal mit einem frisch-vorlauten, molligen Mädchen identifiziert haben, von dem sie sich leicht vorstellen konnten, daß sie sie im Videoladen an der Ecke träfen, streben nun nach einer schlanken, femininen Abstraktion, einer Schöpfung der Werbung und der Pornographie. Madonna ist immer weniger eine eigenwillige Persönlichkeit und immer mehr ein unerreichbares Ideal – eines, das, wie mir scheint, mit wirklichem Sex sehr wenig zu tun hat. Ironischerweise mag sie in dem Maße, wie sie für ihre weiblichen Fans immer unerreichbarer wird, für das männliche Publikum zugänglicher werden, das sie nun in kulturell handliche Phantasien einordnen kann, eben weil die »Perfektion« sie entrückt.

Der Körper als Objekt männlicher Begierde ist erkennbar eher ihr eigenes Objekt der Begierde und Besessenheit – und harter Arbeit. »Ihm« verschrieben, schuftet Madonna für Lust durch Vollendung, Ruhm und Selbstachtung – eine abgeschwächte Form von Erotik vielleicht, doch in jedem Fall eine Autoerotik. Männer, versklavt oder nicht, spielen darin keine Rolle.

Dieses aggressive »Ich nehm's mir«, gepaart mit einem entschiedenen »Ich kann auch ohne leben«, ist vielleicht die auffallendste Qualität der neuen Frauenmusik überhaupt. Das Vorrecht der Frauen vor der sexuellen Revolution, sich Männer auszusuchen und zu erwählen, war lediglich Mittel zu einem festgelegten Zweck: Die Frau endete mit dem einen oder anderen Mann, oder aber sie hatte eindeutig ein Problem. In den achtziger und neunziger Jahren kann sie, wenn kein Typ ihr heiß genug ist, einfach mit ihren Freundinnen am Samstagabend tanzen gehen. Selbst die hyperheterosexuelle Janet Jackson kann die geifernde Sklavenhorde mit einem Wink ihrer langnageligen Hand entlassen: »Oh you nasty boys don't mean a thing« (»Ihr ungezogenen Burschen seid unwichtig«).

Eine wesentlich grundlegendere Bedrohung als gelangweilte heterosexuelle Frauen stellen jedoch Lesbierinnen dar, und es ist ein Zeichen für die von Feministinnen errungene sexuelle Handlungsfreiheit der Frauen, daß frauenorientierte Frauen aus den kommerziellen Randbereichen stärker ins Rampenlicht gerückt sind. In den zwanziger und dreißiger Jahren war von manchen bedeutenden Musikerinnen bekannt, daß sie bisexuell oder lesbisch waren – »War gestern abend mit ein paar Freunden aus, müssen Frauen gewesen sein, denn ich mag keine Männer«, sang Ma Rainey. Doch die Rassentrennung brachte diese Musik zum Schweigen, zumindest für ein weißes Publikum und weiße Produzenten, und der Sexismus zwang die meisten der Schwestern, sich auf ihre eigenen vier Wände zu beschränken. Ende der sechziger, Anfang der siebziger Jahre begründeten weiße Lesben eine separatistische Musikkultur – *wimmin's music* –, deren Themen sich allerdings an einer orthodoxen Linie von Liebe und Treue orientierten, unterstützt von der Gemeinschaft. Der Punk der achtziger Jahre, der großenteils nicht nur heterosexuell, sondern schlichtweg frauenfeindlich war, bot zwar wenig Raum für Lesben, doch eine nicht unerhebliche Minderheit unter Musikerinnen in der New-Wave- und Pop-Szene zeigte sich offen uninteressiert an Männern. Der Erfolg von Tracy Chapman, deren politisch und sexuell radikales Album 1989 zur Nummer eins aufstieg, beweist, daß eine Lesbe sich offen zu ihrer Neigung bekennen und sich dennoch die Loyalität heterosexueller Fans erhalten kann.

Wäre die Rock-Liebhaberin des Sklaven einst noch lieber gestorben, als ohne ihn zu leben, so entledigt sie sich seiner heute – auch wenn die beiläufigen Laufpässe und die nachsichtige Gleichgültigkeit der Frauen eher an die Ablösung eines Republikaners durch einen Demokraten bei der Wahl erinnern als an einen gewaltsamen Staatsstreich. Und dennoch kann Überdruß auch eine Maske der Wut sein, und die herrlich sexy Sängerin, deren geöffnete Lippen eher ein Gähnen andeuten als einen ekstatischen Seufzer, fügt jenem ehedem unverzichtbaren Mann in gewissem Sinne Schmerz und Demütigung zu.

Vielleicht ist es kein Zufall, daß viele Rockstars/Verführerinnen sich in Ledersachen kleiden. Denn dort, wo immer noch unerfüllte Wünsche nach sexueller Freiheit sich mit neuem Durchsetzungsvermögen und Wut überschneiden, wird Verführung zur Rachephantasie und der Sklave zum buchstäblichen Opfer.

In Jackie Collins' Romanen tauchen bemerkenswert oft und deutlich Themen auf wie Männer als sexuelle Sklaven, Verführung als Rache und symbolische Kastration. Anders als in den meisten Romanen dieses Genres gibt es in ihren Erzählungen fast keine Liebe. Nur wenige Charaktere finden Glück, Sex ist selten ein Ausdruck von

Zuneigung, und die Ehe ist ein wirtschaftliches Arrangement oder eine Falle.

Männer wie Frauen sind unmoralisch, bösartig, käuflich und selbstsüchtig – doch Männer haben den zusätzlichen Fehler sexueller Schwäche. Sie tun alles, um einem schönen Mädchen an die Wäsche zu kommen (sofern es solche trägt), doch wenn sie es schaffen, können sie sich oftmals nicht als Mann erweisen: Sie sind impotent, leiden unter vorzeitiger Ejakulation oder können überhaupt nicht kommen, haben einen winzigen Penis und noch winzigere Talente als Liebhaber. Die Frauen geben vor, den Sex mit fetten, alten oder häßlichen Partnern zu genießen, und quälen oder bestrafen jene sexuell, die sie verärgern. »Die meisten Sexualathleten dieser Welt waren es gewohnt, andere Menschen auszunutzen. Ihr Betriebskapital war ihr Körper. Sie sollte es wissen, denn schließlich hatte sie selbst lange genug nichts anderes getan«, erklärt eine Frauenfigur in *Das Luder.*[6] Viele Charaktere bei Collins sind Sexualathleten; fast alle nutzen andere aus.

Ein besonders übles Beispiel dieser Weisheit über Sex und Ausbeutung ist Collins' Buch *Sex ist ihre Waffe,* die Geschichte einer Gruppe von Frauen und einem Mann, die sich aufmachen, den Mord – begangen von Mafiaboß Enzio Bassalino – an Margaret Lawrence Brown, einer feministischen Kämpferin gegen die Prostitution, zu rächen. Margaret war ihre Freundin beziehungsweise Schwester oder Geliebte (des Mannes, Dukeys). Dukey verfolgt ein einfaches Ziel: Er will die ganze Familie Bassalino töten, was ihm schließlich auch gelingt. Die Frauen sind in ihren Phantasien eher barock: »Sie hatten vor, die Söhne von Enzio Bassalino sexuell und psychisch fertigzumachen, ihr Leben zu zerstören und dadurch den alten Mann zu vernichten.«[7]

Dieser unheilige Kreuzzug wird nur vorübergehend behindert und moralisch durchsetzt, als sich eine der Verschwörerinnen, Lara, in Nick Bassalino verliebt (der am Ende getötet wird). Ansonsten besteht die Geschichte über knapp 300 Seiten hinweg fast ununterbrochen aus sexueller Demütigung und Verstümmelung von Männern.

. . .sein Gesicht war eine Maske aus Zorn und Überraschung. Sie schoß ihm genau zwischen die Beine, genau in die Hoden.
Vor Schmerz heulte er laut auf.[8]

Sie wich vor dem Gewicht seines Körpers zurück und kniff die Augen fest zusammen, als er ihre Beine auseinanderschob. Und dann fühlte sie ihn – die Spannung war wie weggeblasen, und sie mußte fast lächeln. Frank Bassalino war vom Schicksal mit dem Schwanz eines Zehnjährigen bedacht worden.[9]

[Angelo] warf sich auf [Rio], und bevor er wußte, was mit ihm geschah, streckte sie ihre langen Beine gerade nebeneinander aus, hielt ihn in sich fest, und mit einer einzigen Bewegung stieß sie ihr Becken nach oben. Und der Druck war so stark, so unglaublich fest, daß er sofort kam.
»He, Baby«, sagte sie, »was bist du – ein Kaninchen?« Ihr Gelächter schwoll an . . .[10]

Jackie Collins ist keine fanatische Männerhasserin. Sie gehört mit zu den populärsten Schriftstellerinnen der Welt. Ihre Bücher sind zur Zeit in über 100 Millionen Exemplaren verbreitet.

Der Sklave verkehrt in jeder Hinsicht die Geschichte des Verführers ins Gegenteil. War der Verführer früher ein Mann, so ist es heute eine Frau. Er beeinflußte Gefühle, bestach mit Reichtum und setzte seine Macht ein, um ihre Tugend zu besiegen und ihren Körper zu erobern. Sie setzt ihren Körper ein, wirft die Tugend über Bord, um sich an seinen Reichtum heranzumachen und sich seine Macht anzueignen. Er hielt sich für einen Liebhaber; sie weiß, daß sie haßt. Er sah die körperliche Liebe als Lohn nach langer Werbung und als Feier. Für sie ist Sex ein Köder, eine Falle und eine Waffe. Seine Welt war ein riesiges sexuelles Spielfeld; Verletzungen waren unvermeidlich und nicht immer beabsichtigt. Doch ihr Bett ist ein Schlachtfeld; was dort geschieht, hat mit Liebe nichts gemein.

Seit die weibliche Tugend an Wert verloren hat, Schwangerschaft vermeidbar ist und Verführung zum Androgynen drängt, gilt Lieben und Verlassen nicht mehr ausschließlich als männliche Ausbeutung weiblicher Unschuld. In persönlichen Beziehungen und nach dem Gesetz wird Vergewaltigung immer stärker als sexuelle Handlung definiert, die gegen den Willen der Frau stattfindet, sei es in einer dunklen Gasse, bei einer Verabredung oder zwischen Ehegatten.* Da sich zunehmend das Verständnis durchsetzt, daß »nein« auch »nein« heißt, übernimmt die Frau, die ja sagt, die entsprechende Verantwortung für ihr Handeln. Die meisten Menschen gehen von der Annahme aus, daß Frauen sexuelle Beziehungen aus eigenem, freien Willen eingehen, im Bewußtsein der Risiken, und daß sie für das, was ihnen geschehen kann, verantwortlich zu machen sind.

Diese Moral hat eine materielle Seite: Wirtschaftliche Eigenständigkeit wird von Frauen aller Schichten erwartet, ungeachtet der Tatsache, daß Geschlechterdiskriminierung und ungleiche Löhne sie oftmals nur einen Standard erreichen lassen, der wirtschaftlich eher unzureichend ist. Dennoch gilt eine Frau, die sich finanziell in Abhängigkeit begibt, heute in unserer Kultur als Faulpelz, Glückspilz oder Hure und ihr männlicher Versorger als großzügig, reich oder chauvinistisch. Ihr Verhältnis gilt als zweckgebundenes, privates, altmodisches, sogar leicht anrüchiges Arrangement. Wenn ein Mann von einer solchen Übereinkunft zurücktritt, mag ihr das Glück oder ihm seine Großzügigkeit ausgegangen sein, doch kaum jemand wird von ihm meinen, er habe eine Ungehörigkeit begangen, eher noch, er habe eine solche korrigiert. Eine unverheiratete, kinderlose Frau, die an Körper und Seele gesund ist, wird nicht »im Stich gelassen« – nicht in den USA oder Europa, nicht in den neunziger Jahren unseres Jahrhunderts. Selbst für eine Frau mit Kindern wird es zunehmend schwieriger, zu behaupten, sie sei im Stich gelassen worden.

---

* Nach den Unterlagen des National Clearinghouse on Marital and Date Rape, Berkeley, California, von 1990 gibt es in den Vereinigten Staaten noch in acht Bundesstaaten Gesetze, die die Vergewaltigung eines Ehemannes an seiner Frau von der Strafverfolgung ausnehmen, sofern sie nicht getrennt leben, rechtskräftig geschieden sind, eine Scheidung beantragt haben oder die Frau eine Schutzverfügung erhalten hat. Siehe Diana E. H. Russell, *Rape in Marriage,* Bloomington, IN, Indiana University Press, 1990, S. 23.

In dem Maße, wie die Ehe ideologisch an Boden zurückgewinnt – tatsächlich allerdings an Unverletzlichkeit verliert – und die geburtenstarken Jahrgänge der Nachkriegszeit sich anschicken, ihre eigene Geburtenschwemme zu produzieren, tritt das Verlassen aus dem Reich der Romanzen heraus und nistet sich dauerhaft, wenn auch unbequem, in der Familie ein. So, wie sich die Definitionen und Erwartungen an diese Institution ändern, so wandelt sich auch der Treulose. Tritt er auch in neuem Gewand auf, so trägt er doch zugleich noch das seines Vorfahren. Und wie alle nostalgischen Aufmachungen ist es sowohl modern als auch anachronistisch.

Während manche Männer mehr Verantwortung für ihre Kinder übernehmen, sehen andere immer noch sehr wenig oder überhaupt keinen Zusammenhang zwischen Zeugen und Versorgen. Für Frauen und Männer ist die Ehe nicht mehr notwendige Vorbedingung, Kinder in die Welt zu setzen und aufzuziehen, und hohe Scheidungsraten bedeuten ohnehin, daß die meisten Kinder nicht mehr ihre ganze Kindheit mit beiden Elternteilen verleben. Verschwunden ist die offene moralische Schmähung oder gesellschaftliche Ächtung der alleinstehenden Mutter. Die Frauenzeitschriften, einst Propagandisten eines dauerhaften Ehelebens, befassen sich heute mit den Schwierigkeiten ihres Sexuallebens als Single, geben Ratschläge, wie sie Bankkredite beantragen kann, und Kochrezepte für Mahlzeiten, die sich schnell zubereiten und einfrieren lassen. Im Fernsehen erscheint sie regelmäßig (wenn auch nicht so oft wie der alleinerziehende Vater) in Gestalt der fröhlichen, grundanständigen Mädchen Katie und Allie oder der brillanten, netten Ärztin, mit Sohn im Schlepptau, an Bord des Raumschiffes Enterprise. Offenbar haben die Drehbuchautoren eine Zukunft vor Augen, in der alleinerziehende Mütter ebenso an der Tagesordnung sind wie computergesteuerte Androiden. Wir lesen über alleinstehende Mütter auf der Modeseite, begegnen ihnen in Filmen und Romanen. Praktisch alle haben in ihrem Freundeskreis oder ihrer Familie eine alleinerziehende Mutter.

Diese Frauen haben zu kämpfen, aber sie sind keine tragischen Gestalten. Sie mögen Bilderstürmerinnen sein, aber sie sind keine Sonderlinge, unglücklich vielleicht, aber keine Gescheiterten. Die Historikerin Linda Gordon meint, daß all diese gesellschaftliche

Akzeptanz der alleinerziehenden Mutter praktisch nicht allzuviel helfen dürfte. Im 19. Jahrhundert hing der alleinstehenden Mutter fast schon definitionsgemäß der Makel der Unmoral an. Ihre »Ehrbarkeit zu erhalten, bedurfte es eines engelsgleichen Benehmens und Glücks ... [Doch] paradoxerweise machte die um die Jahrhundertwende herrschende Meinung, daß eine Mutter immer aus einem Unglück heraus, nie aus eigener Entscheidung alleinstehend war, ihre Lage in gewisser Weise einfacher. Man hatte Mitleid mit der Witwe und der verlassenen Ehefrau, und eine Mutter, die sich allein mit ihren Kindern durchschlug, besaß eine gewisse Würde: Beides hat seit Mitte des 20. Jahrhunderts abgenommen.«[1]

Heute dient der Respekt vor der sexuellen, fortpflanzungsbezogenen und ehelichen Selbstbestimmung der Frau – konkretisiert in einem Scheidungsrecht ohne »Schuldzuweisung« – auf subtile Weise auch dazu, Männer von der Verantwortung für ihren Anteil an Problemschwangerschaften und letztlich auch an der Vaterschaft freizusprechen. Wie wir im Kapitel »Der Entführer« sehen werden, sind geschiedene Frauen nicht weniger verwundbar als früher, nur auf andere Weise.

Das gängige (das heißt vorwiegend von Männern geschaffene) Image des Verlassenden spiegelt diese Unbekümmertheit über die Abwesenheit des Vaters wider. Da er nicht da ist, kann er auch nicht viel Schaden anrichten; fast ist er eine Wohltat, jedenfalls weniger ein Schuft als einfach ein Abwesender. Zwar zeigen Untersuchungen, daß Kinder von Vätern, die die Familie verlassen haben, sich verletzt fühlen und wütend auf sie sind (»Wenn ich ihn sehe, falls ich ihn überhaupt je wiedersehe«, erklärte ein zwölfjähriges Kind gegenüber der *New York Times,* »will ich nur eines: ihn schlagen und spucken und dann über ihn lachen, wenn ich das getan habe«),[2] doch die Kinder geschiedener Fernsehehen – zum Beispiel Kats und Allies Kinder, der vorpubertäre Sohn von Alice, der Kellnerin, oder das Kind der Protagonistin in Ann Potts »Designing Women« – stehen ihren Vätern eher gleichgültig und schlagfertig gegenüber, die, wenn auch nicht völlig verschwunden, so doch weitgehend vergessen sind, bloße Statisten im Familiendrama. Abgesehen von einem gelegentlich stocksauren Seitenhieb, verirrt sich nicht allzuviel Groll in Papis Richtung, was darauf schließen läßt, daß »aus den Augen, aus dem Sinn« zugleich »vergeben« und »vergessen« bedeutet.

Die, die von dieser umfassenden Absolution der neuen Kultur nicht profitieren, sind die Schwarzen. Vor allem ein Journalismus, der seit Jahrzehnten afro-amerikanische Männer als soziales Problem sieht und seit neuestem (mit verwirrenden Anklängen an Verhaltensforschungen bei Tieren) als »gefährdete Spezies« bezeichnet, definiert den Mann als geächtetes Mitglied einer »typischen« schwarzen Familie: alleinerziehende Mutter, Kinder – und er verduftet.

Obwohl es heute im Verhältnis mehr afro-amerikanische als weiße alleinstehende Mütter gibt (1986 hatten 42,8 Prozent der Haushalte bei Schwarzen einen weiblichen Haushaltsvorstand, gegenüber 12,9 Prozent bei den Weißen)[3], gilt dies für den größten Teil der afroamerikanischen Geschichte nicht. Obwohl die Sklaverei die schwarze Familie in vielfältiger Weise unter Druck setzte, organisierte sie sich in Kerneinheiten und bemühte sich, zusammenzubleiben.[4] Noch 1970 lebten mehr als zwei Drittel der schwarzen Väter mit ihren Kindern unter einem Dach[5] – eine Tatsache, die darauf hindeutet, daß die Innen- und Wirtschaftspolitik der angeblich familienfreundlichen Reagan-Regierung für die schwarze Familie verheerendere Auswirkungen gehabt hat als viele andere Schläge, die sie bislang hinnehmen mußte.

In den Schriften afro-amerikanischer Autorinnen wie Toni Morrison, Alice Walker, Terry McMillan oder den Arbeiten junger Dramatikerinnen wie Suzanne Lori Parks schlagen sich Mütter mit oder ohne Männer durch. Die Literaturkritikerin und Anthologin Mary Helen Washington weist darauf hin, daß die Abwesenheit von Männern in den Erzählungen afro-amerikanischer Frauen nicht unbedingt auf eine Feindschaft zwischen den Geschlechtern hindeutet.

> Geliebt zu werden gilt nicht als vordringliche Aufgabe in der Identitätssuche. Mit den Worten von [Kritikerin Hortense] Spiller: »Männliche Abwesenheit oder Unbeständigkeit in intimen Beziehungen ist nicht das beherrschende Problem im Leben einer Frau, sondern ein einzelner Aspekt der Lebensfragen.«

Wenn der Treulose für schwarze Frauengestalten in der Literatur nicht den völligen Ruin bedeutet, so nicht, weil die afro-amerikanische Kultur ihn kritiklos hinnähme. Vielmehr geht es den Heldinnen um wichtigere Dinge. »Diese Frauen haben es nicht auf Liebhaber abgesehen«, erklärt Washington.

> Sie beanspruchen die Freiheit und den Triumph, der kleinen schwarzen Mädchen in unserem Jahrhundert verwehrt war, und in diesem Prozeß entspringen sie ihren eigenen Köpfen – völlig erwachsen.[6]

Weiße Schriftstellerinnen, deren Geschichte die einer ökonomischen Abhängigkeit von Männern ist, fangen gerade erst an, Charaktere zu entwerfen, die auch fertig werden, nachdem der Treulose seine Sachen gepackt hat. Doch im Ton zeugen diese Arbeiten weniger von Aufbruchsstimmung als von Resignation und Lustlosigkeit. Die Protagonistinnen überleben zwar, aber von Triumph kann kaum die Rede sein. Romantische Liebe und Ehe sind eine Enttäuschung, aber es ist noch nichts an ihre Stelle getreten. In Mona Simpsons Roman *Überall, nur nicht hier* fragt die Großmutter die Protagonistin Ann:

> Wie alt warst du, drei oder vier, als dein Vater wegging? Er kam und ging ein paarmal. Adele gab ihm Geld für den Flug nach Ägypten, sie meinten, seine Eltern könnten ihnen etwas unter die Arme greifen, aber ich glaube nicht, daß dabei was rausgekommen ist. Dann, beim letzten Mal, machte er die vielen Schulden. Das war, als er nach Kalifornien ging. Ich nehme an, er dachte, er könnte dort berühmt werden. Gut ausgesehen hat er ja, dein Vater. Ich hab' ziemlich lange darauf gewartet, daß sein Gesicht irgendwann mal im Fernsehen auftaucht.[7]

Wirkt die Großmutter bei der Geschichte über den Weggang des Vaters schon gelassen, so kommt sie bei Ann überhaupt nicht vor. Ihre leidenschaftliche, wenn auch gestörte Beziehung gilt der Mutter. Männer sind Eindringlinge in ihre alles umfassende Folie à deux, vorübergehende Weggefährten ihres Wanderlebens.

In Alice Adams' Erzählung »1940: Fall« verläßt Carolines Ehemann sie und ihre drei Kinder allmählich. Zuerst schmerzt es sie.

Nach einer Weile »gelingt ihr eine erhebliche Loslösung«. Und schließlich wird aus ihrer stoischen Haltung »eine große Erleichterung«, fast schon Vergnügen. Als sie erfährt, daß ihr Mann Weihnachten nicht zu Hause sein wird, seufzt sie.

> O Gott, dachte sie. Ich brauche keinen großen Weihnachtsrummel zu veranstalten – zumindest nicht Arnes Art von Rummel. Keine großen Partys, und ich brauche mich nicht anzustrengen, die ganze Zeit wunderbar auszusehen. Und mir Sorgen machen, daß er zu viel trinkt und Studentinnen Avancen macht. Ich kann einfach tun, was mir Spaß macht und was er für dummes Zeug hält. Ich kann Plätzchen backen, vielleicht ein neues Kleid für Amy nähen . . .Ich kann viel lesen, dachte sie. Und ich werde viel im Schnee spazieren gehen.[8]

Ihre Kinder sind keine Last, sondern Verbündete, ein Trost. Ihr Mann gehört schon nicht mehr dazu:

> Als sie nun friedlich dem halb schlafenden blonden Kind, das nach Milch duftete, etwas vorsang, dachte sie, selbst wenn Arne sich diesmal entschließen sollte, für immer zu gehen, würde es ihr gutgehen, ihr und ihren drei Mädchen, die mehr als in Ordnung waren – sie würden einmal großartige Frauen werden, alle drei. Mit dem Haus würde sie schon fertig, dem großen Seegrundstück, das sie vor zehn Jahren so günstig bekommen hatten. Ihnen allen würde es sehr gut gehen . . .[9]

Es ist interessant, daß die Romane über das Verlassenwerden nicht wesentlich mehr Wut enthalten. Denn in Wirklichkeit geht es den meisten verlassenen Frauen nicht sehr gut, und es ist eine grausame Ironie, daß die Bemühungen um eine fairere Behandlung bei Scheidungen zu einer Rechtspraxis geführt haben, die Frauen nur noch tiefer in den Abgrund zerrt. Scheidungen »ohne Schuldzuweisung«, eine Reaktion auf die Forderung, daß Frauen nicht beweisen müssen, daß sie Unterstützung *verdienen,* bestärken eine Art Abhärtungsgleichberechtigung, der das Prinzip zugrunde liegt, Frauen seien ebensogut in der Lage, ihre Kinder zu ernähren, wie Männer. Als

Menschen mögen sie durchaus dazu fähig sein, doch da die gesellschaftlichen und wirtschaftlichen Bedingungen sie in ihren Möglichkeiten einschränken, sind sie es tatsächlich nicht. Und dennoch setzen Richter Unterhaltszahlungen für die Kinder in der Erwartung fest, daß die Frauen bald schon ihren Teil dazu beitragen werden, selbst wenn sie jahrzehntelang Hausfrauen waren.

Unterhaltszahlungen für die Frau, einst als eine Art emotionaler und moralischer Wiedergutmachung errungen, entsprachen einem echten wirtschaftlichen Bedürfnis, allerdings erhielt sie nur eine Minderheit der geschiedenen Frauen. Heute sind – wie vor der Scheidung ohne Schuldzuweisung – mindestens vier Fünftel der geschiedenen Frauen in den Vereinigten Staaten auf die Unterhaltszahlungen für die Kinder angewiesen, um ihre Einkünfte zu ergänzen und ihre Kinder ernähren und einkleiden zu können. Doch diese Zahlungen sind fast immer unzureichend und unregelmäßig, wenn sie überhaupt gezahlt werden. Von den jährlich 1,2 Millionen Kindern, deren Eltern geschieden werden, erhalten 30 Prozent keinen Unterhalt von ihren Vätern. Nach den Erhebungen des Jahres 1987 beträgt der Unterhaltssatz im Durchschnitt 200 Dollar monatlich, ein Betrag, der für die Mehrheit der geschiedenen Frauen völlig unzureichend ist, und nur die Hälfte der gerichtlich verpflichteten Männer kommen ihren Zahlungsverpflichtungen im vollen Umfang nach. »Bundesstatistiken zeigen, daß etwa 18 Milliarden Dollar an fälligen Unterhaltszahlungen für Kinder nicht gezahlt werden«, berichtete die *New York Times* im Juni 1990.[10]

Die Soziologin Lenore Weitzman erklärte 1985 in ihrem wichtigen Buch *The Divorce Revolution,* daß die Scheidung ohne Schuldzuweisung die wirtschaftlichen Folgen einer Ehescheidung für Frauen verschlimmert habe.[11] Stephen Sugarman und andere Soziologen und Demographen stellen heute ihre Feststellung, daß die neuen Scheidungsgesetze die Schuldigen seien, in Frage, ohne allerdings ihre Behauptungen zu bestreiten, daß es Frauen nach einer Scheidung wirtschaftlich schlechter gehe, und zwar weitaus schlechter als ihren geschiedenen Ehemännern. Sugarman unterzieht zum Beispiel Weitzmans Daten einer erneuten Überprüfung und zeigt, daß bei Scheidungen ohne Schuldzuweisung nur 2 bis 6 Prozent weniger Frauen Unterhaltszahlungen erhalten haben als vorher.[12]

Gleichwie, auch wenn Scheidungen »ohne Schuldzuweisung« Männern wie Frauen die Schuldfrage bei einer Scheidung abgenommen haben, so erlegt die gegenwärtige Scheidungspraxis innerhalb und außerhalb der Legalität doch weiterhin den Frauen eine wirtschaftliche Bestrafung auf.

Teils weil eine Scheidung für Frauen so verheerende Folgen hat, sind die politischen Reaktionen auf den, der seine Familie verläßt, nicht so passiv, wie Romandarstellungen vielleicht glauben machen wollen. Feministische oder liberale Frauen mögen sich unbehaglich fühlen angesichts von Bildern, die ans 19. Jahrhundert gemahnen und den Familienvater zeigen, wie er sich aus der Küche schleicht, während Frau und Kinder weinend um die erlöschende Glut im Ofen kauern. Die Klischees, die die Rhetorik der Bewegung zum »Schutz der Familie« bevölkern, erinnern in ihrer unverhüllten Sorge um die Auflösung einer einst zuverlässigen Kernfamilie allerdings entschieden an alte Inkarnationen des treulosen Familienvaters.

Diese Ideologien verstehen im Grunde die Fürsorglichkeit als weiblich und die Unfähigkeit oder Unwilligkeit zur Fürsorge als männlich; doch sie haben Sichtweisen entdeckt, die diese Eigenschaften in einem anderen Licht erscheinen lassen. Zwar gilt ihre entschiedene Wut den Männern, sie schlagen jedoch den sichereren Kurs ein, den Frauen vorzuwerfen, sie hätten ihre Männer in ihren unzivilisierten Zustand sexueller Verantwortungslosigkeit zurückgeschickt und damit die Familie zerstört. Frauen, die Sex oder Kinder ohne Liebe oder feste Bindung haben, verhalten sich »wie Männer«, so meinen sie; Frauen, die legale Abtreibung und andere feministische Forderungen unterstützen, leisten Beihilfe zu den Verbrechen des treulosen Mannes. Doch der einzige Weg, den diese Frauen sehen, die Flucht der Männer zu verhindern, ist, sich den traditionellen Rollen zu fügen in der Hoffnung, daß weibliche Untertänigkeit die schwindende männliche Begeisterung für die Beschützerrolle und, andernfalls, ihr Pflichtgefühl wiederbeleben wird.

Phyllis Schlafly, die Mutter der Bewegung zum »Schutz der Familie«, äußerte Anfang der siebziger Jahre in ihrer Kampagne gegen die Equal Rights Amendment (ERA – Verfassungsänderung zur Gleichberechtigung der Geschlechter) unverblümt ihre Ansichten zum Übel männlicher Treulosigkeit und was sich dagegen tun ließe.

Nachdrücklich und wiederholt wies sie auf die Neigung der Männer hin, sich davonzumachen, und warnte, die Verfassungsänderung werde *»alle Staatsgesetze außer Kraft setzen* [Hervorhebung von ihr], die dem Ehemann die Verpflichtung auferlegen, für seine Frau zu sorgen, der Frau das legale Recht geben, hauptberuflich Ehefrau und Mutter zu sein und in ihrem eigenen Haus für ihre eigenen Kinder zu sorgen«. Wie es nun einmal ist: »Die Liebe mag sich verflüchtigen, doch die Pflicht [der Männer] bleibt, ebenso wie die Kinder bleiben. Die ERA«, so warnte sie, »würde diese Verpflichtung aufheben.«[13]

Schlaflys Analyse ist typisch für die Bewegung zum »Schutz der Familie«. Sie setzt den antifeministischen Rahmen dieser Bewegung, die ihre scharfe Kritik zum großen Teil nicht gegen Männer richtet, sondern gegen ihre weiblichen »Kollaborateure« in der Frauenbewegung.

»In der Ideologie des amerikanischen Antifeminismus«, schreibt Barbara Ehrenreich, »ist es fast unmöglich, das Mißtrauen Männern gegenüber vom Haß gegen Feministinnen zu trennen oder mit Sicherheit festzustellen, welches Gefühl zuerst da war.«[14] Wenn Männer instinktiv verantwortungslos sind, so bestärken Feministinnen diesen Instinkt noch, und zwar entgegen den Interessen der Frauen. »Die antifeministische Analyse scheut jedoch davor zurück, die strukturell bedingte Unsicherheit der Ehe in Frage zu stellen«, fährt Ehrenreich fort. »Das Mißtrauen gegenüber Männern nimmt die sozial akzeptierte Form der Ablehnung zukünftiger unabhängiger Frauen an, die in ihrem Egoismus die zerbrechlichen Privilegien anderer Frauen unterminieren wollen.«[15]

Unabhängige Frauen sind mehr als nur Mitverschwörer. Konservative Ideologen argumentieren, indem diese modernen Frauen »männliche« Werte übernehmen, *werden* sie wie Männer. Professor Carson Daly erklärt:

> Noch erschreckender ist der Entschluß militanter Feministinnen, eben die maskulinen Verhaltensweisen nachzuahmen, die sie in der Vergangenheit verdammt haben und die ironischerweise zur Entstehung des Feminismus beigetragen haben [wie] fehlende Maßstäbe [im Sexualverhalten und] Vernachlässigung von Frau und Familie für den Beruf ... Feministinnen ... argumentieren, da die

Gesellschaft traditionell nachsichtig mit Männern umgegangen sei, die diese Sünden begehen, sollte die Gesellschaft nun Frauen ermuntern, die gleichen Fehler zu machen.[16]

Frauen, die abtreiben lassen und »sexuelle Lust um ihrer selbst willen, materiellen Gewinn und Selbstbestätigung auf Kosten anderer suchen oder die Mutterschaft scheuen, verhalten sich nach männlichen Werten«, stellt die Anthropologin Faye Ginsburg in ihrer Studie über die Anhänger der Antiabtreibungsbewegung in Dickinson, North Dakota, fest.

Im Gegensatz zu Ehrenreich sieht Ginsburg enge Parallelen zwischen der Philosophie der Verfechter des »Rechts auf Leben« und der ihrer Gegner im Inneren der Abtreibungskliniken. Beide Gruppen kritisieren – wenn auch nicht immer bewußt – Einflüsse des Kapitalismus, die in die weibliche Domäne »eindringen« und die »weiblichen« Wertvorstellungen von Altruismus und Fürsorglichkeit bedrohen, meint Ginsburg. Die Abtreibungsgegner sehen die Abtreibung als »Unterbrechung« jener »natürlichen« Kette, die die weibliche Sexualität mit Schwangerschaft, Ehe und der rechtlich abgesicherten Verpflichtung des Mannes verknüpft, die wirtschaftliche Sicherheit von Frau und Kindern zu gewährleisten; ihre Abneigung gegen die Abtreibung »wurzelt in einem Wunsch, die sozialen Ursachen und Folgen dieser Unterbrechung umzukehren, die sie einem wachsenden Materialismus und Egoismus zuschreiben« und als männlich einstufen.[17]

Die Überschneidungen, die zwischen diesen beiden Sichtweisen der Welt bestehen, sind in einer merkwürdig profeministischen Antiabtreibungspolemik zu erkennen, die 1983 in *To Rescue the Future* erschien, der Jahresanthologie der Bewegung »Recht auf Leben«.

Der Feminismus hofft auf mehr Gleichheit in der Ehe, auf Arbeitsplätze, die die Elternpflichten anerkennen und Zugeständnisse an sie machen, und auf Männer, die eher bereit sind, eine aktive Rolle bei der Erziehung ihrer Kinder zu übernehmen.

Das Recht auf Abtreibung gefährdet all diese Ziele. Gesellschaftlich akzeptierte, frei zugängliche Abtreibung gibt Arbeitgebern mehr Mittel an die Hand, sich Forderungen nach einer Arbeitsumgebung zu verschließen, die den Bedürfnissen berufstätiger Eltern entspricht. Abtreibung ist einfacher und billiger als Versorgung. Bei einer Gesellschaft, die Abtreibung fördert, besteht kaum eine Wahrscheinlichkeit, daß sie tatkräftig nach positiven Lösungen für die Probleme schwangerer Frauen und berufstätiger Eltern sucht. Gegenwärtig haben Väter ungeborener Kinder absolut kein Recht, an der Entscheidung über eine Abtreibung mitzuwirken ... Männer, deren Rechte als Väter eine so ernsthafte Beschneidung erfahren haben, sind wahrscheinlich weniger bereit, die Verantwortung der Vaterschaft zu übernehmen.[18]

Die Autorin, Rosemary Bottcher, scheint die Ansicht zu teilen, daß Männer und Frauen gemeinsam die Verantwortung für Kinder übernehmen sollten, doch sie argumentiert, Frauen, nicht Männer, machten dies unmöglich, indem sie gegen einen grundlegenden Familienvertrag verstießen:

Frauen haben die Freiheit, sich von ihren ungeborenen Kindern zu trennen, doch wenn sie sich entschließen, sie leben zu lassen, haben die Männer keine andere Wahl, als ihre Verpflichtungen gegen diese Kinder anzuerkennen. Frauen, die meinen, sie könnten ohne ihre Abtreibungen nicht gleichberechtigt sein, vergessen, daß das Gesetz von einem Mann erwartet und verlangt, für seine Kinder zu sorgen, auch wenn ihm das manche Ungelegenheiten verursacht ...

Gewiß haben Männer ihre Macht über Frauen mißbraucht, doch niemals in dem Ausmaß, wie Frauen ihre Macht über ungeborene Kinder mißbraucht haben. Das ist die groteske Heuchelei der feministischen Forderung nach unbeschränkter Abtreibung.[19]

Wo andere Frauen (zu Recht) beklagen, daß Männer weggehen und ihre Frauen die Sache ausbaden lassen, meint Bottcher, die Frauen machten sich davon – wenn auch pränatal –, indem sie abtreiben lassen. Männer wollen Väter sein, glaubt sie, und das Gesetz, sanft verstärkt durch einen von Frauen geförderten Sinn für Fairneß, kann sie behutsam bei der Stange halten. (Sie vergißt ganz zu erwähnen, wie wenig das Vaterschaftsrecht befolgt oder durchgesetzt wird.) Kultur, nicht Natur, macht den Mann.

Oder die Frau, sagen Abtreibungsgegner laut Ginsburg. Die Aktivisten aus Dickinson definieren Weiblichkeit weniger über den Besitz eines weiblichen Körpers und weiblicher Fortpflanzungsorgane als über die Einstellung einer Person zu diesen biologischen Merkmalen, erklärt sie. Sie meinen, daß sie ihre Weiblichkeit annehmen, trotz gewisser Ambivalenzen, die sie haben mögen, und deshalb seien sie feminin. Und weil Abtreibungsbefürworterinnen die Weiblichkeit ablehnen (und weil die Anhänger von »Recht auf Leben« wie praktisch alle Menschen, die in einer westlichen Kultur geboren sind, die Welt in Gegensatzpaare aufteilen), müssen diese Frauen »maskulin« sein.

Weiblichkeit ist jenen eigen, die sich für sie entscheiden, »ungeachtet [ihrer] körperlichen Verfassung«, kommentiert Ginsburg. »Die Position der Verfechter des Rechts auf Leben beruht paradoxerweise auf einer Sicht des Geschlechts, die sowohl essentialistisch als auch radikal kulturell ist: Die Kategorie ›Frau‹ wird durch den weiblichen Körper geschaffen, aber zugleich auch von ihm losgelöst.«[20]

Auf Männer angewandt, leistet diese vermischte Sicht gute Dienste, eines der wesentlichen ideologischen und emotionalen Dilemmas zu lösen, denen sich religiös-fundamentalistische und an der Bewegung »Schutz der Familie« orientierte Frauen gegenübersehen: Wie sollen sie die traditionelle, von der Bibel bestimmte Familienstruktur absegnen, in der Männer herrschen und Frauen sich unterordnen, wenn sie zugleich die Verhaltensweisen, die die Stabilität der Familie untergraben – Selbstsucht, Verantwortungslosigkeit und sexuelle Triebhaftigkeit – als männliches Geschlechtsmerkmal einstufen?

Die Lösung ist in einem vom menschlichen Willen bestimmten Handeln zu suchen: religiöse Praxis und strenge Disziplin, die einen Mann letztlich von den zerstörerischen Trieben der Biologie befreien und ihm Trost, Frieden und Stabilität in der Familie und in Christus bieten. Wie Frauen ihre »natürliche Weiblichkeit« annehmen oder ablehnen können, ist es auch Männern möglich, jenen Seiten ihres Wesens zu entsagen, die von den niederen männlichen Instinkten beherrscht sind. Und dabei muß ihm die christliche Frau eine Gefährtin sein.

Pam Brady (sie wird in Kapitel 10 näher vorgestellt) ist die Tochter eines Pastors in einer kleinen Kirche im ländlichen Mississippi. Sie erklärte mir leicht ironisch die Lehren der Kirche zu diesem Thema:

F.: Das scheint ein Widerspruch in der Rolle des Mannes zu sein. Erst verabredet er sich mit Mädchen, sucht nur kurze Affären und macht sich aus dem Staub, und wenn er dann verheiratet und Vater geworden ist, soll er plötzlich ein so anständiger Mensch sein, daß er den Gehorsam anderer Leute verdient? Mußte er dazu irgendeine Wandlung durchmachen?

A.: Erlösung [sie lacht]. Durch Christus. Durch die Erlösung neu geboren. Das war es im Grunde, was einen Mann auf dem rechten Weg halten sollte ... Und weil die Männer an diesem Punkt auf die rechte Bahn finden, sollten auch die Frauen den rechten Weg einschlagen und das tun, was die Bibel vorschreibt. Die Bibel war die Grundlage, jeden auf der rechten Bahn zu halten.

F.: Aber in ihrem natürlichen, unerlösten Zustand sind Männer ...

A.: Heiden. Heiden! [Lacht] Einfach wild, würden, alles machen! Keine Moral, keine Ethik, wissen Sie. Es ist komisch, das ist genau das, was sie vermittelt haben ... bis du erlöst wirst, bist du im Grunde hoffnungslos verloren. Es warf die Verantwortung für sich selbst über Bord. Du warst eigentlich nicht für dich verantwortlich, und bis du erlöst wurdest und dich der Obhut Gottes übergeben hast, hattest du eigentlich keine Kontrolle über dich.

F.: Galt das für Frauen und Männer?

A.: Es machte den Eindruck, als gelte es für Männer. Denn die untere Grenze, es war an uns als Frauen und Mädchen, nein zu sagen und sie in ihre Schranken zu weisen.

Die Aufgabe der Frau ist heikel. Sie muß die Wanderlust ihres Mannes akzeptieren – und dennoch muß sie demütig daran arbeiten, den Treulosen in ihm auszulöschen. Sie muß sich im klaren sein, daß Männer von Natur aus nicht vertrauenswürdig sind, und dennoch muß sie sich und ihre Kinder mit Leib und Seele ihrem institutionalisierten Mann, dem Ehemann, anvertrauen. Die Fürsorge subtil gegen die Natur ausspielend, muß sie dem Treulosen die Krallen beschneiden und ihn domestizieren, ihn verweiblichen, ohne ihn zu kastrieren. Sie muß dafür sorgen, daß er maskulin bleibt, aber nicht allzu männlich – ein Kater, der das Mausen läßt.

Der Entführer

»Ich rufe nur an, um dich zu warnen.« Seine Stimme klang flach, sie war höher geworden. »Ich behalte sie bei mir.«

»Was soll das heißen?«

»Sie bleibt bei mir. Bei mir und Brenda. Sie wird nicht zu dir zurückkommen.«

... »Brian«, sagte ich. Ich hörte die Angst, die in meiner Stimme mitschwang. Es kam mir so vor, als versuchte ich den Brian, den ich kannte, heraufzubeschwören; denn wie ich mit dieser Alptraumversion von Brian reden sollte, wußte ich nicht. »Erkläre mir, was du meinst! Sag mir doch, wovon du redest!«

Schweigen. Dann sagte er: »Also gut. Du hast keine blasse Ahnung, von was ich spreche. Ja?«

»Ja, das stimmt«, sagte ich.

»Nun gut, Anna, ich rufe dich aus so etwas wie Fairneß an. Ich habe Unterlagen eingereicht, es wird eine Verhandlung geben, und ziemlich bald wirst du eine Zeugenladung vor Gericht erhalten. An deiner Stelle würde ich mir einen Anwalt nehmen. Die meisten Leute hätten dich nicht gewarnt, aber ich habe noch Gefühle, ich habe noch eine Empfindung für das, was wir ...« Seine Stimme überschlug sich, und ich wartete. Er sprach nicht weiter.[1]

Viele Mütter, die Sue Millers Roman *Die gute Mutter* lesen, können Annas Angst nachfühlen, als sie ihren Ehemann die schicksalhaften Worte sagen hört: »Ich behalte sie bei mir.« Der kurze Anruf ist nur der Vorgeschmack auf einen Alptraum, aus dem sie nicht mehr erwachen soll. Am Ende verliert Anna das Sorgerecht für ihre Tochter Molly.

Der Schmerz und der Zorn, die Leere, wenn ein Kind plötzlich weggerissen wird, die Überlegenheit der wirtschaftlichen, sozialen und rechtlichen Macht, die einem Mann zur Verfügung steht, sollte er sich entschließen, sie gegen eine Frau einzusetzen – all diese Gefühle prägen die politische Landschaft von Scheidung und Sorgerecht, Fortpflanzungstechnologie und Leihmutterschaft. Durch dieses Terrain stiehlt sich ein neues Klischeebild des Mannes, das des Entführers.

Der Entführer ist ein Verführer, der Frauen selbstsüchtig nicht als Sexualobjekt benutzt, sondern als Kinderproduzentin, ein Treuloser, der sich nicht mit dem Herzen einer Frau aus dem Staub macht, sondern mit dem, was ihrem Herzen am nächsten kommt, ihrem Kind. Er mag Ehemann sein, Richter oder Arzt, ein Neandertaler oder ein Neuer Mann, in jedem Fall ist er der Feind der Frau. Sein Schatten verfinstert feministische Visionen einer Gesellschaft, in der erwachsene Menschen aller Altersgruppen und Beziehungsformen Zuneigung und Verantwortung für Kinder frei teilen.

Wie andere Klischeebilder von Männern ist auch das des Entführers nicht aus einem Guß. Schließlich haben Väter ihre Elternrolle kaum zu würdigen gewußt: Die schlimmsten mißhandeln ihre Kinder, die wohlmeinendsten stehen dem Alltagsleben ihrer Kinder gefühlsmäßig oftmals fern. Gleichzeitig schlagen sich Frauen mit männlichen Ärzten, Sozialarbeitern und Richtern herum, die sich in ihre Schwangerschaften einmischen, ihnen Ratschläge erteilen, wie sie ihre mütterlichen Aufgaben am besten erfüllen, und sie, wenn sie es »falsch« machen, für ungeeignet erklären und ihnen die Kinder wegnehmen. Väter, bei vielen dieser Dinge einst passive Zuschauer, bedienen sich heute der Gesetze, um »Vaterrechte« über Föten zu erringen und zu schützen, und natürlich auch über Kinder nach der Scheidung. Diese Entwicklungen sind Teil einer positiven Tendenz, in der Väter mehr und mehr Interesse an der Erziehung ihrer Kinder zeigen und Verantwortung darin übernehmen. Frauen sagen zwar, daß sie diese Entwicklung begrüßen, doch wie wir in anderen Kapiteln gesehen haben, fühlen sie sich auch bedroht durch ein, wie sie es empfinden, Eindringen von Männern in ein ehemals ausschließlich weibliches Terrain.

Als Reaktion auf diese Bedrohung vertritt eine Gruppe von Frauen vernehmlich die Position, Männer hätten kein Recht, Müttern die Kinder streitig zu machen. Biologie und jahrhundertelanges soziales Lernen machten Frauen zum besseren – und verdienteren – Elternteil als Männer, erklären sie. Diese Position ist stark von moralischen Ansprüchen geprägt, aber auch von Wut. Ironischerweise wendet sich diese Wut häufig gerade gegen jene Männer, aus denen die guten Väter werden könnten, die Frauen sich wünschen: geschiedene Männer, die ein gemeinsames Sorgerecht anstreben, Samenspender, die ihren Nachwuchs kennen möchten, homo- oder heterosexuelle Männer, die Kinder adoptieren wollen, und die Berufsstände (die meist als männlich besetzt gelten), die ihnen helfen. Manche Frauen behaupten, das Motiv dieser Männer, mehr mit Kindern zu tun haben zu wollen, liege in Neid und Frauenhaß; sie verstehen ihre Handlungsweise als Täuschungsmanöver.

»Die Verfechter der Männerrechte [sind] nur insofern an nachehelicher Vaterschaft interessiert, als sie ihre persönliche Macht widerspiegelt«, schreibt die kanadische Journalistin Susan Crean. »Doch [sie] beeinflussen auf heimtückische Weise die Ideologie und Handlungsweise der breiten Masse ... ein Einfluß, der Vaterschaft lediglich zu einem anderen Wort für Patriarchat zu machen droht.«[2]

Bis Mitte des 19. Jahrhunderts war Patriarchat buchstäblich die Macht der Väter. Die Rechtsprechung gab Vätern das volle Sorgerecht über ihre Kinder (die vor den Beschränkungen der Kinderarbeit einen Wirtschaftsfaktor für die Familie darstellten), auch über Säuglinge. Männer besaßen bereits uneingeschränkte rechtliche, wirtschaftliche und körperliche Gewalt über ihre Ehefrauen, und hiermit erlangten sie auch emotionale Gewalt über sie. Aus Angst um das leibliche und seelische Wohl ihrer Kinder blieb manch eine Frau bei ihrem Mann und erduldete Grausamkeiten und Willkür der schlimmsten Art. Prozeßakten aus dieser Zeit zeigen, daß die Obrigkeit diese Bedrohung für positiv hielt – sie garantierte die Beibehaltung des Status quo. Wenn Frauen ihre Männer verlassen und ihre Kinder mitnehmen könnten, so fragte ein Anwalt den Richter an einem britischen Gericht, was bliebe noch übrig, Ehen zusammenzuhalten?

In der zweiten Hälfte des vorigen Jahrhunderts setzten Frauenrechtlerinnen zum Schlag gegen die absolute Herrschaft des Patriarchats an. Ihre Kampagnen, die unter anderem das Verbot der Mißhandlung von Ehefrauen und die Liberalisierung des Scheidungsrechts forderten, trafen mit einer entgegengesetzten Entwicklung zusammen, die einen Kult der Häuslichkeit hervorbrachte, der die Mutterschaft und das »besondere« Band zwischen Frauen und Kindern idealisierte: Allmählich begann sich das Familienrecht zu wandeln. Zunehmend sprachen Richter das Sorgerecht zumal für kleinere Kinder den Müttern zu, obwohl ältere Kinder und vor allem Jungen, die ins Arbeitsleben eintraten, häufig noch dem Vater zugesprochen wurden. Es entwickelten sich zwei Prinzipien des modernen Scheidungsrechts: die Doktrin des »zarten Kindesalters«, die von der Annahme ausgeht, daß kleine Kinder eine mütterliche Hand brauchen; und allgemeiner die Vorstellung, daß es oberste Pflicht des Gerichts sei, nicht die Rechte der Eltern zu wahren, sondern »zum Wohle des Kindes« zu entscheiden.

In dem Maße, wie die Industrialisierung die geschlechtsspezifische Rollenteilung in der Familie festigte und im Laufe des 20. Jahrhunderts psychologische Einrichtungen und öffentliche Wohlfahrtsinstitutionen an Einfluß gewannen, faßten im Scheidungsrecht zwei Grundannahmen Fuß: die Bedeutung der mütterlichen Obhut und die wirtschaftliche Abhängigkeit von Frauen. Bis Mitte dieses Jahrhunderts erhielten Frauen fast automatisch das Sorgerecht für ihre Kinder, Väter erhielten Besuchsrechte und wurden verpflichtet, Unterhalt für Frau (manchmal) und Kinder zu zahlen. Diese Regelung und die Prinzipien, auf denen sie fußte, hielt sich bis vor sehr kurzer Zeit; für Frauen bedeutete sie einen Segen mit Abstrichen: Mutterschaft ist eine Bürde, und Mutterschaft nach einer Scheidung ist eine noch größere Last, aber sie ist auch eine Quelle von Kraft und Befriedigung. Und obwohl die meisten Väter des 20. Jahrhunderts am Leben ihrer Kinder nicht allzuviel Anteil nahmen, war die Drohung, den Zugang eines Mannes zu seinen Kindern einzuschränken, eine Karte, die Frauen in ehelichen Auseinandersetzungen ausspielen konnten, in denen ihnen andere Mittel kaum zu Gebote standen.

In den letzten zwei Jahrzehnten hat sich das Bild, wie allgemein bekannt, radikal gewandelt. In zunehmendem Maße erleben die achtziger und neunziger Jahre eine wahrhafte Promotionkampagne für die »neue Vaterschaft«. Viele sozialwissenschaftliche Studien stellen fest, daß bei Männern die Einstellungen und Wünsche zu aktiverer Elternschaft dem tatsächlichen Handeln weit voraus seien. Vielleicht hat aus diesem Grunde die Zeitschrift *Vogue* noch immer eine so romantische Vorstellung vom »Liebesverhältnis« zwischen Männern und ihren Kindern und nennt *Esquire* die Vaterschaft »eine Befindlichkeit, einen Triumph des Instinkts und vor allem einen Anlaß zur Freude«[3], statt zu sagen, daß es zwar all dies, aber auch ein gerüttelt Maß Plackerei sei. Es bedarf nicht der Erwähnung, daß viele Mütter, die seit urdenklichen Zeiten Erbrochenes weggewischt haben (und es auch weiterhin meist tun), höchst irritiert sind über die Hymnen an Männer, die Windeln wechseln, und Babys, die sie lieben. Wenn Vaterschaft eine so befriedigende Sache ist, wie kommt es dann, wollen sie wissen, daß sie sie nicht schon vor Jahrhunderten entdeckt haben?

Doch diese Propaganda ist noch gar nichts im Vergleich zu den Auswirkungen, die sie auf jene Männer in schwarzen Roben hat, die die Macht haben, das Leben von Frauen und Kindern entscheidend zu formen. Als die Vaterschaft von den Seiten der Hochglanzmagazine verschwand und in die Scheidungsgerichte Einzug hielt, wurde aus einer potentiellen Wohltat für überarbeitete Mütter eine entsetzliche Drohung. Dort löschte der Mythos (oder das Ideal) einer gleichberechtigten Elternschaft und eines feministisch inspirierten Prinzips geschlechtsneutraler Rechtsprechung jede Erinnerung an die Realität der einzelnen Familie oder der Welt allgemein aus, in der die meisten Männer neben ihren Kindern herleben.

Wie wir im Kapitel »Der Treulose« gesehen haben, hatte das Prinzip der »Scheidung ohne Schuldzuweisung« eine zweischneidige Wirkung für Frauen. Einerseits spiegelt das Scheidungsrecht eine begrüßenswerte moralische Neutralität in Scheidungsfragen wider und zwingt die Ehegatten nicht länger, ein »Fehlverhalten« nachzuweisen, um sich trennen zu können; damit nimmt es der Scheidung zumindest rechtlich weitgehend die Stigmatisierung. Gleichzeitig trägt es allerdings den unzähligen sexistischen Einstellungen und Praktiken nicht Rechnung, die geschiedene Frauen gegenüber ihren Ex-Ehemännern sozial wie wirtschaftlich entschieden benachteiligen. Wo früher Sitte und Religion das Schicksal einer Frau bestimmten, deren Ehe scheiterte, liegt ihr Geschick heute in den Händen anderer Kräfte, auf die sie oftmals kaum Einfluß hat.

> Der Mann, der seine Ehe beenden will, stellt einfach einen Scheidungsantrag mit der Begründung, daß sie unwiederbringlich zerrüttet sei; gegen eine solche Behauptung gibt es keinen Schutz. Die Ehefrau, die Unterhaltszahlungen für sich und die Kinder oder eine Aufteilung des Besitzes beanspruchen will, hat keine Möglichkeit, solche Entschädigungen als Preis für die »Freiheit« ihres Mannes zu verlangen, sie muß sich auf das materielle Recht verlassen, das diese Fragen regelt. So zählen die rechtlichen Regelungen von Unterhalts- und Besitzansprüchen [und von Sorgerechtsansprüchen, würde ich hinzufügen – Anm. d. Verf.] heute in einer Weise, wie es bei keinem von beidem bisher der Fall war.[4]

Ob man am Begriff der »Schuld« festhält oder nicht, Tatsache bleibt: Je genauer die Rechtsgrundlagen festgelegt sind, um so geringer ist der Spielraum, der einer Frau bleibt. Und obwohl Frauen erheblich an Einfluß auf das Rechtssystem gewonnen haben, ist die Rechtsprechung immer noch tendenziell gegen sie eingenommen; in juristischen Berufen, zumal in den höheren Rängen, sind nach wie vor meist Männer tätig. In Entscheidungen über das Sorgerecht zeigt sich bei Richtern in zunehmendem Maße ein Phänomen, das Nancy Polikoff vom Women's Legal Defense Fund eine »Bevorzugung der Väter« nennt. Neunzig Prozent der Väter machen der Mutter das Sorgerecht nicht streitig, doch in den Fällen, in denen Männer das Sorgerecht beantragen, erhalten sie es zu 68 Prozent auch, wie Lenore J. Weitzman angibt.[5] »In der Kindererziehung hat es keine Revolution gegeben, und die Mütter tragen immer noch den größten Teil der Verantwortung«, sagt Polikoff. Das Datenmaterial »deutet auf die Möglichkeit hin, daß Männer, die sich nicht vorwiegend um die Kinderbetreuung gekümmert haben, sich gegen Frauen durchsetzen, die dies getan haben«.[6]

Die Bewegung für »Vaterrechte« zeichnet Männer als liebevolle, bereitwillige und fähige Elternteile, die während der Ehe der »umgekehrte Sexismus« ihrer Broterwerbsrolle und nach der Scheidung ihre rachsüchtigen Ehefrauen vom Leben ihrer Kinder fernhielt.

Ganz unverblümt verlangt diese Bewegung so etwas wie ein »faires«, wirtschaftlich-emotionales Tauschgeschäft. Wenn ein Mann zahlen soll, damit seine Kinder ein Dach über dem Kopf haben, so soll es ihm auch erlaubt sein, diese Wohnung zu betreten, um sie zu besuchen; wenn er für ihre Ausbildung bezahlt, dann sollte er auch ein Wörtchen mitzureden haben, welche Schule die Kinder besuchen. Diese Forderungen, die die Grundlage vieler Sorgerechtsregelungen bilden, sind an sich vernünftig. Doch schon im Ansatz vernachlässigt und übersieht diese Regelung (wie unsere Kultur es immer getan hat) die tagtägliche Betreuung, die gewöhnlich Mütter leisten und die, wie viele Frauen glauben, die überlegene Erfahrung der Mutter erfordert und sie zu größerer Entscheidungsbefugnis berechtigt. Außerdem fürchten Mütter Einmischungen in alle möglichen Alltagsangelegenheiten von seiten ihrer Ex-Ehemänner, denen es weniger um das Wohl ihres Juniors geht als darum, Mami auf die Nerven zu fallen.

Vaterrechte allein haben jedoch nicht genügend rechtliches oder emotionales Gewicht, um in einer Sorgerechtsentscheidung den Ausschlag zu geben. Rechtlich ist der Scheidungsrichter nach wie vor in erster Linie dem »Wohl des Kindes« verpflichtet. Heute greifen beide Interessen ineinander. In dem Maße, wie es zum psychologischen Gemeinplatz wird, daß Kinder einen Vater brauchen, um gesund und glücklich aufzuwachsen, gilt die Vaterschaft, einst als Essensmarke für das Kind angesehen, auch als emotionales Gut. Sollte dieses Argument in Verbindung mit den »Vaterrechten« noch nicht ausreichen, den Ausschlag zugunsten des Vaters zu geben, so schwächen gesellschaftliche Vorurteile gegen Mütter ihren Anspruch, und plötzlich hat er mehr in die Waagschale zu werfen.

Es ist leicht zu erkennen, daß die erzieherischen Fähigkeiten von Müttern und Vätern an völlig verschiedenen Maßstäben gemessen werden. Eine Mutter, die immer am Ideal der Mutterschaft gemessen wird, kann kaum anders als schlecht abschneiden. Wenn sie außer Haus arbeitet, vernachlässigt sie die Kinder; wenn sie es nicht tut, mischt sie sich zur sehr in ihr Leben ein. Ein Vater dagegen sieht lieb und süß – und unglaublich fürsorglich – aus, wenn er nur einen Teddybären aufhebt; er bekommt Extrapunkte, ganz gleich, was er auch tut. Die kanadische Anwältin Susan B. Boyd meint, schon die

Tatsache, daß er das Sorgerecht haben *will,* spricht für den Vater, während der gleiche Wunsch bei der Mutter ihrer Sache unterschwellig schaden kann. Denn von ihr wird *erwartet,* daß sie sich aufopfert und ihre Kinder immer an die erste Stelle setzt, erklärt Boyd, ihr persönlicher Wunsch, sie bei sich zu haben (sprich: »ihnen selbstsüchtig den Vater vorzuenthalten«), gilt als unvereinbar mit den Interessen der Kinder. Dagegen wird jeder Beitrag, den ein Vater zum Wohlergehen seiner Kinder leistet, als Pluspunkt gefeiert; daß er mit ihnen zusammensein will, zeichnet ihn als etwas Besonderes aus – also sind seine Wünsche und Bedürfnisse mit ihren vereinbar.[7] Nimmt man zu diesen ideologischen Faktoren noch die Tatsache hinzu, daß Männer bessere Verdienstmöglichkeiten haben (und somit teurere Anwälte verpflichten können) und mit höherer Wahrscheinlichkeit wieder heiraten, also wieder »normale« Familienverhältnisse schaffen, dann liegt der Vater im Prozeß ganz weit vorne.

Mütter haben bei Scheidungen noch einen anderen Grund, ängstlich und mißtrauisch zu sein: Es mehren sich Geschichten, die belegen, daß die Ansprüche von Vätern auf das alleinige Sorgerecht eher den zynischen Manövern der Anwälte entspringen als dem echten Wunsch der Väter, mit ihren Kindern zu leben. Robert Mnookin und seine Kollegen behaupten, wenn Eltern sich vor Gericht durch einen Anwalt vertreten lassen, ist die Wahrscheinlichkeit höher, daß sie mehr an Sorgerecht beantragen, als sie eigentlich haben möchten. Mütter beantragen – mit oder ohne Anwalt – das, was sie wollen: das Sorgerecht für ihre Kinder. Bei den Vätern in ihrer Umfrage beantragten allerdings nur ein Fünftel der Väter ohne Anwalt das Sorgerecht, während es bei Vätern mit Anwalt vier Fünftel waren.[8] Sie vermuten, daß es sich bei diesem Schritt möglicherweise um ein Druckmittel handelt, und andere Anwälte und Scheidungsexperten stimmen ihnen zu, daß es sich um eine übliche Praxis handelt.

Und so funktioniert die Sache: Der Vater droht, das Sorgerecht zu beantragen. Er zählt auf den Wunsch der Mutter, den Kindern das Trauma eines Rechtsstreits um das Sorgerecht zu ersparen, auf ihre relative Mittellosigkeit, ihn zu bezahlen (in New York können sich die Kosten auf über dreißigtausend Dollar belaufen), und auf ihre Angst, daß sie verlieren könnte. Gewöhnlich zahlt sich das Spiel aus.

Sie macht ein Gegenangebot: Sie erklärt sich mit geringeren Unterhaltszahlungen für sich und/oder die Kinder einverstanden, wenn er ihr die Kinder »gibt«. *Business Week* zitiert Richter Richard Neely, der gesagt haben soll, er sei nicht stolz auf diese Taktik, die er angeblich erfunden hat, doch »sie wird tagtäglich im ganzen Land praktiziert«.[9]

Wenn geschlechtsneutrale Gesetzesformulierungen eine sexistische Wirklichkeit verdunkeln, dann fangen die Vaterrechte des zwanzigsten Jahrhunderts tatsächlich an, dem patriarchalischen Privileg des neunzehnten Jahrhunderts verdächtig ähnlich zu sehen. Mütter sind wieder einmal einem schmerzlichen Dilemma ausgesetzt. Verheiratet und geschieden haben sie den Wunsch und das Bedürfnis von Männern anerkannt, sich an den elterlichen Pflichten zu beteiligen. Doch sie sind verbittert, wenn den Männern, die dies auch nur in geringem Maße tun, anscheinend alle Vorteile und nur wenige Nachteile zufallen. Sollen Frauen ihre einzige, ohnehin schon eingeschränkte Macht über Kinder bereitwillig abtreten für das Versprechen der Männer, Pflichten zu übernehmen; sollen sie Gesetze mittragen, die dieses Versprechen enthalten? Das bisherige und gegenwärtige Verhalten der Männer läßt die Chance, daß sie es einlösen, gering erscheinen. (Warum zum Beispiel nutzen Männer nicht ihre Macht am Arbeitsplatz, um elternfreundliche, flexible Arbeitszeiten und nicht geschlechtsspezifische Urlaubsregelungen durchzusetzen?) Der Handel scheint ebenso verwegen wie der Tausch des Hans im Glück, der sein Goldstück letztlich gegen einen Wetzstein eintauschte.

Doch wie soll sich eine gleichberechtigte Elternschaft anders entwickeln? Ist es möglich, darauf zu bestehen, daß Männer die gleiche Verpflichtung ihren Kindern gegenüber auf sich nehmen, und gleichzeitig zu argumentieren, die Mutterschaft gebe Frauen ein höheres Recht auf Elternschaft? Möglicherweise müssen Frauen den privilegierten Status der Gebärerin für die Gleichberechtigung in der Kinderbetreuung aufgeben.

Jede Vision einer andersartigen Zukunft erfordert ein großes Maß an Hoffnung und einen offenen Blick für zunehmende Veränderungen in der Gegenwart. Indem die Klischeebilder die Mängel der Männer (so real sie auch sein mögen) als reale Gegebenheiten hinstellen, unterstellen sie Stagnation. Indem Frauen die Gesichter der

Männer mit allen möglichen Masken unkenntlich machen – dem Clowngesicht des Unbeholfenen, der lüsternen Ballmaske des Verführers, der schwarzen Augenbinde des Entführers –, machen sie sich auch selbst blind: Hinter der falschen Miene des Schurken können sie keinen Freund mehr erkennen.

Im Feminismus ist das Bild des schlechten Vaters untrennbar mit dem Bild der guten Mutter – vielmehr: der intrinsischen Güte der Mutterschaft – verbunden, dem es untergeordnet ist. Tatsächlich waren die Väter für die Feministinnen der zweiten Generation nahezu unsichtbar. Diesen Frauen ging es in erster Linie darum, die Verkettung von Biologie und Schicksal aufzuheben. Mutterschaft war bis dahin Mittel und Rechtfertigung, die Frauen in ihrer Unterdrückung zu halten. Ende der sechziger Jahre war Abtreibung illegal, Empfängnisverhütung unsicher, wurde Schwangerschaft eher wie eine Krankheit und nicht wie ein Ereignis im Leben behandelt, und erzwungene Sterilisationen wurden vor allem bei farbigen Frauen hemmungslos praktiziert. Fast alle Ärzte waren Männer. Feministinnen waren zudem jung: Es war durchaus verständlich, daß sie mehr Energie darauf verwandten, die Mutterschaft zu vermeiden, als sie zu verherrlichen.

In der ersten Auflage ihres bahnbrechenden Handbuches zur Frauenselbsthilfe, *Our Bodies, Ourselves,* von 1969 brachte das Boston Women's Health Collective eine deutliche Abscheu gegen Mutterschaft zum Ausdruck, in der es die Hauptunterdrückung der Frauen sah, einen hassenswerten Zustand mit nur wenig lohnenden Reizen, eine Erfüllung, die es tunlichst zu vermeiden galt. Angeregt und heiter behandelt der Text Anatomie, Empfängnisverhütung, Abtreibung und Sexualität, doch an Schwangerschaft und Entbindung schleichen sich die Autorinnen mit zugehaltenen Nasen heran. Schwangerschaft verdammen sie mit schwächlichem Lob als »eine Lebenskrise mit enormem Wachstumspotential«. Dann kommt die »vorbereitete Entbindung«, bei der der Arzt als manisch beherrschender Technokrat gezeichnet ist, und die Zeit nach der Entbindung, die fast unvermeidlich mit einer Depression (»einer seelischen Störung«) beginnt.

Die körperlichen Veränderungen, die in der Zeit nach der Entbindung auftreten, sind gewaltig. Obwohl sie als »natürlich« gelten, haben sie sehr viel mit krankhaften Veränderungen gemein.[10]

Es folgt ein wenig über Säuglingspflege, Brustwarzen und einige andere klinische Aspekte der körperlichen Mutterschaft, doch kein Wort über die Mutterschaft selbst.

In späteren Auflagen ist der Ton etwas milder, doch da es das erste größere Werk zur Frauenselbsthilfe ist, läßt sich seine ausdrückliche Gebärfeindlichkeit nicht übersehen. In dieser Zeit standen Bücher zur feministischen politischen Theorie der Mutterschaft ebenso feindlich gegenüber, wie sie die Vaterschaft vernachlässigten. In *Der weibliche Eunuch* (1970) beschreibt Germaine Greer, die später fast fanatisch für die Mutterschaft eintrat, die Familie als kranken Organismus, und die »Mutter ist die tote Seele«.[11] Im folgenden Jahr erklärte Shulamith Firestone Schwangerschaft für »barbarisch«[12] und trat für eine feministische Revolution ein, deren »erste Forderung« lauten müsse: »Die Befreiung der Frau von der Tyrannei der Fortpflanzung durch jedes nur mögliche Mittel«, einschließlich der Produktion von Kindern in Laboratorien.[13]

Diese Zeit und mit ihr die Produktion von Texten, die die Mutterschaft »verteufelten«, wie Snitow es nennt, ging vorüber. Es entstand ein Feminismus anderer Art, der die Mutterschaft praktisch verherrlichte und mit dem frühen »Radikalfeminismus« aufeinanderprallte, der den Weg zur Gleichberechtigung der Frau darin sah, die Geschlechtsunterschiede auf ein Minimum zu reduzieren oder ganz zu beseitigen. Die »Kulturfeministinnen« waren der Ansicht, Körper und »Lebensweise« der Frauen seien allzulange unterdrückt worden; sie maßen nun den als feminin bezeichneten Eigenschaften einen hohen Wert bei. Gewalt oder Vernachlässigung der Kinder, Konkurrenzdenken oder Selbstsucht von Frauen wurden unter den Teppich gekehrt, zusammen mit den augenfälligen Unterschieden zwischen Frauen verschiedener Rassen, ethnischer Herkunft und Schichtzugehörigkeit. Sie feierten eine undifferenzierte Weiblichkeit, die geprägt war von Fürsorglichkeit, emotionaler Offenheit, Gemeinschaftlichkeit und Gewaltlosigkeit; sie schufen eine »Frauenkultur«, die sich von der konkurrenzorientierten, aggressiven, gierigen, dominanten

»Männerkultur« abgrenzte und als ihr Gegenstück verstand. Manche Historiker sahen im Kulturfeminismus einen Wunsch nach weiblicher Einheit, die die dornigen Rassen- und Klassenkonflikte überwindet, und einen Rückzug aus dem entmutigenden Projekt, das die Radikalfeministinnen in Angriff genommen hatten. »Es war einfacher«, sagt die Historikerin Alice Echols, »die Weiblichkeit zu rehabilitieren, als die Geschlechter abzuschaffen.«

In dem Maße, wie der Kulturfeminismus die Weiblichkeit aufwertete und die Männlichkeit abwertete, wurde die Mutterschaft – die potentielle wie auch die reale – zu ihrem magnetischen Mittelpunkt. Im August 1973 veröffentlichte die Zeitschrift *Ms* eine längere Botschaft von Jane Alpert, die damals vom FBI gesucht wurde wegen Beteiligung an Bombenanschlägen auf New Yorker Gebäude, die mit dem Vietnamkrieg in Zusammenhang standen. Die Schrift mit dem Titel »Mother Right: A New Feminist Theory« wurde zum Entwurf eines Kulturfeminismus und feministischen Essentialismus. Alpert erklärte, die weibliche Biologie und vor allem »die Fähigkeit, Kinder zu gebären und zu stillen«, bilde »die Grundlage für die Macht der Frauen«. »Die Biologie ist daher die Quelle und nicht der Feind der feministischen Revolution.«

> Es ist denkbar, daß die innige biologische Verbindung von Mutter und Embryo oder Mutter und Kind jene psychologischen Eigenschaften hervorbringt, die immer mit Frauen in Zusammenhang gebracht wurden ... Mutterschaft ist hier als Potential zu verstehen, das in den Genen jeder Frau angelegt ist; als solches macht es keinen Unterschied für die Analyse der Weiblichkeit, ob eine Frau je ein Kind geboren hat oder gebären wird.[14]

In einer idealen – das heißt matriarchalischen – Gesellschaft gilt: »Das Muster für alle sozialen Beziehungen ist das Verhältnis einer gesunden und gesicherten Mutter zu ihrem Kind.« Alperts Ziel ist, »die Familie« – und die gesamte Gesellschaft – »gemäß den Vorstellungen der Frauen umzugestalten«. Männer kommen in diesem Programm fast nicht vor; sie sind nur beiläufig erwähnt, als Arbeiter neben älteren Kindern in von Müttern geleiteten Einrichtungen zur Kinderbetreuung.

Alpert fordert eine »Erhebung ... die sich auf mehr stützt als auf die Opposition gegen die Unterdrückung und die Definition der Frau als anderen Wesens«;[15] sie will die Hierarchie Männer oben–Frauen unten, die Frauen so sehr verletzt hat, umkehren. Die patriarchalische Geschichte hat ihre Definition der Frau nicht an dem orientiert, was sie war, sondern an dem, was sie nicht war. Die Frau ist eine Frau kraft eines gewissen *Mangels* an Eigenschaften, sagte Aristoteles, eine Denkweise, die sich über zweitausend Jahre hielt und in der Freud schließlich den »Mangel« im Körper selbst ausmachte, nämlich in den Genitalien. Das kleine Mädchen erkennt seine »Unzulänglichkeit«, so sagte er, die seine unvollständige Erfahrung der Welt und seine beschränkte Fähigkeit erklärt, auf die Geschicke der Welt und sein eigenes Schicksal einzuwirken. Als Alpert die »Macht« der Frauen in der Fähigkeit ansiedelte, Mutter zu werden – das heißt buchstäblich in ihrer Gebärmutter und ihren Eierstöcken –, definierte sie ein Geschlecht als das, das hat und *ist* (und besser ist), und das andere als das, das nicht hat und nicht ist. Das Mutterrecht machte ebenso wie die Fortpflanzungs- und Familienpolitik der achtziger Jahre, die ihm folgte, die Frau zum einen und den Mann zum anderen Geschlecht.

Ende der achtziger Jahre, nach mehr als einem Jahrzehnt der Auseinandersetzung und wechselseitigen Befruchtung zwischen den Feministinnen, die den biologischen Unterschied maximieren, und jenen, die ihn minimieren wollten, ist das »Mutterrecht« wieder in der Offensive – oder in der Defensive, wie man es nimmt.

Zu den Wortführerinnen gehört die Autorin und Psychotherapeutin Phyllis Chesler. Ihr unermüdlicher Aktivismus, schriftstellerischer Fleiß und ihre mahnenden Worte konnten einer Sache, für die sie sich einsetzte, aus der Außenseiterposition in den Frauenzeitschriften heraushelfen. Cheslers Schriften über Frauen, Männer, Mutterschaft und Scheidung sind durchdrungen vom Gedankengut, das auch die Verfechterinnen der mütterlichen Rechte teilen: Mütter stellen schon pränatal eine Bindung zu ihren Kindern her; im Streitfalle verdient die Mutter das Sorgerecht entweder kraft der investierten Schmerzen, Mühe und Liebe oder schlicht, weil sie die Mutter ist. Nur eine nachweislich schlechte oder grob nachlässige Mutter sollte überhaupt je das Sorgerecht für ihr Kind verlieren.

Andererseits kann die Beziehung eines Vaters zu seinem Kind nie annähernd die Tiefe erreichen wie die der Mutter; die meisten Väter haben so wenig mit ihren Kindern zu tun, daß sie fast überflüssig sind. Und wenn Väter das Sorgerecht anstreben, muß dies zwangsläufig geschehen, weil sie ihre Ex-Frauen bestrafen wollen, und nicht aus Liebe zu ihren Kindern.

In ihrem Buch *Mothers on Trial: The Battle for Children and Custody* entwickelt Chesler diese Position aufgrund der Beobachtung, daß geschiedene Väter mehr und mehr Sorgerechtsprozesse gewannen. Von Anfang an macht sie deutlich, daß sie dieser Entwicklung nichts Positives abgewinnen kann: Ihrer Ansicht nach ist es eine Form der legalisierten Entführung, eine neue Variante, Frauen zum Opfer zu machen. Übertreibungen sind eine übliche, verdeckte Strategie der Klischeebildung: Wer tut diese scheußlichen Dinge? so lautet die unterschwellige Frage. *Männer.* Ex-Ehemänner, männliche Anwälte, männliche Richter: Ankläger, Inquisitoren, Henker. Frauen sind unschuldig und mit Füßen getreten, Männer sind herrschsüchtig und bestialisch. Cheslers durchgängige Taktik besteht darin, empirische Tatsachen so gekonnt mit Polemik zu verflechten, daß beides kaum noch voneinander zu trennen ist. Die Fragestellungen ihrer Erhebungen sind so mit Wertungen durchsetzt, ihre Auswertungen so raffiniert, daß sich beim Lesen nicht mehr unterscheiden läßt, was Äußerungen ihrer Interviewpartnerinnen und was ihre Interpretationen sind. Die gleiche Methode wendet sie an, wenn sie über Datenmaterial anderer Forscher berichtet.

Diese Taktik läßt sich gut anhand eines Vergleichs zwischen ihrem und einem anderen Buch verdeutlichen, das die gleiche Frage behandelt, nämlich *Mothers Without Custody* von Geoffrey L. Greif und Mary S. Pabst. Beide Bücher fußen auf eigenen Umfragen und Interviews der Autoren mit Müttern, die das Sorgerecht verloren hatten. Keines der beiden Bücher gibt den Frauen die Schuld oder hält sie für »ungeeignet«; beide stellen fest, daß Männer im Streitfall um das Sorgerecht Vorteile haben und daß die »freiwillige« Überlassung des Sorgerechts seitens der Frauen aufgrund männlicher Drohungen keine ganz freie Entscheidung ist.

Doch wo Greif und Pabst Mütter und Väter getrennt befragen, warum die Männer das Sorgerecht beantragt haben, und die Antworten in separaten Kapiteln behandeln, faßt Chesler beide zusammen. Chesler erklärt: »Die Informationen, die ich über diese Väter habe, stammen aus meinen Interviews mit ihren Ex-Frauen.« Interviews mit 55 Vätern – nur bei 5 von ihnen handelte es sich um dieselben Männer, über die die oben erwähnten Frauen gesprochen hatten – »bestätigten die meisten meiner Ergebnisse«.[16]

Nicht nur die Statistiken der Autoren weichen erheblich voneinander ab (nach Greif und Pabst waren 16 Prozent der Väter auf Rache aus[17], nach Chesler ging es 62 Prozent um eine Bestrafung[18]), auch ihre Grundannahmen unterscheiden sich wie Tag und Nacht. Wo Greif und Pabst von »kompetenten« Vätern sprechen und väterliche Zuneigung und Sorge als Hauptmotiv angeben, das Sorgerecht zu beantragen, scheinen für Chesler gute Väter kaum zu existieren. Sie nennt den seltenen liebevollen Vater »mütterlich«, als sei väterliche Zuwendung nichts anderes als verkleidete mütterliche Zuwendung. In der Beschreibung des Eltern-Kind-Verhältnisses ordnet Chesler ihre Frauen zu 100 Prozent als »traditionell« ein, während die Männer bei ihr entweder »traditionelle Patriarchen«, »kumpelhaft« oder »erdrückende Väter« sind.

Mit Cheslers Worten muß also ein Vater, der das Sorgerecht haben will, ein Tyrann sein oder ein Kind, das sein Kind als Freund braucht, oder ein despotischer Konkurrent der Mutter. Um die Liebe und Loyalität seiner Kinder zu gewinnen, muß er bei ihnen eine Gehirnwäsche vornehmen, sie bestechen oder körperlich einschüchtern. Welches Kind würde schließlich freiwillig mit einem solchen Mann leben wollen – einem Fremden, der in einem Auto vor dem Schulhof herumlungert, einem von Narzißmus getriebenen Sklavenhändler: einem Kindesentführer.

Während in den Scheidungsgerichten der Kampf tobt, lauert an einer weiteren Front eine andere Art von Entführer arglosen Frauen auf und entreißt ihnen angeblich ihre Kinder. Im neuen Geschäft mit technologiegestützter Fortpflanzung und Leihmutterschaft – so sagen Gruppen wie FINNRAGE (Feminist International Network of Resistance to Reproductive and Genetic Engineering) – nehmen verrückte Wissenschaftler und arrogante Samenspender ungeborene Kinder als Geiseln, halten den Föten ein Skalpell an den Hals und zwingen Frauen, sich den Forderungen der Männer zu beugen.

Wie im Fall vieler Frauen, die gegen männliche Sorgerechtsansprüche kämpfen, so ist auch hier das Mißtrauen von Frauen gegen die Fortpflanzungstechnologien und die Menschen (vorwiegend Männer), die von überhöhten Erwartungen an ihre Wirksamkeit profitieren, oftmals gerechtfertigt. Schließlich haben Frauen jahrelang darum gekämpft, bei Schwangerschaft und Entbindung wieder die Entscheidungsgewalt zu bekommen. Denn Unfruchtbarkeit, die Krankheit, die all die Mediziner auf den Plan ruft, ist häufig eine Folge medizinischer Eingriffe – wie der Einsetzung der Spirale, bestimmter Hormonbehandlungen oder verpfuschter gynäkologischer Operationen.

Und dennoch haben Tausende unfruchtbarer Frauen (sogar Feministinnen!) sich mit Leib und Seele in die Hände von Ärzten begeben, die Barbara Katz Rothman »Technodoktoren« nennt. Ihre Einstellungen zu künstlicher Befruchtung, Embryo-Implantation und Hormonbehandlungen müssen zwangsläufig zwiespältig sein, gleichermaßen besorgt und hoffnungsvoll, wütend und dankbar. »Wir Frauen wollen von der Fortpflanzungstechnologie mehr, als nur davon loszukommen, uns auf den Rücken zu legen«, erklärt die Anthropologin Rayna Rapp.[19]

Und dennoch sprechen FINNRAGE und ihre aufgebrachten Schwestern uneingeschränkt für alle Frauen. »Wir haben nicht nach diesen Technologien verlangt. Wir haben sie nicht gebraucht. Sie werden auf unsere Kosten produziert«, erklärte eine Deutsche auf einer der Tagungen dieser Gruppe. Ein Weltbild heraufbeschwörend, das der fiktiven Republik Gilead in Margaret Atwoods *The Handmaid's Tale* erschreckend ähnlich sieht, gestehen sie Männern kaum ein unschuldiges Interesse an der Geburt und Aufzucht von Kindern zu. Vielmehr sehen sie Männer als sadistische Folterknechte in weißen Kitteln, die Frauen mit Schläuchen und Verbänden an Krankenhausbetten fesseln, sie intravenös mit Propaganda vollpumpen und sie erst freilassen, wenn sie ihre Funktion als barfüßige, schwangere Sklavinnen erfüllt haben.

»In Wirklichkeit leben wir in einer von Männern und männlichen Interessen beherrschten Welt«, erklärt die Soziologin Jalna Hammer.

Jeder Aspekt der weiblichen Fortpflanzung wird auf äußerst kollektive Weise im Interesse ihrer anhaltenden Gewaltherrschaft über Frauen kontrolliert ... [Wir] müssen die wechselseitige Durchdringung von medizinischen und wissenschaftlichen Gruppen und staatlicher, politischer und finanzieller Unterstützung erforschen. Wir müssen wissen, wie die herrschende Ideologie eingesetzt wird, um die wissenschaftliche und medizinische Kontrolle über Frauen auszudehnen. Wir müssen begreifen, wie Frauen zum Schweigen gebracht werden, wie unsere Mitwirkung und unser stillschweigendes Einverständnis vorausgesetzt und unsere Einwände unterhöhlt werden.[20]

Anthropologen und Philosophen haben die Theorie aufgestellt, patrilineare Erbfolge und patriarchalische Ehe (mit ihrer Funktion, das Sexualleben der Frauen zu überwachen) seien aus dem Neid der Männer auf die weibliche Fruchtbarkeit entstanden und aus ihrem Bedürfnis, das Eigentum an der Nachkommenschaft zu sichern, über deren Vaterschaft sie ansonsten keine Gewißheit haben konnten. Doch dieser Neid, so behaupten andere, reicht noch tiefer. Mary O'Brien vertritt in *The Policies of Reproduction* die Meinung, die Fortpflanzung sei für Frauen eine kontinuierliche Erfahrung vom Geschlechtsakt bis zur Entbindung und darüber hinaus, während sie für Männer diskontinuierlich sei: Zwischen Samenerguß und Geburt des Kindes liegen neun Monate, und auch dann erhalten sie nur diese tiefe Ungewißheit als Lohn. Mutterschaft ist eine Erfahrung, Vaterschaft eine Abstraktion. Frauen setzen den natürlichen Kreislauf des menschlichen Lebens fort, und im Vergleich zu einem solchen Band sind Gesetz und Sitte, die die Männer mit diesem Kreislauf verbinden, dünne Fädchen. Generationen gehen durch die Körper von Frauen; sie tragen die Namen von Männern – leichtfertig.[21]

Die Journalistin Gena Corea führt O'Briens Theorie aus und argumentiert, der Mann habe die Geburtshilfe, die Gynäkologie und die neuen Fortpflanzungstechnologien entwickelt, um seine Entfremdung abzuschwächen, um zu mildern, »daß der Beitrag des Mannes zur Elternschaft gleich Null ist«.[22]

Corea erklärt, die Technologie biete dem Mann in verschiedener Hinsicht ein Gefühl genetischer Kontinuität: Indem er seinen Samen in einer Samenbank einfrieren läßt, kann er angeblich selbst nach seinem Tod Kinder »zeugen«; indem er eine Geschlechtsbestimmung durchführt (sie »kann ihm Söhne und damit eine Form der Unsterblichkeit sichern«); und eines Tages, indem er eine »exakte Kopie« seiner selbst klont. Schon heute, so sagt Corea, schafft die Technologie eine männlich beherrschte »zersplitterte Mutterschaft«.

> Der Anspruch der Frau auf die Mutterschaft läßt nach, der des Mannes auf die Vaterschaft wird stärker. Vor allem aber verschaffen die Techniken Frauen dieselbe Art reproduktiver Diskontinuität, wie Männer sie jetzt noch erleben ...
> Mutterschaft wird das, was Vaterschaft immer gewesen ist – ein intellektueller Akt, mit dem die Frau zum Beispiel einen kausalen Zusammenhang zwischen der Entnahme von Eiern aus ihrem Bauch und der Geburt eines Kindes neun Monate später durch eine andere Frau herstellt. Und währenddessen erobern sich die Männer – indem sie Frauen die Eier herausoperieren, Embryos übertragen, Babys durch Operationen zur Welt bringen oder die Schalthebel an der künstlichen Gebärmutter bedienen – mehr Erfahrung mit der Kontinuität des Fortpflanzungsvorgangs, als ihr Geschlecht je besessen hat.

Diese Männer wünschen sich, »Leben – statt durch die Natur – durch die ›Kunst‹ hervorzubringen und einen Mann instand zu setzen, nicht nur Vater, sondern auch Mutter des Kindes zu sein«.[23] In Coreas Dystopia würde aus Phyllis Cheslers »mütterlichem« Vater tatsächlich eine Mutter. Der Entführer würde nicht nur seine bereits geborenen und erzogenen Kinder stehlen, sondern die Mutterschaft selbst.

Neben den anonymen Technikern in verborgenen Laboratorien zählen zu den pränatalen Entführern auch jene benennbaren Männer, die die Technologien und neuen sozialen Fortpflanzungsarrangements zu ihrem Vorteil ausgenutzt haben. Der Mann, der in dieser Hinsicht in den letzten Jahren die meisten Schlagzeilen gemacht hat, ist William Stern, der zusammen mit seiner Frau, Dr. Elizabeth Stern, Mary Beth Whitehead angeheuert hat, sich künstlich befruchten zu lassen und sein Kind auszutragen und zur Welt zu bringen. Nach der Entbindung machte sie ihren Entschluß rückgängig, das

Baby abzugeben (das sie Sara nannte und die Sterns Melissa); als die Sterns sie unter Druck setzten, tauchten sie und ihre Familie unter; die Sterns erwirkten eine einstweilige Verfügung, die es der Polizei erlaubte, in die Wohnung der Whiteheads einzudringen und das Baby mitzunehmen; unter den Augen einer breiten Öffentlichkeit entspann sich ein Kampf um das Sorgerecht, den Mary Beth Whitehead verlor.

Der Rechtsstreit, der im ersten Halbjahr 1987 in Bergen County, New Jersey, ausgetragen wurde, rückte ein ganzes Knäuel rechtlicher, moralischer und politischer Fragen in den Mittelpunkt des Interesses und zwang die Menschen, tiefsitzende, uralte Überzeugungen über den geheiligten Vorgang der Geburt, das Wesen der Elternschaft und die Ursprünge und Möglichkeiten der Liebe und Verpflichtung zwischen den Generationen zu überprüfen.

Viele Feministinnen, Ethiker und Rechtsgelehrte stellten sich dieselben Fragen: Worin bestand Mary Beth Whiteheads Anspruch auf das Baby, wenn es ihn denn überhaupt gab? Stellt Schwangerschaft eine intensive Beziehung her? Gibt es so etwas wie eine vorgeburtliche Bindung? Wenn ja – und es gibt sie –, sollte das Austragen eines Fötus und die Geburt eines Kindes ohne jede weitere Beziehung einen privilegierten Anspruch der Frau auf die Elternschaft begründen?

Und was ist mit dem Anspruch von Bill Stern? Kann die Samenspende als gesellschaftliches Äquivalent einer Schwangerschaft gelten, auch wenn sie nicht das biologische oder emotionale Äquivalent ist? Einem Mann, der in eine Flasche masturbiert und gegen Entgelt anonym seinen Samen spendet, dürfen zu Recht seine Vaterrechte verweigert werden. Aber was ist mit dem Mann, der gezielt eine Frau künstlich befruchten läßt und erwartungsvoll der Geburt seines Kindes entgegensieht? Wenn das Baby geboren ist, hat er dann auch schon eine Beziehung zu ihm? Wie in den Scheidungsdebatten gingen die Überlegungen auch zu unsicheren Tauschgeschäften: der Anspruch der Frauen auf Elternrechte gegen die Übernahme elterlicher Pflichten seitens der Männer, der biologisch bedingte privilegierte Status gegen eine gesellschaftlich ausgehandelte Gleichheit.

Der Fall von Baby M. brachte die Fragen im Zusammenhang mit der Leihmutterschaft fast bis zur Unkenntlichkeit durcheinander. Die realen Menschen, die sich durchaus nicht verallgemeinern ließen, kamen den Abstraktionen ständig in den Weg. Whitehead war nicht rein genug, um eine gute Heldin abzugeben, doch ihre Lage war zu tragisch für eine Übeltäterin. Stern war zu nett für einen Bösewicht, doch seine Selbstgerechtigkeit und genetische Überheblichkeit disqualifizierten ihn als Helden. Ich persönlich habe mich gefragt, was für ein Mann er sein muß, wenn er so unbedingt ein »eigenes« Kind haben will, daß er eine Frau mit hineinzieht, die er nicht kennt, die es für nur zehntausend Dollar austrägt – ein lebensbedrohliches Unterfangen –, und sie dann verfolgt, wenn sie zu dem Schluß kommt, daß sie einen großen Fehler begangen hat. Andererseits schien er das Kind ebenso zu lieben wie Mary Beth. Häufig war er zu sehen, wie er das pausbäckige Kind im Schneeanzug hin- und herfuhr (Betsy trat kaum je in Erscheinung), und offensichtlich war er bereit, sehr viel Leid und Kosten auf sich zu nehmen, um es zu behalten.

Die Verfechterinnen der mütterlichen Rechte, in einer Gruppe organisiert, die sich Committee for Mary Beth Whitehead nannte (zu der neben Corea und Chesler auch die Schriftstellerinnen Karen Malpede und Lois Gould und die prominente kanadische Anwältin und Pornographiegegnerin Kathleen Lahey gehörten), schafften es dennoch, Stern zum Inbegriff aller Vertragsväter – folglich also aller Väter – und Whitehead zum Inbegriff aller Mütter zu machen.

Ihre Flugblätter und Presseerklärungen, das Sachverständigengutachten, das sie vorlegten, sowie Jeremy Rifkins Versuch, die Dinge auf wirtschaftliche Tendenzen zurückzuführen, und auch Cheslers Buch *The Sacred Bond: The Legacy of Baby M.* griffen den Entführer vehement an, indem sie versuchten, die rechtliche und psychische Mutterschaft erneut durch die leibliche Mutterschaft zu zementieren und das entstehende Vertrauen in einen Zusammenhang zwischen leiblicher und rechtlich-psychischer Vaterschaft zu untergraben.

Chesler proklamierte ein »geheiligtes Band« zwischen Mutter und Kind, das jede andere Bindung von der Empfängnis bis zum Tod an Intensität übersteige. In einem wütenden Ausbruch gegen Adoption, der nicht zuletzt wegen seines Anachronismus beunruhigend ist, fragte sie:

Ist es möglich, daß die leibliche Mutter eines Kindes für dieses Kind bestimmt ist; daß eine vorzeitige räumliche Trennung von dieser Mutter – selbst durch den genetischen Vater des Kindes – Trauma und Verletzung bewirkt?[24]

Sollte sich jemand fragen, unter welchem Stern diese Vereinigung von Mutter und Kind steht, so läßt die Antwort nicht lange auf sich warten. Denn wenn diese Mutterrechtlerinnen nicht an eine fromm-rührselige Anhänglichkeit an das gute alte Mütterlein appellieren, verweisen sie – vielleicht unbewußt – auf Gott. Hier fallen sie fast in Gleichschritt mit den fundamentalistischen Christen, zu denen sie angeblich in Opposition stehen. Beide beschwören allerdings eine »natürliche« und ewige Ordnung des Mutter- und Vaterdaseins herauf. Nach deren Ursprüngen befragt, müssen beide auf eine Vorbestimmung zurückgreifen. In der Propaganda des Komitees wie auch in *The Sacred Bond* (ein Titel, der ohne weiteres auch als Bildunterschrift in einem Buch der Sonntagsschule dienen könnte) taucht immer wieder das Thema des religiösen Opfers und der heiligen Mutterschaft auf.

Laßt uns auf etwas verzichten, bis Mary Beth und ihre Tochter Sara wieder vereint sind. [Sollen wir fasten? Auf Fleisch oder Sex verzichten?]
Laßt uns unser Gefühl der Machtlosigkeit aufgeben. [Schwenk über ein Schlagwort zu feministischer Gesinnung.]
Laßt uns alle 1 Dollar und unseren Brief an die Friends of Mary Beth Whitehead schicken.[25]

Der Spendenaufruf ist fast schon komisch: Mit kleinen Abwandlungen könnte es ebensogut ein Spendenaufruf einer religiösen Sekte sein. Doch der predigtähnliche Tonfall (unverwechselbar Chesler) ist eine gekonnte Strategie. Strikt weltlich gehalten, appelliert er unterschwellig an Gott – und an die Natur –, beides Begriffe, die eine erhabenere Ebene und eine höhere Moral enthalten. Religiöse Einstellungen verstärken die weltlich-politischen Ziele.

Die religiösen Anspielungen sind nicht durchgängig so subtil wie diese. »Wer wirft den ersten Stein?« heißt es in einer Presseerklärung.

Darin wird aus Mary Beth plötzlich »Mary«, gewöhnlich nicht ihr Rufname: »Mary ist keine Mörderin. Sie hat ihre Kinder weder mißbraucht noch im Stich gelassen. Sie ist unsere ›Mary‹, die Mutter eines Kindes, das zufällig keine genetische Verwandtschaft zu ihrem legalen Ehemann besitzt.«[26] Eine faszinierende Mischung aus Anspielungen: Die erste – »den ersten Stein werfen« – gilt Maria Magdalena, die zweite der Jungfrau Maria. Whitehead ist entweder eine gute Hure, die selbstlos ihren Körper hingibt, oder sie ist eine Madonna, die ein in Keuschheit empfangenes Kind zur Welt bringt – ein Wunder, wenn auch nur ein Durchschnittswunder der Medizin. Auch die stillschweigende Gleichsetzung Sterns mit Joseph ist interessant, da sie die beispielhafte christliche Mär der väterlichen Unwichtigkeit heraufbeschwört.

»Ein Kind kann als symbolische Empfehlung dienen, als sentimentales Objekt, als Aushängeschild der Selbstgerechtigkeit«, schreibt Adrienne Rich. Hier schaffen die Mutterrechtlerinnen ein Vexierbild, bei dem das süße Antlitz Mariens, keusch und voller Selbstaufopferung, das mutige, aber doch heilige Gesicht Maria Magdalenas überlagert, unter dem das Gesicht der nicht ganz so heiligen Mary Beth Whitehead zum Vorschein kommt. Doch die Tatsache, daß sie Opfer und Mutter ist, macht sie fromm und demütig, macht sie zum Überbringer einer Botschaft an die gesamte Menschheit. Und Bill Stern ist ein kleiner, unbedeutender, verdrießlicher Mensch, eine eifersüchtige Null wie Joseph.

Whitehead und ihre Unterstützerinnen verlegten sich darauf, Stern als »den Samenspender« zu bezeichnen, ein Pars pro toto für alle bloß »biologischen« Väter, ob sie nun ihren Samen in ein Glas abgeben oder direkt in die Vagina einer Frau. Gelegentlich nannten sie ihn auch »Bill Sperma«, ihn als Mensch auf einen Spritzer Samen reduzierend.

Was kann ein solcher Mann tun, vom mächtigen Patriarchen herabgesunken, zu einer gedemütigten »Null« erklärt? Was kann er sein, nachdem die Mutterrechtlerinnen sein Organ für die eigentliche Arterhaltung fast als rudimentär erklärt haben? Was sonst als ein Eindringling, ein Desperado, ein Alle-vierzehn-Tage-sonntags-Vater: ein Entführer?

Kapitel 3

DAS TIER

> Nichts ist materieller, physischer, körperlicher als die Ausübung von Macht.
>
> Michel Foucault[1]

Die Bestie

Verführen und Verlassen beruhen auf einer Art Handel, einem wildanarchischen zwar, doch einem, der sich innerhalb der Spielregeln von Geld, Moral und Recht bewegt. Versprechungen, Belohnungen, Bündnisse, Betrügereien und Racheakte werden auf einem schwankenden Steg ausgehandelt, nahe bei, aber nicht auf dem blutigsten Schauplatz des Geschlechterkampfes. Die Betrüger sind wankelmütige, gerissene und ränkeschmiedende Diplomaten der Männlichkeit. Sie arbeiten mit Winkelzügen und zweifelhaften Machenschaften; Vergewaltigung ist ihre Abschreckung, ihr Trumpf. Frauen, die über ihre eigene Diplomatie und ihr eigenes Arsenal einsatzbereiter Waffen verfügen, drohen mit Verweigerung, sexueller Folter und letztlich mit Kastration. Und dennoch sind die meisten Verführungsverhandlungen lustvoll und berauschend, und ihre Drohungen sind abstrakt; Angst ist eine Erinnerung oder ein Nervenkitzel, eine Phantasie und sogar, wie wir gesehen haben, ein Spaß.

Die Bestie ist das Ungeheuer, das unter diesem Steg lauert, und seine Waffe ist echt: Vergewaltigung. Die Bestie steht für die räuberische, habgierige, unerbittliche und frauenfeindliche männliche Sexualität und verkörpert das, was jeder Mann jeder Frau antun *könnte;* entscheidend für seine Wirksamkeit als Terrorist ist seine

Vorliebe für Verkleidungen. Der Vergewaltiger kann der Liftboy sein, ein entfernter Onkel, der blumenbringende Freund eines Freundes (75 Prozent aller Vergewaltigungen werden von einem Mann begangen, den die Frau kennt). Er ist der große Star auf dem Campus, der typisch amerikanische Junge von nebenan: Hochschulberatungsstellen für Vergewaltigung erklären, Sportskanonen und Mitglieder studentischer Vereinigungen seien für einen unverhältnismäßig hohen Anteil sexueller Übergriffe verantwortlich.[1] Der Vergewaltiger ist dem eigenen Zuhause sogar noch näher. Der Zeitschrift *Ms* zufolge wird jede siebte Frau von ihrem Ehemann vergewaltigt.[2]

Die klinische Medizin war bemerkenswert erfolglos in ihrem Bemühen, den Sexualtäter als abnorme Persönlichkeit zu definieren und damit dingfest zu machen. Persönlichkeitsprofile, Familiengeschichten, genetische Tests, die üblichen Indikatoren für krankhafte Veränderungen, ließen ein Syndrom sexueller Gewalt nicht zuverlässig vorhersagen. Judith Lewis Herman, eine angesehene Autorität, wenn es um Gewalt gegen Frauen geht, erklärt, selbst die populäre Theorie des »Kreislaufs der Gewalt« – daß aus einem geschlagenen oder mißhandelten Kind ein gewalttätiger oder vergewaltigender Erwachsener wird – liefere keinen völlig zuverlässigen Maßstab. Der Vergewaltiger zeichnet sich tatsächlich durch seine erkennbar sexistischen Einstellungen aus (doch das gilt auch für viele Richter, Geistliche und Kongreßabgeordnete, die keine Vergewaltigung begehen). Er ist in fast jeder Hinsicht »normal«. Ein Therapeut, der Sexualtäter behandelt, sagte zu Dr. Herman:

> Ich sehe mir die Akten an, und dann sehe ich mir den Täter an, und beides paßt nicht zusammen. Die Täter sind oft interessiert und attraktiv, sie sind gepflegt, geschickt im Umgang mit Menschen und können sehr kompetent oder rührend und verletzt wirken. Meine erste Reaktion, wenn ich einem neuen Täter begegne, ist immer: »Das muß ein Irrtum sein. Er kann das nicht getan haben, was in seinen Akten steht.«[3]

»Sie sind nicht alle verrückt geworden«, meinte William Pithers, der Leiter des Vermont Center for the Prevention and Treatment of

Sexual Abuse, in einem Interview mit *Newsweek.* »Vergewaltigung ist eine kranke Tat, begangen von gesunden Menschen.«[4]

Das heißt: gesund in einem gesellschaftlichen Kontext, der männliche Aggression für gesund hält.

> Kulturübergreifende Studien haben ergeben, daß ein hohes Vorkommen von Vergewaltigungen in Zusammenhang steht mit männlicher Dominanz. Vergewaltigung ist in Kulturen verbreitet, in denen nur ein männlicher Schöpfer/Gott (statt eines Paares oder einer Schöpferin/Göttin) angebetet wird, Krieg verherrlicht wird, Frauen geringe politische oder wirtschaftliche Macht besitzen, eine starke Geschlechtertrennung besteht und die Aufzucht der Kinder als niedere Tätigkeit gilt.[5]

In einem kulturellen Rahmen wie dem der Vereinigten Staaten also, die unter den Ländern, die eine Statistik über Vergewaltigung führen, an erster Stelle liegen. Staatliche Statistiken schätzen, daß die Chance einer amerikanischen Frau, in ihrem Leben Opfer einer sexuellen Gewalttat zu werden, zwischen eins zu zwölf und eins zu vier liegt. In Diana E. H. Russels Untersuchung für das National Institute of Mental Health waren von den befragten Frauen 44 Prozent schon einmal Opfer einer Vergewaltigung oder einer versuchten Vergewaltigung geworden.[6]

Andere Studien haben ergeben, daß amerikanische Männer erzwungenen Sex weitgehend für völlig in Ordnung, für strategisch angebracht und erregend halten. Eine signifikante Minderheit erklärte, sie würden eine Vergewaltigung begehen, wenn sie wüßten, daß sie nicht erwischt würden. Vor kurzem meinten von 1700 Schülern der sechsten bis neunten Klasse in Providence, Rhode Island, ein Viertel, es sei in Ordnung, daß ein Mann eine Frau zu Sex zwinge, wenn er eine Menge Geld für sie ausgegeben habe. Die Hälfte sagte, eine Frau, die abends alleine und verführerisch gekleidet auf die Straße gehe, fordere eine Vergewaltigung heraus.[7] Für Amerikaner hat Vergewaltigung offenbar etwas Unterhaltsames: Zur Zeit der Entstehung dieses Buchs kam in einem von acht aktuellen Hollywood-Filmen eine Vergewaltigung vor.[8]

Der Vergewaltiger, gleichermaßen gut bekannt wie unbegreiflich, reizt zur Bildung von Klischees. Als Bestie wird der unergründliche Vergewaltiger erkennbar; gleichzeitig rückt das allzu Vertraute in die Ferne, wird zur Fremdheit entrückt. Vergewaltigung ist schließlich die Vermengung zweier entgegengesetzter weiblicher Erwartungen. Ein kleines Mädchen lernt, Männer zu fürchten, vom großen, bösen Wolf bis hin zum Produzenten von Kinderpornos, von den Jungen auf dem Spielplatz bis hin zu den Jugendbanden, die im Park arglosen Spaziergängern auflauern. Zugleich bringt man ihm aber auch bei, Sexualität und Liebe zu verschmelzen (Jungen lernen, beides zu trennen). Wird der Körper, der Gegenstand der Liebe ist, als Waffe eingesetzt, so schafft das einen tiefgreifenden Widerspruch im Denken. Die Vergewaltigung vergewaltigt auch die Seele.

Krank–normal, fremd–vertraut, Feind–Freund: Beschreibungen der Bestie von Frauen zerfallen in Gegensätze, für die das Wort *Ambivalenz* nicht ganz angemessen ist. Andrea Dworkin, herausragende Biographin der Bestie, nennt den normalen Geschlechtsverkehr Vergewaltigung: Der Liebende ist ein Hassender. »Der normale Mann versteht den normalen Fick als Akt der Invasion und Besitzergreifung, durchgeführt in räuberischer Art: kolonisierend, ungestüm (männlich) und fast gewalttätig; seinem Wesen nach macht der Geschlechtsakt sie zu der Seinen.«[9] An anderer Stelle sagt sie: »Gewalt ist männlich. Der Mann ist der Penis; Gewalt ist der Penis oder das aus ihm ausgestoßene Sperma. Was der Penis tun kann, muß er gewaltsam tun, damit ein Mann ein Mann ist.«[10]

Susan Brownmiller dokumentiert die verblüffende Universalität und zeitliche Unbegrenztheit männlicher Sexualgewalt gegen Frauen und stellt sexuelle Gewalt als eine Art »Friedensgarantie« dar, in ähnlicher Weise wie Ronald Reagan diesen Ausdruck für seine Lieblingsrakete benutzte.

> Aber wir kommen nicht um die Tatsache herum, daß, anatomisch gesehen, beim Menschen unzweifelhaft die Möglichkeit zu gewaltsamem Geschlechtsverkehr besteht. Es ist denkbar, daß allein dieser Umstand ausgereicht hat, um eine männliche Ideologie der Vergewaltigung entstehen zu lassen. Als die Männer entdeckten, daß sie vergewaltigen konnten, machten sie von dieser Entdeckung auch Gebrauch ...

Die Entdeckung des Mannes, daß seine Genitalien als Waffe zu gebrauchen sind, um damit Furcht und Schrecken zu verbreiten, muß neben dem Feuer und der ersten groben Steinaxt als eine der wichtigsten Entdeckungen in prähistorischer Zeit angesehen werden. Ich glaube, daß Vergewaltigung seit eh und je eine überaus wichtige Funktion innehat. Sie ist nicht mehr und nicht weniger als eine Methode bewußter, systematischer Einschüchterung, durch die *alle Männer alle Frauen* in permanenter Angst halten.[11]

Diese Argumente reduzieren sich selbst auf eine bloße Tautologie: Männer vergewaltigen, weil sie Männer sind. Und solange sie dies können, werden sie es auch tun.

Kulturen, in denen Frauen sexuell stark eingeschränkt und äußerst verwundbar sind, akzeptieren die männliche Bestialität eher als gegeben. Doch wo Sexualität verschleiert ist, ist ihre Macht nur um so magischer, seltsamer. Mexikanische Frauen und texanische Chicanas erzählen zum Beispiel Sagen über eine, wie die Anthropologin Rosàn A. Jordan es nennt, »Vaginalschlange«: *chirrioneras,* Schlangen, Axolotl (oder Kolbenmolche), Eidechsen oder Salamanderlarven, die sich ihren Weg in eine Frau bahnen und sie schwängern.

... Und da war ein Mädchen, das war sehr jung, und irgendein Tier war in sie gekommen, und sie war schwanger geworden; und es war genauso, als wenn sie schwanger wäre. Morgens war ihr übel, und sie wurde dicker, so daß ihre Eltern glaubten, sie sei mit einem Jungen herumgezogen, weißt du, daß jemand sie geschwängert hätte. Sie schlugen sie und versuchten, aus ihr herauszubekommen, wer der Junge war, der für ihren Zustand verantwortlich war ...

Das ging eine ganze Zeit so, ein paar Monate, und eines Tages gingen sie weg in die Stadt oder sonst wohin, und sie schlossen sie im Haus ein, und als sie wiederkamen – sie waren, glaube ich, ein paar Tage fort gewesen –, und als sie wiederkamen, stellten sie fest, daß sie einen ganzen Haufen kleiner Tiere geboren hatte, die sie gerade auffraßen, sie war tot.[12]

In den Ozark Mountains hörte Jordan von einer Frau, die ein paar »Kugeln« geschluckt hatte, die ihr Mann in einer Schlucht gefunden hatte; sie brachte eine Mokassinschlange zur Welt, die 1,80 Meter lang und fast 25 Zentimeter dick war. Sie war »nie wieder die gleiche im Kopf«.[13]

In diesen Sagen spiegeln sich Furcht und Sorge, Trauer und Wut über den männlichen Mißbrauch von Frauen und gewiß auch Verzweiflung: Die Frauen in den Geschichten »leiden, sind gedemütigt und finden Erlösung nur im Tod«, erklärt Jordan. »Die Erzählungen ... offenbaren bei Frauen ein gewisses Maß an Haß gegen sich selbst und an Mißtrauen gegen ihre eigene Sexualität. Die sexuelle Natur von Frauen, scheinen sie zu besagen, trägt zur Entstehung ihres Leidens bei.«[14]

Meiner Ansicht nach schwingen in diesen Sagen ebensosehr Gefühle über die sexuelle Natur von *Männern* mit, daß der Mann ein bedrohliches, heimtückisches, wildes Tier ist, sein Penis ein glitschiges Ding, das gewaltsam den Samen zum Leid einpflanzt, das schlimmere Schrecken und Bedrängnisse ahnen läßt. Sexualität treibt eine Frau in den Wahnsinn, wenn sie sie nicht umbringt. In Anbetracht der Alternativen lebt sie enthaltsam sicherer.

Geschichten über die magische Bestie beschränken sich nicht auf abgelegene Teile der Erde; sie erscheinen regelmäßig in den Sensationsblättern, jenen Fundgruben moderner Sagen. Fast wöchentlich verkünden die Schlagzeilen der Boulevardpresse: »Mein Baby ist eine Schlange/ein Hund/Monster/Außerirdischer«. Die *Weekly World News* berichtete unlängst, die sechzehnjährige Zairian Miki Jack habe ein Kind zur Welt gebracht, das halb Mensch, halb Pavian sei. Jack »gibt jetzt zu«, der Pavian habe sie vor ihrem Dorf angefallen. Sie erklärt allerdings, sie sei sich »fast sicher« gewesen, daß das Kind, das sie erwartete, von ihrem Freund Komami Lumumba sei; diese Allegorie männlicher Bestialität enthält also zusätzlich noch einen Hauch Rassismus: Könnte das Affenbaby das Kind des Schwarzen sein?

Wie andere Geschlechtsklischees so ist auch die Bestie mit den Eigenschaften »niederer« Klassen und Rassen ausgestattet, die seine Fremdartigkeit und Furchtbarkeit unterstreichen. Stallknechte, Jäger, Dompteure und Cowboys sind in der hohen wie niederen Literatur die bestialischen Objekte verbotener Lüste und eine Quelle des Schreckens. Da diese Männer mit Tieren leben (oder im Falle des Chauffeurs mit ihrem mechanisierten Äquivalent), entwickeln sie angeblich, was Essen, Schlafen, Hygiene und Sexualität betrifft, die gleichen Gewohnheiten wie Bullen und Hengste – sie sind instinktiv, impulsiv, unbeständig und potentiell gewalttätig.

Die Geschichte der Sklaverei (die Menschen buchstäblich wie Tiere benutzte) und des weißen Rassenterrors in Amerika strotzt von Klischeebildern der schwarzen Bestie, die sein Herr anketten mußte, damit sie nicht die keusche, weiße Weiblichkeit schändete. Als 1892 die große schwarze Kämpferin gegen die Lynchjustiz, Ida B. Wells, ihre erste Dokumentation über Hunderte schwarzer Männer veröffentlichte, die der Mob getötet hatte, weil sie angeblich weiße Frauen vergewaltigt hatten, blühten die Gerüchte über freigelassene Sklaven, die marodierend über Land zogen. Solche rassistischen Verdächtigungen kochten auch unter Suffragetten hoch, als die Fünfzehnte Verfassungsänderung schwarzen Männern das Wahlrecht gab, nicht aber Frauen jeglicher Rasse. Die Suffragette Elizabeth Cady Stanton griff die Geschichte eines afro-amerikanischen Mannes auf, der in Tennessee gelyncht worden war, weil er angeblich eine weiße Frau vergewaltigt hatte, und wütete, das Wahlrecht werde die schwarzen Männer noch anmaßender und gewalttätiger machen. »Der republikanische Ruf nach ›Männerwahlrecht‹ schafft einen Antagonismus zwischen schwarzen Männern und allen Frauen, der in schrecklichen Greueltaten an den Frauen gipfeln wird« – mit anderen Worten: in Vergewaltigung.

Ein Jahrhundert später beschworen bekannte männliche Denker der Black-Power-Bewegung der sechziger Jahre, Männer wie der Dichter Imamu Amiri Baraka (LeRoi Jones), der Psychologe Frantz Fanon und der Soziologe Calvin Hearnton, selbst das Phantom der schwarzen Bestie wieder herauf, als sie die Vergewaltigung weißer Frauen als psychologisch verständlichen beziehungsweise als politisch legitimen Akt bezeichneten. Eldridge Cleaver inszenierte, nachdem er an schwarzen Frauen in seiner Nachbarschaft »geprobt« hatte, diese revolutionäre Inbesitznahme des Eigentums des weißen Mannes in *Soul on Ice* und feierte ausführlich deren Berechtigung.

Sicher waren viele schwarze Frauen über die Äußerungen dieser Männer entrüstet, doch nur wenige traten hervor und sagten es auch.

So handelte sich zum Beispiel Alice Walker, deren Roman die Vorlage für den Spielfilm *Die Farbe Lila* bildete und sexuellen Mißbrauch schwarzer Männer an schwarzen Frauen behandelte, den Vorwurf ein, die schmutzige Wäsche der schwarzen Gemeinschaft – Gewalt gegen Frauen gehört wie in allen Gesellschaften zu den eher schmutzigen Dingen – vor einem ohnehin schon rassistischen weißen Publikum zu waschen und sich mit der weißen Frauenbewegung gegen ihre eigenen Brüder zu verschwören.

Was den Film angeht, so mag der Vorwurf, Rassismus anzusprechen, teilweise zutreffen – allerdings richtete er sich gegen die falsche Person. In der Spielfilmversion von Steven Spielberg ist Mister von Anfang bis Ende eine Bestie. In Walkers Roman vollzieht sich mit ihm eine ebenso ans Wunderbare grenzende Wandlung wie bei Celie: In dem Maße, wie sie sich zur starken, wortgewandten Frau entwikkelt, wird er demütig, zärtlich und gewaltlos.

Männliche Kritiker, die argwöhnten, Afro-Amerikanerinnen hätten sich mit weißen Feministinnen verschworen, hätten allerdings die Wahrheit gar nicht weiter verfehlen können. Weit davon entfernt, sich mit weißen Feministinnen zu verschwören, hatten schwarze Frauen kaum je mit ihnen in einem Raum zusammengesessen und gesprochen. Tiefe Differenzen hatten schwarze und weiße Aktivistinnen während der gesamten amerikanischen Geschichte gespalten, und wie ich im Kapitel »Die schwesterliche Gemeinschaft und der Patriarch« eingehender erörtern werde, bildete auch der Feminismus der zweiten Welle in dieser Hinsicht keine Ausnahme.[15] Als die weiße Frauenbewegung begann, gegen sexuelle Gewalt zu kämpfen – die Frauen aller Rassen und Klassen gleichermaßen betraf –, machten manche schwarze Frauen in ihren Analysen rassistische Elemente aus.

Seit es Sagen und Mythen gibt, sagen sie farbigen Menschen Wildheit nach und setzen Wildheit (Natur) mit Irrationalität und Schlechtigkeit gleich. Der »wilde« Caliban ist die unbezwungene, sündhafte Natur zu Prosperos Kunst, Kultur und Anstand; die Eingeborenen zu »zivilisieren« ist die ideologische Rechtfertigung für jenen ausgesprochenen Diebstahl, den Kolonialismus darstellt.

Schon in klassischer Sicht wird die Frau ebenso wie die »dunkleren« Rassen als unbezähmbare Natur eingestuft. Sie ist eine strömende, wehende oder fließende Kraft. Sie ist der Mond (in vielen Sprachen weiblich; Anm. d. Übers.), der Wirbelwind und das Wettersystem (erst in jüngster Zeit haben Hurricanes Männernamen erhalten, ein seltsames Zugeständnis an den Feminismus). Sie ist ein Wesen, so starrköpfig wie eine Kuh, so flatterhaft wie ein Vogel und so verschlagen wie eine Katze – durchtrieben und sexuell heimtükkisch.

Die Bestie stellt wie viele andere männerfeindliche Klischees diese Phänomenologie auf den Kopf. Groß, haarig, muskulös, gefräßig, schuppig, glitschig oder insektenhaft, räuberisch und gierig, wird der Mann zum unzivilisierten anderen; für die Kultur der Frau ist *er* die Natur.

Wenn Männer die Bestien sind, die auf Unheil sinnen, dann müssen Frauen, um sicher zu sein, sie aus dem Weg räumen oder ihnen aus dem Weg gehen; sie müssen sie einsperren, jagen und erschießen, des Landes verweisen oder in Reservate sperren.

Historisch hat eine Gruppe von Feministinnen und Moralreformerinnen den ersten Kurs eingeschlagen. Für sie galt praktisch jede Form männlicher Sexualität von der Verführung bis hin zur Pornographie als Vergewaltigung der Frauen; sie versuchten die Frauen durch Religion und Politik, Gesetz und zivilen Ungehorsam vor ihr zu schützen. Diese Frauen konnten sich einen gesellschaftlichen Wandel von Männlichkeit und Weiblichkeit nicht vorstellen; entsetzt über Verhältnisse, die die sexuelle Ausbeutung fördern, lehnten sie das Ideal sexueller Gleichheit durch Chancengleichheit ab. Für sie waren Männer sexuell unersättlich; Frauen waren sexuell weniger unterdrückt als vielmehr überfordert und bedurften des rechtlichen Schutzes.

Zudem ist, wie wir bereits beim Entführer gesehen haben, ungezügelte Sexualität schon definitionsgemäß männlich. Den männlichen Avancen zu widerstehen heißt somit nicht nur, die Freiheit der Frauen zu verteidigen, sich unbehelligt in der Welt zu bewegen, sondern die Weiblichkeit an sich zu verteidigen. Dies nicht zu tun – zum Beispiel Pornographie zu tolerieren und anzudeuten, Frauen könnten sogar Spaß daran haben – ist mehr als ein Verrat an Frauen, es ist ein Versuch, männlich zu *sein*.

Die Female Moral Reform Society, die 1834 in New York gegründet wurde, verfolgte das ausdrückliche Ziel, die Bordelle der Stadt schließen zu lassen und ihre Bewohnerinnen zum evangelischen Protestantismus zu bekehren. Zugleich strebte sie danach, jedes amerikanische Heim von allen Formen der Unzucht zu säubern, von lüsternen Gedanken bis hin zur Unkeuschheit. Ihr »wütendes und nachdrückliches Beharren auf der wollüstigen und raubgierigen Natur des amerikanischen Mannes« nahm keinen Mann aus, schreibt die Historikerin Carroll Smith-Rosenberg. Ihre Zeitung, *The Advocate,* pries Frauen in den höchsten Tönen: Sie waren »offenherzig, ernsthaft und liebevoll«, »ahnungslose Lämmer«, die harmlos in den Rachen des trügerischen Wolfes schauten. Der Mann, sagt Smith-Rosenberg, war ihrer Ansicht nach »ein Wesen, das von niederen sexuellen Trieben beherrscht war, die er weder beherrschen konnte noch wollte«.[16] Bestrebungen der achtziger Jahre unseres Jahrhunderts vorwegnehmend, Pornographie gesetzlich zu verbieten, weil sie »Frauen zu Opfern macht«, setzte sich die Gesellschaft als Lobby für ein Gesetz ein, das 1848 verabschiedet wurde und das Verführung (die in ihren Augen von Vergewaltigung nicht zu unterscheiden war) als Straftat ahndete.

Die Damen der Gesellschaft wirkten, wenn sie vor den Bordelltüren aus der Bibel lasen, wie der Inbegriff viktorianischer Prüderie und waren es in gewissem Sinne auch: Ihr Denken stützte eine strikte Trennung der Geschlechtsrollen und einen einheitlichen moralischen Maßstab für Männer und Frauen – vorgeblich den der Frauen – und versuchte, beides durch Gesetz und Erziehung durchzusetzen. In anderer Hinsicht waren sie dagegen durchaus Radikale: In einer Zeit, in der über Sexualität schon privat kaum gesprochen wurde, brachten diese präfeministischen Reformerinnen auch eine mutige öffentliche Kritik an der sexuellen Herrschaft der Männer und an der doppelten Moral zum Ausdruck.

Dieser Widerspruch, einerseits den Unterschied im Wesen der Geschlechter implizit zu bestätigen und andererseits die Ungleichheit radikal abzulehnen, die aus ihm folgt, wiederholte sich im Laufe der Geschichte immer wieder. »Fast universell haben Männer ein größeres Verlangen nach Sex als Frauen; sie sind weniger wählerisch, was Zeitpunkt, Ort und Wahl des Objekts betrifft, als Frauen«, schrieb Abby Rockefeller Anfang der siebziger Jahre in einem Traktat mit dem nihilistischen Titel: »Sex: The Basis of Sexism.« »Dieses Auseinanderklaffen der Neigungen bildet zudem die Grundlage für die Unterdrückung der Frauen durch die Männer.«

Damit der Wüstling existieren kann, braucht er ein Opfer. Wenn sein Verbrechen in der Begierde selbst besteht, so impliziert diese Analyse, dann muß das Opfer ein Wesen ohne Begierde sein.

Wie ihre Vorläuferinnen des 19. Jahrhunderts, die die Prostitution als Hauptschuldigen für die Ausbeutung von Frauen verurteilten und ihre Abschaffung als Befreiung der Frauen von sexueller Gefahr ansahen, so gehen auch zeitgenössische Streiterinnen gegen die Pornographie als »die verdichtete Metapher für weibliche Erniedrigung« an, um es mit den Worten der Historikerin und Journalistin Lisa Duggan zu sagen. Die Gruppe Women Against Pornography und ihre Mitstreiterinnen argumentieren, sexuell eindeutige Darstellungen seien die *Ursache* für Frauenhaß und Gewalt gegen Frauen – ja, es *sei* Gewalt gegen Frauen – und nicht umgekehrt. In den achtziger Jahren fanden ihre Bestrebungen, die Städte von Obszönitäten zu säubern, begeisterten Beifall nicht nur bei fanatischen Predigern, sondern auch bei konservativen Kräften in der Gesetzgebung; als die Bewegung ihren rechtlichen Höhepunkt erreichte, beauftragten die Städte Minneapolis und Indianapolis Andrea Dworkin und Catherine MacKinnon, Entwürfe für eine Verordnung zu erarbeiten, die Pornographie zu einer Form der Geschlechterdiskriminierung und zur Ordnungswidrigkeit erklären sollte.

Gestützt auf einige kontroverse klinische Forschungsergebnisse, bescheinigten die Verfasserinnen der Entwürfe, daß das Anschauen schmutziger Bilder in Männern den Wunsch wecke, zu vergewaltigen, und die Neigung wachrufe, Kinder sexuell zu mißbrauchen und zu schlagen. Bezeichnenderweise wollten die Reformerinnen Darstellungen von Sex verbieten und nicht Darstellungen asexueller Gewalt. Die Bestie erregen angeblich Brüste und Hintern, die passiv wie Schweinekoteletts auf einem Tablett zur Schau gestellt sind. Blutige Bilder von Körpern, die von Küchenmessern oder Kettensägen zerstückelt sind, sind zwar ebenfalls schlecht, aber sie sind noch schlechter, wenn diese Körper weiblich sind. Männliche (sprich: heterosexuelle) Sexualität ist mit anderen Worten untrennbar mit männlicher Gewalt verbunden.

Die Formulierungen dieser Verordnungen, die die Quintessenz der Theorie und Rhetorik fast eines Jahrzehnts enthalten, definieren Pornographie sehr allgemein und vage: Eine lange Liste enthält unter anderem Bilder von »Frauen in unterwürfigen, servilen oder zur Schau stellenden Haltungen oder Posen« (auf einem Bett liegend und »fick mich« seufzend?) und Darstellungen von Frauen als »Huren von Natur aus« (die mit Fremden in Bars flirten?). Jede Beteiligung an Pornographie ist zudem definitionsgemäß erzwungen, selbst wenn »die Person wußte, daß die Handlungen oder das Geschehen zur Herstellung von Pornographie dienen sollte ... keinen Widerstand leistete oder aktiv mitzuwirken schien«, einen mündlichen oder schriftlichen Vertrag abschloß oder bezahlt wurde.[17] Mit anderen Worten, eine Frau im Vollbesitz ihrer geistigen Kräfte kann sich nicht freiwillig zu kommerziellen Sexhandlungen hergeben; eine Frau, die die gesellschaftliche Gehirnwäsche hinter sich hat, kann eine solche Entscheidung nicht rational fällen, sei es aus wirtschaftlicher Not oder – Gott behüte! – Begierde.

Als die Kampagnen gegen Pornographie an Kraft verloren (in Minneapolis verabschiedete der Stadtrat die Verordnung, doch der Bürgermeister legte ein Veto ein; in Indianapolis wurde die Verordnung verabschiedet, gerichtlich angefochten und für verfassungswidrig erklärt), tauchte interessanterweise wieder die Gruppe Women Against Pornography auf, diesmal keinen Geringeren im Rücken als die Vereinten Nationen. Ihr neuer Feldzug richtet sich gegen internationalen »Sextourismus«, also gegen Prostitution in anderen Ländern. Ebenso wie die Pornogegner unterschiedslos jede eindeutig sexuelle Darstellung von Softpornos bis hin zu Pornostreifen härtester Machart verurteilten, zielt diese Kampagne gegen jede Form kommerzieller Sexualität, von der bescheinigten Unterwürfigkeit halbwüchsiger Philippinenmädchen in Subic Bay bis hin zu den Wochenendnummern eines Londoner Callgirls, das sich auf diese Weise durch die Kunstakademie arbeitet. Ebenso wie ihre Vorläuferinnen sehen auch die Sextourismus-Gegnerinnen alle Frauen im Sex-Geschäft als Opfer von Männern, die nach Profit und Sex gieren und eine fast merkwürdige Ähnlichkeit mit ihren Vorfahren aus dem 19. Jahrhundert aufweisen, den Mädchenhändlern.

Im Laufe der Jahrhunderte ist es immer das gleiche »Verbrechen«, die gleichen unwissenden Opfer, die gleiche Bestie.

Es gibt viele Frauen (ob sie nun Pornos dulden oder nicht), die Polizei und Gerichten nicht zutrauen, sie vor sexueller Gewalt zu schützen. Diese Frauen nehmen es lieber selbst in die Hand, für Recht und Ordnung zu sorgen, und ihre Antwort lautet Selbstschutz. Ein Anti-Porno-Flugblatt zeigt »Wunde Punkte am Körper Deines Angreifers – und was Du tun kannst, dem Zuhälter und Hauptvergewaltiger einen schweren Schlag zu versetzen«. Es zeigt das Photo eines nackten Mannes mit dem Gesicht von Bob Guccione, dem Herausgeber der Zeitschrift *Penthouse;* anstelle des Penis ist eine Kamera mit Teleobjektiv, versehen mit Instruktionen wie »Hau ihm das Knie zwischen die Beine oder schnapp die Hoden, drehe sie und ziehe« und »Streck die Finger aus, leicht gebogen, und stich sie direkt in die Augen«. Das Faltblatt wird von den »Outlaws for Social Responsibility« verteilt.

Shame, ein australischer Film nach einem Drehbuch von Deborah Lee, erzählt die Geschichte einer jungen Frau, die in einer Kleinstadt von einer Bande vergewaltigt wird. Sie wird von allen Seiten unter Druck gesetzt, selbst ihre Familie beteiligt sich an der Vertuschung des Verbrechens. Als sie sich gerade endgültig ihrer Verzweiflung überlassen will, braust ihr Retter auf einem Motorrad in die Stadt. Wie sich herausstellt, ist dieser Motorradfahrer in schwarzer Lederkombi Rechtsanwalt! Der perfekte Mann, hart, aber herzlich, bis auf die entschieden moderne Variante: Er ist eine Sie. Der Film endet finster – das Opfer wird von den aufgebrachten Männern der Stadt getötet – und mit einer Moral: Suche keinen Schutz bei Recht und Gesetz der Männer, sie schützen sich nur gegenseitig in einer Verschwörung der Gewalt gegen Frauen.

Der Film *A Question of Silence* der niederländischen Filmemacherin Marleen Gorris, der 1983 in den Vereinigten Staaten uraufgeführt wurde, beginnt mit drei Frauen, die beim Einkaufen unabhängig voneinander von einem männlichen Ladenbesitzer gereizt werden. Es fällt kein Wort zwischen ihnen, aber sie umringen ihn und töten ihn. Dürftiger noch als ihre offensichtliche Motivation ist ihre Reue. Im Laufe der Gerichtsverhandlung geben zwei von ihnen an, sie seien mit ihrem Latein am Ende gewesen; der Sexismus habe sie dazu gebracht, es zu tun. Die andere schweigt. Dann, im Zeugenstand, fängt sie leise an zu lachen. Sie lacht und lacht; bald lacht sie wie verrückt. Die Zuschauerinnen im Gerichtssaal fallen in ihr Gelächter ein – und in dem Kino, in dem ich den Film gesehen habe, fingen auch die Frauen im Publikum an zu lachen. In dem Maße, wie ihr Gelächter lauter wurde, schienen die Männer neben ihnen ebenso wie die auf der Leinwand in ihren Sitzen in sich zusammenzusinken. Dieses Gelächter, nicht der Mord, bildet das kathartische Moment des Schocks und der Erkenntnis in *A Question of Silence*. Es ist wütend, rachsüchtig, barbarisch, anarchisch. Es spiegelt die Absurdität der Voraussetzung dieses Film wider – daß Frauen sich zusammenschließen und Männern spontan Gewalt antun könnten (wie Männer gewöhnlich Frauen Gewalt antun). Aber es ist auch hysterisch-verzweifelt. Es ist das wahnsinnige Kichern eines Geschlechts, das sich wie Besucher in einem modernen Zoo, in dem die wilden Tiere frei herumlaufen und die Leute in Käfigen stecken, umgeben sieht von Gewalt, aber gefangen ist, gefangen durch seine eigenen »Schutzwälle«.

Frauen, die sich vorübergehend in rein weiblicher Gesellschaft aufhalten – auf einem Frauenkongreß oder einem Frauenmusikfestival –, berichten häufig, wie erleichtert, kraftvoll und gelassen sie sich dort fühlen. Es kommt für sie überraschend, dieses plötzliche Fehlen von Angst. In utopischen Romanen haben Frauen die Bestie oft ins Ausland verbannt und Zonen eingerichtet, in denen der Sex gleichberechtigt und lesbisch und sexuelle Gewalt unbekannt ist.

Manche spekulativen Fiktionen von Frauen entwerfen Welten, in denen die Geschlechtsrollen umgekehrt oder abgeschafft sind. In Egalia, dem Phantasieland des norwegischen Schriftstellers Gerd Brantenberg, sind die »Wibschen« stämmig, bösartig und streitbar; sie halten die Männer unter der Fuchtel und zwingen sie, zu kochen, zu putzen und sich um die Kinder zu kümmern, ihnen beizubringen, sich für ihren Körper zu schämen und, nun ja, der Rest ist bekannt. Und die »Wibschen« vergewaltigen Männer:

> Er spürte das kalte Metall am Bauch. Sie zerschnitt den Steg zwischen Bauchgürtel und PH, zog den PH ab und warf ihn der dicken Frau zu. Sie fing ihn auf, zerriß ihn in mehrere Fetzen und

schmiß sie in die Büsche. Sie griff hart nach seinem Schwanz und stopfte ihre Brust in seinen Mund. Er spürte ihren feuchten Schritt an seinen Schenkeln ... Der Griff um den Penis wurde härter. Sie keuchte ihm schwer ins Ohr, bewegte sich heftig hin und her, zwängte seinen Schenkel zwischen ihre Beine, rackert sich ab und keuchte. Verzweifelt blickte er zu den anderen hoch. Wie konnten die da nur so rumstehen und zugucken, ohne ihm zu helfen![18]

In Ursula LeGuins Roman *Winterplanet* sind die Bewohner des Planeten Winter, die Gethenianer, androgyn – wie eine Forscherin von einem anderen Planeten schließt, das Ergebnis eines lange zurückliegenden Experiments. Im Laufe eines Zyklus von sechsundzwanzig Tagen ruht bei den Gethenianern die Sexualität über vier Fünftel der Zeit; die restlichen fünf Tage befinden sie sich im *kemmer*-Stadium und können entweder ein männliches oder weibliches Geschlecht annehmen. Ohne Geschlecht ist das Leben ganz anders. Die Beobachterin bemerkt:

Man bedenke: Eine Einteilung der Menschheit in stärkere und schwächere Hälfte, in Beschützer und Beschützte, in Beherrschende und Beherrschte, in Eigentümer und Eigentum, in Aktive und Passive existiert nicht. Man kann sogar feststellen, daß die Tendenz zum Dualismus, die das Denken der Menschen so beherrscht, auf Winter weit weniger stark ausgeprägt ist.[19]

Es gibt keine Arbeitsteilung, keine Vergewaltigung und keinen Krieg. Die Forscherin überlegt:

Möglicherweise setzten die alten Hainaner voraus, daß kontinuierliche sexuelle Kapazität und organisierte soziale Aggression, die beide für kein anderes Säugetier als für Menschen typisch sind, im Ursache-Wirkungs-Verhältnis zueinander stehen. Oder sie hielten, wie Tumass Song Agot, den Krieg für eine rein maskuline Ersatzhandlung, für eine ungeheure Vergewaltigung und eliminierten daher in ihrem Experiment die Maskulinität, die vergewaltigt, und die Femininität, die vergewaltigt wird. Welches die wirklichen Gründe waren, wissen wir nicht.[20]

Sowohl Brantenberg als auch LeGuin vertreten die Ansicht, daß sexuelle Gewalt das Ergebnis nicht der Männlichkeit, sondern der Geschlechtertrennung selbst ist.

Andere Autoren machen allerdings die Männer für die Gewalt verantwortlich und vermitteln, daß die Welt, solange es in ihr Männer gibt, nicht frei sein wird von Vergewaltigung und Krieg. Wie können Frauen diesen friedlichen, männerlosen Zustand erreichen?

Manche, schreibt Adrienne Harris, lösen das Dilemma – »der Preis für diesen Frieden ist die Abschaffung von Männern« –, indem sie gewaltlos töten.[21] Die HügelFrauen in Sally Miller Geartharts *Wanderland* flohen aus der Stadt, nachdem es dort »eine Vergewaltigung zuviel gegeben hat«, und ließen die meisten Männer ohne weibliche Fürsorge zugrunde gehen.

Andere, die von Natur aus nicht gewalttätig veranlagt sind, treiben widerwillig den Teufel mit Beelzebub aus. Die Einwohnerinnen in Charlotte Perkins Gilmans *Herland* (erstmals erschienen 1915, beschrieb das Buch eines der ersten feministischen Utopien) stammen von einer Gruppe von Jungfrauen ab, die ihre männlichen Herrscher ermordet haben. Ihrer Legende nach verschüttete ein gewaltiger Vulkanausbruch den einzigen Zugang zum Meer, tötete den größten Teil der Armee und der männlichen Herren. Die überlebenden männlichen Sklaven brachten die restlichen Herren um und versuchten, die Frauen zu versklaven.

> Aber eine solche Häufung von Unglück war zu viel für die Jungfrauen. Ihre Anzahl war stattlich, dagegen gab es von den Möchtegern-Herren nur wenige. Und so erhoben sich die jungen Frauen, anstatt sich zu unterwerfen, und brachten aus reiner Verzweiflung ihre brutalen Unterdrücker um.[22]

Oder die Autorin erhält eine gewalttätige Frau als warnende Mahnung an vergangene Zeiten. In *Wanderland* ist es Seja, eine ehemalige Kriegerin, die die Erinnerung an eine Vergewaltigung immer noch in einen Blutrausch versetzt. In *Der Planet der Frauen*[23] von Joanna Russ ist es die männermordende Jael aus Frauenland, einem Land, das sich ständig mit Männerland im Krieg befindet. Sie ist die letzte Rächerin, die Männer mit ihren Fingernägeln aus rostfreiem Edelstahl umbringt. Wie Seja ist auch Jael »ein Opfer an die Zukunft«, schreibt Harris, »von entscheidender Bedeutung für den Wandel, aber anachronistisch und gefährlich für die utopische Kultur, zu deren Entstehung sie beigetragen hat«.[24]

In diesen Ländern ist Heterosexualität selbst zum Zweck der Fortpflanzung unvorstellbar, obwohl der lesbische Sex die Grenzen unserer heutigen Vorstellungswelt übersteigt. In Herland entstehen die Kinder durch Jungfrauenzeugung, zu Gilmans Zeit eine komische und originelle Idee. In Geartharts Erzählung sind die einzigen Männer, mit denen sich Frauen verbünden können (wenn auch mit Vorsicht), die Sanften, die jedem Sex abgeschworen haben. Diese Männer erkennen ebenso wie die HügelFrauen: »Frauen und Männer können einander noch nicht, vielleicht nie, ohne Gewalt lieben; sie gehören nicht länger derselben Spezies an.«[25]

Die Bestie des Landes zu verweisen und unter Bewachung zu halten, ist eine Phantasie, die sich nicht nur auf utopische Romane beschränkt. In einer Kolumne der Beilage »Hers« zum *New York Times Sunday Magazine* zählt Patricia Volk unter dem Titel »Being Safe« die Ratschläge zur Selbstverteidigung auf, die sie von verschiedenen Männern bekommt: von einem Karate-Experten in einem jüdischen Freizeitpark; von ihrem Ehemann, der sagt: »Stech der Person einen Finger ins Auge«; von ihrem Vater, der schwört, ihr beizubringen, mit einer Betäubungswaffe umzugehen. Sie benutzt keine Waffe, sondern Intuition und nimmt ihre Tochter mit in den Park, um ihren Selbstschutzinstinkt der Angst zu schärfen. Volks Traum ist allerdings eine Sicherheit, die auf der Beseitigung der Gefahr beruht: der Männer. »Ich stelle mir vor, wie sicher ich mich fühlen würde, wenn Frauen, sagen wir, Manhattan und die Bronx bekämen und Männer Brooklyn und Queens, und Leute, die zwanzig Jahre und länger glücklich verheiratet sind, nähmen Staten Island. Dann bräuchten Frauen keine Angst mehr zu haben.«[26]

Volk würde die Bestie gerne in einem Wildreservat halten, durch Brücken und Tunnel von der Zivilisation abgeschnitten. Nur domestizierte, stubenreine Tiere (deren Reinrassigkeit durch die Ehe garantiert ist) besäßen soviel Vertrauenswürdigkeit, daß sie mit Frauen unter einem Dach leben dürften.

Wenn die Bestie überhaupt zu bändigen ist, dann nur durch Religion, Medizin, Strafvollzug oder eine Gewalt, die der ihren entspricht. Karate, chemische Keule, Schußwaffe: Gegen die Bestie greift die Frau zur Peitsche, nicht zum Zuckerbrot.

Dorothy, die Vorort-Hausfrau in Rachel Ingalls Roman *Mrs. Calibans Geheimnis,* wendet allerdings die umgekehrte Taktik an. Sie bändigt die Bestie mit Zuckerbrot oder, um genau zu sein, mit Stangensellerie.

> Seine Augen waren riesig und dunkel, schienen weit größer als die Augen irgendeines menschlichen Wesens, und sehr tief. Sein Kopf glich dem eines Frosches, nur war er noch runder, wohingegen der Mund schmaler war und ähnlich wie beim Menschen nicht über die Mitte des Gesichts hinausreichte ... An Händen und Füßen hatte er Schwimmhäute, allerdings waren sie nicht besonders ausgeprägt ... und der übrige Körper war genau wie der eines Menschen, eines gutgebauten, großen Mannes, bis auf den Umstand, daß er sehr dunkel und grün und braun gesprenkelt war und nirgends auch nur ein Haar aufzuweisen zu haben schien ... Sie reichte weit über den Tisch, ließ mit ihren Augen nur für einen Moment von ihm ab und bekam den Stangensellerie zu fassen, der gleich neben dem Messer lag. Das Knurren verstummte. Langsam machte sie einen Schritt vor und hielt das Gemüse vor sich hin ... »Danke«, sagte er.[1]

Die gemeine Bestie, die Angst und Abscheu weckt, zu Militanz oder Rückzug herausfordert, ist nur eine Spezies. Eine andere ist das Haustier, heißblütig ist es ebenfalls, gelegentlich auch erregt, aber nie muß es in Ketten gelegt werden. Wie das Monstrum, das Dorothy Larry nennt, kommt das Haustier demütig und hungrig an die Küchentür. Es hat einen gewaltigen Ständer und wäre der Dame sehr verbunden, wenn sie sich darum kümmern könnte. Als Wesen mit Herz und Hormonen wäre das Haustier ein Raubtier, wäre es nicht so abhängig und so, ja, *nett.* »Sie müssen Männer wie Haustiere behandeln«, erklärte eine Künstlerin herablassend, aber ohne Bosheit. Füttere sie, streichele sie, schimpfe mit ihnen, wenn sie den Teppich schmutzig machen, und gib ihnen Auslauf. »Behandele sie wie Haustiere, und sie machen dir keinen Ärger.«

Larry hat seine wissenschaftlichen Folterer umgebracht, um aus dem Institut auszubrechen, in dem man ihn gefangenhielt, doch von Natur aus ist er nicht gewalttätig. Dorothy gefällt seine gewissenhafte Höflichkeit und seine grüne Haut, die sich weich, fest und warm anfühlt. Bald werden sie ein Liebespaar. Er ist zärtlich und geradeheraus.

> Er fragte: »Hast du Angst?«
> »Natürlich.«
> »Ich nicht. Ich fühle mich gut. Aber es ist sehr seltsam.«
> Mehr als nur seltsam, dachte sie. Und dann: Nein, es ist genau das gleiche. Zusammen fielen sie rückwärts in die Kissen.
> »Warte, nicht so«, sagte sie.
> »Zeige es mir.«
> »Ich bin etwas verlegen.«
> »Was bedeutet das?«
> Sie wußte es selber nicht. Was zum Teufel konnte es bedeuten in solch einer Situation?[2]

Aber es ist nicht das gleiche. Es ist besser, »vollkommen«. Das Haustier will sie und nimmt sie, doch niemals würde es sie zynisch verführen oder sofort wieder verlassen. Es hat ein grundlegendes Ziel und wäre zufrieden, es immer wieder aufs neue zu erreichen. Judy Straul, eine Schauspielerin, sagt liebevoll über Hunde: »Wenn sie etwas sehen, beschnüffeln sie es. Wenn sie es mögen, lecken sie es. Wenn sie es lieben, pinkeln sie darauf. Warum erinnert mich das an Männer?« Das ist Bestialität in Maßen, der Traum der vollkommenen Leidenschaft: heißhungrig, aber einfühlsam, stets gefesselt, aber nie der Fesseln bedürfend.

Ein Haustier mag exotisch sein – ein Zentaur oder Satyr, ein Delphin, Löwenäffchen, Bär oder Androide –, doch sein gutmütiges Wesen macht es ungefährlich. Es erlangt fast familiäre Vertrautheit, gehört aber nicht zur Familie. Dorothy versteckt Larry im Gästezimmer – ihr Mann ist selten zu Hause, er hat ebenfalls eine Affäre –, gibt ihm Avocadosalat zu essen, kauft ihm Sandalen und paßt eine Sonnenbrille seinem merkwürdigen Kopf an. Sie hören gemeinsam Mozart, schauen Fernsehen, sprechen über die Sitten und Gebräuche ihrer jeweiligen Welten und gehen nachts im Meer schwimmen. Sie lieben sich, wann und wo sie können.

Doch selbst das beste Haustier ist kein Liebhaber auf ewig; letzten Endes schwimmt Larry wieder zurück in seine Tiefsee-Heimat. Das Haustier erscheint bei Ida Cox in Gestalt eines Hundes, der die ganze Nacht unterwegs ist und durchaus nicht immer nach Hause kommt. Es ist Joni Mitchells »wild thing running free«. Niemals aber, das versteht sich von selbst, ist es ein Ehemann.

Die sexuelle Wildheit der Bestie braucht als Hintergrund die asexuelle Reinheit der Frauen. Die Märchenprinzessin erhört zum Beispiel das Werben eines Tieres aus Loyalität oder Gehorsam zum Vater oder in Erfüllung ihres eigenen Versprechens. Insgeheim ist sie nicht glücklich darüber, aber sie liebt die Kreatur auf selbstlose Weise, trotz ihres schmutzigen Fells und animalischen Geruchs. In der Wärme ihrer reinen Liebe kann die Bestie Froschhaut, Eselsohren oder Bärenfell abwerfen und sich in den schönen Prinzen verwandeln, der sie im Inneren immer war (selbst wenn sie wie in »Die Schöne und die Bestie« nicht eigentlich schön ist, sondern nur geistige Schönheit besitzt). Die Reinheit der Frau ermöglicht es dem Mann, sich seiner Sinnlichkeit zu entledigen. Die Prinzessin und das Ungeheuer vollziehen ihre Ehe, aber es ist eigentlich keine Vereinigung von Geist und Körper: Er erlangt seine Menschlichkeit nur im Verzicht auf das Animalische.

Das Haustier dagegen spricht eine Frau in umgekehrter Weise an: Es bestätigt ihr ihre Sinnlichkeit, in der sie nun ebenfalls schwelgen kann. Der Prozeß hat sich nicht vollständig umgekehrt: Sie ist ihm immer noch moralisch überlegen, ist klüger, vernünftiger, beherrschter und psychologisch scharfsinniger. Sie toleriert es liebevoll, aber eher, wie sie ein lebhaftes Hündchen tolerieren würde. Es ist ein ausgelassener Gast in der zivilisierten Umgebung der Frau. Aber die Fußmatte am Eingang ist abgeschrieben, und es muß sich nicht die Klauen abwischen, wenn es hereinkommt.

Der Roman *Bär* der kanadischen Schriftstellerin Marian Engel erzählt die Geschichte einer Archivarin, die eine Privatbibliothek in einem alten Haus auf einer einsamen Insel katalogisieren soll. Dort findet sie einen zahmen Bären vor, der im Hof lebt. Die Frau, Lou, gehört nicht zu den ängstlichen Naturen. Sie bleibt im Haus, arbeitet im Garten, liest, kocht in der einfachen Küche und beginnt, den Bären zu lieben. Ihre Beziehung ist schlicht: Sie füttert ihn, krault sein Fell und geht mit ihm schwimmen. Er tappt ins Haus und leckt sie, bis sie zum Orgasmus kommt.

Doch anders als die Bären in Märchen, selbst anders als Larry, der tanzen und staubsaugen lernt, ist dieser Bär nicht domestiziert. Er »liebt« sie aus seinem Băreninstinkt heraus. Er paßt sich nicht ihrer Welt an, sondern sie sich seiner: »Solange sie morgens ihren Kot neben ihm ablegte, war er bereit, wann immer sie die Beine für ihn spreizte.«[3] Lou nimmt allmählich den Geruch des Bären an und denkt über ihn nach wie über andere Männer, die sie gekannt hat.

Nach ihrem ersten Beisammensein wacht sie erschüttert auf.

> Das Gefühl, mit knapper Not entkommen zu sein, besserte sich auch nicht dadurch, daß es sie daran erinnerte, wie sie einmal in einer Stimmung einsamer Verzweiflung einen Mann von der Straße mitgenommen hatte. Noch immer schreckte sie zurück vor der Erinnerung daran, wie er sich als ein Mann entpuppt hatte, der nicht gut war. Aber der Bär ... nein, es war Entsetzen, das sie verband, Entsetzen und Furcht.[4]

Sie kommt sogar zu dem Schluß, daß der Bär ihren bisherigen Liebhabern überlegen ist: »Ungestüm und zärtlich, unermüdlich, geduldig und, wie ihr schien, unendlich gütig« ist er, im Gegensatz zu vielen Männern, und er entspricht ihrer Lust und benimmt sich, als entspräche sie auch seiner.[5] »Denn was ihr an Männern mißfiel, war nicht ihre Erotik, sondern ihre Unterstellung, Frauen hätten keine.«[6] Sie fühlt sich nicht verdorben, weil sie mit dem Bären sexuell zusammen ist, sie fühlt sich beschwingt. »Sie prüfte sich selbst, zwickte sich hier und da ins Gewissen, um herauszufinden, ob sie sich schlecht fühlte. Sie fühlte sich geliebt.«[7]

Der Bär gibt Lou, wonach sie sich am meisten gesehnt hat, die, wie William Blake es nennt, Züge einer befriedigten Begierde. Und das ist mehr, als sie je erwartet hat, und genügt ihr.

Bär, ich kann dir nicht befehlen, mich zu lieben, aber ich glaube, du liebst mich. Ich will, daß du nicht aufhörst zu sein und für mich da zu sein. Nichts weiter, Bär.[8]

Der Bär bleibt jedoch nicht immer für Lou, was er einmal war. Als der Winter naht, bereitet er sich auf den Winterschlaf vor. Zum ersten Mal sieht sie sein erigiertes Glied; sie bietet sich ihm in einer Stellung dar, daß er sie besteigen kann. Als er seine Tatzen auf ihren Rücken legt, kratzt er sie und bringt ihr tiefe Wunden bei. Aus Angst, daß er sie noch mehr verletzen könnte, läuft sie in ihr Zimmer und verschließt die Tür. Am nächsten Tag ist er »etwas anderes für sie: Geliebter, Gott oder Freund. Auch Hund, denn wenn sie die Hand ausstreckte, leckte er sie und schmiegte seine Schnauze hinein. Trotzdem, etwas zwischen ihnen war verschwunden: die intensive, vibrierende Gemeinschaft, die sich den Sommer hindurch gebildet hatte.«[9]

Es ist vorbei; Zeit, in die Stadt zurückzukehren. Doch ihre »Liebe« hat einen erotischen Nebeneffekt: eine glückliche, leichte Liaison mit ihrem Nachbarn Homer, den sie zunächst zurückgewiesen hatte aus Rücksicht auf die Regeln der Treue – seiner Treue zu seiner Frau und ihrer zum Bären. Der Bär, dem sie vertraute und die Ketten abnahm, hat ihr ihre eigene befreite Sexualität geschenkt.

Der blutige Griff des Bären nach Lou, der die letzte Erfüllung verhinderte, deutet die Grenzen der gefährlichen Lust an und verweist auf die Unvereinbarkeit einer echt »animalischen« Sexualität mit einer zivilisierten Vereinigung. Wo die erotische Kunst von Männern mit diesen Grenzen spielt – zum Beispiel in Rubens *Leda und der Schwan* oder bei Hokusais Frau, die von einem Tintenfisch geschändet wird –, zeigt sie meist eine Vergewaltigung, die dem Opfer durchaus gefällt. Weibliche Darstellungen der Liebe zwischen Frauen und Tieren sind geprägt von einer Mischung aus Gefahr und Lust, Gewalt und Sicherheit. Gail Schneiders Gemälde zum Beispiel sind trotz der sanften Farbtöne voller Spitzen und Dornen – geisterhafte Tiere besteigen Frauen, ihre Klauen liegen auf ihren Brüsten; ein grellgelber Hund mit roter Zunge leckt eine braune Frau – Traumbilder, süß und schreckenerregend zugleich.

Eine solche Kunst drängt hin auf einen anderen Grenzbereich, die

Phantasien sadomasochistischer Animalität. In Angela Carters *The Company of Wolves* oder der Pornographie von A. N. Roquelaure (einem Pseudonym für Anne Rice) sind Wölfe, Kätzchen mit unwiderstehlichen Zungen, nackte, männliche Sklaven, die wie Ponys angespannt und angetrieben werden, die Agenten erotischer Lust wie auch von Demütigung, Erniedrigung und wollüstigem Schmerz. In diesen Geschichten ist die Frau nicht nur Opfer der Bestialität des Tieres, sie wird auch herabgezogen auf ihre eigene Animalität.

Die verbotenen Dienste dieser Kreaturen sind erwünscht, ja, sie sind begehrt, weil sie verboten sind. Wie die Pferde, Esel und Hunde in den sexuellen Phantasien, die Frauen Nancy Friday anvertraut haben, handeln sie ohne Moral – das ist der Kern der animalischen Sexualität –, sie erlauben also den Frauen, die sie bezaubern, ebenfalls die Grenzen des sexuell Erlaubten zu überschreiten. Während sie beißen, kneifen, lecken und ihre Partnerinnen auf gigantische dunkelrote Schwänze spießen, gehören diese Haustiere den Frauen, die sie beglücken. Sie tun, was ihnen gesagt wird, oder glücklicherweise auch mehr. Sie sind dressiert, Lust zu bereiten, sorgen aber auch für ihre eigene Lust. Sie sind das zurechtgestutzte Animalische.

Unbezähmbar und dennoch zahm, immer erregend und doch gewohnt, fremd und doch vertraut, ist das Haustier ein unmöglicher Widerspruch. Als Klischee verkörpert es den Wunsch von Frauen nach Leidenschaft, die sich mit einer festen Bindung verträgt, eine Verbindung des Sexuellen mit dem Geistigen, des Unmoralischen mit dem Ethischen, des Neuen mit dem Alltäglichen, sowohl bei Frauen als auch bei Männern.

Und da es ein Phantasiegebilde ist, läßt es sich nach Belieben formen. Keine Regel schreibt vor, daß es ein Säugetier, Reptil oder überhaupt ein Wesen der natürlichen Welt sein muß. Ulysses in Susan Seidelmans *Making Mr. Right – Ein Mann à la carte* ist ein solches Haustier. Er ist ein Androide – gespielt von einem vertrottelten John Malkovich –, ein von einem Mann entwickelter Astronaut, der unter der Führung von Frankie (Ann Magnuson) zu einem von einer Frau gemachten Mann wird.

Sein Schöpfer, der Wissenschaftler Jeff, hat Ulysses nach seinem Ebenbild geschaffen; seine emotionalen Bedürfnisse sind so weit reduziert, daß er monatelange Einsamkeit ertragen kann, und seine

Gedächtniszellen sind so vermehrt, daß er Abermillionen Bytes mit Daten aus dem Weltall speichern kann. Er ist auch mit übermenschlichen Genitalien ausgestattet, die nicht zum Gebrauch vorgesehen sind, gemäß seinem asexuellen und stolzen Schöpfer. Natürlich entdeckt Frankie die Ausstattung des Androiden und seine eingebaute Fähigkeit, sie – auch ohne Gebrauchsanleitung – meisterhaft einzusetzen. (Das Haustier besitzt immer ein natürliches Talent zum Sex und einen demütigen Lerneifer.) Die Geschichte dringt an die Öffentlichkeit, und der Roboter wird berühmt: »EXKLUSIV: ULYSSES MACHT MÄNNERN DEN RANG STREITIG. ZEHN ALLEINSTEHENDE FRAUEN LÜFTEN IHRE GEHEIMNISSE«, verkünden die Schlagzeilen. »PRINZESSIN DI SOLL ANDROIDENKIND ZUR WELT BRINGEN.«

Doch sobald Frankie anfängt, ihr Roboter-Haustier den Reizen der menschlichen Welt auszusetzen, erträgt er die Gefangenschaft seines sterilen Labor-Heims nicht länger. Er flieht und richtet in einer Einkaufszone ein Chaos an, ehe er sicher zurückgebracht werden kann. (Ebenso stiehlt sich Larry, als er erst einmal den Park in der Nacht gespürt und gerochen hat, im Wagen davon und bringt sich in arge Schwierigkeiten.) Als Frankie Ulysses zu lieben lehrt, »bricht« er vollends aus: Er wird ungeeignet für einsame Weltraumreisen. »Wie soll er da draußen jetzt noch überleben, wenn er nur an Sie denkt?« fragt Jeff hysterisch, während Frankie befriedigt grinst – auch in Anbetracht zukünftiger Befriedigung.[10]

Seidelman hat den Kreis des sexuell erregenden Haustiers geschlossen: Sie hat ihn mit Menschlichkeit ausgestattet, ohne seine natürliche (oder in diesem Fall computergesteuerte) Leidenschaft zu schwächen. Ulysses sehnt sich nach Heim und Herd: Das wilde Tier ist insofern domestiziert. Doch obwohl es einen Smoking trägt, mit Messer und Gabel ißt, gewandt über Gefühle spricht und sogar echte Tränen weint, hat dieses Haustier seine animalischen Triebe nicht verloren. Das Ende von *Making Mr. Right – Ein Mann à la carte* ist sogar noch glücklicher und zufriedener als der übliche Gang zum Traualtar. Frankies robustes Roboter-Tier, gefühlsmäßig im tiefsten Inneren abhängig, bleibt körperlich für immer wild.

Der Gockel ist herrisch, egozentrisch und selbstzufrieden, aufgeblasen und gehässig. Er stolziert umher, fordert jeden heraus, weiß alles, wirft sich in Positur und bricht Streit vom Zaun – er zückt seine Waffe beim kleinsten Anlaß. »Das Zeigen des Penis – und all seiner Surrogate – will sagen: Ich fürchte mich nicht vor dir, ich trotze dir, ich habe einen Penis.«[1]

Der zur Schau gestellte Penis ist, selbstverständlich, erigiert. Er verlangt, bedient zu werden, sofort. »Ich war fünfunddreißig, ehe ich lernte, daß eine Erektion kein Leiden ist, das ich heilen mußte«, erklärte eine Frau in einer Selbsthilfegruppe. Der Penis an sich, *entblößt,* ist etwas völlig anderes: Er ist leicht erregbar und auf Freundlichkeit angewiesen, neben anderen verwirrenden Eigenschaften. Der stolze Gockel ist zudem kümmerlich, flehend und albern.

Das wahre Potenzgehabe erfordert vom Potenzprotz, daß er seinen Schwanz unter völliger Kontrolle hat. Als sein eigener PR-Mann inszeniert er seine Erscheinung: Einmal läßt er ihn sehen, ein andermal nicht.

Was sozusagen in der Schwebe hängt, ist der überaus wichtige Unterschied zwischen dem symbolischen Penis, dem Phallus, und dem Penis selbst. Der Phallus steht für männliche Autorität, Macht, patriarchalisches Recht und patriarchalische Sprache. Der Penis selbst repräsentiert allzu offensichtlich die verletzliche Sexualität des realen Mannes. Er will herauskommen, geht aber ein Risiko ein, wenn er es tut.

Selbst der Potenzprotz kann Ideal und Wirklichkeit nicht einwandfrei voneinander trennen, denn der Penis selbst wirft – ob schlaff oder paradoxerweise erigiert – einen gewissen Schatten des Zweifels auf die Unanfechtbarkeit des Phallus.

> Der Schwanz, von dem man als männlichem Organ erwarten dürfte, daß er die Männlichkeit verkörpert, legt seine Begierde bloß ... Die phallische Rolle verlangt Ungerührtheit ... Die Offensichtlichkeit der Lust untergräbt die starre Autorität der (männlichen) Position.[2]

Aus diesem Grunde ist die westlich-männliche Kultur sehr vorsichtig, wie, wann und ob sie den Penis darstellt, obwohl der Phallus als Symbol praktisch überall ist, vom Washington Monument bis hin zur simplen Zigarre. Von nur wenigen Ausnahmen abgesehen, haben männliche Künstler, Filmemacher und Werbefachleute das schlichte, erigierte Organ gemieden; sie haben es verhüllt und mit Draperien betont, oder, wenn sie es in schlaffer Form gezeigt haben, sie spielten auf seine potentielle Größe und Meisterschaft an, indem sie es mit Schwertern, Keulen und Gewehren, Baumstämmen, Kanonen oder Autos, bezwungenen Tieren oder hingestreckten Frauen umgaben.

In den Vereinigten Staaten verbieten die Rundfunkgesetze die Zurschaustellung eines steifen Gliedes. Arsenio Hall, von seinem Gast Dr. Ruth Westheimer bedrängt, konnte sich kaum dazu durchringen, das Wort *Penis* auszusprechen. Der republikanische Senator Jesse Helms versuchte die Bundeskunstförderung einstellen zu lassen, als er herausfand, daß die Behörde die Herstellung und Ausstellung einiger Bilder gefördert hatte, in denen ein erigiertes Glied zu sehen war. Und obwohl in den Massenmedien Großbritanniens Brüste und Hintern im Überfluß vorkommen, brachte eine Diskussion über die Möglichkeit, männliche Nacktheit frontal und unverblümt in den Medien zu zeigen, einen nervösen Sprecher dazu, vor der Presse zu erklären: »In der BBC wird es keine Erektion geben!«

Während der Gockel eifrig damit beschäftigt ist, sein gesellschaftliches Leben zu regeln, ringen Frauen mit ihm – mit dem symbolischen Phallus, mit dem realen Penis wie auch mit ihrer ambivalenten Einstellung zu beidem. Wie wir gesehen haben, verkörpert jeder Mann, jede physische Person, männliche Macht – linguistische, rechtliche, familiäre, romantische und sexuelle –, und er kann sie gnädig oder gewaltsam einsetzen. Gleichzeitig ist der männliche Körper auch Angst und Verwundbarkeit, Zwiespalt in bezug auf die Mutter, die Fortpflanzung und die Sexualität. Für Frauen wie für die Kultur ist das weite Feld unterschiedlicher Bedeutungen von Männlichkeit verkörpert in dem kleinen Stückchen männlichen Genitals; sie behalten sich für den Sex den intensivsten Ausdruck von Liebe und Haß vor. Der Penis ist für sie nicht nur ausgestattet mit männlich-sexueller Macht und Potenz, er zeugt auch von ihrer eigenen Begierde und ihrem Begehrenswert-Sein – Tatsachen, die in sich sowohl Respekt als auch Abscheu einflößen.

Frauen, vor allem heterosexuelle, sehen sich mit einem Dilemma konfrontiert: Wie sollen sie den Gockel, den phallischen Poseur, entthronen, ohne diesen sympathischen Freund, diese Quelle der Lust und Bestätigung, den Penis, herunterzuholen?

Wie bei allen männerhassenden Klischeebildungen ist der erste Schritt, sein Porträt zu zeichnen, ihn zu photographieren, seine Autobiographie zu schreiben, seine Fallgeschichte aufzuzeichnen – ihn zu zeigen, wie Frauen ihn sehen. Der dargestellte Penis ist schließlich die Nemesis des Phallus.

Doch bei diesem Akt geht es nicht nur darum, zu zeigen, daß er nicht so groß ist, wie er vorgibt (»Sieht aus wie ein Penis, nur kleiner«, pflegte eine Schulfreundin von mir zu sagen, wenn Männer sich uns im Park entblößt zeigten). Der erste Teil dieses Buches mit der Überschrift »Feindbilder« deutet an, daß Darstellen eine Art Machtausübung bedeutet, die Macht der Definition, Interpretation, Beeinflussung und manchmal auch des Zwangs. Der Darstellende aktiviert damit eine Beziehung zur dargestellten Person.

In den Ländern, in denen der Fortschritt noch nicht Einzug gehalten hat, glauben die Menschen häufig, eine Photographie raube die Seele des Photographierten; dieses Gefühl über die Macht der Darstellung liegt vielen zeitgenössischen Theorien der Anthropologie, des Films und der postkolonialen Beziehungen zugrunde. Beobachten, analysieren und aufzeichnen, vor allem in einem Kontext, der nicht der des Beobachteten ist, heißt, den Beobachtungsgegenstand passend zu machen, ihn oder sie zum Objekt zu machen, zum Objekt des Beobachters. Anschauen und darstellen bedeutet in gewisser Weise nehmen, Besitz ergreifen, haben; angesehen werden heißt genommen, besessen werden.

Männer haben sich immer das Vorrecht genommen, den weiblichen Körper anzuschauen und darzustellen, während die Rolle von Frauen traditionell darin besteht, sich anschauen zu lassen. *»Männer handeln*, und *Frauen treten auf«*, schrieb der Kunstkritiker John Berger in *Sehen: das Bild der Welt in der Bilderwelt.* Der Akt – die Darstellung des nackten Körpers *zum Anschauen* – ist in diesem Sinne definitionsgemäß weiblich. Die Gorilla Girls fanden heraus, daß im Metropolitan Museum of Art 95 Prozent der Akte, aber nur 5 Prozent der Künstler weiblich sind.

Als die Filmtheoretikerin Laura Mulvey den Film als Übung in männlicher »Skopophilie« – dem psychologischen Begriff für die erotische Lust am Schauen – analysierte, nannte sie Schauen einen geschlechtlichen, ja einen sexuellen Akt. Wenn Frauen »die Blickrichtung umkehren«, wenn sie die männliche Rolle des Zuschauers ergreifen und zum »Auge«, zum Voyeur, werden, destabilisieren sie damit im Ansatz die Unterstellung des männlichen Besitzes am Körper, an dem männlichen wie auch an dem weiblichen.

Lizzie Borden richtet in ihrem Film *Working Girls,* der von einem Bordell in New York handelt, die Kamera häufig auf die Körper der Kunden; sie zeigt sie vom Hals bis zu den Knien, nie aber das Gesicht. Während die meisten Filme allgemein Prostitution beschönigen (zum Beispiel *Pretty Woman*), porträtiert Borden sie als Geschäft, nicht als Erotik. Wichtiger noch, wo der Film konventionell die Sex-Arbeiterin selbst zum Objekt macht (die Filme von Brian DePalma wie *Der Tod kommt zweimal* sind ein erstklassiges Beispiel), geht Borden vom Blickwinkel des arbeitenden Mädchens aus. Sie ist ein ganzer Mensch, er gehört zur Gattung der Freier. In ihrer Sicht ist der Mann ebenso entpersönlicht, wie das »Mädchen« sonst immer entpersönlicht wurde (interessanterweise wird dies zum Teil erreicht, indem der Penis, seine erotische »Persönlichkeit«, verdeckt und nicht gezeigt wird); überdies interpretiert die Kamera die gesamte Transaktion zwischen den beiden neu. Statt die Benutzung eines Frauenkörpers durch einen Mann, sein Geld und seinen Penis, darzustellen – einen phallischen Akt –, »nimmt« das Auge der Filmemacherin (der Sex-Arbeiterin und der Zuschauerin) den männlichen Körper und stellt die Nervosität des Mannes und die Unsicherheit seines Penis bloß. Der Film wird selbst zur metaphorischen Umkehrung der Prostitution – der vom Käufer beherrschte Markt wird zum Markt, der vom Anbieter beherrscht wird – und allgemeiner noch zur Umkehrung der Beziehung zwischen männlichen und weiblichen Körpern. Fällt das phallische Privileg fort, so gerät der Penis in die Defensive, und das zu Recht. Allein schon durch Anschauen nehmen Frauen eine grundlegend männliche Haltung ein; sie zwingen den Mann zur Passivität, zur »Weiblichkeit« – symbolisch kastrieren sie ihn.

Der Mythos der Medusa, so erklärte Freud, drückt sowohl die Angst vor der Kastration aus als auch die Beteuerungen der Männer, daß sie nicht geschehen wird. Der Anblick des Medusenhauptes läßt den Betrachter vor Schreck zu Stein erstarren. Steif zu werden steht für eine Erektion. In dieser ursprünglichen Situation bietet es damit dem Betrachter Trost: Er besitzt nach wie vor einen Penis, und das Steifwerden gibt ihm Gewißheit darüber.

»Ich trotze dir! Ich habe einen Penis!« sagt Perseus zu Medusa, breitbeinig vor ihr stehend, die Lenden provokativ nach vorne geschoben, während er seinen Schild vor sich hält, für alle Fälle.

Lange Zeit haben Frauen sich darein gefügt, den Phallus zu verhüllen, nun jedoch zwingen sie Perseus allmählich, Farbe zu bekennen – sie fangen an, ihn sich anzuschauen und das Offensichtliche zu konstatieren: »Die Angst, die Männer vor dem medusenhaften Blick von Frauen verspüren, der alles versteinert, ist in Wirklichkeit die Angst, daß der weibliche Blick alles erweicht, worauf er fällt«, schreibt Suzanne Moore in einem Essay mit dem Titel »Here's Looking at You, Kid«.[3]

Wenn Frauen einen männlichen Akt malen oder photographieren, argwöhnen beide Geschlechter eine erhebliche Grenzüberschreitung. Öffentlich ausgestellt, bringen Aktdarstellungen von Künstlerinnen das Publikum fast unweigerlich in Aufruhr. In einer Ausstellung, die das London Institute of Contemporary Arts 1980 unter dem Titel »Women's Images of Men« veranstaltete, bildete der Penis mit Sicherheit das skandalöseste Objekt. »Eine Aura der Sensationslust, von Penissen um der Penisse willen, untergräbt die Wildheit, mit der einige der Ausstellenden die Arena betreten haben«, schrieb der Kritiker des *Guardian,* Waldemar Januszczak. Eine Kritikerin sah »einen Wald von Penissen«, obwohl Arbeiten, die dieses Organ nicht zeigten, weit in der Überzahl waren.[4]

Unter den bildenden Künstlerinnen, die dem Gockel mit, wie Januszczak sagen würde, »Wildheit« begegnen, zeichnet sich die Polit-Künstlerin Sue Coe besonders aus. Ihre Bilder, die häufig in preiswerten Büchern oder Drucken erscheinen, erinnern in ihrem brutalen Expressionismus an George Grosz und mit ihren didaktischen Texten an Brecht. Coe behandelt Vergewaltigung, sexuellen Mißbrauch, Militarismus und politische wie religiöse Heuchelei und stellt zweideutige Verbindungen zwischen männlicher Überlegenheit, männlicher Sexualität und Gewalt her. In *President Raygun Takes a Hot Bath* ist der Penis des Präsidenten eine Rakete. *The John Walker* (1986) stellt vier weiße Männer in Anzügen dar (einer ist an seinem Kragen als Pfarrer zu erkennen), die nebeneinanderstehen. Ihre Gesichter sitzen in der Lendengegend; alle haben eine leuchtendrote Penis-Zunge, die sich grotesk nach außen drängt. In einem Fenster schlägt ein Mann eine Frau mit einem Stock auf den Rücken. »Sei ein richtiger Mann/und prügele deine Frau«, beginnt der Text.

Mira Shor und Judith Bernstein malen penisförmige Formen von monströsen Ausmaßen, die die gesamte Leinwand einnehmen. Lisa Tickner sieht in Bernsteins haarigen »Stangen« eine »Verherrlichung, aber auch die Besitzergreifung der Frauen vom heroischen Bild und seine erneute Versinnlichung für ihre Lust«.[5] Gleichzeitig untergraben die Bilder dieser Künstlerinnen die phallische Autorität, interessanterweise nicht durch eine verkleinerte, sondern durch eine vergrößerte Darstellung. Gleichermaßen Monumente phallischer Macht und lächerliche Werbung für sich selbst, sind sie ebenso beeindruckend wie amüsant. Selbst ein Penis in Litfaßsäulengröße, vermitteln sie, ist nicht so groß, wie er hochgelobt wird.

Groß oder klein, idealisiert oder erniedrigt, der entblößte Penis hat nichts zu gewinnen. Einerseits können nur wenige Männer Robert Mapplethorpes Priapi oder Judith Bernsteins Riesen das Wasser reichen. Andererseits erweist sich jede Darstellung des »normalen« Genitals als mangelhaft. »Dieses kleine Stückchen hängenden Fleisches, das Symbol männlicher Macht und Autorität, kann unmöglich den phallischen Mythos übermenschlicher Männlichkeit stützen. Der entblößte Penis erscheint schrecklich verwundbar und weniger strotzend von Selbstvertrauen und Stolz ...«[6] Doch auch die Betrachterin hat nichts zu gewinnen. Da sie den Gockel als arroganten Selbstaufplusterer kennt, empfindet sie seinen Anblick fast schon als schmerzlich. »Wenn die Frau anfängt, an der männlichen Überlegenheit zu zweifeln, setzen die Ansprüche der Männer die Wertschätzung nur noch herab, die sie ihnen entgegenbringen könnte. Im Bett, in den Augenblicken, in denen der Mann sich am wildesten männlich gebärdet, erscheint er gerade, weil er Männlichkeit mimt, wissenden Augen wie kindisch«, schrieb Simone de Beauvoir.[7]

Das reicht, eine Frau zum Weinen oder Schreien zu bringen. Sie hat nicht viele Alternativen. Sie kann die Augen schließen und sich einen König ausmalen. Sie kann den Gockel aus dem Bett werfen und sich einen Dildo kaufen. Oder sie kann nach einem Mann Ausschau halten, der ihr weder »über- noch unterlegen« ist – bislang noch die beste Idee, allerdings leichter gesagt als getan. Denn Tatsache ist, daß sie dieser gespielten Männlichkeit ebenso erlegen ist wie er. Sie kann dem Hahn nicht das Aufgeplusterte nehmen, ohne ihr sexuelles Interesse an ihm zu verlieren. Der Gockel, das ist die traurige Wahrheit, ist ein Frauenheld – ein erfolgreicher zudem.

Wenn alles andere versagt, kann eine Frau noch kichern – allerdings erst später, zusammen mit ihren Freundinnen, denn der Gockel ist nicht für seine Fähigkeit berühmt, über sich selbst zu lachen. Er ist empfindlich, ein Nervenbündel, und läßt sich nicht auf den Arm nehmen – zumindest nicht von Frauen. »Der Penis«, meinte eine Freundin, »kann Sarkasmus nicht vertragen.«

Humor ist das beste Schrumpfmittel. Er durchlöchert die Wachen der Macht, überrumpelt den Posten in einem unachtsamen Moment. Ehefrauen stellen häufig das eheliche Gleichgewicht mit sanften Rippenstößen wieder her. Im weiblichen Humor kommt der begriffsstutzige Mann häufig vor, der zur Zielscheibe eines Witzes wird und nicht merkt, daß man sich über ihn lustig macht, sondern meint, man lasse ihm seinen Willen.

So läßt Mimi Pond zwei Männern ihren Willen, die mit ihren Begleiterinnen zum Essen ausgegangen sind und sich fragen, was die Damen wohl auf der Damentoilette machen. Pond belauscht sie:

> »Sag mal, ist Ralph gut gebaut?«
> »Gut gebaut? Wie ein Pferd, sag' ich dir ... Bei der Ausrüstung sollte man meinen, er weiß, wie sie zu gebrauchen ist. Aber neeeiiin ...«

Die Unterhaltung geht weiter und wird zunehmend eindeutiger. Wieder an ihrem Tisch, schauen die Männer betroffen drein. »Tut es euch leid, daß ihr gefragt habt?« lautet die Bildunterschrift.[8]

Nicht alle weiblichen Neckereien sind unanfechtbar wohlmeinend, und manche gehen knapp über die Grenzen des Wohlwollens hinaus.

Ein Cartoon in der Zeitschrift *RAW* zeigt eine Mutter mit ihrer Tochter am Tisch. Die Tochter schneidet eine Grimasse gegen das scheußliche Ding auf ihrem Teller und jammert: »O Mama, nicht schon wieder Pimmel!« Frauen, denen ich dieses Bild gezeigt habe, krümmen sich vor Lachen und wollen eine Kopie haben. Männer räuspern sich oder starren das Blatt – oder mich – entsetzt an.

Die Zeichnung spricht die eigentliche Furcht an, die hinter dem Unbehagen der Männer bei jedweden weiblichen Anspielungen auf den Penis steht. Wenn Männer einen Verdacht hegen, daß Frauen mit Messern in ihren Taschen herumlaufen, kann eine Anspielung auf Kastration – zumal eine scherzhafte – aus dem Munde einer Frau ihnen wohl kaum ein Gefühl der Behaglichkeit vermitteln.

Die Autorin Andrea Dworkin hat sich ausgiebig mit diesen Fragen beschäftigt; auch sie findet sie durchaus nicht zum Lachen. Ihrer eigenen Beschreibung nach »eine Feministin, nicht der heiteren Sorte«, ist diese militante Streiterin gegen Pornographie und heterosexuellen Geschlechtsverkehr zum Inbegriff männlicher Alpträume der männerhassend-kastrierenden Frau geworden. Ihre Schilderung macht den Penis zum brutalen Eindringling, Kolonisten, Folterer – der allerdings die Vagina fürchtet, diese lockende Höhle ohne Ausweg.

> Er [sein Penis] ist in einem anderen Menschen versunken; und sein Penis ist umgeben von starken Muskeln, die sich zusammenziehen wie eine fest schließende Faust und mit einer Kraft wieder öffnen, die das zarte Ding hart bedrängt, das, ganz gleich, wie hart es ist, immer verwundbar ist ... sein Penis ist weg: verschwunden in einem anderen Menschen, eingeschlossen, eingehüllt in das muskulöse Futteral aus Fleisch, das er niemals sieht, nur spürt, das zupackt, freigibt, zupackt, freigibt, fester, härter, enger, dann hinausstößt: Kann er lebend hinauskommen? ... Er fürchtet, seinen Schwanz nie wieder zurückzubekommen, weil sie ihn in sich eingeschlossen hat, und er ist klein, verglichen mit der Vagina, die ihn umgibt, hineinzieht und hinausstößt; ihn fest zusammenpreßt, ihn würgt, den Widerstand verstärkt, und den Schauder, während er versucht, hinauszukommen ... er rollt auf die Seite hinterher, leblos und nutzlos, geschrumpft, in Vergessenheit geraten ...[9]

Hilfe! Dworkin wird nicht umsonst als Männerhasserin bezeichnet. Es fällt schwer, aus diesen Worten Mitleid herauszulesen oder die wollüstige Begeisterung in ihrem Ton zu übersehen, die merkwürdig lüsterne, fast sadistische Glut.

Wir neigen dazu, die Kastrationsangst als verständlich und als gegeben zu akzeptieren. Doch bei Frauen gibt es keine entsprechende Angst. Freud erklärte das mit dem Umstand, daß Frauen ihre natürliche Kastration schon im Kleinkindalter entdeckt und seit langem gelernt hätten, damit zu leben. Sie haben Penisneid, aber Neid ist keine Angst.

Es gibt allerdings auch eine stärker gesellschaftliche Erklärung: Frauen haben nichts der phallischen Autorität Vergleichbares zu schützen und nichts ihr Vergleichbares zu verlieren. Kastrationsangst legt in jedem Manne den Gockel bloß, den Potentaten, der vor dem Raub seiner Potenz zittert.

Auf der öffentlichen, kulturellen Ebene muß jeder Penis hart sein, weil sein Besitzer hart sein muß. Der einzig wahre Penis ist ein harter Penis, und der einzig wahre Mann ist ein Mann mit einem harten Penis. Oliver Stones Film *Geboren am 4. Juli* über den querschnittsgelähmten Vietnamveteranen Ron Kovic ließe sich auch als Film über den Verlust der Männlichkeit sehen, der sich lediglich als Film über den Vietnamkrieg tarnt. Kovic sagt es in seiner Autobiographie selbst: »Ich habe meine Männlichkeit dem ganzen Land geopfert ... ich habe sie John Wayne ... geopfert.«[10]

In einer Hinsicht (einer zugegebenermaßen stark vereinfachten) ist die Geschichte von Kovics Penis nicht zu trennen von der des Krieges. Eine unterschwellige Begründung in der Ideologie des Vietnamkrieges (wie auch in der Ideologie sonstiger Interventionspolitik) ist die »Verteidigung« des Machos der hochindustrialisierten Welt gegen unmännliche »andere« wie den Vietkong und den Sandinistenführer Daniel Ortega (den George Bush als »kleinen Mann« verhöhnte) oder bedrohlich machohafte Konkurrenten wie Manuel Noriega und Saddam Hussein. Bush war von Beginn seiner Präsidentschaft an gefordert, seine Männlichkeit zu verteidigen. Doch die Invasion in Panama reichte nicht ganz. Einen Monat später warf George Will dem Präsidenten und seinen Männern wegen ihrer Vorsicht gegenüber Vorgängen in Osteuropa »intellektuelle und moralische Schlaffheit« vor.[11] Zu seinem Glück bekam der Präsident eine weitere Chance im Persischen Golf.

Frauen haben zudem nichts *sexuell* Vergleichbares zu verlieren. Die Potenz des Penis bedeutet mehr als Effektivität: Der Penis ist Symbol des Mannes als Subjekt. Die Psychotherapeutin Leonore Tiefer, die in einer Urologenpraxis arbeitet, die Penisimplantationen vornimmt, ist der Ansicht, daß Männer sich begeistert schmerzhaften und ungewissen chirurgischen Eingriffen unterziehen, um Veränderungen der Erektionsfähigkeit zu »heilen«, die vielleicht eine schlichte Folge des Alterns sind. Diese Männer sind verzweifelt. Denn während sexuelle Funktionsstörungen, Menopause oder operative Entfernung der Gebärmutter für Frauen eine Belastung darstellen, drükken sie sich doch gewöhnlich nicht in einem Gefühl völligen Versagens aus. Sexuelle Probleme mögen eine emotionale oder erotische Krise sein, aber eine Frau, die nicht zum Orgasmus fähig ist, kann sich immer noch als Frau und kompetente Persönlichkeit fühlen. Ein impotenter Mann dagegen ist mehr als nur deprimiert. Er hat das Gefühl, kein Mann zu sein. Er verliert *sich*.

Die Drohung einer sexuellen Demütigung durch eine Frau, die Möglichkeit, sie könnte ihn in seiner genitalen Größe oder Kraft »unzulänglich« machen oder als solches bloßstellen, hat eine ähnliche (wenn nicht gleiche) Funktion wie die Drohung der Vergewaltigung für Frauen. Sie steht für eine Besitzergreifung der gesamten Person durch einen »Feind«, eine absolute Niederlage. Kastration ist mehr als der Verlust eines Körperteils, einer Funktion, einer Fähigkeit, einer Lust – sie ist sogar mehr als der Verlust von Macht. Kastration ist nichts Geringeres als der völlige Verlust von Kontrolle, Autorität, Persönlichkeit.

Natürlich sind heterosexuelle Frauen über Impotenz nicht glücklicher als Männer. Witze über schlaffe Penisse dienen ebensosehr dazu, die eigenen Ängste der Frauen zu beruhigen, wie sie Unbehagen und Wut über das Gehabe ausdrücken, das Männer um ihre Schwänze machen. »Was heißt es für mich? Was bedeutet es für unsere Beziehung?« Das sind nur zwei Fragen unter vielen, die die Partnerin eines impotenten Mannes quälen.

Die dreifache Gleichung: Mann = harter Penis; harter Penis = Sex; Sex = Intimität – sie betrifft Frauen ebensosehr wie Männer und erstickt neue Formen der Freundschaft und körperlichen Liebe im Keim. Für Männer bedeutet »Sex« Erektion und Geschlechtsverkehr, und fast ebenso tief ist die Gleichsetzung der Erektion mit Erotik im weiblichen Unterbewußtsein eingebettet. Frauen, die versucht haben, ein erotisches Männlichkeitsbild zu schaffen, das die Konventionen phallischer Sexualität umgeht – und zwar völlig abgesehen von der Frage sexueller Funktionsstörungen –, sind nicht sehr weit gekommen. Da ist zum Beispiel Sylvia Sleighs *Philip Golub Reclining,* ein dunkeläugiger, langhaariger junger Mann in der Haltung der Olympia Manets auf einer Couch in einer überladenen Umgebung. Die Kritikerin Sarah Kent hat den Eindruck, der wie bei Olympia direkte, herausfordernde Blick des Modells »beschäme die Betrachterin, sich ihren Voyeurismus schuldbewußt einzugestehen«.[12] Doch für mich mildert das Bild selbst dieses Unbehagen. Die Künstlerin gibt uns wenig Anlaß zu prickelnden Gefühlen, zur verschämten Betrachtung. Der Penis des Modells ist schlaff, sein Gesicht feminin. Die Künstlerin liebkost ihn mit einer sicheren, fast mütterlichen Sinnlichkeit. Im Spiegel ist Sleigh an der Staffelei zu sehen, in die Arbeit vertieft, geschäftig. Die Betrachterin identifiziert sich mit ihr: Ja, wir machen das Modell zum Objekt, aber wir sexualisieren es nicht, wie es eine Liebende oder ein Eindringling im Boudoir täte. Der Gockel ist bezwungen: Er ist buchstäblich aufgeweicht worden. Und weich ist eben nicht sexy.

Die Photographin Carol Latimer romantisiert den männlichen Akt, indem sie ihre Modelle in ein leeres, in Kerzenlicht getauchtes Studio stellt, entspannt, »aufmerksam, aber passiv, in Erwartung der Lust« – der Betrachterin. Doch diese Lust stellt sich nicht ein. »In ihrem Bemühen, den Mann menschlicher und weicher zu machen – den aggressiven Phallozentrismus zugunsten einer diffuseren Sinnlichkeit zu zerstören, schwächt [Latimer] die sexuelle Spannung. Diese Männer wirken fügsam und unterwürfig ... Sie hat nicht nur ihre phallische Macht neutralisiert, sie hat sie ganz und gar kastriert.«[13]

Außerhalb der Kunst, im harten Geschäft, bearbeiten Pornoproduzentinnen ein ähnliches Terrain mit einer engeren Zielsetzung. Ob sie nun eine lobenswerte Aufgabe erfüllen, ist Geschmacksfrage. Sie glauben (wirklich? Ich bin mir nicht sicher), daß Frauen eher auf

Darstellungen einer Sexualität ansprechen, die den ganzen Körper einbezieht, als auf eine Sexualität, die sich auf den Geschlechtsakt konzentriert, und eher auf Liebesgeschichten als auf zusammenhanglosen Sex; daher produzieren diese Pornoherstellerinnen Videos voller Ambiente (Weingläser, Kissen, Blumenmeere – man kann sich das Bild vorstellen), Handlung und Dialoge, die über das Stöhnen hinausgehen. Wenn die Darsteller schließlich dazu kommen, es zu machen (was für manche Zuschauer eine Ewigkeit dauert), gibt es viele Küsse, Oralverkehr, Gespräche, Vorspiel und Nachspiel. Verschwunden ist der Riesenschwanz, die pumpende Schlüssel-A-in-Schlüsselloch-B-Szene und der ehemals obligatorische Samenerguß.

Produzentinnen wie Femme Productions erklären, indem sie von diesen herkömmlichen Formen zu einem angeblich menschlicheren, gleichberechtigteren Sex und zu einem »feminineren« Sex-Stil übergingen, versuchten sie nicht, Männer auszuschließen, vielmehr wollten sie sie einladen, ihre Lusterfahrung zu erweitern. Sie vermarkten ihre Bänder in der Kategorie für »Paare«, eine Kennzeichnung, die gewöhnlich auf Softpornos hindeutet, das heißt keine Bilder enthält, die sich zur Verwendung in Gynäkologie- oder Urologiekursen eignen würden.

In einer Hinsicht unterstellt die Herausnahme überlebensgroßer Darstellungen von Körperteilen, daß Frauen nicht an Schwänzen und Hintern um ihrer selbst willen interessiert seien. Das ist schade; Pornographie ist eben deshalb für Frauen befreiend, weil sie ihnen erlaubt, sich in der Phantasie Sex pur vorzustellen, ohne daß Liebe und Romantik die Erlaubnis erteilten. In einer anderen Hinsicht sind diese Filme eine sexuelle Revolution. Wenn es ihnen gelingt, eine nichtphallische, aber dennoch erregende heterosexuelle Erotik zu schaffen, dann sind diese Videoproduzentinnen im Begriff, eine der tiefst verwurzelten Institutionen der sexuellen Kultur zu Fall zu bringen.

Selbst wenn sie es nicht schaffen, weisen diese Außenseiterinnen, allein schon weil sie den großen, harten Penis herunterspielen, den Gockel in seine Schranken. So gut ihre Absicht auch sein mag, sie bieten einem Fundament männlicher Macht die Stirn: Sie stellen nicht nur den weiblichen, sondern auch den männlichen Körper so dar, wie sie ihn sehen wollen, und setzen ihn erotisch ein, wie es ihnen gefällt. Pornographie enthüllt, doch ihre Enthüllungen werden bislang geprobt, zeitlich abgestimmt und vorbereitet von Männern. In der Hand von Frauen wird die Enthüllung zur Offenbarung. Pornoproduzentinnen nehmen dem Gockel jeden Schutz und Vorwand, sie erwischen den Exhibitionisten mit heruntergelassenen Hosen.

Der Killerhai

Washington; eine Massenversammlung gegen den Krieg, eine Woche nach Beginn des Golfkrieges. Eine kleine Frau hält ein großes Plakat über den Kopf: eine grobe Zeichnung von zwei Männern, einer hellhäutig, der andere dunkel und mit Schnurrbart; sie stehen sich gegenüber. Zwischen ihnen ragen riesig und rot, halb so groß wie die Männer selbst, ihre erigierten Penisse auf, berühren sich fast an den Eicheln. Darüber die Worte: DAS IST KRIEG.

Welche Rolle der Ölpreis oder die Territorialrechte Kuwaits im Golfkrieg auch immer gespielt haben, eine vorrangige Absicht der Regierung Bush war, die Vereinigten Staaten wieder als starken Mann einzusetzen, als den stärksten – und zwar militärisch, da sie diesen Anspruch ökonomisch eingebüßt haben. Gleichzeitig versuchte Saddam Hussein sich zum stärksten unter den beträchtlich starken Männern seiner Region aufzuschwingen.

Von Anfang an schienen es beide Führer auf einen Kampf anzulegen und die Linien im Sand immer näher an eine willkürlich gezogene äußerste Grenze heranzuschieben. Bush sandte Außenminister James Baker nach Genf zu einem Treffen mit seinem irakischen Kollegen Tariq Aziz nicht mit einem Verhandlungsangebot, sondern mit einem Ultimatum. Hussein, der an diesem Punkt durch einen Rückzug noch sein Gesicht hätte wahren können, schwor, eher zu sterben, als seine Ehre zu verlieren. Mann gegen Mann, Macho gegen Macho – fast war es unwichtig, wer den ersten Schlag führte. An der Front hatten der bullige, starrköpfige Norman Schwartzkopf und die dem Rufe nach blutrünstige Republikaner-Garde schon die Geduld verloren. Ein Kampf auf Leben und Tod war unausweichlich.

Die Vereinigten Staaten »gewannen«, und obwohl die Region ein Jahr später eher unruhiger ist als vorher, mußte George Bush den Titel des Stärksten nicht aufgeben. Als Oberkommandierender räumte der Präsident Zweifel an dem aus, was er selbst »Männersache« nennt. Vierundvierzig Milliarden Dollar[1] und geschätzte 200 000 Tote[2] später hat der Cartoonist Pat Oliphant aufgehört, Bush mit Handtasche zu zeichnen.

Während der Präsident seine Männlichkeit zurückforderte, führte der amerikanische Staat eine unblutige Übung vor, die am Himmel ausgefochten wurde, im Fernsehen – also gewissermaßen nirgendwo. Statt der Körper toter und verwundeter Irakis sahen die amerikanischen Fernsehzuschauer Bilder von Videospielen einer »chirurgischen« Ausmerzung »militärischer Ziele«. Immer wieder wurden sie Zeugen, wie Patriot-Raketen elegant Scud-Raketen in der Luft abfingen und eine »intelligente« Bombe geschmeidig in einen irakischen Kamin schlüpfte. Die Erscheinung der Regierung war ebenso aalglatt: Als Sprecher des Pentagon trat der farblose Pete Williams auf, ein Mann, der in einer Reihe nicht mehr auszumachen wäre. Präsident Bush wirkte nur leicht pikiert, als er sich weigerte, seinen Golfplan »abrupt abzubrechen«, nur weil er einen der größten Bombenangriffe der Geschichte fliegen ließ.

Am Schnittpunkt dieser beiden Darstellungsweisen des Krieges – dem Wettstreit phallischer Gladiatoren einerseits und der technologisch-nuklearen Distanzierung und Beschönigung des Todes andererseits – steht das moderne, männerhassende Bild des maskulinen Militarismus: der Killer, der Bürokrat der Vernichtung. Der Killer sitzt im Pentagon, wirkt erwachsen und würdig, leidenschaftslos eliminiert er Teile der Landkarte, reduziert Bevölkerungen, verteilt kühl die Macht um. Doch unter dem Mahagonitisch ist seine Hand fieberhaft beschäftigt: Krieg als kollektive Selbstbefriedigung großen Stils, das Ritual, das Robin Morgan »ejakulatorische Politik« nennt.

Von Sexualität und kindlichem Verlangen getrieben, hat der Killer entsetzliche Angst vor seinen Leidenschaften. Sein Stift – der Staat, das Recht, die Sprache und die institutionelle »Moral« – ist sein einziges Schwert, und so mächtig es auch ist, so ist es doch auch jämmerlich: ein kleiner Phallus. Dieser Mann, der zu seinem Tastentelephon greift, um dem Soldaten den Befehl zu geben, den Knopf zu drücken (Piep, und du bist tot), würde beim Anblick von Blut in Ohnmacht fallen. Hinter seinem Stealth-Bomber lauernd, ist er Perseus, der hinter seinem Schild zittert. Er ist Henry Kissinger, der bebrillte Kriegsideologe, nicht Heinrich V., der kühn mit seinen Mannen im Sturm angreift.

Der Krieger steht für Mut, Tatkraft, Idealismus und Männlichkeit in Höchstform. Er ist furchterregend und ehrfurchtgebietend, heißblütig und großartig in seiner Härte, tragisch erotisch in seiner verwundeten Ermattung. Er hat sein Schicksal in der Hand und ist der Göttlichkeit so nahe, wie es ein Mensch nur sein kann. Er sieht der existentiellen Wahrheit ins Auge, weiß, daß jeder sterben muß, und wählt seinen eigenen Grund, warum.[3] Doch der Killer – so wollen wir den Killerhai schlicht nennen –, weit ab vom Agon, bar jeden Mutes, stirbt nicht einmal: Andere sterben für ihn! Dieser moderne Techno-Killer, die Bestie im Nadelstreifenanzug, ist die kastrierte Bestialität. Wenn er etwas Eindimensionales hat – er ist weniger ein Mann als das Hologramm eines Mannes –, so ist es sein eigenes Werk. Denn er investiert jedes Quentchen seiner Energie in die Loslösung des Intellekts vom Gefühl, des Geistes vom Körper.

Doch indem er die Körperlichkeit des Krieges verhüllt und den Krieger von der körperlichen Hülle befreit, nimmt der Killer sich selbst den Eros. Ohne ihn wird er hassenswert, und zwar zutiefst und unzweideutig.

> Mariette: Das sind die Leute, die Macht über uns und die ganze Welt haben – weiße amerikanische Männer, und sie sind die armseligsten Menschen der Welt. Ich war letzte Woche in einer Diskussionsveranstaltung über den Krieg mit einem protestantischen Kirchenvertreter; er sagte, er ist sich nie einer Sache zu mehr als 51 Prozent sicher, seine Ansicht zum Krieg eingeschlossen, denn er läßt seine »zufälligen Gefühle« sein rationales Urteil nicht beeinträchtigen. Er ist der Inbegriff des weißen, angelsächsisch-protestantischen Mannes, der dieses Land regiert.
>
> Joanne: Und der armseligste von ihnen ist Nixon selbst . . . Er ist ein machtgieriger, mächtiger, schrecklicher Mann. Aber tief im Inneren ist er ein kleiner Bauer, und ich möchte ihn zertreten . . . Earth Onion [eine Frauentheatergruppe] sollte einen Sketch

machen: Wir sollten ihn als kleinen Bauern mit riesigem Penis darstellen und ihn schrumpfen lassen. Das machen wir dann jeden Tag vor dem Weißen Haus.[4]

Dieser Wortwechsel fand während des Vietnamkrieges zwischen zwei Feministinnen statt und wurde damals in einer Frauenzeitung wiedergegeben. Sie beschreiben den Killer in seiner ganzen verachtenswerten Widersprüchlichkeit: seine Macht und seine Armseligkeit, seine Gewalt und seine Kleinheit. Sie drücken den Wunsch von Frauen aus, den Killer »einzuschrumpfen«, seine unbeugsame, teilnahmslose Autorität zu durchlöchern. Während diese beiden die Luft aus seinem großen Schwanz lassen wollen, wenden andere Frauen eine bildliche Strategie an, der wir schon früher begegnet sind: Sie reduzieren den Killer zum Kind, zu einem Mann, der einfach nicht genügend oder richtig erwachsen geworden ist, um mit den feinen Nuancen von Kompromiß und Diplomatie umzugehen.

Für den Killer-als-Kind ersetzen Waffen, die immer größer und ausgeklügelter werden, die Modelleisenbahnen und Modellflugzeuge als typisches Spielzeug männlicher Besessenheit. »Nehmt den Jungs die Spielsachen weg« ist ein verbreiteter Antikriegsslogan bei Frauen. Ein Cartoon der Women's Pentagon Action zeigt drei Männer, die fröhlich mit dem Globus Ball spielen. Eine Boulevardzeitung berichtet: »Frau verläßt Ehemann wegen seiner Liebe zu einem Panzer!« Wie ein Kind, das so in sein Spiel vertieft ist, daß es nicht merkt, ob es regnet oder das Abendessen auf dem Tisch steht, bekommt dieser Mann das Ende seiner Ehe gar nicht mit. »Das einzige, worüber ich weinen kann, ist mein Panzer«, erklärt er; er hat einen zweiunddreißig Tonnen schweren Sherman aus dem Zweiten Weltkrieg im Hof stehen. »Ich weine jedesmal, wenn ich ihn sehe. Er ist so schön!«

Männer als Kinder zu bezeichnen kann, wie wir beim Unbeholfenen gesehen haben, symbolisch dazu dienen, die ungleichen Machtverhältnisse in Familie und Sexualleben auszugleichen, Frauen Anerkennung für gemeinhin nicht gewürdigte Talente zu verschaffen und Männer auf sanfte Weise anzuhalten, ihren romantischen und häuslichen Pflichten nachzukommen. Doch den Killer als ausgelassenen Schulhofrüpel zu sehen kann genau die gegenteilige Wirkung haben: Statt den tödlichen Ernst seines Spiels zu enthüllen, verdeckt es ihn.

Ein Junge mit einer Spielzeugpistole ist eine beängstigend unzureichende Metapher, wenn die Waffe, die er einsetzt, in Wirklichkeit eine Atombombe ist. Wenn das ungestüme Kind ein Mann ist oder eine Supermacht, dann maskiert ein Herunterspielen der Infantilität seines »Spiels« seine durchaus erwachsene Absicht und deren potentielle Folgen.

Die Anthropologin Carol Cohn verbrachte ein Jahr mit Verteidigungsexperten; sie stellte fest, daß die männlichen Strategen und Generale selbst solche Metaphern – oder Beschönigungen – benutzen, mit ähnlich schwerwiegenden Folgen. Eine verniedlichende Redewendung, die sie benutzen, ist »die Rakete streicheln«; das bedeutet, eine Rakete zu zünden. Die Metapher hat etwas liebevoll Sexuelles, sagt Cohn, doch das ist nicht der einzige Beiklang.

> Streicheln ist nicht nur ein Akt sexueller Intimität. Man kann auch Babys streicheln, kleine Kinder, Hunde. Man streichelt etwas, das klein, süß und harmlos ist – nicht etwas von entsetzlicher Vernichtungskraft. Streichele es, und seine tödliche Macht verschwindet ... Dieses Bild läßt sich als todernste Entfaltung des Zusammenhangs zwischen männlicher Sexualität und dem Rüstungswettlauf sehen. Zugleich läßt es sich auch als Weg verstehen, den Ernst militaristischer Strebungen auf ein Minimum herunterzuspielen und ihre tödlichen Folgen zu leugnen.
>
> Ein ehemaliger Zielanalytiker im Pentagon erklärte mir, weshalb er meinte, Pläne für einen »begrenzten Atomkrieg« seien lächerlich; er sagte: »Sehen Sie, Sie müssen begreifen, daß es ein Pinkelwettbewerb ist – sie müssen damit rechnen, daß sie alles einsetzen, was sie haben.« Was besagt dieses Bild? Ganz offensichtlich doch, daß es bei alledem um einen Wettstreit um die Männlichkeit geht, und darin liegt eine gewaltige Gefahr. Doch gleichzeitig spielt das Bild den Wettkampf und seine Folgen herunter, indem es ihn als jungenhaften Unfug hinstellt.[5]

Der ungezogene Junge mag geläutert davonschleichen, nachdem Mami mit ihm geschimpft hat, aber der Killer ist nicht so leicht zu bekehren. Danach zu urteilen, wie ungestraft er Städte ausradiert und wegsieht, wenn seine Männer die Frauen des Feindes vergewaltigen, scheint dieser Bengel wenig Respekt vor seiner eigenen Mutter zu haben und noch sehr viel weniger vor der anderer Leute.

Manche Frauen behaupten sogar, er setze alles daran, seiner Mutter zu trotzen. Er hat Angst vor allem Weiblichen – vor der alles verschlingenden Mutter der Kindheit – und treibt es durch Krieg aus. Andrea Dworkin erklärt in ihrem Buch *Pornographie,* indem der Killer eine Vergangenheit und Zukunft des Krieges schaffe, vernichte er alles Weibliche im Mann, Generation für Generation.

> Ältere Männer machen Kriege. Ältere Männer töten junge Männer, indem sie Kriege auslösen und finanzieren. Junge Männer kämpfen in Kriegen. Junge Männer sterben in Kriegen. Ältere Männer hassen junge Männer, weil sie noch den Geruch von Frauen an sich haben. Der Krieg reinigt, wäscht den weiblichen Gestank weg. Das ach so geheiligte und gepriesene Blut des Todes überwindet das ach so verabscheute und diffamierte Blut des Lebens. Diejenigen, die das Blutbad überleben, werden nie wieder das Risiko eingehen, Mitgefühl mit Frauen zu haben, wie sie es aus ihrer Kindheit kennen, aus Angst, erkannt und ein für alle Male bestraft zu werden: diesmal wirklich getötet zu werden von den Männerhorden, die alle Bereiche des Lebens kontrollieren und den männlichen Kodex durchsetzen. Das Kind ist tot. Der Knabe ist ein Mann geworden.[6]

Mit dem Weiblichen treibt der Krieg zugleich auch das Kindliche aus, die Machtlosigkeit der Kindheit. Aus dem Jungen wird ein Mann, und der Mann wird zur Bestie.

Wie wird er aber zum echten Killer, abgeschirmt von den Gefahren der Männlichkeit und unbefleckt von den Folgen seiner bestialischen Taten?

Die »Spielzeuge« des Krieges stellen die Verbindung des Killers zu seiner Kindheit her, doch ebenso wie die Modellbomber und Armeen aus Zinnsoldaten, die ein Kind über den Teppich schiebt, vermitteln sie ihm ein Gefühl der Allmacht und Unverwundbarkeit. Die Sprache, die er benutzt, schwäche das persönliche Risiko und die Verantwortung sogar noch mehr ab, sagt Cohn, indem sie von den Realitäten des Krieges abstrahiere.

Wenn der Stratege der Atomtechnologie von der Vernichtung der Waffen und nicht der Menschen spricht (»Weichziele« und »Begleitschäden«), fühlt er sich als »Planer, Benutzer, Akteur« und nicht als Opfer der Atomwaffen; zugleich geht er auf Abstand zum immensen Leid, das diese Waffen verursachen. Eine sexuelle, romantische und anheimelnde Bildersprache, »die leblose Waffen domestiziert und vermenschlicht« – Silos, »Marrying-up-Systeme« und BAMBI (Ballistic Missile Boost Intercept) –, macht es vielleicht auch »möglich, sich den ganzen Tag damit zu beschäftigen, über Szenarien für den Einsatz von Vernichtungstechnologie nachzudenken und menschliche Körper in dieser technologischen Welt unsichtbar bleiben zu lassen, eben weil diese Welt nun das Heimische, Menschliche, Warme, Spielerische *enthält* ...«[7]

Eine weitere Folge dieser Vermenschlichung des Waffenarsenals ist, wie mir scheint, daß der Eros in dem Maße, wie er dem kalten, emotional gefeiten Killer abhanden kommt, in die Atomwaffe selbst eingeht. Die Bombe ist Frankensteins Monster, zusammengesetzt aus menschlichen Bestandteilen und menschlichen Trieben, die die sterbliche Welt bedroht, da sie den hochmütigen Wunsch des Wissenschaftlers nach Unsterblichkeit verkörpert. Doch die amoralische Bestie, die voller Schmerz und Wut durchs Land tobt, ist auch von ihrem Schöpfer völlig losgelöst.* Wie die Literaturkritikerin Kate Ellis schreibt, steht Mary Shelleys Monster für Gefühle außerhalb der sicheren Grenzen der bürgerlichen Familie, für alles Wilde und Erschreckende, einschließlich einer ungezügelten Sexualität.[8] Wenn nun die Atomtechnologie der unkontrollierte, von seinem Körper befreite Penis des Killers ist, so gilt in gleicher Weise für den Killer, daß er selbst von jedem ethischen und erotischen Gefühl abgeschnitten ist. Er zieht keine Lust aus der Vergewaltigung und Plünderei des Technomonsters, aber er ist auch nicht dafür verantwortlich.

Der denkende Mann mit sauberen Händen, der »seine zufälligen Gefühle sein rationales Urteil nicht beeinträchtigen« läßt, ist ein echter Sohn der westlichen Kultur, von Aristoteles, Descartes und all jenen anderen Großen Männern, die die Vernunft auf ein Podest

---

* Manchmal äußert der Killer den Wunsch, dieses unkontrollierbare Ding zu kontrollieren, so als Ronald Reagan erklärte, eine einmal abgeschossene Rakete ließe sich im Flug wenden und zurückholen wie ein verlorengegangenes Haustier, das brav nach Hause trottet.

gehoben haben, von wo aus sie über die Wahrheit wachen und den widerspenstigen, weiblichen Pöbel der Leidenschaften lenken konnte. Nach wie vor gilt die Vernunft als dem Gefühl entgegengesetzt und überlegen, wird sie gleichgesetzt mit Stabilität und Männlichkeit, während Unbeständigkeit mit dem Gefühl assoziiert wird und im Reich des Weiblichen herrscht.

Wie die meisten Klischees stellen auch die Darstellungen des männlichen Killers und seines Gegenstücks, der weiblichen Lebensspenderin, Nährmutter und Friedensstifterin, diese Geschlechterdichotomie nicht in Frage; sie kehren lediglich ihre implizite Wertehierarchie um und werten »männliche« Werte ab und »weibliche« auf.

Die Bildersprache des Frauenwiderstandes gegen den Krieg hat die Randstellung der Frauen in der Kriegsführung deutlich gemacht und eine hausbackene, technisch unentwickelte »Frauenwelt« der Häuslichkeit und Mutterschaft gefeiert. 1961 organisierte sich der Women's Strike for Peace um den Slogan »Saubere Milch, kein Gift« und lenkte damit die Aufmerksamkeit auf die Gefahren von Atombombentests, die das radioaktive Element Strontium 90 freisetzen und auf dem Weg über die Nahrungskette an ihre Kinder weitergeben würden. Die argentinischen Mütter der Plaza de Mayo marschieren in ihren Schürzen und Kitteln, halten schweigend Bilder ihrer Verwandten hoch, die im »schmutzigen Krieg« der Junta von 1970 »verschwunden« sind. Im Greenham Common Women's Peace Camp, einem Blockade-Zeltlager um einen US-Stützpunkt in Großbritannien, flochten die Frauen die Tore mit Garn zu; eine Demonstrantin legte ein Transportfahrzeug lahm, indem sie eine Kartoffel in den Auspuff steckte.

Die konservative Organisatorin Dee Jepsen sprach 1982 vor dem General Federated Women's Club in Maine; unterschwellig beleidigte sie die Rationalität von Frauen und deutete auf eine Art Zahlenangst hin, um ihre Menschlichkeit hervorzuheben und ihre einzigartigen Fähigkeiten zu betonen, den Weltfrieden wiederherzustellen: »Wir sehen nicht Zahlen und Statistiken. Wir sehen die Menschenleben dahinter. Frauen verleihen dem Leben eine Qualität, die Männer nicht schaffen können.«[9] Frauen, so erklärte Jepsen an anderer Stelle, »können Gottes Friedensstifterinnen sein, statt sich einfach damit zufriedenzugeben, nach Macht zu streben.«[10]

Frauen haben nicht nur angedeutet, daß das Rationale nicht, wie es immer hoch gelobt wird, alles ist und daß eine Dosis weiblicher Emotionen einen gewissen Ausgleich in den Lauf der Welt bringen könnte; sie haben darüber hinaus den Killer in Frage gestellt, indem sie das Wesen seiner Rationalität anzweifelten. Sie haben die subjektiven Tendenzen hinter den »objektiven« Zahlen und Statistiken aufgezeigt und die politischen Interessen in den angeblich unparteiischen Kriegstechnologien aufgedeckt und damit die eigentlichen Grundlagen aller Vernunftgründe für den Krieg angegriffen, Recht, Gerechtigkeit, Patriotismus und den Schutz der Landesgrenzen. Die Gleichsetzung von Männlichkeit und Moral, Moral und Treue gegen abstrakte Prinzipien, wie sie in Gesetzen und religiösen Dogmen niedergelegt sind, ist in der Moderne wohl am besten von Freud dargestellt worden. Freud sagt, das Über-Ich des Mannes, sein Gewissen, bildet sich beim Jungen in der frühzeitigen Bewältigung des Ödipuskomplexes, in deren Verlauf er sich von der Mutter löst. Da ein Mädchen diese Bindung nicht tiefgreifend auflöst, ist es in seiner moralischen Entwicklung zurückgeblieben und unvollständig. Ihr moralisches Empfinden ist niemals »so unerbittlich, so unpersönlich, so unabhängig von seinen affektiven Ursprüngen, wie wir es vom Manne fordern«. Freud erklärt, daß »das Weib ... weniger Rechtsgefühl zeigt als der Mann ... sich öfter in seinen Entscheidungen von zärtlichen und feindseligen Gefühlen leiten läßt«.[11]

Die Psychologin Carol Gilligan, die beobachtet hat, auf welche Weise Jungen und Mädchen moralische Urteile fällen, widerspricht Freuds Behauptung und gibt eine andere Erklärung. Mädchen und Frauen haben nicht weniger Moral als Jungen und Männer, sie haben eine andere. Tatsächlich lassen Mädchen zärtliche und feindselige Gefühle in ihre Entscheidungen einfließen, aber das ist nicht schlecht. Da Frauen dazu erzogen werden, eine Familie zu gründen und zu versorgen, bewegt sich ihre Moral immer in einem Beziehungs- und Verantwortungsgeflecht; das und nicht abstrakte Regeln und Gesetze bestimmt die moralische Sicht von Mädchen.

Gilligans Forschungen haben ergeben, daß ein Mädchen zum Beispiel eher dazu neigt, Stehlen in Ordnung zu finden, wenn es dazu dient, ein Menschenleben zu retten, und zu glauben, daß die bestohlene Person Verständnis zeigen und mit dem Dieb zu einer Einigung finden wird. Jungen dagegen erklären die Tat für falsch – gegen das Gesetz – und erwarten, daß der Täter bestraft wird.[12]

Recht existiert, wie wir wissen, nicht außerhalb »tendenziöser« Werturteile; es ist vielmehr eine rationale Kodifizierung bestimmter Werte, die eine Gesellschaft als gemeinsame annimmt. Gilligans Arbeit legt den Schluß nahe, daß nicht unbedingt alle diese Werte teilen; es sind die Werte der Männer oder, allgemeiner, der Menschen, die die Macht haben. Catherine MacKinnon erklärt, wie allein schon die Unterstellung einer rechtlichen Objektivität die männliche Vorherrschaft aufrechterhält. Ihrer Ansicht nach ist der Zwang zur Objektivität »die Voraussetzung der Macht in ihrer männlichen Form«:

> Der Staat scheint den männlichen Standpunkt am unbarmherzigsten dort durchzusetzen, wo er seinem höchsten formalen Kriterium der distanzierten Unparteilichkeit am nächsten kommt. Wo er am skrupellosesten neutral ist, ist er am männlichsten; wo er am blindesten gegen das Geschlecht ist, ist seine Blindheit gegen die Anwendung des Standardgeschlechts am größten. Wo er sich am engsten an »Präzendenzfälle« hält, an »Fakten«, an die Absicht der Gesetzgebung, setzt er männliche Gesellschaftsnormen am genauesten um und schließt jede Hinterfragung, ob sie überhaupt eine Sichtweise enthalten, am gründlichsten aus.[13]

MacKinnon spricht im wesentlichen von Vergewaltigung und Eherecht, doch läßt sich eine entsprechende Analyse auch auf das internationale Recht und auf Kriegs- und Friedenspolitik anwenden. Militärstrategen treffen politische Entscheidungen im Rahmen einer bestimmten Weltsicht, die auf den Eckpfeilern der »Bedrohung« und »Abschreckung« aufbaut, die alles innerhalb ihres logischen Gebäudes als objektive Fakten unterstellen. Es ist ein System wasserdichter »Rationalität«, das von der Sprache geschützt und implizit maskulinisiert ist (obwohl ich meine, daß das Geschlecht nicht sein einziger Parameter ist). Aus dem Bauch heraus und in leidenschaftlichen Worten von Tod und menschlichem Leid zu sprechen heißt, wie Xanthippe unter den Philosophen herumzumeckern, ist verrückt und weibisch. Niemand hört zu.

Ein Angriff gegen diese Festung besteht darin, die »rationalen« Kodes, die den Krieg rechtfertigen, als *irrational* offenzulegen. Den Krieg als Wahnsinn zu bezeichnen ist eine alte pazifistische Taktik, die vor allem von der Jahrhundertwende bis zum Beginn des Ersten Weltkrieges verbreitet war. Vor 1914 wurden 194 Verträge unterzeichnet, Vorkehrungen für Schlichtungsverfahren eingeschlossen; es gab weltweit 425 Friedensorganisationen; es fanden unzählige Friedenskongresse statt. Mit Feuereifer gingen Menschen daran, die Ursachen der Kriege zu ergründen und internationale Rechtsregelungen vorzuschlagen; zu diesem Zweck wurde 1910 die mit zehn Millionen Dollar ausgestattete Carnegie Endowment for International Peace gegründet.[14] Bei all diesen Strebungen standen Frauen an vorderster Front und posaunten ihre Rolle als Zivilisatorinnen unter den Barbaren der »befreundeten« wie der »feindlichen« Seite hinaus.

Der Killer, so sagen moderne Friedensforscherinnen, sieht gesund aus, doch in Wirklichkeit ist er ein Dr. Seltsam im Delirium des Kriegsfiebers. Seine moralische Erkrankung ist zudem eine geschlechtsspezifische genetische Anomalie. »Wir wollen diese Vorherrschaft nicht, die in internationalen Beziehungen ausbeuterisch und mörderisch und zu Hause so gefährlich für Frauen und Kinder ist«, heißt es in der Solidaritätsadresse der Women's Peace Action. »Wir wollen nicht, daß die gewalttätige Gesellschaft diese Krankheit durch Väter und Söhne weitergibt.«

Diese Salven gegen den Killer stellen in sich ein halbherziges Vorgehen dar. Zwar stellen sie seine Logik und die durch sie abgedeckte Handlungsweise in Frage (und helfen gelegentlich, sie zu Fall zu bringen), doch mit dem Beharren darauf, daß er und seine Werte männlich und seine Verleumder weiblich seien, helfen sie ihm unfreiwillig bei seiner Verteidigung und schmieren das Getriebe der Kriegsmaschinerie. Denn solange Frauen die Rationalität dem Männlichen überlassen, geben sie eine entscheidende Waffe gegen den Krieg aus der Hand.

»Es ist gewiß nicht antimilitaristisch, die ›Vernunft‹ der Männer im Namen der Weiblichkeit abzulehnen«, schreibt die Philosophin Sara Ruddick.

Es sind die Militaristen, die von der Gleichsetzung der Frauen mit dem Emotionalen, Physischen und Subjektiven profitieren, die dann Kassandra für verrückt erklären und Intellektuelle als Menschen der Vernunft verteidigen. Der Kampf, »rational« zu sein – zu sehen, was real ist in all seiner Komplexität und Ambiguität –, ist der Kampf eines Friedensstifters.[15]

Einige Friedenskämpferinnen versuchen, nicht die *Rationalität,* sondern diesen geschlechtsspezifischen *Rationalismus* aufzubrechen, jene Weltsicht also, die nicht nur Denken und Fühlen als Gegensatzpaar konstruiert, sondern auch jedem von beiden ein Geschlecht zuordnet; sie wollen sie ersetzen durch das, was Audre Lorde »eine erweiterte Auswahl von Möglichkeiten und Kombinationen« genannt hat. Sie erkennen zwar die Komplexität und Ambiguität in der Geschlechtertrennung an, wollen sie aber neben anderen Unterscheidungsmerkmalen untersuchen – Rasse, Ideologie, Nationalität, Reichtum und Armut, um nur einige zu nennen –, die ebenfalls Wurzeln des Krieges bilden. (Um eine jüdische Mutter zu zitieren: Wenn Sexismus unser einziges Problem wäre!)

Die Frau aufgrund ihres Geschlechts völlig außerhalb des »männlichen« Militarismus zu stellen und die Sache damit auf sich beruhen zu lassen, heißt, Frauen aus einer ganzen Kategorie des ideologisch gebundenen Ausdrucks auszunehmen, zum Beispiel die Frauen, die Heim und Herd verlassen haben, um Militärdienst am Persischen Golf zu leisten, die die Belange der Welt über die ihrer Familie und ein abstraktes Ideal über ihre persönlichen Beziehungen gestellt haben. (Daß sie bereit waren, dies unter Einsatz von Gewalt zu tun, sprengt das Bild der Frau als Friedensstifterin weiterhin.) Es heißt die Unterschiede wegdeuten zwischen gerechten und ungerechten Kriegen, zwischen Freiheitskämpfen der Machtlosen und Kolonialkriegen mächtiger Weltreiche. Es heißt auch, die unterschiedlichen Rollen außer acht zu lassen, die Weiße und Farbige in Kriegen und Aufständen spielen, sowie die rassen- und schichtspezifischen Loyalitätskonflikte, denen Frauen in diesen unterschiedlichen Gruppen ausgesetzt sind. Mit einem solchen Vorgehen hat die weitgehend aus weißen Frauen bestehende Friedensbewegung oft unbeabsichtigt farbige Frauen aus ihren Reihen ausgeschlossen.

Kimiko Hahn, eine 1955 geborene Amerikanerin japanischer Abstammung, geht diesen Konflikten der Loyalität und Schuld in ihrem Gedicht »Das Bad« nach, das aus der Sicht einer Frau aus Hiroshima geschrieben ist, deren Mann von dem »gewaltigen Feuerpilz« getötet wurde, der ihr das Fleisch aufschnitt. Die Überlebende ist versucht, das männliche Böse ihren Feind zu nennen.

. . . und es wäre leicht,
irgendwie befriedigend
es als Geschichte abzutun
diese Männer sind da,
wann immer ich mein eines Auge schließe,
jedesmal, oder die Schuld
den Männern oder Militaristen gebe . . .

Und doch kann sie die geschlechtslose Ökonomie von Krieg und Rasse nicht vergessen.

Aber es sind nicht Luftangegriffe
allein
die wir überleben
sondern *Gold, sein Gewicht wert*
in Blut, Kohle,
Öl, Uran, die wir fördern
und bearbeiten
und doch nicht unser nennen können.
Und es wäre erfreulich
ein Überlebender genannt zu werden . . .
spürte ich nicht
dieselbe drückende Augusthitze
in Autoteilen in Südafrika,
Mexiko, Alabama . . .[16]

In dem Trümmerfeld, über das hinweg diese Frau sieht, lassen sich keine symmetrischen Paare von männlich und weiblich, gewaltsam und friedlich erkennen; vielleicht gibt es sie gar nicht.

»Diese Fiktion von Gegensätzen leugnet den Unterschied«,

erklärt die Psychoanalytikerin und Friedenskämpferin Adrienne Harris.

> Es geht nicht nur um Frieden, sondern um die Wirklichkeit. Wenn wir den Gegensatz von Friedensstifterin/Frau und Krieger/Akteur/Mann akzeptieren, akzeptieren wir damit eine perverse Welt, in der Unterschiede, Heterogenität und respektierte Andersartigkeit unmöglich sind.[17]

Der Stammler und der Unbeholfene, der Verführer und der Treulose, der Gockel, die Bestie und der Killer verteidigen (zusammen mit ihren weiblichen Pendants, Erdmutter, Flittchen, Madonna, Hure und alte Vettel) eine brüchige Stabilität, wie nervöse Wachen in einem Gefängnis, in dem die Disziplin schon zum Zerreißen gespannt ist und jeden Moment die Hölle ausbrechen kann. Sie stehen zwischen uns und unserer Angst vor dem Chaos, bewachen unsere Phantasien, während sie uns wie Schafe in eine Art Sicherheit treiben. Indem wir sie erfinden und nähren, verstärken wir die Mauern unseres Gefängnisses.

Innen ist die Bevölkerung getrennt durch das Geschlecht, gefesselt durch Sexismus, bewacht vom Patriarchat. Doch wenn wir drinnen zufriedener sind als draußen, verwirken wir mit der Freiheit auch den Traum der Gleichheit. Zwar schaffen wir es, die Feindseligkeiten vorübergehend einzulullen, letztlich verurteilen wir uns aber selbst, Frauen und Männer, zur Feindschaft.

Indem Frauen Klischeebilder von Männern entwerfen, unterstützen sie paradoxerweise das System der Unterdrückung und schließen die Möglichkeit eines echten Friedens von vornherein aus. Ein Klischee kann sich nicht an den Tisch setzen und einen Waffenstillstand im Kampf der Geschlechter aushandeln; das können nur ganze Menschen.

Teil II

PRIVATE LIEBE – OFFENER HASS

Kapitel 4

TÖCHTER UND VÄTER

»Das Geschlecht ist ... tief in die Strukturen familiärer Beziehungen eingebettet ... Geschlechtsvorurteile schaffen ebenso wie andere leidenschaftlich vertretene Glaubenssätze Bindungen und Paradoxe quer durch die Generationen, die dann in der Psyche verinnerlicht werden und für jede Generation ein Erbe unlöslicher Widersprüche erzeugen.«[1]

Ihr gabt mir – Sire – zwei Güter mit –
an Liebe ein Legat
das einem Himmelsvater wohl genügt
hätt' er dies Angebot
Ihr gabt mit grenzenloses Leid
umfassend wie das Meer
zwischen Ewigkeit und Zeit
Eurem Bewußtsein und mir

Emily Dickinson[2]

Wie werden die Vermächtnisse des Geschlechts weitergegeben? Wie werden seine Vergütungen bemessen, wie seine Wunden beigebracht? Wie werden Mädchen und Frauen zu »weniger« als Jungen und Männer, und was wird aus der Wut, Sehnsucht und Verletztheit, die die Töchter als Folge erfahren? In Teil I haben wir uns mit einigen Belegen beschäftigt, daß Frauen solche Gefühle im Inneren verspüren; wir haben gesehen, wie sich die Ungleichheit der Geschlechter in den Beziehungen Erwachsener als Männerhaß ausdrücken kann. Wir wollen nun weiter zurückgehen zur Rolle, die die Familie dabei spielt, ein Mädchen auf die Bahn zum Männerhaß zu bringen und sie auf diesem Weg ihren ambivalenten Gefühlen zu überlassen.

Emily Dickinson richtet ihr Gedicht an ihren Vater. Sie sagt, Ambivalenz ist das *väterliche Erbe* einer Tochter. Das ist überraschend, denn die Psychologie des 20. Jahrhunderts hat uns daran gewöhnt, in allem, was aus uns als Erwachsenen wird, das Erbe der Mutter zu suchen – und ihr die Schuld daran zu geben. Von der Eßsucht bis zum Massenmord lassen sich alle psychischen Probleme auf zu viel, zu wenig oder die falsche Art Mutterliebe zurückführen. Der Vater ist bis weit ins Erwachsenenleben von jeder gründlichen Überprüfung oder offenen Kritik ausgenommen; er ist, wie Letty Cottin Pogrebin schreibt, der Teflon-Vater.

Doch selbst wenn die intensive Beziehung von Mutter und Kind, wie Dorothy Dinnerstein vertritt, der Entstehungsort des Frauenhasses ist – eine männliche Verteidigung gegen die allmächtige Frau –, ist es die dürftige Beziehung zwischen *Vater* und Kind, die den Männerhaß hervorbringt. *Männerhaß entsteht aus der vorherrschenden Eigenschaft der modernen westlichen Vaterschaft: der Abwesenheit.* Der Vater ist entweder wirklich oder emotional für Jungen wie Mädchen nicht vorhanden. Für Mädchen, die durch den Geschlechtsunterschied gleichermaßen sich zu ihrem Vater hingezogen wie von ihm getrennt fühlen, ist diese Abwesenheit eindeutig schmerzlicher und folgenschwerer.

Wie wir gesehen haben, entspringen Männerhaß und die Ambivalenz, die er erzeugt, jenem körperlosen Gebilde, das wir Kultur nennen, und einer ihrer mächtigsten Institutionen, der Familie. In diesem Kapitel möchte ich nun der Frage nachgehen, welche Rolle die Familie als Prägestempel des Geschlechts spielt und auf welche Weise die Abwesenheit des Vaters zugleich Männerhaß schürt und Wut besänftigt. Die patriarchalische Idealisierung des Vaters und der Männer allgemein; der Ausschluß der Mädchen von den Pfründen der Männlichkeit, ihren Privilegien, ihrer Autorität und ihren Handlungsmöglichkeiten; das Verlangen des Mädchens nach seinem Vater, einer Figur, die um so begehrenswerter wird, je mehr er sich entfernt; der gleichzeitige Einfluß der Mutter, die die mythische Allmacht und Vollkommenheit des Vaters zugleich stützt und untergräbt – all diese gesellschaftlichen Tatsachen und persönlichen Empfindungen umgeben Männerhaß und Ambivalenz nicht in Linien, die Punkt für Punkt nach Kriterien von Ursache und Wirkung aneinandergereiht wären, sondern in Trauben aus Übereinstimmungen und Widersprüchen. Sie bilden eine Konstellation wie die Plejaden, die fliehenden Schwestern, nicht wie Orion, dessen Pfeil sich geradewegs auf sein Ziel richtet.

Wo ist Papi?

Die Möglichkeit des Verlassens ist im Wesen der Vaterschaft angelegt: Vaterschaft ist ein bedingter Zusammenhang, eine »Ansichtssache«, wie Gajus sagt, gegenüber der »Tatsache« der Mutterschaft. Anders als die meisten Tiere sind Männer über weite Abschnitte der Geschichte bei den Frauen geblieben, die sie geschwängert, und bei den Kindern, die diese Frauen zur Welt gebracht haben. Wie Margaret Mead sagt, ist das eine der »sozialen Erfindungen«, die die menschliche Familie als menschlich auszeichnet. Doch der bisherige Erfolg zivilisierter Menschen, das Band zwischen Vätern und ihren Nachkommen zu zementieren, garantiert noch nicht, daß sie es weiterhin tun werden, warnt Mead.[3]

Bindende Vaterschaft ist – wie überhaupt die bestehenden Familienformen – weniger eine »natürliche« oder unausweichliche menschliche Bindung als vielmehr ein Vertrag, der sich brechen läßt oder durch Migrations- und Siedlungsbewegungen, Eroberungen und Sklaverei, Konjunkturaufschwung und Rezession, Technologie, Religion, Politik und gesellschaftlichen Wandel überleben oder ungültig werden kann. »Väterliche Fürsorge« wird von jeder Generation neu definiert, ist aber immer und von Anfang an beeinträchtigt durch die tief in der Kultur verankerte Erwartung des Verlassens. In jüngster Zeit hat in unserer Kultur die Beteiligung des Vaters – oder zumindest ihr gesellschaftliches Erscheinungsbild – zugenommen. Papi ist der Superstar der Medien, von Bill Cosby bis zu den sexy Photomodellen, die in italienischen Anzügen Kinder in Geburtstagskleidern präsentieren. Doch auf jeden neuen Vater kommen Tausende Männer, die ihre Kinder nur oberflächlich kennen. Eine neuere Studie ergab, daß der durchschnittliche Vater eines Kindes sich weniger als 38 Sekunden am Tag mit seinem Kind beschäftigt.[4] Eine andere Untersuchung beobachtete 300 Kinder der siebten und achten Klasse über einen Zeitraum von zwei Wochen und kam auf durchschnittlich 7,5 Minuten, die die Kinder wöchentlich allein mit ihren Vätern verbrachten.[5]

Die gute Nachricht ist, daß Väter immer mehr Zeit mit ihren Kindern verbringen. Studien, die Daten von 1975 und 1981 vergleichen, ergeben, daß die intensive Beschäftigung der Väter mit ihren Kindern – also die Zeit, die sie tatsächlich mit ihren Kindern gespielt oder gesprochen haben und nicht nur mit ihnen in einem Raum waren – zeitlich um 26 Prozent zugenommen hat. Doch das ist immer noch nur ein Drittel bis ein Viertel der Zeit, die ihre Frauen mit den Kindern verbringen. Und fast keiner der Väter übernimmt *irgendeine* Verantwortung für die Planung, Organisation und Aufsicht über die Bedürfnisse eines Kindes, zum Beispiel zu wissen, wann ein Zahnarztbesuch nötig ist, den Termin zu vereinbaren und dafür zu sorgen, daß das Kind zum Arzt kommt.[6]

Selbst wenn Männer mehr mit ihren Kindern zusammensein wollten (sie alle erklären, daß sie es wollen), scheinen sie nicht genug Zeit zu haben. Nach einer neueren Erhebung des Gallup-Instituts arbeiten 37 Prozent der Männer mit Kindern unter sechs Jahren mehr als 50 Stunden in der Woche, ein Drittel davon sogar mehr als 60 – offensichtlich bleibt so gut wie keine Zeit, mit dem Junior Dame zu spielen. Weniger als 8 Prozent der Mütter mit kleinen Kindern arbeitete so viele Stunden in der Woche.[7]

Michael Lamb, ein Experte in Fragen der väterlichen Fürsorge, hat erklärt, »qualitative Zeit« könne einen gewissen Mangel an quantitativer Zeit ausgleichen,[8] doch anscheinend haben viele Kinder den feinen Unterschied noch nicht begriffen. Letty Pogrebin führt in ihrem Buch *Growing Up Free* eine Umfrage an, in der die Hälfte der befragten Vorschulkinder angegeben haben, sie zögen das Fernsehen ihrem Vater vor; nach einer anderen von ihr zitierten Umfrage erklärte ein Zehntel der Kinder, die Person, vor der sie die größte Angst hätten, sei ihr Vater.[9]

Und das sind Kinder, die mit beiden Elternteilen leben. Was ist mit den Kindern, die nur mit ihrer Mutter leben – und das ist inzwischen ein volles Fünftel aller amerikanischen Kinder, doppelt soviel wie 1970.[10] Wie wir in den Kapiteln »Der Treulose« und »Der Entführer« gesehen haben, erhalten die meisten von ihnen eine so klägliche finanzielle Unterstützung von ihren Vätern, daß sie getrost als vaterlos zu bezeichnen sind. Und die väterliche Vernachlässigung nach der Scheidung bezieht sich nicht bloß auf das Finanzielle. 1988 untersuchten die Soziologen Frank Furstenberg und Kathleen Mullan Harris den National Survey of Children und stellten fest, daß nur 13 Prozent der nicht sorgeberechtigten Väter ihre Kinder mindestens einmal in der Woche sahen; über die Hälfte der Kinder aus geschiedenen Ehen hatten ihre Väter während des ganzen zurückliegenden Jahres nicht einmal besucht. Furstenberg und Harris stimmen mit anderen Forschern überein, daß der Kontakt und die Bindung zwischen Vater und Kind erst mit der Zeit abnehmen.[11]

In den letzten zwei Jahrzehnten hat sich ein kleiner Berg an Datenmaterial über väterliches Engagement angehäuft, angespornt von Feministinnen und getragen von einem wachsenden Glauben an die Bedeutung väterlicher Fürsorge.* Vor dieser Zeit gab es trotz einer gewissen – vielleicht durch die Opfer des Zweiten Weltkriegs ausgelösten – Besessenheit der Psychologen und Soziologen von jenem Problem, das sie »Vaterlosigkeit« nannten, kaum Forschungen zu den Auswirkungen der väterlichen Präsenz. Eine Durchsicht der psychologischen Literatur zur Familie von 1929 bis 1956 ergab lediglich elf Artikel über das Vater-Kind-Verhältnis, gegenüber 160 Artikeln über Mütter und Kinder.[12]

Die Massenmedien befaßten sich von den zwanziger bis zu den sechziger Jahren durchgängig mit der Frage, was ein Vater tun und sein sollte, und ihr Rat blieb erstaunlich gleich: Liebevoll, aber streng sollte er sein, ein männliches Vorbild für Jungen, ein männlicher Spiegel für Mädchen, eine Bestätigung ihrer Weiblichkeit. Diesem Rat lag eine ebenso einheitliche Sorge zugrunde: daß nämlich Kinder ohne zwei »richtige« Eltern nicht die »angemessenen« Geschlechtsidentifikationen ausbilden könnten. Tatsächlich leistete dieser populäre Ratschlag der väterlichen Abwesenheit unterschwellig Vorschub, denn ein »allzu fürsorglicher« Vater galt als »mütterlich«. Eine gewisse Distanz zum Alltagsleben der Kinder bestärkte diese ungemein wichtige väterliche Autorität – eine Dynamik, die bis zur Entstehung des Feminismus als wünschenswert galt.

* Arbeiten über die Vater-Tochter-Beziehung sind allerdings nach wie vor selten. In einem kürzlich in Chicago erschienenen Index psychoanalytischer Schriften finden sich zum Beispiel fünf Seiten über das Vater-Sohn-Verhältnis und nur einige wenige Eintragungen über Väter und Töchter. In der populärwissenschaftlichen Literatur sieht es nicht viel besser aus: Die Bücher zu diesem Thema lassen sich an einer Hand abzählen.

In einer Hinsicht ließe sich argumentieren, die um die Jahrhundertmitte Geborenen (also die Generation, die dieses Buch hauptsächlich anspricht) hätten mehr von ihren Vätern gehabt, als es bei Kindern heute der Fall ist. Sie sind in einer Zeit aufgewachsen, in der niedrige Zahlen außerehelicher Geburten und niedrige Scheidungs- und Sterberaten für eine historisch beispiellose Stabilität der Familie sorgten. Drei von vier Kindern, die zwischen 1930 und 1960 geboren wurden, verlebten ihre gesamte Kindheit mit beiden Elternteilen.[13] Und allein aus der Tatsache, daß neueste empirische Daten einen Aufwärtstrend bei der Zeitspanne zeigen, die Väter tatsächlich mit ihren Kindern verbringen, läßt sich noch nicht unbedingt der Schluß ziehen, sie hätten weniger Zeit mit ihnen verbracht, ehe solche Daten überhaupt erfaßt wurden. So funktioniert Geschichte nicht: Die Ehestatistiken aller Art waren im Laufe des Jahrhunderts erheblichen Schwankungen unterworfen.

Dennoch erhärten Hinweise in Anekdoten, Literatur und nichtquantitativer Psychologie den Eindruck, daß der Vater, selbst wenn er pünktlich um halb sechs zur Tür hereinkam, in der großen Mehrzahl der Familien emotional ein Phantom blieb. »Papa war da, aber irgendwie vage«, beschrieb es eine Frau. Eine andere sagte: »Er war, wissen Sie, der typische Vater: zu sehen, aber nicht zu hören.« Margaret Atwood beschreibt in ihrem Roman *Katzenauge* die Schattenhaftigkeit der Fünfziger-Jahre-Väter:

> Aber Väter und ihre Bräuche sind sowieso unerklärlich. Zum Beispiel weiß ich, ohne daß es mir jemand gesagt hätte, daß Mr. Smeath ein heimliches Leben von Zügen und Fluchten in seinem Kopf lebt. Cordelias Vater ist bei den seltenen Gelegenheiten, wenn wir ihn zu sehen bekommen, immer nett zu uns, er macht Witze, lächelt breit und ausdauernd, aber warum hat sie Angst vor ihm? Denn sie hat Angst. Alle Väter außer meinem sind tagsüber unsichtbar.[14]

Die Kinder in Atwoods Roman wuchsen heran – so stellt man es sich vor – mit Geschichten, die die Erwartung einflößten, Väter vernachlässigten und verließen ihre Kinder. Sie wußten, daß die böse Stiefmutter unschuldige Kinder schlug und verhungern ließ; doch sie lernten auch, wenngleich subtiler, daß es der Vater war, der sie geheiratet hatte, ein Mann, so schwach und mit seinen eigenen Interessen beschäftigt, daß er seine Kinder vor ihren üblen Machenschaften nicht zu schützen vermochte. Hänsels und Gretels Vater führte auf Geheiß seiner zweiten Frau gehorsam die unglücklichen Kinder in den Wald, wo sie einer zweiten Hexe in die Hände fielen. Aschenputtels Vater ließ zu, daß seine Tochter ihren grausamen Stiefschwestern schutzlos ausgeliefert war. Und wo war Schneewittchens Vater, als ihre eitle, eifersüchtige Stiefmutter einem Diener befahl, sie in die bedrohlich tiefen Wälder zu bringen?

Die Kinder der fünfziger und sechziger Jahre sahen, wie Jim Anderson in »Vater ist der Beste« die Kinder seiner Frau überließ, sobald sie sich nur im entferntesten seltsam verhielten. Sie lachten über Onkel Bill in »Lieber Onkel Bill«, einen Anwalt, der sich vergeblich mühte, sich als Hausmann zu bewähren, aber ständig gegen seine gewitzte Nichte und den japanischen Hausdiener an Boden verlor, der dem Rassen- und Schichtvorurteil nach der Ersatz für die Haus*frau* ist. Diese Männer unterschieden sich zwar dem Stil, aber nicht dem Wesen nach von den ineffektiven und infantilen Pop-Kultur-Vätern der heutigen Zeit, dem sensiblen, psychologisch daherredenden Michael Steadman in »Die besten Jahre«, der mit Freunden plaudert, lange arbeitet oder jammert, während seine Frau Hope, die den ganzen Tag zu Hause (aber vermutlich freiberuflich tätig) ist, die beiden Kinder anzieht, badet oder beschäftigt, oder von seinem Freund Elliot, einem Mann, der nur körperlich erwachsener ist als sein Sohn, den er »Kumpel« nennt.

Zu Recht beklagen sich Frauen, daß Väter herzlich wenig tun müssen, um den ehrenden Beinamen »neu« zu verdienen, während die Mütter sich doppelt anstrengen müssen, um es gerade bis zu einem »ausreichend« zu bringen. Doch diese kärgliche Qualifikationspalette ist an sich schon ein ironischer Kommentar zu den Erwartungen, die wir an Vätern haben und hatten: Sie liegen äußerst niedrig.

Weit davon entfernt, eine gesellschaftliche Abweichung oder eine individuelle Erkrankung zu sein, steht die »Abwesenheit des Vaters« von vornherein fest, ist das »normale« Familienleben. »Wenn Vernachlässigung durch den Vater ein Problem ist«, schreiben Judith

Lewis Herman und Lisa Hirschman in *Father-Daughter Incest,* »dann leiden die meisten Kinder darunter.«[15]

Kein Zutritt für Mädchen

Wenn die meisten Kinder unter Vernachlässigung durch den Vater leiden, dann leiden Mädchen darunter besonders. Wenn Väter für ihre Söhne nur ab und zu da sind, dann sind sie es für ihre Töchter noch weniger. Und da Väter in der geschlechtsorientierten Familie eine entscheidende Rolle spielen, die dem Kind dabei hilft, ein eigenständiges, fähiges Individuum in der Welt zu werden, sind Mädchen verkrüppelt, und zwar dauerhaft und in äußerst grundlegender Weise. Diese Verletzung erfolgt durch zwei Dinge: zum einen durch die Tatsache, daß der Vater seiner Tochter weniger Aufmerksamkeit widmet, zum anderen durch die Bedeutung von Männlichkeit und Weiblichkeit, die das Mädchen beobachtet, während es heranwächst.

Selten stellen wir die Identifikation beider Elternteile mit dem gleichgeschlechtlichen Kind und ihren Wunsch in Frage, ein Kind großzuziehen, das in seiner Anpassung an die Geschlechtsrollen »wie sie« ist. Bei näherer Untersuchung stellt sich allerdings heraus, daß dieser Wunsch bei Vätern wesentlich stärker ausgeprägt ist als bei Müttern. Schwangere Frauen sagen oft, sie wünschten sich einen Jungen (»Ich wußte einfach, daß das Leben für ihn viel leichter wäre als für ein Mädchen«, vertraute mir eine Frau an. »Jungen sind einfacher«, erklärte eine andere und brachte eine verbreitete Einstellung vieler Mütter zum Ausdruck), doch wenn sie erfahren, daß das Neugeborene ein Mädchen ist, freuen sie sich genauso. Und entgegen weitverbreiteter Ansichten zeigen viele Verhaltensstudien, daß Mütter nicht dazu neigen, ein kleines Kind zu korrigieren, wenn es in seinem Spiel von Geschlechtsrollen abweicht, und daß sie im allgemeinen Jungen und Mädchen ihr Leben lang weitgehend gleich behandeln. Väter dagegen betrachten und behandeln ihre Söhne und Töchter unterschiedlich; sie behandeln Mädchen einfach nicht so gut.[16]

Schon ehe das Kind geboren ist, bevorzugen Väter Jungen. Einige Studien zeigen, daß in Amerika die werdenden Väter »sich in der überwiegenden Mehrzahl männlichen statt weiblichen Nachwuchs wünschen, wobei die Vorliebe weit über die ihrer Ehefrauen hinausgeht«.[17] Ich kenne zum Beispiel einen Zimmermann in Colorado, der sich ungewöhnlich viel mit seinem kleinen Jungen beschäftigt hat, schon seit er ganz klein war; er brachte ihm bei, zu hämmern und Maß zu nehmen, zu reden und zu denken; als er erfuhr, daß er eine Tochter bekäme, war er mißmutig. »Ich weiß nicht, was ich mit ihr *anfangen* soll«, erklärte er; er war amüsiert und tat es ab, als ich ihm vorschlug, mit ihr das gleiche zu tun wie mit seinem Sohn.

Mädchen wird das Gefühl vermittelt, daß sie allein schon durch ihr Geschlecht ihre Väter enttäuscht haben, und nicht immer geschieht das auf schonende Weise. »Ich habe meinen Vater bewundert, aber ich war eine Enttäuschung für ihn – ich sollte ein Junge werden«, sagt Dottie Bernstein, eine neunundvierzigjährige Hausfrau aus Chicago. »Als der Junge kam, sagte mein Vater, ich sei Tausende wert, aber er Millionen.«

Eine Tatsache, die gegenwärtig breitgetreten wird, um die Hingabe der neuen Väter zu beweisen, ist die zunehmende Zahl von Vätern, die bei der Geburt ihres Kindes dabei sind. Offensichtlich fesseln Babys die Aufmerksamkeit eines Mannes; wenn es sich allerdings um ein Mädchen handelt, besteht eine hohe Wahrscheinlichkeit, daß sich diese Aufmerksamkeit jäh verflüchtigt, sobald es die Kerzen auf seinem zweiten Geburtstagskuchen ausgeblasen hat. Von diesem Alter an verbringen Väter doppelt soviel Zeit mit ihren Söhnen wie mit ihren Töchtern. Im Laufe der Jahre ist zu erwarten, daß ein Vater immer weniger Zeit mit seiner Tochter verbringt, weniger über sie weiß, weniger Erwartungen an sie stellt und eine weniger klare Vorstellung von ihren Bedürfnissen oder der richtigen Art, sie zu erziehen, hat.[18]

Dieser väterliche Rückzug von den Töchtern könnte wahrscheinlich kaum zu einem ungünstigeren Zeitpunkt geschehen, als es der Fall ist. Denn im Alter von zwei Jahren fängt ein Kleinkind an, sich weiter vorzuwagen, mehr zu erforschen und sich weniger in die Geborgenheit der Mutter zurückzubegeben. Die Mutter war bis dahin die Quelle der sinnlichen Befriedigung, Nahrung und Geborgenheit, die Person, von der der Säugling völlig abhängig war, nach der er das intensivste Verlangen hatte und unter deren Herrschaft er die tiefsten Frustrationen und Enttäuschungen erlebt hat. Die Loslösung von einer solchen Person ist, das versteht sich von selbst, traumatisch. Doch loslösen muß sich das Kind und will es auch.

Das Kind, das sich mit bittersüßen Gefühlen von der Mutter fortbewegt, sieht den Vater, eine relativ unbekannte, idealisierte Figur, als Zufluchtsort vor der Mutter und als Brücke zur weiteren Welt. »Das Vaterbild kommt für das Kind ... von außerhalb seiner Welt, wie sie war«, erklärt die Kinderpsychologin Margaret Mahler, »als etwas herrlich Neues und Aufregendes, genau zu der Zeit, wenn das Kleinkind einen fieberhaften Drang nach Ausdehnung verspürt.«[19]

Nicht jedes Kind hat natürlich einen Vater – oder ein Vaterbild –, der in seiner Welt auftaucht. Die Anerkennung kultureller Unterschiede und die Veränderung der Familienzusammensetzung machen es zunehmend problematischer, seine Gegenwart als notwendige Voraussetzung für eine gesunde Entwicklung zu postulieren. Afroamerikanische Psychologen und Gelehrte haben zum Beispiel die immer noch übermäßig einflußreiche These bestritten, die Daniel Patrick Moynihan 1965 vorgebracht hat und die besagt, die »Krankheit« des schwarzen Amerika lasse sich auf die vorherrschende matriarchalische Familie zurückführen (andere Schwarze wenden sich auch gegen den Begriff *Matriarchat* mit dem Hinweis, daß afroamerikanische Mütter nicht die Macht besitzen, die dieser Begriff impliziert). Trotz der durchgängigen Sorge, daß schwarze Jungen starke männliche Rollenvorbilder bräuchten (der Film *Boyz 'n the Hood* des schwarzen Regisseurs John Singleton ist eine Popularisierung dieser Sehnsucht), wenden sich viele alleinerziehende schwarze Mütter gegen die Unterstellung, ihre Kinder wüchsen benachteiligt auf, wenn sie keinen Vater haben. Pam Brady, eine junge, lesbische Angestellte, der wir in Kapitel 10 noch begegnen werden, hat zwei aufgeweckte, freundliche Kinder, einen Jungen und ein Mädchen, allein aufgezogen.

> Wo ich herkomme, ist das nichts Ungewöhnliches. Es gibt da viele Jungen, die mit ihren Müttern, ihren Großmüttern und in Frauenhaushalten groß geworden sind. Ich habe den Eindruck, Kufi kommt mit vielen Frauen zusammen, die unterschiedliche Persönlichkeiten haben und verschiedene Dinge in sein Leben

bringen. Es wäre vermutlich ganz gut, vielleicht einen Mann zu finden, der ein Gegengewicht schafft, damit er die Dinge aus einer anderen Perspektive sehen könnte. Aber da müßte ich wirklich suchen. Denn ich kenne hier keine Männer.

Sonia Prada ist vierunddreißig; sie kam mit sechs Jahren von Peru nach Kalifornien und wuchs ebenfalls in einer Umgebung auf, in der es nur wenige Männer gab. Sie ist seit sieben Jahren verheiratet, und es klingt, als führe sie eine reife Ehe voller konstruktiver Kritik. Sie und ihr Mann haben zwei Kinder. Auf die Frage, ob sie als Kind erwartet habe, zu heiraten, lacht Sonia.

Nein. Nein! ... Selbst wenn ich es erwartet hätte, wäre ich vermutlich sowieso irgendwann als alleinerziehende Mutter geendet. Denn alle Bekannten meiner Mutter – alle ihre engsten Freundinnen – waren alleinerziehende Mütter. All diese Latinas allein mit ihren Kindern. Also sagte ich: »Ph, das wird dir auch so gehen, sicher ...« Und es war komisch, ich erinnere mich, als ich in der Mittelschule war [eine katholische Schule, dic größtenteils von Weißen besucht wurde], sah ich mich mal um und dachte: »Jeder einzelne hier kommt aus einer vollständigen Familie« – wissen Sie, Mutter–Vater. Es war etwas, also, es war etwas, das ich nicht einmal kannte! In meinem ganzen Leben nicht, bei keinem Menschen in meiner Umgebung. Also erwartete ich es nicht.

Doch ganz abgesehen von der wachsenden Akzeptanz der rein mütterlichen Obhut, sind »Vater« und »Mutter« in allen menschlichen Gesellschaften tief verwurzelte Begriffe, und in unserer Kultur ist die Dreieckskonfiguration der Familie tief im Unbewußten verankert. Pam Brady erzählt, daß Kufi in bester Stimmung sei, wenn sein Vater zu einem seiner seltenen Besuche auftauche – obwohl er, wie sie sagt, ein kalter, nachlässiger Mann sei. Selbst ein Vater, den das Kind nie gesehen hat, ist in seinen Wünschen, Sehnsüchten und Ängsten vorhanden. Eine Geschäftsfrau, deren Tochter durch künstliche Befruchtung mit dem Samen eines anonymen Spenders gezeugt wurde, war nicht überrascht, als die Zweijährige ungefragt erklärte: »Ich habe einen Papi.« Auch der abwesende Vater ist ein Vater.

Wenn sich kein Vater auftreiben läßt, machen sich Kinder sogar selbst einen. Die Autorin Sally Wilkinson wohnt in einem Apartmenthaus neben der dreijährigen Lily und ihrer alleinerziehenden, lesbischen Mutter; sie ist nach eigener Aussage dem Mädchen ein »Vater« – eine etwas entfernte, aber vertraute Gestalt, die täglich, aber nur zu bestimmten Zeiten auftaucht. »Wenn Anne Lily von der Kindertagesstätte nach Hause bringt, will Lily als erstes ›Sally gehen‹«, wie sie sagt. Wenn die drei abends zusammen sind, »richtet Lily es so ein, daß sie zwischen uns beiden liegt und sich in den Schlaf wiegt, wie ein kleiner Vogel in einem Nest zwischen Vogelmami und Vogelpapi«.

Theoretisch kann ein Erwachsener gleich welchen Geschlechts die erste Bezugsperson sein, während ein anderer eine Zuflucht vor dieser allmächtigen Figur bietet. Wie der Kinderpsychologe Ernest Abelin aufgezeigt hat, sind zudem Vater und Mutter nicht unbedingt die einzig wichtigen Menschen im Leben eines Kindes. Das Kleinkind stellt auch intensive Beziehungen zu Geschwistern, Großeltern und Babysittern her und empfindet auch in diesen Beziehungen Verlangen, Ablehnung und Rivalität. Diese Menschen können ebenso als »Fluchtweg« aus der kindlichen Primärbindung dienen. Kulturübergreifende Studien und die moderne Lebensweise zeigen, daß sich die Biologie so weit zurückdrängen läßt, daß sie nur noch eine minimale Rolle in der elterlichen Fürsorge spielt. Und zunehmend sieht sich die Vorherrschaft der Familie mit zwei Elternteilen und geschlechtsspezifischer Rollenteilung in Frage gestellt durch gleichberechtigte Elternpaare, durch alleinerziehende Mütter und Väter, durch Lesben und Schwule, die Kinder aufziehen; unter Sozialarbeitern bildet sich sogar bei einer Minderheit die Ansicht heraus, daß eine stabile Langzeitversorgung in einer institutionellen Gruppe der Abfolge verschiedener Pflegefamilien oder auch der Rückkehr in stark gestörte Herkunftsfamilien eventuell vorzuziehen sei. Es dürfte überaus interessant zu beobachten sein, ob und wie diese Kinder, wenn sie heranwachsen, die Elternrollen aufteilen, wenn ihre Eltern es nicht tun, wie sie kindliche Abhängigkeit verteilen, wenn sie nicht eindeutig bei einer primären Bezugsperson liegt und die Unabhängigkeit nicht durch einen etwas abseits stehenden zweiten Elternteil verkörpert ist.

Doch das sind fast schon müßige Überlegungen. Denn die Tatsache bleibt bestehen: In der westlichen Kultur gilt die Familie aus Mutter und Vater immer noch als Norm, und zwar tiefgreifend. Die Familie definiert sich über die Geschlechtsunterschiede, in die sie das Kind vom ersten Tage an einführt. Der erste Vorstoß des Kindes nach außen bildet einen Meilenstein der Geschlechtsorientierung, sein erstes Begreifen, daß Männlichkeit und Weiblichkeit sich wechselseitig ausschließen. In dieser Hinsicht ist das Geschlecht letztlich die Grenze psychischer, erotischer und weltlicher Möglichkeiten. Doch wie die Psychoanalytikerin Jessica Benjamin erklärt, lindert in der auf Geschlechterteilung basierenden Familie das Geschlecht selbst den fast unerträglichen Schrecken der ersten Loslösung des Kindes. Die Idealisierung des Vaters ermöglicht die Trennung.

> Die Anerkennung des Vaters ... hat einen defensiven Aspekt; mit ihr leugnet das Kind seine Abhängigkeit und löst sich von seinen früheren Bindungen an die Mutter. Das Erscheinen des Vaters ist eine Art *deus ex machina,* das den unlösbaren Konflikt der Wiederannäherung löst, den Konflikt zwischen dem Wunsch, an der Mutter festzuhalten, und dem Wunsch, ihr zu entfliehen. Das Kind will dieses Problem lösen, indem es unabhängig wird, ohne die Erfahrung eines Verlustes zu machen. Und die »Lösung« dieses Dilemmas besteht in der Aufspaltung: die widersprüchlichen Strebungen verschiedenen Elternteilen zuzuordnen. Vergröbert kann die Mutter zum Objekt der Begierde werden und der Vater zum Subjekt der Begierde, in dem es sich selbst wiedererkennt. Loslösung-Individuation wird so zu einer Geschlechterfrage, und Anerkennung und Unabhängigkeit sind nun in einem geschlechtsspezifischen Rahmen organisiert.[20]

Für einen Jungen ist dieser Weg in einer Hinsicht schwierig. Er muß sich für immer von seinem ersten Liebesobjekt trennen. Doch er hat einen Trost: Er folgt den Wegweisern ins gelobte Land – zur »Männlichkeit«. Da die Kultur es dem Vater erlaubt, seinen Sohn ebenso zu vernachlässigen wie seine Tochter, mag es sein, daß der Sohn sich mit einer, wie Nancy Chodorow es nennt, »positionalen« Identifikation mit dem Vater begnügen muß – indem er der männlichen Rolle nacheifert, die sein Vater seiner Ansicht nach spielt – statt der engen persönlichen Identifikation mit den Verhaltensweisen und Wertvorstellungen des realen Mannes. In jedem Falle nimmt der Junge den Mantel der Männlichkeit an. Er wird der Welt seinen Stempel aufdrücken als unabhängig handelndes, begehrendes Subjekt. Und schließlich wird er die Möglichkeit haben, sich als erotisches Objekt eine Frau zu suchen, wie seine Mutter eine ist.*

Das Mädchen bleibt am Scheideweg stehen, findet keinen Vater vor, der es in Empfang nehmen und auf den Weg zur Unabhängigkeit führen würde, und kehrt um, zurück zur Mutter und zur Weiblichkeit. Selbst wenn sie ihren Vater auf dem Weg trifft und er sie bei der Hand nimmt, wird er sie wahrscheinlich nicht in seine Welt führen. Wie bereits gesagt, ist das Geschlechtssystem größer als ein einzelner Vater und seine Tochter; sie können es nur in sehr geringem Maße umgehen, und das Mädchen wird in einer Welt von Männlichkeit und Weiblichkeit aufwachsen, ganz gleich, wie der Vater sich verhält. Forschungen zeigen, daß Väter mit den besten Absichten, die sich mit ihren Töchtern beschäftigen, ihnen beibringen, wie man einen Tennisschläger schwingt oder eine Bohrmaschine benutzt, selbst dann dazu neigen, die Tochter in ihrer Weiblichkeit zu bestärken, wenn sie sie in »männliche« Aktivitäten einbeziehen. Sie äußern Anerkennung, wenn das Mädchen Spaß hat und herzlich reagiert, nicht, wenn sie die Sache selbst gut macht. Im allgemeinen zeigen Beobachtungen – von Forschern, Ehefrauen, Töchtern und von den Vätern selbst –, daß Väter Mädchen entmutigen, kompetente, unabhängige Leistungen zu vollbringen.[21] Wie sich Lissa Santini, eine neununddreißigjährige Künstlerin aus New York, erinnert, sind solche den Jungen vorbehalten.

> Mein Vater und meine Brüder waren das Team, ich wurde nicht mit hineingenommen. Sie gingen hinaus und unternahmen etwas. Sie machten Ausflüge, spielten Baseball, bauten Sachen im Keller. Und ich blieb bei meiner Mutter. Er liebte mich – wir umarmten

* Es bedarf nicht der Erwähnung, daß natürlich nicht jeder Junge zu einem heterosexuellen Erwachsenen heranwächst. Ich stelle hier ein Geschlechtsparadigma dar, wie die Familie es schafft, und beabsichtige in keiner Weise, das Normative als »normal« oder die unzähligen Geschlechtsvariationen als krankhaft hinzustellen.

und küßten uns oft –, aber irgendwie wußte er nicht, was er mit mir anfangen sollte. Es war ein herzliches Verhältnis, aber irgendwie ... ich weiß nicht ... leer.

Die geschlechtsspezifische Ausprägung der elterlichen Zuwendung hat gewaltige Folgen, und für Mädchen sind sie schwerwiegend. »Die identifikatorische Liebe des kleinen Jungen zu seinem Vater ist die psychische Grundlage für die Idealisierung männlicher Macht und autonomer Individualität«, schreibt Jessica Benjamin.[22] Daß der Vater die identifikatorische Liebe des Mädchens zurückweist, bildet den Kern ihres nagenden Neides auf die männliche Unabhängigkeit und aktive Tatkraft – wofür Penisneid eine Metapher ist. Und die Liebe des Mädchens zur Mutter, die zentrale Bezugsperson der Kindheit, mit der sie niemals vollständig bricht, bildet die Grundlage der lebenslangen weiblichen Fähigkeiten zu Fürsorglichkeit und Nähe. Sie ist auch die psychische Grundlage für die Abwertung dieser Fähigkeiten und für die Randstellung der lebenswichtigen Versorgungsarbeit, die Frauen leisten.

In dem Maße, wie immer mehr Frauen berufstätig sind, eröffnet sich Mädchen ein breiteres Spektrum von Möglichkeiten, die sowohl Fürsorge als auch Leistung enthalten. Wenn der Kampf der Frauen am Arbeitsplatz und in der Politik Früchte trägt, werden Männer gezwungen sein, ihren ausschließlichen Anspruch auf Autonomie und Macht abzutreten. Doch Frauen haben sich diesen Bereich Zentimeter für Zentimeter erkämpft, und auch erst in jüngster Zeit. »Bei Mutter bleiben«, wie Lissa es getan hat, bedeutet, so wie die Dinge liegen, weiblich zu werden. Und zum Weiblichwerden gehört es auch, zu lernen, als Frau zu dienen.

Dienen ist nicht zwangsläufig gleichbedeutend mit Erniedrigung. Die Rollen weiblicher Fürsorge waren zwar immer unterbezahlt und zu wenig gewürdigt, doch sie waren auch romantisch überzeichnet. Häuslichkeit und Mütterlichkeit wurden zu einer Kunst erhoben, in manchen Bereichen praktisch schon zu einer Religion. Außerdem vermittelt Fürsorge – ganz gleich, was die heutige Ideologie dazu sagt – ein tiefes Gefühl der Befriedigung, Dienen hat seinen eigenen Lohn. Arlene Sharp, einundfünfzig, eine redegewandte Laborantin aus Atlanta, behauptet, daß ihre Mutter, eine ganztägig berufstätige

Frau mit vier Kindern, ihre nahezu sklavischen Pflichten als Ehefrau genossen hat. Arlene verbindet Liebe mit klagloser Sklaverei.

Mein Daddy hatte ganz bestimmt die Hosen an. Meine Mama? Sie mochte es. Ich glaube nicht, daß sie Probleme damit hatte. Nicht wirklich, nicht meine Mama, denn sie liebte meinen Daddy und alles, was er wollte. Lassen Sie mich ein Beispiel nennen: Mein Daddy gehörte zu den Menschen, er war wirklich pingelig. Er arbeitete als Zimmermann. Manchmal lief sein Wagen nicht, dann fuhr er mit der Straßenbahn. Und sie brachte dann sein Mittagessen auf die Baustelle. Es war in einer braunen Tüte, natürlich. Aber wenn es etwas Fettiges war, mußte sie es sehr sorgfältig einpacken ... denn er wollte keine Fettflecken auf der Tüte haben, und er wollte die Tasche in der Straßenbahn nicht mitnehmen.

Von klein auf war Arlene in die Sorge für ihren Vater einbezogen, das machte einen Großteil ihres Kontaktes mit ihm aus.

Es gab nicht oft Zeiten, in denen er nicht arbeitete ... Er arbeitete viel bei der Norris Candy Company, wenn er mit der Zimmermannsarbeit fertig war, an Wochenenden zum Beispiel, und er brachte uns immer Süßigkeiten mit nach Hause ... Wir hatten einen Dynaflow Buick, und der Kofferraum war immer vollgepackt. Und er kam nach Hause und ließ mich auf seinem Schoß sitzen und sein Haar kämmen und flechten. Er hatte schönes, dunkles, langes Haar, und ich drehte Locken hinein oder so etwas. Er schlief dabei. Er spielte nicht mit uns Ball oder solche Sachen. Aber die Zeit, die er mit uns verbrachte, war eine besondere Zeit; es gab nicht so sehr viel davon. Sie war wohlverdient.

Im Glanz der Erinnerung hat Arlenes Vater etwas von einer Märchenfigur, er ist eine Art schwarzer Nikolaus in einem Dynaflow Buick voller Geschenke. Doch ihre Schilderungen zeigen ihn auch als strengen Aufseher, der strikten Gehorsam erwartete und seiner Tochter verbot, sich mit Jungen zu verabreden oder sogar über Nacht bei Verwandten zu bleiben. Er verspürte keinerlei Notwendigkeit, den Wünschen seiner Kinder nachzukommen. Er »spielte nicht mit uns Ball oder solche Sachen«; tatsächlich schlief er die meiste Zeit, wenn Arlene ihn sah! Und dennoch war es für sie immer »besondere Zeit«.

Das ist ein gutes Beispiel für die Idealisierung des abwesenden Vaters – ein kostbares Gut, ein Besucher, der starb, als Arlene fünfzehn war – und für die ausgesprochen weibliche Art, in der Arlene sie erlebte. In der Familie Sharp beruhte der Handel zwischen den Geschlechtern anscheinend auf Zuneigung und ihrer eigenen Art von Respekt. Daddy war ein Mann, der für seine Familie schwer arbeitete und dafür erwartete, rundherum bedient zu werden, doch (aus Arlenes Sicht) nahm er diese Dienste dankbar entgegen. Arlenes Mutter, stolz auf ihre weibliche Rolle als sorgende Hausfrau und Mutter, machte für sich das Beste aus der autokratischen Wertschätzung ihres Mannes. Und auch Arlene versuchte, durch Dienen ihren Durst nach einem Vater zu stillen, vom dem sie zu wenig hatte.

Andere Väter sind nicht so gnädig. Sie beuten ihre männlichen Privilegien brutal aus und schlagen Kapital aus der Androhung von Gewalt, die jedem Mann zu Gebote steht. Der Vater von June Carter, ein spindeldürrer, blasser und in seinen Ausdrücken unverblümter Postarbeiter aus Cleveland, stellte unablässig unerfüllbare Ansprüche, ließ es sich mit seinen Söhnen gutgehen und nahm sich sein »Recht«, wie er es nannte, indem er seine Frau und seine Tochter schlug und demütigte. Heute erklärt June ohne Einschränkungen, daß sie ihren Vater haßt. Sie sieht ihn durch eine Art protofeministischer Brille: Nach ihrer Auffassung sind die Familienhierarchie und der Machtmißbrauch ihres Vaters untrennbar miteinander verbunden.

Abgesehen von diesem Mißbrauch, ist die Übereinkunft der Familie Carter die »traditionell« übliche. Zwar gehören die Carters der unteren Mittelschicht an und sind weiße Protestanten, in den Grundzügen hat ihr Haushalt allerdings Ähnlichkeit mit dem der armen, schwarzen Arbeiterfamilie des Südens, dem der Sharps oder auch dem der Santinis, einer städtischen Mittelklassefamilie italienischer Abstammung, in der, wie Lissa sagt, die Mutter »mindestens 99 Prozent der Hausarbeit verrichtete«. Junes zusammenfassende Schilderung ihrer Familie zeichnet, so traurig und trostlos sie auch ist, ein genaues Bild der partriarchalischen Struktur: »Meine Brüder saßen mit meinem Vater am Tisch und aßen und tranken und erzählten. Und ich wurde erzogen, ihnen zu dienen.«

Die Achtung einer Tochter für ihren Vater ist geprägt von der Unterstellung weiblicher Unterwerfung. Mehr als ihre Brüder, die die Anwartschaft auf den Thron haben, sieht sie zu ihm auf, von unten. Ebenso wichtig ist, daß ihre Selbstachtung von seiner – und im weiteren von der aller Männer – Erwartung ihrer Unterordnung vergiftet wird. Simone de Beauvoir schreibt:

> Wenn das junge Mädchen vom zartesten Kindesalter an mit dem gleichen Anspruch und der gleichen Anerkennung, mit der gleichen Strenge und der gleichen Freiheit wie ihre Brüder erzogen würde, ... wenn ihr dieselbe Zukunft offenstände, wenn sie von Männern und Frauen umgeben wäre, die ihr unbedingt gleichwertig erschienen ... mag sie sich auch gefühlsmäßig mehr zum Vater hingezogen fühlen ..., dann würde ihre Liebe zu ihm vom Willen zur Nacheiferung und nicht vom Gefühl der Ohnmacht gefärbt werden ...[23]

Die psychologische Theorie der Gegenwart könnte Beauvoirs Beobachtung ergänzen: Die Liebe der Tochter zum Vater *ist* von dem Willen zur Nacheiferung gefärbt, aber seine Weigerung, darauf einzugehen, bricht ihr den Willen. Wie liebevoll die Weiblichkeit einer Tochter auch immer gehegt wird, sie macht sie zu einem Menschen, der nicht nach Macht strebt, der nicht zu handeln wagt, sondern nur zu sein – von Nutzen zu sein.

Der Prozeß, ein Kind zur Frau zu machen, ist nicht weniger als eine Amputation ihres Ichs, deren tiefgreifender und anhaltender Schmerz die Wurzel des Männerhasses bildet. »Eine Tochter erlebt die Autorität ihres Vaters als ihren Ausschluß aus dem Reich der Autorität«, erklärte die Psychologin Karen Hopenwasser mir. »Ich beobachte bei Frauen ein Gefühl der Diffusität – ein Gefühl, nicht sagen zu können: ›Ich verlange, ich will, ich werde tun, *ich bin.*‹ Dieses Verleugnen der Subjektivität ist die wahre Quelle der Wut.«

> Ich wollte, daß mein Vater mein Kamerad wäre, daß er mich meines Geistes und meiner Intelligenz wegen lobte wie [Jane Austens] Mr. Bennet Lizzy lobte ... Mich hat Eliza Bennets Fähigkeit beeindruckt, ihren Vater zugleich zu kritisieren und zu lieben, da ich von meinem zu weit entfernt war, um ihn gut genug zu kennen ... In einem Sommer, als ich etwa vierzehn war, begleitete ich meine Eltern auf einer Reise nach Südfrankreich ... Mein Vater äußerte sich über die Schönheit ... der jungen Französinnen, ihre schlanken Körper, ihr langes, dunkles Haar ... ihre dunklen Augen. Ich war eifersüchtig und deprimiert: Ich war plump, hatte kurzes, lockiges Haar und neigte zu Pickeln. Auf dem Marktplatz blieben wir stehen und sahen einer Gruppe nordafrikanischer Männer beim Tanzen zu ... Plötzlich sprang ich mitten in die Männergruppe und begann, mit ihnen zu tanzen. Sie amüsierten sich, klatschten in die Hände und riefen: »Weiter, englisches Fräulein.« Ich tanzte für meinen Vater; auch er lachte und klatschte.[24]

Das Verhältnis zwischen der Schriftstellerin Michele Roberts und ihrem Vater war keine gefühlsmäßige Steppe, bar jeder Wärme oder Begegnungen. Sie spürte seine Liebe – und es war ein gutes Gefühl.

Aber seine Liebe reichte nicht aus, es war nicht die Art von Liebe, nach der sie sich sehnte. Während Michele Roberts seine Anerkennung als aktives Subjekt in der Welt suchte, als Person, die im weitesten Sinne des Wortes Verlangen empfand, entlockte sie ihm lediglich Bestätigung im engsten Sinne: als weibliches Objekt sexueller Begierde. Sie suchte Bestätigung in ihrer Identifikation mit ihm und bekam, wie durch ein Versagen, sexualisierte Bestätigung.

Väter lieben ihre Töchter. Doch ebenso, wie die Ermunterung, die ein Vater seiner Tochter zukommen läßt, unterschwellig feminisiert ist, so ist es auch seine Art, ihr innige Zuneigung zu zeigen. Die Anerkennung, die er ihr gibt, ist in jeder Weise geschlechtsspezifisch. Mehr als Mütter verstärken Väter weibliche Geschlechtsklischees bei ihren Töchtern; sie ermutigen selbst die kleinsten Mädchen, zu flirten, hübsch, gut angezogen, warmherzig und fügsam – kurz: »sexy« – zu sein, statt ehrgeizig, kompetent, unabhängig oder hart im Nehmen.[25] Natürlich fördern auch Mütter Weiblichkeit, indem sie ihre kleinen Mädchen ausstaffieren und ihnen die weiblichen Listen und die traditionellen Schönheitsvorstellungen weitergeben. Doch die Mutter kann ein Mädchen nur zur Verführung vorbereiten; der Vater gibt letztlich den Ausschlag. Väter belohnen ihre Töchter dafür, begehrenswert zu sein, und es gibt nur einen einzigen Weg, das zu belohnen: indem sie sie begehren.

Wie wir sehen werden, ist das Begehren eines Vaters verdeckt, manchmal sogar vollkommen. Und doch ist es für die Tochter häufig spürbar vorhanden, und das verwirrt sie. Ist es wirklich oder eingebildet? Die Empfindungen sind bedrohlich, verlockend – oder wechselseitig, und das macht sie nur um so bedrohlicher. Für das Mädchen noch verwirrender ist der Umstand, daß die verführerische Zuneigung schwer von jener anderen, gütigeren zu unterscheiden ist; Töchter können die beiden Arten der Liebe nicht immer, wie Michele Roberts es tut, in sicherem Abstand voneinander als Gegensätze auffassen. Da sich die Vater-Tochter-Beziehung von der geschlechtlichen Komponente nicht freimachen kann, ist selbst ein »neutrales« Interesse – jene Kameradschaft à la Bennet – vergiftet von süßen Andeutungen des Begehrens. Die Tochter ist von Schauern durchrieselt und fühlt sich schuldig, sie ist ängstlich und voller Sehnsucht.

Eine Frau erzählte mir, daß sie als Kind mit ihrem Vater spazierenging und mit ihm über Bücher sprach. Obwohl er sie nicht berührte oder anzüglich mit ihr sprach, empfand sie zu ihrer Bestürzung sexuelle Erregung. Hier war nun einer der seltenen Väter, der seine Tochter nicht nur als »feminine«, sondern auch als denkende Person behandelte, und sie konnte ihn nur als Mann und sich nur als Mädchen erleben. Sie konnte sein Interesse an ihr oder ihres an ihm nicht bar jeden Verlangens begreifen.

Für eine andere Frau, die fünfunddreißigjährige Sozialarbeiterin Viola Jackson, machte eine verwickelte Familiensituation es noch schwieriger, Verlangen und sachliches Interesse voneinander zu trennen. Violas Vater hatte von Zeit zu Zeit Geliebte und überließ dann ihre Mutter mit acht Kindern der Armut. Trotzdem spricht Viola von ihrem Vater im Ton uneingeschränkter Bewunderung. Auf die Frage, ob sie in irgendeiner Weise auf ihn wütend sei, antwortet sie:

»Das habe ich mir noch nie überlegt.« Viola war Papis Mädchen, erklärt sie; daher gehört ihre Loyalität eher ihm als der Mutter. Es war auch Viola, der der gewöhnlich schweigsame Mann den Grund für seine Untreue anvertraute.

Es gab eine schwere Krise, als eine seiner Geliebten unsere Telephonnummer herausbekam und meine Mutter anrief und alle möglichen, wirklich unangebrachten Sachen sagte. Meine fünf Brüder wollten meinem Vater in den Hintern treten ... und er sagte ihnen im Grunde nur, sie sollten verschwinden.
Aber später an diesem Tag bat er mich, mit ihm zu kommen und Bier zu holen. Und das war eine ziemlich ungewöhnliche Bitte von einem Mann, der im Jahr vielleicht zwölf Worte sagt. Ich stieg in den Wagen, und unterwegs erklärte er mir, daß meine Mutter und er 1955 aufgehört hätten, miteinander zu schlafen. Ich hörte diese Geschichte 1980.

Ich fragte Viola, wie sie sich gefühlt habe. »Ich empfand es als Auszeichnung.« War sie verwirrt? Ganz im Gegenteil: »Ich hatte das Gefühl, so vieles, was vorher verworren war, war nun geklärt.« Aber war es nicht nur durch eine andere Art von Verwirrung ersetzt, eine weniger bewußte?

Als Vertraute ihres Vaters war Viola, nicht einer ihrer Brüder, zu »einem der Jungen« gesalbt worden. Aber sie war kein Junge; sie war damals dreiundzwanzig, selbst schon Mutter und nach eigener Aussage eine »sehr sinnliche« Frau. Indem ihr Vater sie zum Voyeur seines Sexuallebens machte, sich mit ihr auf der Seite der sexuellen Freiheit gegen ihre prüde Mutter verbündete, sie aufforderte, ein intimes Geheimnis mit ihm zu teilen, zog er sie in ein fast unentrinnbares Dilemma hinein. War sie sein Kumpel oder seine erotische Partnerin bei einem Verbrechen oder beides? Die identifikatorische Bestätigung – »du bist wie ich« – war zugleich auch eine ödipale Aufforderung.

Die beiden Arten der Liebe verbanden sich zu einer starken Mischung; ihr war schwer zu widerstehen, aber sie war auch schwer zu verkraften. Hinzu kommt noch die auf Bedingtheit begründete Tatsache, daß die Gegenwart des Vaters kostbar war – er konnte jederzeit gehen. Zusammengenommen hindern diese mächtigen Faktoren Viola, mit ihrem Vater als realer Person ins reine zu kommen. Heute kann ihre Mutter, mit der sie als Kind sehr viele Schwierigkeiten hatte, sie zwar ärgern und aus der Fassung bringen, aber sie liebt sie mit all ihren Fehlern und Schwächen. Der Vater bleibt idealisiert, entfernt, in gewisser Weise unantastbar wie die berechtigte Wut, der sie nach wie vor als schüchterne Touristin begegnet.

Ehe eine Tochter erwachsen und zu einem anerkanntermaßen sexuellen Wesen wird, kann ein Vater gewöhnlich ein freundschaftliches Verhältnis zu ihr unterhalten und weitergehende Begierden im Zaum halten. Asexuelle Bestätigung und verführerische Liebe schließen sich zwar nicht gegenseitig aus, sind aber dennoch so weit auseinanderzuhalten, daß sich mit ihnen umgehen läßt. Viele Frauen haben allerdings das Gefühl, daß sich mit der Pubertät alles ändert. Mit den körperlichen Veränderungen des Mädchens oder seiner neuen sexuellen Ausdruckskraft konfrontiert, ergreift der Vater die Flucht. »Meine frühesten Erinnerungen an ihn waren wirklich warmherzig. Dann plötzlich, als ich zwölf oder dreizehn war, hörten die Küsse und Umarmungen auf. Keine kleinen Geschenke oder Scherze mehr für mich«, erklärt eine Frau. »Es war, als wäre all das ein Traum gewesen. Er war verschwunden.« Eine andere Frau, die mit der frühkindlichen Vertrautheit nicht so viel Glück hatte, erzählte: »Dieser Fremde wurde noch fremder.«

Andere Väter, die beobachten, daß aus ihrem kleinen Mädchen ein großes Mädchen wird, reagieren ähnlich, auch wenn es wie das Gegenteil wirkt. In einer ans Krankhafte grenzenden Angst vor der Sexualität ihres Kindes werden sie übertrieben besitzergreifend und eifersüchtig und reagieren mit Verboten, Strafen und Gewalt, wenn sie »betrogen« werden.

»Als ich klein war, ging ich gerne mit ihm spazieren«, erzählt Selma Wiseman, eine vierundvierzigjährige Wissenschaftlerin.

> Es gibt ein Bild von mir mit ihm beim Camping. Ich war ein etwas armseliges Kind, aber was an diesem Bild so faszinierend war, war das absolut glückselige Lächeln, als mich mein Vater an der Hand hielt ... er konnte mit pubertierenden Mädchen nicht umgehen. Er hatte einen solchen Haß auf Sex, und er wollte

einfach [mit meiner Schwester und mir] nichts zu tun haben. Er fand heraus, daß meine Schwester mit ihrem Freund schlief, und bekam einen seiner furchtbaren Wutanfälle. Und während er uns anbrüllte, weinte er. Es war etwas so Schreckliches, mit einem Jungen geschlafen zu haben! Wir waren sexuelle Wesen geworden, und er konnte nicht damit umgehen.

Als die Freundinnen von Arlene Sharp anfingen, sich mit Jungen zu verabreden, fragte sie ihren Vater: »Wann werde ich mit Jungen ausgehen?«

Er sagte: »Oh, wenn du etwa vierzig bist.« Und ich sagte: »Vierzig? Wenn ich vierzig werde, setze ich dir Enkelkinder auf den Schoß, die Opa zu dir sagen!« Er wurde so furchtbar wütend. Er sagte: »Sag das nie wieder zu mir!«

Väterliches Besitzdenken äußert sich häufig in stärker verdeckter Form. Eine Bekannte von mir, die inzwischen fast vierzig ist, erzählte, daß ihr Vater ihren Freunden ständig in ihrer Gegenwart schmutzige Witze erzähle. Sie versteht es als »Bestätigung seiner sexuellen Besitzansprüche an mich«, eine Art Verhandlung in jenem Prozeß, den Claude Lévi-Strauss den »Handel um Frauen« nennt, die Übergabe von Frauen durch Männer, die Gesellschaften strukturiert.

Wie König Lear oder Polonius in *Hamlet,* wie die Märchenväter, die ihre Töchter in Burgen sperren, um sie vor den wilden Tieren des Waldes zu bewahren, oder die Fernsehväter, die die ersten Küsse ihrer Töchter in Raserei versetzen, so sind auch diese Väter einerseits völlig gesund und andererseits verdächtig verrückt. Sie üben (wenn auch etwas übereifrig) die normale väterliche Rolle des sexuellen Beschützers aus. Und dabei machen sie auch ihren eigenen sexuellen Bedürfnissen und Wünschen Luft.

Wenn es um die Sexualität von Vater und Tochter geht, sind die Grenzen zwischen gesund und verrückt nicht immer deutlich auszumachen. Das liegt nicht allein am vagen, schwer faßbaren Verhalten des Vaters, sondern auch an der Tatsache, daß die Grenzen zwischen »legitimer« väterlicher Sorge und »illegitimer« Einmischung, die er überschreitet, selbst fließend sind. Wo ist die Grenze zwischen gesunder väterlicher Bestätigung der Sexualität seiner Tochter und unangemessener Verführung? Ein Vater muß sich nicht unbedingt erst krankhaft verhalten oder auch unterschwellig »fehlverhalten«, daß seinen Interaktionen mit seiner Tochter etwas verwirrend Verführerisches anhaftet. Mit anderen Worten, das Problem reicht über die individuelle Psychologie hinaus, es ist ein *strukturelles*.

Wenn ein inzestuöser Vater seiner Tochter erklärt, er wolle nicht, daß ein fremder Junge sie anfasse, es wäre besser, wenn ein Mann sie ins Sexualleben einführe, dem ihr Wohl am Herzen liege – nämlich ihr Vater –, so betrachten wir sein Verhalten als krankhaft. Er erliegt der Versuchung jedoch nicht in einem kulturellen Vakuum. Das soll ihn nicht von Verantwortung freisprechen, doch ein Mann, dem in dieser Weise die Stricke reißen, treibt in der Ambiguität, die dem patriarchalischen System innewohnt. In diesem System, das selbstverständlich vom Besitzanspruch der Männer auf die Frauen und von der väterlichen Macht über die Familie ausgeht,* sind »unverletzliche« erotische Tabus von Schlupflöchern durchsiebt.

Die Verführung der Tochter

Über die Anfangszeit seiner Praxis schrieb Freud: »Unter dem Drängen meines damaligen technischen Verfahrens produzierten die meisten meiner Patienten Szenen aus ihrer Kindheit, deren Inhalt die sexuelle Verführung durch einen Erwachsenen war. Bei den weiblichen Personen war die Rolle des Verführers fast immer dem Vater zugeteilt. Ich schenkte diesen Mitteilungen Glauben und nahm also an, daß ich in diesen Erlebnissen sexueller Verführung in der Kindheit die Quellen der späteren Neurose aufgefunden hatte.«[26]

Allerdings kamen Freud Zweifel an dieser Annahme; im September 1897 schrieb er an seinen Kollegen Wilhelm Fließ:

> Ich glaube an meine Neurotica nicht mehr ... die Überraschung, daß in sämtlichen Fällen der Vater als pervers beschuldigt werden mußte, ... die Einsicht in die nicht erwartete Häufigkeit der Hysterie, wo jedesmal dieselbe Bedingung erhalten bleibt, wäh-

* Wie in Teil I behandelt, sind diese patriarchalischen Strukturen in Frage gestellt. Im Laufe des letzten Jahrzehnts nimmt die Strafverfolgung des Inzests zu, weitgehend dank einer politischen Bewegung der Opfer.

> rend doch solche Verbreitung der Perversion gegen Kinder wenig wahrscheinlich ist.[27]

Freud verwarf den Gedanken, daß diese Inzestszenen auf tatsächlichen Erinnerungen beruhten, und revidierte seine Analyse dahingehend, daß es Phantasien seien, die aus dem unterdrückten Verlangen nach dem jeweiligen Elternteil entstünden.

Diese Kehrtwende gab Anlaß zu einer der größten Kontroversen zur gesamten Freudschen Theorie. Feministinnen und Inzestopfer haben sie als Feigheit eines Bourgeois gebrandmarkt, der unfähig war, der beunruhigenden Wahrheit ins Auge zu sehen, daß in ganz Europa aufrechte Familienväter wie er an ihren Kindern herumfummelten und sie vergewaltigten. Der Freudsche »Angriff auf die Wahrheit«, wie der Psychologe Jeffrey Moussaieff Masson es nannte, wurde als Eckpfeiler der Unterdrückung der Frau in der Psychoanalyse bezeichnet: Analytiker, so behaupten Kritiker, glauben einfach nicht, daß Frauen die Opfer von Männern werden – unterschwellig trauen sie Frauen nicht zu, die Wahrheit über ihre eigenen Erfahrungen zu sagen.

Heute wissen wir, dank der Enthüllungen, die Millionen von Inzestopfern in einem therapeutischen und politischen Milieu gemacht haben, das ihren Aussagen Glauben schenkt, daß perverse Handlungen an Kindern tatsächlich allgemein verbreitet sind. Fünf große Untersuchungen unter »normalen« Frauen der Mittel- bis Oberschicht, die zwischen 1940 und 1978 durchgeführt wurden, ergaben, daß ein Fünftel bis ein Drittel in der Kindheit sexuelle Begegnungen irgendeiner Art mit einem erwachsenen Mann hatten. Zwar ist von hundert angegebenen Inzesttätern nur einer der Vater, während es ansonsten eher andere Verwandte oder enge Freunde der Familie sind, doch unter den Fällen von Eltern-Kind-Inzest sind die Väter mit 97 Prozent bei weitem häufiger die Täter als die Mütter.[28] Zudem erklären Herman und Hirschman, so weit verbreitet der offene Inzest sei, so allgemein verbreitet seien inzestuöse Beziehungen. »Auf jede Familie, in der Inzest vorkommt, kommen ohne Zweifel Hunderte mit einer im wesentlichen gleichartigen, wenn auch weniger extremen Psychodynamik.«[29]

In der Logik des Patriarchats und der Geschlechterteilung ergibt diese Dynamik auf perverse Weise einen Sinn. Ein Blick in die Geschichte zeigt, daß Perioden, die von einer außergewöhnlich rigiden patriarchalischen Ideologie geprägt sind – wie die Viktorianische Zeit, in der Freud schrieb –, auch durch grausame Erziehungsmethoden und einen Zuwachs sexueller Übergriffe auf Kinder gekennzeichnet sind.[30] Desgleichen wurde festgestellt, daß inzestuöse Familien in ihrer Organisation und Wertorientierung äußerst patriarchalisch sind. Der Vater in diesen Familien ist häufig ein Macho: Seine Fähigkeit, Zuneigung zu zeigen, ist verkümmert, und er besitzt einen übermäßigen Hang zu Wutausbrüchen. Zeigt er sich anderen Familienmitgliedern gegenüber typischerweise despotisch und einschränkend, so gibt er sich zugleich selbst als bemitleidenswerten, traurigen Menschen, der der liebevollen Fürsorge und Besänftigung bedarf.

Obwohl solche Familien das Extrem männlicher Dominanz und sexuellen Auslebens darstellen, bilden sie keine eigene pathologische Kategorie. Inzest ist wie die Vergewaltigung ein Phänomen, das nach außen hin zwar tabuisiert, heimlich aber gebilligt ist. Da Männer ein Recht auf die Körper der Frauen haben, haben Väter ein »durch ausgesprochenen oder stillschweigenden Konsens aller Männer garantiertes«[31] Recht auf die Körper ihrer Familienangehörigen, insbesondere auf die weiblichen Körper und auf jene, die durch Größe, Jugend, körperliche oder geistige Schwäche feminisiert sind.[32] »Das einzige sexuelle Recht an ihren Kindern, das Väter in keiner Gesellschaft haben, ist das des persönlichen Gebrauchs. Doch angesichts seiner übrigen Macht kann es leicht sein, daß ein Vater seine Ansprüche so weit ausdehnt, daß sie auch die sexuelle Einführung seiner Kinder einschließen.«[33]

Diese Macht wird mit den Waffen durchgesetzt, die alle Väter bei allen Ehefrauen und Kindern einsetzen. Vom Entzug von Liebe oder Geld bis zur Gewaltanwendung wird das sexuelle Vorrecht des Vaters bestärkt durch die Androhung des Verlassens, die jeder Vaterschaft unterschwellig innewohnt.

Das Inzesttabu ist eine Tarnung, behauptet eine bedeutende Gruppe französischer Feministinnen, die von der Psychoanalyse beeinflußt sind, ihr allerdings kritisch gegenüberstehen; eine Tarnung der väterlichen Begierde nach der Tochter. Der Vater, der

Patriarch, der Schöpfer der Sprache und der Symbole, bestimmt in allen Beziehungen, was erlaubt und was verboten ist. Er legt die Gesetze fest und befolgt oder bricht sie nach Belieben. Freud, der »Vater« der Psychoanalyse, sprach den verführenden Vater von Schuld frei, als er der Tochter ein reales Verlangen absprach und beides mit einem Schlag neutralisierte: Die ganze Sache entspringt ihrer Phantasie.

Nicht daß Freudianer die Phantasie leichtnähmen. Denn bei seiner Umgehung der realen Fakten des väterlichen Mißbrauchs stieß Freud, der schlechte Navigator, auf eine neue Welt – das Unbewußte, einen dunklen, vielschichtigen Speicher für Träume, Wünsche, Ängste und Erinnerungen, in dem man, wie er sagte, nicht unterscheiden kann zwischen Wahrheit und mit echten Gefühlen besetzter Fiktion. Innerhalb wie außerhalb dieser Welt, so behaupten die französischen Feministinnen, führt die soziologische Wahrheit, daß Männer ihre Töchter zu sexuellen Handlungen zwingen können und es auch tun, eine wechselvolle Koexistenz mit einer anderen psychologischen Wahrheit: *daß nämlich auch Töchter ihre Väter begehren.* Luce Irigaray schreibt:

> Es ist daher nicht ganz richtig, aber auch nicht ganz falsch, zu behaupten, das Mädchen phantasiere, von seinem Vater verführt worden zu sein, denn es ist nicht minder legitim anzunehmen, daß tatsächlich *der Vater seine Tochter verführt,* daß er aber, da er sich weigert – was nicht immer zutrifft –, sein Begehren anzuerkennen und zu realisieren, *Gesetze macht, um sich davor zu schützen.* Dies bedeutet, daß sein Begehren in jedem Fall die Härte, die Form, die Modalitäten etc. des von ihm erlassenen oder übernommenen Gesetzes vorschreiben wird, eines Gesetzes, das das verführte und zurückgewiesene Begehren des kleinen Mädchens auf den Status von »Phantasien« reduziert: ein noch stammelndes, schwierig in Sprache zu übersetzendes Begehren, vielleicht stumm, gestisch-körperlich.[34]

Wenn Irigarays Sprache hier einem Möbiusschen Band ähnelt, so liegt das an dem Umstand, daß die Gefühle und Widersprüche, über die sie spricht, die Tendenz haben, sich endlos umeinanderzuwinden.

Die junge Frau, die beim Spaziergang mit ihrem Vater über Bücher sprach und Erregung verspürte, Michele Roberts, die für ihren Vater tanzte, und Viola Jackson, die in die Affären ihres Vaters eingeweiht wurde, haben nicht ausgesprochen gelitten. Trotz des Machtungleichgewichts zwischen ihnen, trotz des unausgesprochenen Zwangs, den ein Mann auf ein Mädchen ausübt, trotz des kindlichen Begreifens, welche Folgen es mit sich bringen kann, sich als unzugänglich zu zeigen, *veranlassen* Männer ihre Töchter nicht, mit ihnen zu flirten. Die »Verführung der Tochter« ist, wie Jane Gallop es bewußt zweideutig ausdrückt, ein Spiel für zwei.

Janet Gold, eine sechsunddreißigjährige Anwältin aus New York, erzählte eine Geschichte, die die rätselhafte Atmosphäre der Vater-Tochter-Beziehung lebendig veranschaulicht. Sie erinnert sich an einen Familieneinkauf Mitte der sechziger Jahre, sie war damals etwa dreizehn:

> Mein Vater fuhr Reifen kaufen oder so etwas, und ich ging mit meiner Mutter meinen ersten BH kaufen. Es war ein wattierter BH. Erinnern Sie sich an sie? Die bekam ein Mädchen, wenn sie noch keine Brust hatte, aber schon in die siebte Klasse ging . . . Wir kamen heraus und trafen meinen Vater, und er sah mich an – ich meine, er sah mich *von oben bis unten* an; es war, als müßte er erst zweimal hinschauen. Und er sagte: »Du siehst sehr hübsch aus. Ehm, sehr erwachsen.«
> Mein Gott, als wir an diesem Morgen von zu Hause fortfuhren, hatte ich keine Brüste, und mein Vater ließ mich mehr oder weniger links liegen. Ich meine, er schenkte mir keine Beachtung, wissen Sie, als Kind. Jetzt, plötzlich, hatte ich sie, und er sah mich an, sah sie an, so . . . auf so eine Weise! Ich sagte »Paaapiii« [sie imitiert das einmalige Quengeln weiblicher Teenager], und meine Mutter sagte [hier fiel sie in den klassischen Tonfall weiblicher Zurechtweisung] »Herb . . .«, und dann sprachen wir alle schnell davon, einen Hamburger zu bekommen. Ich schätze, er wollte mir ein Kompliment machen, aber ich war verletzt . . . aber ich glaube, ich muß vielleicht auch ein klein wenig entzückt gewesen sein – das machte alles natürlich nur noch schlimmer.

Janets Vater wollte ihr gewiß ein »Kompliment« machen. Zugleich machte er aber auch – vermutlich unbewußt – seinen sexuellen Besitzanspruch an ihr geltend, sein männliches Vorrecht, Kommentare zu ihrem Körper abzugeben. Seine Äußerung ist allerdings nicht nur ein gutgemeinter Fauxpas: Er verändert Janet. Vorher war sie nur eines der Kinder. Jetzt ist sie zu jener anderen geworden, zum Objekt seines sexualisierten Blickes.

Janets Empfindungen dabei sind vielschichtig und widersprüchlich. Es erschreckt sie, aber es entzückt sie auch. Es macht sie zur Frau – angesehen zu werden ist feminin. Auch sie macht ihre Sexualität geltend. Obwohl sie eigentlich noch nicht in der Pubertät ist, möchte sie das Symbol der Weiblichkeit erwerben, das Kleidungsstück einer erwachsenen Frau. Sie empfindet das Verhalten ihres Vaters als Übergriff, doch hat sie diesen Übergriff auch selbst herausgefordert. Sie hat sich entschieden (vermutlich ebenfalls unbewußt), den BH in einer Situation zu kaufen, in der ihr Vater ihn bemerken dürfte, und hat dafür gesorgt, daß er es auch tat, indem sie ein dünnes Hemd trug. Sie spürt ihr eigenes Verlangen nach dem Vater, den sie nun als »jung, sexy und zuvorkommend« beschreibt, begreift aber sofort, daß ihre Begierde falsch ist – sie »machte alles *natürlich* nur noch schlimmer«.

Janets Vater gibt sich verführerisch. Er nennt sie »erwachsen«, das heißt sexuell; diese Äußerung fordert ihr Verlangen heraus. Auch sie begehrt, auch sie ist verführerisch. Beider Begehren ist verboten, mit dem entscheidenden Unterschied, daß er nach Belieben die Interaktion einleiten oder abbrechen kann und sie gehorchen muß, daß er ein Erwachsener mit der vermutlich entsprechenden Triebbeherrschung ist und sie ein, wenn auch etwas herangewachsenes, Kind ist. Zugegeben: Beider Begehren wird sehr schnell abgetan, und ein anderer Appetit, nach Essen, tritt an seine Stelle.

Eine harmlose Äußerung, eine ganz normale Familienszene, kaum krankhaft, weit von jedem Mißbrauch entfernt – dort wäre die Verführung der Tochter unausweichlich. Scheint die gegenseitige Anziehung für einen Augenblick auf, muß sie schnell wieder außer Sichtweite zurückgedrängt werden.

Enthüllungen über tatsächlichen Inzest reißen lediglich einen kleinen Schlitz in den Mantel, der die väterliche Begierde verhüllt. Die

Offenheit der Inzestopfer und selbst die Strafverfolgung der verführenden Väter verleiht der Wut der Frauen nur ein schwaches Stimmchen und trägt kaum dazu bei, die Väter in den Herzen ihrer Töchter zu verurteilen. Es scheint eine traurige Ironie des Schicksals zu sein, daß eine Tochter, je mehr Unrecht ihr geschehen ist, anscheinend um so stärker das Verbrechen an ihr leugnet und an der Phantasievorstellung einer lang ersehnten, »rechtmäßigen« Liebe festhält. Ein Elternteil, das früh im Leben des Kindes stirbt, bleibt in phantasierter Vollkommenheit bewahrt. In ähnlicher Weise mag ein Mädchen, das der Vater »verläßt«, indem er sein Geliebter wird, ihn, den für immer abwesenden guten Vater, weiterhin idealisieren und herbeisehnen.

»Ich glaube nicht, daß ich enttäuscht über ihn bin«, schrieb die Dichterin Sharon Olds, die von ihrem Vater mißbraucht wurde. »Ich weiß, daß er trank, ich weiß, er ist schwierig, streng, selbstsüchtig, sentimental, aber ich konnte meinen Vater den ganzen Tag ansehen und nicht genug von ihm bekommen ...«[35]

Die meisten Töchter werden von ihren Vätern nicht mißbraucht. Dennoch liegen die Gründe ihrer Wut auf einer Linie mit jenen ihrer mißbrauchten Schwestern. Väterliche Abwesenheit, emotionale Unzugänglichkeit oder Passivität, unangemessen verführerisches Verhalten oder Gewalt bieten mehr als genug Grund für weiblichen Haß gegen den Vater, sagt die New Yorker Psychologin Virginia Goldner. Doch in ihrer Praxis hört sie kaum je, daß solche Gefühle geäußert würden. Nicht der Haß an sich, sondern sein männliches Objekt ist für diese wild entschlossene Unterdrückung verantwortlich; Frauen, so berichtet Goldner, erleben allgemein Haß gegen ihre Mütter und sprechen frei darüber.

Die Gefühle, aus denen sich Haß zusammensetzt – Zorn, Verachtung, Frustration, Neid, Wut –, schwären im Schatten, den der abwesende Vater wirft. Es gibt Anzeichen, daß diese unterdrückten Gefühle sich bis ins Erwachsenenleben der Tochter halten. Der Psychologe Seymour Fisher stellte fest, daß gute Beziehungen von Frauen zu Männern von dem Gefühl der Tochter abhängen, daß der Vater sie nicht im Stich lassen wird.[36] Die in der Vaterschaft unterschwellig angelegte Unzuverlässigkeit – die tiefe, unbewußte Erwartung, vom Vater verlassen zu werden – nährt den Männerhaß, der sich gegen Ehemänner und Liebhaber richtet. In diesem Sinne untergräbt die Bedingtheit der Vaterschaft die Vertrauenswürdigkeit heterosexueller Beziehungen.

Doch die Sehnsucht, die der väterlichen Abwesenheit anhaftet, und das Verlangen, das der sexuellen Bedrohung zugrunde liegt, sind wie hartnäckige Würmer, die die negativen Gefühle abwürgen. Sehnsucht und Verlangen gedeihen auf dem fruchtbaren Boden der Idealisierung – der persönlichen Idealisierung des als vollkommen stilisierten Vaters wie auch der kulturellen Idealisierung des symbolischen vollkommenen Vaters, des Patriarchen. Für Haß bleibt fast kein Raum. Janet Goldner erklärt, Töchter sollten mit gutem Recht einen gewissen Haß auf ihre Väter empfinden. Doch, wie sie ausführt, sie *können es fast nicht*: »Idealisierung ist ein sehr, sehr starker Schutz.«

Sklavenaufstand

Das Patriarchat macht Männer zu Propheten und Helden, zu starken und unnahbaren Herrschern, und es betraut Frauen mit der Aufgabe, die Erscheinungsbilder zu polieren, die die Männer schützen. Einen Makel hat dieses System allerdings: Die weiblichen Untertanen in diesem intimen Reich kennen ihren Herrscher sehr genau. Es sind Frauen, die des Kaisers unsichtbare Kleider weben, und es sind dieselben Frauen, die seine Nacktheit bloßstellen.

Eine Untergrundorganisation der Frauen gibt ihr Geheimwissen – teils Fakten, teils Gerüchte, teils üble Nachrede – von der Mutter an die Tochter weiter. Allein in der Küche, im Wagen auf dem Weg zur Schule, spätabends, wenn Papi im Lehnstuhl sitzt und liest, weihen Mütter ihre Töchter in einen Geheimcode zynischer Weisheiten ein und bringen ihnen bei, daß Männer schwach sind, daß ihr selbstbewußtes Auftreten in der Welt erst ermöglicht wird von Frauen, die lautlos um sie herumhuschen, Hindernisse beseitigen, hinter ihnen herräumen, Stürze auffangen und mit kühlen Lippen, die »Baby« murmeln, ihre Wunden küssen – die Doppeldeutigkeit ist perfekt. Durch die augenfällige Tatsache, daß die Mutter in der Welt des Kindes allmächtig ist, und durch die Propaganda, die Mütter später vermitteln, lernen Töchter die weibliche Dialektik des Doppeldenkens wie eine zweite Muttersprache: Männer sind mächtig/ Männer sind schwach. Frauen sind schwach/ Frauen sind mächtig.

»Meine Mutter nannte meinen Vater den Herrn des Hauses«, erzählt Gracie Miller, eine neunundfünfzigjährige Flugbegleiterin.

> Sie sprang auf, begrüßte ihn und machte ganz schön viel Wirbel; er sah müde aus, er mußte essen. Er nannte sie Mami und war das Lieblingskind. Mit uns Kindern sprach er überhaupt nicht. Er sprach nie. Er hatte sehr wenig mit dem zu tun, was im Haus vorging. Er war nicht grausam, nur außen vor . . . Er war Diabetiker und nahm Insulin, aber er überließ es meiner Mutter, sich um seine Krankheit zu kümmern.

Nicht nur Mrs. Miller, sondern auch ihre Kinder bemutterten ihren Vater, eine Regelung, die Gracie heute übelnimmt wie auch schon als Kind, das keine andere Wahl hatte, als mitzuspielen.

> Sie gab uns Süßigkeiten mit, die wir ihm geben sollten, wenn wir mit ihm alleine weggingen. Wenn sie je ausging, bekam er unweigerlich einen [diabetischen] Rückfall. Er sprach nicht mit uns, und die einzige Beziehung, die wir ansonsten mit ihm hatten, waren seine Rückfälle. Wir hatten Angst vor ihm – er war so eine Art Ungeheuer, obwohl er in Wirklichkeit ein kleiner, schwacher Mann war.

»Wir mußten so tun, als sei er wirklich etwas Besonderes«, erklärt Gracie mit mattem Sarkasmus, der Bitterkeit gegen die Eltern ausdrückt, die inzwischen beide tot sind. »Aber eigentlich wußte ich nicht genau, warum.«

In ihrem Verhalten huldigt die Mutter dem idealisierten Vater. Doch die Unterstellung, die hinter diesem Verhalten steht – daß er ihre Unterstützung braucht –, bringt das Ideal zu Fall. »Er hatte eine gottähnliche und doch kindliche Stellung in der Familie«, sagt Virginia Woolf von ihrem Vater, Leslie Stephen, einem strengen, herrischen und selbstgerechten Patriarchen.[37]

Die künstlich aufrechterhaltene Macht des Vaters zu begreifen ist eine Sache, Zugang zu jener Wut zu bekommen, die dem Wunsch vorausgeht, ihn zu stürzen, ist eine völlig andere. Ihn tatsächlich zu stürzen, wie wir im nächsten Kapitel sehen werden, bedarf es mehr als der Kraft einer Tochter oder auch, wie im Fall der Familie Stephen, einer ganzen Familie von Töchtern. Ehe der dicke Schutzwall der Idealisierung fallen und die weibliche Wut mit voller Gewalt hervorbrechen kann, gilt es noch eine weitere Stützmauer zu überwinden, die psychologisch vielleicht noch schwerer zu erstürmen ist: die Mutter.

Die Mutter steht als beidseitiger Puffer zwischen den Kindern und dem Vater. Da sie mit ihren Loyalitäten jedoch selbst oft im Widerstreit liegt, ist sie nicht immer erfolgreich, daher ist sie es – nicht er –, die eventuell zusammen mit ihren Kindern Verletzungen davonträgt. Wenn eine Mutter zum Beispiel in einer inzestuösen Familie leugnet, vom Mißbrauch des Vaters zu wissen, oder es versäumt, einzugreifen, gibt das Opfer häufig ihr die Schuld, weil sie das angebliche Vertrauen in die Mutter enttäuscht hat, nicht aber dem Vater, von dem bestenfalls erwartet wird, daß er abwesend ist, schlimmstenfalls, daß er gewalttätig ist.

Kinder stehen mit ihrem Vater um die Liebe der Mutter im Wettbewerb, und in Familien, in denen er unbestreitbar an erster Stelle rangiert, sind die Kinder mit dieser Zurücksetzung nicht immer einverstanden. »Meine Mutter machte uns sehr deutlich, daß Männer das Wichtigste im Leben sind«, erklärt Suzanne Barsky, eine fünfundvierzigjährige Historikerin, deren Mutter Anwältin und deren Vater Arzt war.

> Sie sagte, wenn das Haus abbrenne, würde sie eher meinen Vater retten als uns. Er hatte immer recht. Er war ein Genie. Er war ein Heiliger. Obwohl sie viel schneller und klüger war [als er], wurde ihr das nie bewußt. Und er ist immer noch der Mittelpunkt der Welt. Wenn ich ihn kritisiere – etwa sage, daß er zuviel trinkt –, streitet sie es ab. Sie wird alles, was ihn betrifft, abstreiten.

Eine solche Aufopferung und Selbstaufgabe fordert von Müttern ihren Tribut, auch wenn nur wenige offen mit ihren Töchtern darüber reden. Viele Töchter identifizieren sich mit dem Leid ihrer Mütter. Es ist durchaus nicht unüblich, daß sie die Hauptlast tragen. »Meine Mutter ließ ihre Wut über meinen Vater immer an uns aus«, erinnert sich Suzanne.

Thea Krantz, sechsundvierzig, wuchs in einer »matriarchalischen Großfamilie« armer jüdischer Einwanderer in New York auf; sie beschreibt eine Hackordnung, nach der die Mutter ihre Wut auf den Vater – einen Lastwagenfahrer, der sechzehn Stunden am Tag arbeitete und mit anderen Frauen schlief – an der Tochter ausließ. Die Rage der Mutter war noch aufgeheizt durch den Umstand, daß sie Thea mit dem verlorenen Ehemann identifizierte: »Sie warf mich mit ihm in einen Topf.« Als gute Studentin, die politisch und sexuell aktiv war, war sie nur ein weiteres Familienmitglied, das in die Welt hinausging, fort von Heim und Herd und sich der mütterlichen Kontrolle entzog.

Wenn Mrs. Krantz tobte, lief Thea zu ihrem Vater. Doch er nahm sie nicht bedingungslos an. Er stellte unmögliche Forderungen: »Er konnte mich zum Weinen bringen, wenn er sagte, er sei enttäuscht von mir«, sagt Thea. Rational war die Tochter sich der Machthierarchie in ihrer Familie bewußt, und sie erinnert sich, wütend auf ihren Vater gewesen zu sein. Doch das Gefühl lag in weiter Ferne, war »fast abstrakt«, als gehöre es einer Romanfigur. Die handfesten Auseinandersetzungen fanden mit der Mutter statt.

> Meine Mutter versuchte, sich von meinem Vater zu trennen, aber sie konnte es nicht. Sie saß fest. Sie war deprimiert. Sie haßte das Hausfrauendasein, aber sie war ideologisch gebunden . . . Ich haßte ihn, weil er meine Mutter enttäuschte und sie mir aufhalste. Ich gab ihm immer die Schuld, daß er sie mir überließ. Ich mußte mit ihr fertig werden. Wenn sie auf ihn wütend war, ließ sie es an mir aus.

Eine Tochter mag sehr wohl sehen, welches Leid ihr Vater ihrer Mutter antut, mit der sie sich identifiziert. Sie mag begreifen, daß die Angriffe ihrer Mutter gegen sie einer Verlagerung ihrer Wut auf den Mann entspringt, vor dem sie zuviel Angst hat, von dem sie zu abhängig ist oder zu weit besiegt ist, um ihn anzugreifen. Dennoch erlebt die Tochter die Abwesenheit des Vaters als überwältigende Gegenwart ihrer Mutter, die vielleicht nicht nur buchstäblich, sondern auch symbolisch unterdrückend ist: Sie steht für Abhängigkeit, Passivität und eingeschränkte Möglichkeiten.

Theas Vater vernachlässigte ihre Mutter, das sah sie, aber er vernachlässigte auch sie. Er war nicht da. Er war nicht nur außer Schußweite, er sah auch von Ferne besser aus. Obwohl er so ein »Schweinehund« war, konnte sie nicht anders als sich nach ihm sehnen.

Die Schuldzuweisung an die Mutter und die kulturelle Ehrerbietung vor Männern schneidet Väter von der wirren Feindseligkeit ihrer Töchter ab. Die Idealisierung der Männer geht Hand in Hand mit der Herabsetzung von Frauen; beides kann Frauen lähmen in ihrem Haß auf sich selbst statt auf die Männer, ihrer Selbstbezichtigung statt der Wut auf den Vater.

Doch die Festung ist nicht uneinnehmbar. Die Desillusionierung der Mutter verschafft sich dort Einlaß, wo die Enttäuschung der Tochter bereits Fuß gefaßt hat, und gemeinsam rüsten sie sich wie Terroristen, das Ideal des vollkommenen Vaters zu sprengen. Die Familie wirbt die Tochter für eine Art Sklavenaufstand: Wo sie ihr beibringt, sich Männern unterzuordnen, stachelt sie sie zugleich paradoxerweise an, zu rebellieren.

Männerhaß entspringt wie Athene dem Kopf des Vaters. Im Leid der Mutter findet er seinen ersten Ausdruck, stammelnd, zaghaft, gequält und eingeschränkt. Die Frauenbewegung der sechziger und siebziger Jahre lieh der Tochter eine Stimme und lehrte sie, sich klar und bestimmt auszudrücken und sich bemerkenswert laut Gehör zu verschaffen. Im Feminismus stimmten Schwestern und Mütter in einen harmonischen Chor ein. Im Kampf, sich von den Fesseln der Tochterschaft zu befreien, wurden sie neue Frauen.

Kapitel 5

DIE SCHWESTERLICHE GEMEINSCHAFT UND DER PATRIARCH

Sexismus ist nicht der Fehler von Frauen – tötet Eure Väter, nicht Eure Mütter

Robin Morgan, *Goodbye to All That*[1]

Gegen Ende der sechziger Jahre konnte der Gedanke, daß Männer kaum noch eine Daseinsberechtigung hätten, bei einer erstaunlichen Anzahl amerikanischer Frauen eine gewisse Geltung erlangen.

> Da diese Gesellschaft etwas ungemein Unbewegliches ist und kein Aspekt der Gesellschaft für Frauen in irgendeiner Weise relevant ist, bleibt politisch interessierten, verantwortungsbewußten Frauen, die diesem Zustand endlich ein Ende bereiten wollen, nur noch übrig, die Regierung zu stürzen, das Geldsystem abzuschaffen, völlige Automation einzuführen und das männliche Geschlecht zu eliminieren.

Dies schrieb Valerie Solanas, eine fanatische Verfechterin des Männerhasses in ihrem Manifest der Society for Cutting Up Men (SCUM) von 1967. Weiter hieß es dort über den Mann:

> Er ist gefangen in der Grauzone zwischen Mensch und Affe und ist weitaus schlimmer dran als die Affen, weil er ... zu einer ganzen Menge negativer Empfindungen fähig ist, die Affen nicht haben – Haß, Eifersucht, Verachtung, Abscheu, Schuld, Scham, Schande, Zweifel .. Einen Mann ein Tier zu nennen heißt, ihm zu schmeicheln; er ist eine Maschine, ein wandelnder Dildo.[2]

Es bedarf keiner Erwähnung, daß nur wenige Frauen bereit waren, sich Valerie anzuschließen und eine geschlechtssensible Neutronenbombe auf New York abzuwerfen; die meisten waren entsetzt, als sie ihre Versprechungen einlöste und einen Kugelhagel auf Andy Warhol niedergehen ließ. Dennoch besaßen derart lächerlich haßerfüllte Erklärungen und schauerlich-wilde Scherze wie die der SCUM eine gewisse reinigende Wirkung. Wie es immer geschieht, wenn die Geschichte nach einem tiefgreifenden Umdenken verlangt – und für Frauen waren die späten sechziger Jahre eine solche Zeit –, trug ein überzogener Nihilismus dazu bei, die alten Grundannahmen niederzubrennen und Platz zu schaffen für konstruktive revolutionäre Ideen. Im Vergleich zu den Vorstellungen der SCUM klang die Titelschlagzeile der feministischen Zeitschrift *Everywoman* von 1970 geradezu gemäßigt: »Sind Männer Menschen?« Extremismus bewirkte, daß Radikalismus salonfähig wurde.

»Das erste Mal, als eine Frau sagte: ›Schneid ihn ab!‹, war großartig«, erinnert sich die Autorin und frühe Feministin Vivian Gornick. »Nicht eine Minute dachten wir auch nur im Traum daran, daß sie es ernst meinte. Es war die Erklärung: Wir haben keine Angst mehr, das Unaussprechbare zu artikulieren. In diesem Augenblick war eine Bewegung geboren.«

Frühe Unruhen

In Wirklichkeit wird keine Bewegung von einem Moment zum anderen geboren, und gerade mit dieser war die Welt lange schwanger gegangen – ein ganzes Jahrhundert und vielleicht länger. Der Keim des *modernen* Feminismus, der von einer einzigartigen Mischung aus Politischem und Persönlichem geprägt war, wurde allerdings von der Bürgerrechtsbewegung befruchtet. Dort wurden zukünftige Feministinnen von starken Frauen inspiriert und von sexistischen Männern provoziert. Später, als sich die Bürgerrechtsbewegung in die Black-Power-Bewegung verwandelte und weiße Aktivisten aus ihren Reihen ausschloß, begannen weiße Frauen darüber nachzudenken, daß eine autonome Bewegung wünschenswert wäre, die sich auf eine, wie es heute heißt, »Identitätspolitik« gründete. Obwohl die Zurückweisung sie eine Zeitlang schmerzte, nahmen sich die weißen Feministinnen letzten Endes den schwarzen Nationalismus zum Vorbild.

Für schwarze Frauen galten nicht die gleichen Gesetzmäßigkeiten des Sexismus. Afro-amerikanische Frauen waren sich seit den Anfängen des Abolitionismus ihrer doppelten Unterdrückung durch Rasse und Geschlecht bewußt; Weiße hatten sie nicht nur als Arbeitstiere, sondern auch als Zuchttiere und als freiwillige oder unfreiwillige Lustobjekte ihrer Herren benutzt. Doch innerhalb der schwarzen Gemeinschaft hatten sich die Frauen historisch ein gewisses Maß an Macht bewahrt. In einer Hinsicht schuf die Sklaverei Gleichheit zwischen den Geschlechtern: Alle waren Arbeiter. Allerdings blieb die Vorherrschaft der Frauen im Haus bestehen, während die Männer den Status einbüßten, den sie traditionell außer Haus innegehabt hatten. Vielleicht war das der Grund für die Äußerung der Historikerin Paula Giddings: »In Zeiten schwarzen Radikalismus, der immer ein selbstbewußtes Streben nach Männlichkeit enthält, versuchen schwarze Männer, ihre männlichen Vorrechte rigoroser durchzusetzen.«[3]

Da Rassismus die Macht schwarzer Männer als die der Männer über Frauen nicht mindert, sind es selbstverständlich die schwarzen Frauen, gegen die diese »Vorrechte« durchgesetzt werden.

Ein Positionspapier innerhalb des SNCC (Student Nonviolent Coordinating Comittee) war vielleicht das erste Dokument der zweiten Welle des Feminismus. Es schilderte die Unterordnung von Frauen im großen wie im kleinen und erklärte: »Frauen sind der entscheidende Faktor, der die Bewegung im alltäglichen Bereich in Gang hält. Trotzdem gibt man ihnen nicht die gleiche Entscheidungsbefugnis, wenn es um alltägliche Entscheidungen geht.«[4]

So verärgert sie auch waren, die schwarzen Frauen blieben in ihrer Bewegung. Nur wenige brachen aus in eine eigene oder eine von weißen Frauen begründete Bewegung. Wie ihre Mütter und Großmütter neigten diese Aktivistinnen dazu, die Rasse in ihrer politischen Loyalität über das Geschlecht zu stellen. Schwarze Frauen sehen schwarze Männer einfach nicht als ihren Hauptfeind an.

Wie wir im Kapitel »Die Bestie« gesehen haben, hat der Druck – sowohl der eigene als auch der von Männern ausgeübte –, eine geschlossene politische Front zu bilden, den Spielraum der Frauen eingeengt, sich laut gegen männliche Vorherrschaft in der afroamerikanischen Gemeinschaft zu äußern. Das heißt nicht, daß die

Frauen es nicht gewollt hätten oder daß sie völlig geschwiegen hätten. Die Essayistin Bell Hooks hat sich, ebenso wie manche andere, jahrzehntelang für eine Diskussion der Geschlechterfrage eingesetzt und beklagt, in welcher Weise die von Weißen dominierten Massenmedien sie pervertiert und untergraben haben, indem sie ständig darauf lauerten, ob schwarze Frauen etwas Schlechtes über ihre Brüder sagten.[5] Die Dichterin Audre Lorde meint, die Solidarität könne eine Konfrontation über Geschlechterfragen verbieten.

> Wenn ein Volk unter einer gemeinsamen Unterdrückung leidet, entwickelt es gewisse Fertigkeiten und gemeinsame Schutzmechanismen. Und wenn es überlebt, dann überlebt es, weil diese Fertigkeiten und Schutzmechanismen gewirkt haben. Wenn es wegen anderer bestehender Differenzen in Konflikt gerät, entsteht untereinander eine Verwundbarkeit, die ausweglos ist und sehr tief reicht. Und das geschieht zwischen schwarzen Männern und Frauen, denn wir verfügen über bestimmte Waffen, die wir gemeinsam vervollkommnet haben, die weiße Frauen und Männer nicht gemeinsam haben ... bestimmte zusätzliche Waffen gegeneinander, weil wir sie insgeheim gemeinsam gegen einen gemeinsamen Feind geschmiedet haben.[6]

Welchen Hindernissen sich schwarze Frauen in der Auseinandersetzung mit Sexismus in ihrer eigenen Gemeinschaft auch immer gegenübersahen, von weißen Feministinnen haben sie kaum Hilfe erfahren, und manchmal wurden sie von ihnen noch behindert.

Während einzelne weiße Feministinnen den Sexismus afro-amerikanischer Männer übertrieben oder herunterspielten, befaßte sich ihre Bewegung von Anfang an nicht mit Problemen afro-amerikanischer Frauen und war auch nicht dazu bereit, als sie auf diese Probleme aufmerksam gemacht wurde. Armut, ein schlechtes Gesundheits- und Bildungswesen, Drogen, Kriminalität, solche Probleme tat sie häufig als keine »Frauenfragen« ab. Dagegen war Betty Friedans »Problem ohne Namen« – jene träge Nutzlosigkeit, die Mittelschicht-Hausfrauen befällt – für Afro-Amerikanerinnen so irrelevant, daß es schon ans Lächerliche grenzte. Schließlich hatte die viktorianische Moral, die die weiße Frau auf ein Podest erhoben hatte, in dessen schwankenden Höhen sie für jede Arbeit nutzlos und für Sex unerreichbar war, die schwarze Frau ebenso tief sinken lassen, wie es die weiße erhob – doch zumindest ließ sie ihre Kompetenz und ihre Lust unangetastet. Afro-amerikanische Frauen fühlten sich nicht infantilisiert oder schwach. Sie waren nur müde!

Ein weiterer schwerwiegender Hinderungsgrund für eine Beteiligung schwarzer Frauen war der Separatismus. Er erschien nicht nur unpraktikabel und politisch undenkbar – eine schwarze Frau konnte ihre Weiblichkeit nicht von ihrer Hautfarbe trennen –, es schwangen in ihm zu viele häßliche und schmerzliche Assoziationen mit. »Wir empfinden sehr viel Wut und Abscheu gegen das, wozu die Männer in dieser Gesellschaft erzogen worden sind«, schrieb das Combahee River Collective, eine sozialistisch-feministische Gruppe aus Boston, die sich 1974 zum Teil als Abspaltung der National Black Feminist Organisation gebildet hatte.

> Aber wir haben nicht die irregeleitete Vorstellung, daß es ihre Männlichkeit an sich ist, das heißt ihre biologische Männlichkeit, die sie zu dem macht, was sie sind. Als schwarze Frauen halten wir jede Art von biologischem Determinismus für eine besonders gefährliche und reaktionäre Grundlage, um eine Politik darauf aufzubauen.[7]

Eines steht fest, zu Beginn der siebziger Jahre sahen sich afro-amerikanische Frauen – wieder einmal – in doppelter Weise unterdrückt, und zwar eben durch die Bewegungen, die angeblich angetreten waren, sie zu befreien: Der schwarze Nationalismus war Feuer und Flamme, die afro-amerikanische Männlichkeit auf Kosten der afro-amerikanischen Frauen wiederzubeleben; der weiße Feminismus ignorierte und verunglimpfte schwarze Frauen auf seine Weise.

Allmählich entwickelte sich, zerbrechlich und weit gestreut, ein schwarzer Feminismus, der eigene Theorien und Lehren hervorbrachte, eigene sexuelle Befreiungsbewegungen, eigene Aktivistinnen und kulturelle Institutionen. Doch über Jahrzehnte blieb das Verhältnis zwischen weißen Feministinnen und schwarzen Frauen gestört; erst Mitte der achtziger Jahre setzte die Frauenbewegung ernsthaft zu Versuchen an, die Dämonen auszutreiben, die farbigen

Frauen eine Randstellung zuwiesen, und dazu gehörte auch ein Männerhaß, der in einem afro-amerikanischen Kontext weder emotional noch strategisch Sinn machte.

Die »Männerbewegung«

Schließlich gründeten weiße Frauen eine eigenständige Bewegung, wie es die schwarzen Nationalisten getan hatten. Doch ehe es dazu kam, schlossen sich Tausende der weißen studentischen Linken an. Falls sie dort auf eine gleichberechtigte Behandlung gehofft haben sollten, wurden ihre Erwartungen durchweg enttäuscht. In den Reihen der, wie manche Feministinnen es nannten, »männlichen Linken« erhielten Frauen sehr bald die Aufgaben einer Art weiblichen Hilfscorps zugewiesen, kochten Kaffee, bedienten die Vervielfältigungsapparate – und wurden als Belohnung für die Heldentaten der Männer Konkubinen der Revolutionäre.

Neue Linke erwuchsen aus der Gegenkultur und predigten militant, daß Politik sich im persönlichen Leben widerspiegele. Jeder war, was er aß, trug, las oder kaufte – beziehungsweise nicht kaufte; die Überzeugungen spiegelten sich darin, wie, wo und mit wem man seine Miete zahlte (Kommunen teilten einfach alles).

Jedes Wort, jede Handlung, jede Geschmacksrichtung bis hin zur Vorliebe für die Beatles oder die Rolling Stones ließen sich nach ihrer politischen Richtigkeit bewerten.

Doch die Analyse der Ursachen für »falsches Bewußtsein« (das dazu führen konnte, daß man die Beatles – oder waren es die Stones? – lieber mochte) war abstrakter. Die Leute redeten über »das Privileg weißer Haut«, gaben aber nur selten zu, Angst vor einem Schwarzen in der U-Bahn zu haben. Ebenso konnte ein Mann Engels *Ursprung der Familie, des Privateigentums und des Staates* lesen und seine These nachplappern: Frauen waren das Proletariat des Proletariats; er konnte in der Schulungsgruppe diskutieren, daß der Ehemann der Vorarbeiter der Familie und seine Frau sein Hilfsarbeiter sei – und trotzdem nicht weiter darüber nachdenken, daß er die Sitzung leitete, während sie den Kaffee servierte.

Es bildete sich allerdings eine feministische Gruppe innerhalb der Linken, die darauf brannte, konkret zu werden. »Ich hielt es für ungemein wichtig, Männer als den Feind zu erkennen, Männer als den Feind zu konkretisieren«, erklärte die Historikerin Ros Baxandall. »Die Linken hatten immer so vage Sachen wie gesellschaftliche Institutionen. Aber das hieß, daß Männer in den Machtpositionen saßen, und daran ließ sich etwas ändern. Es bedeutete *meine* Freunde und *mein* Mann.«

Als Frauen begannen, ihre Klagen offen zu äußern, nahmen sich einige fair eingestellte Männer ihre Kritik sehr zu Herzen und versuchten sich zu ändern. Doch die meisten fühlten sich selbstgerecht gekränkt und erwiderten die ihrer Ansicht nach auf den Mann gemünzten Angriffe mit ganzen Salven von auf die Frau gemünzten Attacken, die Anspielungen auf das Aussehen von Frauen und Vorwürfe enthielten, diese Hühner seien männerhassende Irre, denen nichts weiter fehle als ein guter Fick. Während die Männer Versammlungen für Schwarze und für die dritte Welt entschieden unterstützten (obwohl es nur wenige Schwarze oder Leute aus der dritten Welt gab, die sie hätten durchführen können), weigerten sie sich, Frauenfragen zur Diskussion zu stellen, und als die Frauen versuchten, eigene Versammlungen zu organisieren, verhinderten sie sie mit dem Vorwurf der »Spaltung«.

»Wir sind dem Feind begegnet, es ist unser Freund. Und er ist gefährlich«, schrieb Robin Morgan, später Herausgeberin von *Sisterhood Is Powerful,* heute Herausgeberin von *Ms.*, in ihrem langgezogenen Schlachtruf »Goodbye to All That«. Sie und ihre Mitverschwörerinnen hätten genug, erklärte sie. Genug von »den kleinen Witzchen, den persönlichen Vorteilen, dem Lächeln, dem Schnarchen. Keine Brüder mehr ... Keine wohlwollende Ignoranz mehr, keine Kooptation, keine Unterstellung mehr, daß wir alle für dieselbe Sache kämpfen: eine Revolution unter Männern, mit Freiheit und Gerechtigkeit für alle. Genug davon.«

Morgans Artikel bildete nicht nur einen Meilenstein auf dem Weg zur Gründung einer autonomen Frauenbewegung; er war auch ein Meilenstein für die Ausbildung einer Richtung, die sich von der Linken voll und ganz lossagte; und er war ein Meilenstein für unverhohlenen Männerhaß:

> Nehmt kein Blatt vor den Mund. Laßt es gehässig, katzig, lesbisch, frustriert, verrückt, Solanasisch [sic], wirr, frigide, lächer-

lich, verbittert, beunruhigend, männerhassend, verleumderisch, unverblümt, unfair, neidisch, intuitiv, gemein, dumm, kleinlich, befreiend klingen. Wir sind die Frauen, vor denen Männer uns gewarnt haben.[8]

Unschlüssigkeit

Andere Frauen waren nicht so schnell bereit, die Linke zu verwerfen. Überzeugte Sozialistinnen, Kommunistinnen und Anarchistinnen sahen die Frauenbefreiung als Bestandteil der ökonomisch und rassisch gerechten Gesellschaft, die ihnen vorschwebte.* Außerdem war die Linke ihr Leben: Sie bot ihnen eine Gemeinschaft, Arbeitsplätze, Familie, Freunde und Liebhaber. Politik war eine berauschende, sexuell erregende und belebende Sache, und die Barrikaden boten einen fabelhaften Balzplatz. Neue Barrikaden zu errichten – mit Männern auf der anderen Seite – hieß, eine Menge aufzugeben. »Ich bin in der heterosexuellen Massenkatastrophe aufgewachsen, trug Miniröcke und flirtete wie wild«, erzählt Naomi Weisstein, Mitbegründerin der Chicago Women's Liberation Union und Mitglied der New Haven Women's Rock Band. »Ich hörte auf, mich zu schminken, trug Hosen, gab das Flirten auf und spürte den enormen Verlust an männlicher Aufmerksamkeit.« Ebenso wie Naomi nahmen schließlich Tausende Feministinnen in der Linken ihre Plakate und gingen nach Hause (und dann mit den Frauen wieder auf die Straße). Doch nur wenige taten es ohne Bedauern oder ein gerüttelt Maß an Unschlüssigkeit.

Heute haben Frauen sich eigene Räume geschaffen, und es ist nur noch schwer nachvollziehbar, was für eine Verwegenheit es bedeutete, *irgend etwas* zu tun, was Männer ausdrücklich ausschloß. Selbst bei den kleinsten Dingen bedeutete es eine schwerwiegende Entscheidung (die wie alles damals langwierige Debatten erforderte:

---

* In jüngerer Zeit haben die Ereignisse in Osteuropa gezeigt, wie inkonsequent sozialistische und kommunistische Länder ihre Gerechtigkeitsprinzipien auf Frauen angewandt haben. Durchgängig haben sie Frauenrechte der »größeren Sache« geopfert. In der Sowjetunion war es fast unmöglich, Empfängnisverhütungsmittel zu bekommen, und Frauen griffen auf die Abtreibung als reguläres Mittel der Geburtenkontrolle zurück. In Rumänien zwang eine brutale geburtenfördernde Politik Frauen, unzählige Kinder zu bekommen, die sie nicht ernähren konnten und schließlich in Kinderheime geben mußten, in denen katastrophale Zustände herrschten und AIDS grassierte.

»Wie viele Feministinnen braucht es, eine neue Glühbirne einzuschrauben?« »Fünf. Eine, die es macht, und vier, die ein Positionspapier schreiben«).

Ros Baxandall erinnert sich:

> Wir mußten entscheiden: Konnten wir an einem Samstagabend eine Party ohne Männer machen? Die Frage, die zur Debatte stand, war: Würde es Spaß machen? Wir haben lange, lange diskutiert, ob es Spaß machen würde!

»Die Leute nannten uns Männerhasserinnen«, überlegt sie, »aber ich ging davon aus, daß wir die Männer auch mochten.«

Manche Frauen waren gegen diesen Vorwurf so empfindlich, daß sie wie die Feministin Marilyn Webb versuchten, ihm vorzubeugen. So schrieb sie 1968:

> Wir haben unsere eigene Art von Weiblichkeit entwickelt und genießen es, Frauen zu sein, die Männer mögen und nicht als Feind ansehen. Wir sind weder die kalten Frauen der Zwanziger in grauen Anzügen noch die »vermännlichten« von heute. An die Stelle strenger Anzüge sind die bunten Kleider einer angeturnten Frauengeneration getreten, die sich als weibliche Wesen und als Intellektuelle behaupten.[9]

Manchmal war es allerdings unmöglich, mit dem Intimfeind zu leben, und Frauen waren versessen darauf, den Schmarotzer hinauszuwerfen; andererseits wollten sie ihn nicht allzusehr verärgern, denn vielleicht war es noch schwerer, ohne ihn zu leben.

Dieser Wankelmut verschwand unter den Bildern, die die Medien von Horden säbelschwingender Feministinnen malten, die es geradewegs auf die edlen Teile der Männer abgesehen hatten. »Viele der neuen Feministinnen sind überraschend gewalttätig in ihrer Gesinnung und versuchen offenbar, andere Frauen eher abzustoßen als anzuziehen«, meinte die Zeitschrift *Time* 1969.[10]

Ob solche Darstellungen nun zutrafen oder nicht, sie trugen zweifellos dazu bei, die Entfremdung zu schaffen, um die der Autor so besorgt war. Doch auch ohne Hilfe der Medien hatte die Bewegung ihre Schwierigkeiten mit manchen potentiellen Anhängerinnen. Viele Frauen, die mit Männern lebten, verheiratet waren oder Kinder hatten, hatten den Eindruck, daß die Feministinnen ihre Nöte nicht ernst nahmen; Feministinnen, deren Jugend, Kinderlosigkeit und relativer Wohlstand revolutionäres Gerede leicht und Männerhaß zum unbesonnenen Scherz machten.

Zwar war eine Hauptforderung der Feministinnen, eine angemessene Betreuung der Kinder zu gewährleisten, und die meisten Frauenversammlungen sorgten auch dafür, doch manche Frauen fühlten sich bedroht durch eine frühe (wenn auch, wie wir im Kapitel »Der Entführer« gesehen haben, kurzlebige) feministische Polemik, Kindererziehung sei nichts als Plackerei und Kinder zu gebären die Hauptursache für die Unterdrückung der Frau. Diese Mütter legten eine solche Theorie als Kinderfeindlichkeit aus, und das nicht immer ohne Grund.

Die Frauen, die am stärksten von Männern abhängig waren – Frauen der Arbeiter- und Armutsschichten, die wirtschaftlich auf ihre Ehemänner und den männlich dominierten Arbeitsplatz angewiesen waren –, konnten nicht einfach aus einer schlechten Ehe heraus ihre Arbeitsstellen aufgeben und einem Frauenkollektiv beitreten. Zwar bildete sich später eine starke Arbeiterfrauenbewegung, doch damals mußten sich Arbeiterfrauen wohl fragen, ob sie in der Frauenbewegung mehr zu verlieren als zu gewinnen hatten.

Manche von ihnen empfanden ebenso wie die schwarzen Aktivistinnen, die ich oben erwähnt habe, daß ihre Männer mit ihnen zu leiden hatten. Judy Sayad, eine fünfunddreißigjährige Druckerin aus Chicago, meint:

> Ich glaube, ein Grund, weshalb unsere Frauen keine radikalen Feministinnen wurden, war, sie sahen deutlicher, daß es mehr mit der Welt zu tun hatte als mit dem einzelnen Mann. Sehen Sie, in Evanston [einem wohlhabenden Vorort von Chicago] hatten die Frauen etwas mitzureden, einen gewissen Anteil an der Welt. Der Ehemann hatte eine Sekretärin oder leitete eine Fabrik. Keine von uns machte sich Illusionen, daß sie etwas zu sagen hätte oder unsere Männer etwas zu sagen hätten.

Nicht nur Frauen, die in Elend und wirtschaftlicher Abhängigkeit lebten, spürten Konflikte zwischen Feminismus und Eheleben. Glücklich verheiratete Feministinnen fühlten sich auf andere, aber ebenso schmerzhafte Weise hin- und hergerissen. Helen Whitney, eine Anthropologin aus Cambridge, Massachusetts, lebte während der Anfänge der Frauenbewegung mit einem älteren Professor zusammen. Zwar hat sie sich schon vor Jahren von ihm getrennt, doch das Problem der gespaltenen Loyalität bleibt nach wie vor zu lösen.

> Die Beziehung wurde zunehmend schwieriger. Murray unterstützte mich, aber er war der Feind – ein wesentlicher Bestandteil des männlichen Establishments, auch wenn er ein Linker war ... Es war ein echtes Problem, Standpunkte zu beziehen. Wenn ich einen politischen Standpunkt beziehen wollte, wie konnte ich dann eine intime Beziehung mit jemandem haben, der auf der feindlichen Seite der Linien stand? Das ist mir weitgehend geblieben, der Widerspruch, eine verheiratete Feministin zu sein und zu versuchen, gegen männliche Macht und Privilegien zu kämpfen.

Überflüssig, zu sagen, daß auch Männer unglücklich waren über die Vorgänge in ihrem Privatleben. Diese Männer waren sexistisch, aber im Vergleich zu den meisten anderen unterstützten sie die Feministinnen relativ vernünftig. Aber weil sie das Pech hatten, mit ihnen Tisch und Bett zu teilen, bekamen sie den meisten Dreck ab.

Ich beeile mich, hinzuzufügen, daß diese Unterstützung zum Teil Lippenbekenntnisse waren. Denn Tatsache war – und die Männer spürten es –, daß die Frauenbefreiung nicht gleichsam zur »Befreiung« der Männer führen würde. In vielerlei Hinsicht schloß die Frauenbefreiung die der Männer aus: Macht ist ein knappes Gut, und sollten Frauen einen Anteil an ihr bekommen, so mußten die Männer ihn verlieren. Die männlichen Weggefährten, die sich dem Gedanken anschlossen, Sexismus unterdrücke auch sie, gaben nicht zu, Macht zu besitzen (das System ließ sie so handeln). Wie konnten sie sie also aufgeben? Und von den Männern, die bereit waren, in der Theorie eine feministische Analyse zu unterschreiben, handelten nur wenige in der Praxis danach. Die Psychologin Carol Tavris führte 1971 eine Studie unter Männern durch; 73 Prozent der Befragten fanden gleiche Aufteilung der Hausarbeit und Kinderbetreuung gut, aber nur 15 Prozent der verheirateten Männer übernahmen tatsächlich ihren Teil dieser Pflichten. »Sie stimmen zu, daß ›fast alle Männer unbewußt Sexisten‹ sind«, schreibt sie, »aber mehr als die Hälfte waren bewußte Sexisten, indem sie eine Frau hintergingen, um mit ihr Sex zu haben, und einer unter vieren ist der Ansicht, daß eine intellektuell ebenbürtige Frau nicht so attraktiv ist.«[11]

Angesichts solcher Freunde war es Feministinnen kaum zu verübeln, wenn sie unter und in jedem Bett einen Feind vermuteten. Männerhaß war durchaus zu rechtfertigen, und Frauen, die Männer in Schutz nahmen, waren immer schwerer aufzutreiben. Für viele Frauen war Männerhaß notwendig, befreiend und produktiv – und ohnehin nicht zu unterdrücken; für ihre Beziehungen war er erstikkend und vernichtend. Paula Webster und Lucy Gilbert schilderten sehr treffend das Dilemma, in dem sich viele heterosexuelle Feministinnen befanden:

> Unsere Wut, die Energie, die uns an diesen Punkt gebracht hat, entfremdet uns anderen ... Wie können wir erwarten, daß Männer ihre uralten Privilegien zu unseren Gunsten in eben dem Moment aufgeben, in dem wir alles, was sie tun, selbstsüchtig, rigide, tyrannisch, seelenlos und skrupellos finden? Was ist für sie drin?
>
> Doch wenn wir versuchen, unseren Ärger zu unterdrücken ... sind wir nicht besser dran. Bringen wir unsere Wut zum Ausdruck, dann verlieren wir kurzfristig; unterdrücken wir sie, verlieren wir auf andere Weise: Wir verlieren eben das Ich, das wir gerade erst zu entdecken begonnen haben, wenn auch nur intellektuell.[12]

Abschied

Die Wut war draußen, wie die Dämonen aus der Büchse der Pandora. Trotz der inneren Ambivalenz klang der Feminismus zu Beginn der siebziger Jahre von Tag zu Tag lauter und unverschämter. Feministische Publikationen und Gruppen schrien schon in ihren Namen und Titeln ihre Verachtung hinaus: *The Furies, Rising Up Angry, Goodbye to All That, It Ain't Me, Babe.* Pamela Kearon schließlich machte in ihrem Essay »Man-Hating« (1970) die Krönung männlicher Beleidigung zur Auszeichnung: Männerhaß. »Alle Argumente, die der Tendenz nach die Anerkennung von Männerhaß bei uns unterdrücken wollen, lassen sich auf eines zurückführen: *Angst*. Männerhaß ist ein subversives und deshalb gefährliches Gefühl. Männer, die Kontrolleure der Definition, haben aus ihm eine abstoßende Perversion gemacht.«[13]

Kearon machte Männerhaß uneingeschränkt zu mehr als einer verständlichen und entschuldbaren Empfindung. Ein solcher Haß sei die einzige Einstellung, die der echten Menschlichkeit von Frauen wahrhaft entspreche; er sei, so unterstellte sie, *notwendig*.

Auf den ersten Blick bedeuteten Kearons Artikel und die Rhetorik, die ihn knisternd umgab, eine Intensivierung des Männerhasses. Andererseits deutete er allerdings auch auf das gegenteilige Phänomen hin: auf ein Nachlassen der Hemmungen gegen den Männerhaß, ein Abkühlen der positiven wie negativen Leidenschaften für Männer und eine neue Gleichgültigkeit gegenüber Männern. Als ich die Literatur dieser Zeit sichtete, war ich erstaunt über die Wandlung, die sich um 1971 herum vollzog (ich spreche über allmähliche Veränderungen, doch es ist erstaunlich, wie schnell sich alles wandelte). Plötzlich war die Diskussion über Männer praktisch verschwunden.

Eine Frau aus Minneapolis erzählte mir, als sie Anfang der siebziger Jahre einmal von einem Treffen einer Frauengruppe nach Hause gekommen sei, habe ihr Mann sie grinsend gefragt: »Also, worüber sprecht ihr Mädchen eigentlich? Wie gut wir im Bett sind?« Ihr fiel auf, daß sie bei den ersten Treffen tatsächlich über die sexuellen Künste ihrer Ehemänner (beziehungsweise den Mangel daran) gesprochen hatten, daß sich jedoch die Gespräche in letzter Zeit mehr um Freundinnen, Mütter und Einstellungen zur Arbeit drehten; Männer wurden kaum noch erwähnt. »Er konnte sich nicht vorstellen, daß eine Gruppe von Frauen über etwas anderes sprach als Männer, und in gewisser Weise konnte ich es mir auch nicht vorstellen – bis ich im Geiste die Liste durchging. Mein Gott! Es waren nicht die Männer!«

Dies war ein Aha-Effekt: Männer, selbst für Feministinnen *das* Thema Nummer eins, waren zu Statisten in einem historischen

Drama geworden, das von Frauen geschrieben, inszeniert und aufgeführt wurde. In jeder Küche saßen Frauen, tranken kannenweise Kaffee, heizten sich gegenseitig ein in nächtelangen eindringlichen, angeregten, aufrührerischen, wütenden Gesprächen. In jeder Stadt traten Frauen in ihren Karatekursen in die Luft, verschlangen in ihren Buchläden die neueste Frauengeschichte, betrachteten in Selbsthilfegruppen ihren Gebärmutterhals, schrieben und vertrieben die neueste Ausgabe ihrer Zeitungen, demonstrierten vor Banken, Rathäusern und Gerichtsgebäuden.

Und wo waren die Männer? Saßen sie zu Hause und kümmerten sich um die Kinder – unwahrscheinlich. Weinten sie in ihre Biergläser – schon eher. Sahen sie sich ein Fußballspiel an – höchstwahrscheinlich. Viele Frauen wußten es nicht, und, was wichtiger war, es kümmerte sie auch nicht. Sie waren mit sich selbst beschäftigt.

Einer der ersten und dauerhaftesten Erfolge des Feminismus war es, Frauenfreundschaften zu neuem Ansehen zu verhelfen; Freundschaften, aus denen Frauen schon immer Unterstützung bezogen hatten, die aber lange Zeit verleugnet und abgewertet wurden. Naomi Weisstein erinnert sich:

> Früher war ich befangen in bezug auf Frauen. Sie waren für mich immer meine wichtigsten Vertrauten, und doch war da diese große Zurückhaltung und diese starke Rangordnung der Beziehungen. Es war in Ordnung, eine Verabredung mit einer Frau abzusagen, wenn ein Mann anrief ... Nach der Graduate School war ich ungemein einsam. Ich war verheiratet. Wir gingen nur als Paar aus. Wenn Frauen aus Paarbeziehungen heraus miteinander sprachen, war es wie bei einer Funkverbindung von Shanghai nach New York.
> Ich merkte, daß die Zurückhaltung mehr und mehr verschwunden war, wir konnten uns mögen und gegenseitig respektieren. Es gab keine Rangordnung mehr unter uns, wir waren unabhängige Akteure. Als Menschen, die vollen Respekt verdienten, vergeudeten wir uns an Männer, die es *nicht* verdienten. Zum ersten Mal erlebte ich eine Gemeinschaft im besten Sinne des Wortes.

Die Frauen waren es müde und hatten eine ideologische Abneigung,

Männer zu besänftigen, und vielleicht ermutigte sie auch der gegen Schuldgefühle gerichtete Jargon der Bewegung des Persönlichkeitswachstums, die damals ihren Höhepunkt erreichte; jedenfalls hängten sie ihre Gefühlspflegerinnen-Häubchen an den Nagel und ließen ihre kränkelnden Beziehungen dahinsiechen. »Damals kämpfte ich nicht mehr darum, daß mein Mann mich verstand. Zu Beginn der Frauenbewegung tat ich es, aber bald erschien es unmöglich«, erklärte eine New Yorker Lyrikerin. »Ich war so erregt vom Zusammensein mit Frauen, von unserem Gemeinschaftssinn und unserer Aktivität, daß Männer bald sehr viel weniger Raum in meiner Psyche einnahmen. Ich fand daher den Gedanken, den Mann zu verlieren, nicht mehr so schrecklich und bedrohlich.«

In der Gemeinschaft waren die Frauen gegen die Angst vor männlicher Zurückweisung gefeit. Im Kreise von Frauen war es schwer, sich verlassen zu fühlen.

Gemeinschaft ist schwierig

In ihrer besten Form ist die Frauengemeinschaft eine hervorragende Verbindung aus Frauenfreundschaft, Vertrauen und Eintreten für eine gerechte Sache. Sie verbindet auf magische Weise die besten Seiten der Vertrautheit mit den besten Seiten der Kollektivität: das Gefühl, zutiefst verstanden zu sein, und die Erregung, sich unmittelbar gegenseitig anzuerkennen, persönliche Bestätigung und Gruppensolidarität. »Wenn wir erschöpft davon sind, Fakten und Argumente für Männer aufzustöbern, die wir früher für fortschrittlich und intelligent gehalten haben, machen wir eine weitere einfache Entdekkung: Frauen verstehen sich«, schrieb Gloria Steinem. »Wir können Erfahrungen teilen, Witze machen, Bilder malen und Demütigungen beschreiben, die Männern wenig bedeuten, aber *Frauen verstehen sie.*«

Im schlimmsten Falle – oder, um es weniger herabsetzend zu sagen, in ihrer irregeleiteten Form – ist Frauengemeinschaft eher ausschließend als einschließend, homogenisiert sie alle Frauen zu einer politischen, kulturellen, sexuellen Einheit und leugnet Rassen-, Schicht- und Kulturunterschiede. »Das Merkwürdige an diesen tiefen, persönlichen Beziehungen unter Frauen ist, daß sie oftmals Barrieren des Alters, der ökonomischen Situation, der Welterfahrung, Rasse und Kultur überspringen – all die Barrieren, die in einer männlichen oder gemischten Gesellschaft so unmöglich zu überwinden sind«, führt Steinem weiter aus.[14]

Oft stimmt das, aber nicht immer. In Wirklichkeit sind diese Barrieren schwer zu überwinden, und dies um so mehr, wenn jemand von »außen« einsteigt.

Die bestechende Idee einer universellen Frau – die kraft der Unterdrückung ihren Schwestern gleicht, ob sie nun in einer Grashütte oder einem Hochhausapartment wohnt, eine monogame, Göttinnen verehrende Lesbe oder die Frau eines polygamen Muslim ist – ließ blitzartig die zweite Welle des westlichen Feminismus entstehen. Doch allein schon das Konstrukt »Frau« löscht die unterschiedlichen Existenzen vieler (vielleicht sogar der meisten) einzelner Frauen aus, die sie zu enthalten vorgibt. Indem sie sie zur Andersartigkeit verbannt, bricht sie das Versprechen des Feminismus: Selbstbestimmung für alle Frauen.[15]

Die westliche Frauengemeinschaft gründet sich auf eine Unterscheidung: das Geschlecht. Definitionsgemäß gehören Frauen ihr an, Männer nicht. Die Frauengemeinschaft kann pluralistisch sein – und sie bemüht sich darum –, allerdings haben im Laufe ihrer feministischen Geschichte ihr tatsächlicher Rassismus, ihre Fremdenfeindlichkeit und oft auch ihre ideologische Beschränktheit dazu geführt, daß sie das Geschlecht als überwiegendes, ja einziges Unterscheidungsmerkmal bevorzugt hat.

Zu Beginn der Frauenbewegung war die Gemeinschaft selbst tatsächlich unbefangen sexistisch. Bald bildeten Lesben in ihr eine erhebliche politische und persönliche Kraft. Eine lesbische Architektin, die damals mit einem Freund zusammenlebte, erzählt von einem Treffen einer Selbstfindungsgruppe 1970:

> Die allererste Frau, ich werde das nie vergessen – diese Frau war Sekretärin am College, verheiratet, zwei Kinder, ich glaube, sie war um die Dreißig –, sie erzählte ein wenig, und dann sagte sie mit diesem winzigkleinen Stimmchen: »Ich komme nie, wenn er in mir ist.« Im Raum herrschte Schweigen. Ich meine, das gleiche galt für mich, und ich bin immer herumgelaufen mit diesem dunklen, tiefen Geheimnis meiner sexuellen Neurose – ich hatte es nicht einmal meinem Psychiater gesagt – und, wissen Sie, etwas

vorspielen, all das, ich hatte Lust, hinauszurennen und zu rufen: »Ich bin es nicht allein! Ich bin nicht krank!« ... Ich schwöre, mindestens die Hälfte der Frauen sagten, sie hätten nie einen Vaginalorgasmus, und einige sagten, sie hätten überhaupt nie einen Orgasmus. Dann sagte die einzige Lesbe in der Gruppe, sie hatte die Rolle einer Art Bewußtseinskitzler, verschmitzt: »Wißt ihr, es gibt noch eine andere Möglichkeit.« Wow! [Sie bricht in Lachen aus.] Das war entschieden einer der größten Augenblicke meines Lebens.

Masters und Johnson hatten schon vorher den Geschlechtsverkehr als Ziel der Sexualität und als Weg zur Befriedigung der Frau in Frage gestellt. Doch blieb die Heterosexualität an sich unangetastet; allgemein galt der Geschlechtsverkehr nach wie vor als »der Geschlechtsakt«. Es bedurfte des Feminismus, um den Genitalsex mit Fragezeichen zu versehen.

In dem Maße, wie mehr und mehr erklärte Lesben in die Debatte eingriffen, geriet nicht nur der Sex, sondern die heterosexuelle Liebe unter Beschuß. Für Frauen, deren Sexualleben darin bestanden hatte, die aufreibenden Bemühungen ihrer Männer um den Vaginalorgasmus über sich ergehen zu lassen, oder für jene, deren gleichgeschlechtliche Wünsche von konventionellen heterosexuellen Erwartungen unterdrückt wurden, eröffneten sich welterschütternde Möglichkeiten. Lesbische Liebe, einst eine biologische oder neurotische »Veranlagung« weniger, wurde zu einer Möglichkeit, für die sich jede Frau bewußt entscheiden konnte – und viele taten es auch, zumindest vorübergehend.

Wenn die heterosexuelle Liebe ein »Gefühlszement« war, »um das Verhältnis von Über- und Unterordnung zu rechtfertigen«[16], dann versprach die Vorstellung, daß Frauen in allen Bereichen »frauenorientiert« sein könnten, eine Lösung für die unzähligen Probleme, mit dem Feind zu schlafen. Als sich heterosexuelle Frauen dieser Ansicht nicht bereitwillig anschlossen und viele ihre homophobische Lebensweise nicht aufgeben wollten, gingen lesbische Frauen allmählich zu separatistischen Strebungen über. Zwar spielte der Lesbianismus (und die praktischen und theoretischen Beiträge der Lesben) auch weiterhin eine äußerst wichtige Rolle im Feminismus, und heterosexuelle und lesbische Frauen arbeiteten nach wie vor zusammen, doch der doktrinäre Separatismus der frühen siebziger Jahre ließ manche Feministinnen der Bewegung auf immer den Rücken kehren.

Separatismus ist eine Ideologie und Strategie äußersten Männerhasses wie auch seiner äußersten Abschwächung. Wie lesbische Frauen häufig erklären, ist Lesbianismus nicht Haß gegen Männer, sondern Liebe zu Frauen. Und wenn das Bedürfnis nach Männern wegfällt, ist Haß plötzlich nicht mehr zwingend; Abhängigkeit ist, wie wir gesehen haben, eine der Wurzeln für Feindschaft. Doch gleichzeitig läßt sich ein völliger Rückzug von den Männern, der sie für nutzlos erklärt, ganz sicher als haßerfüllter Akt sehen und empfinden. Für jene Männer, deren Frauen aus dem gemeinsamen Schlafzimmer auszogen, um mit ihren Liebhaberinnen zusammenzuziehen (und das taten viele), gab es keinen größeren Schock, keine schlimmere Zurückweisung.

Alte Häuser, neue Haushalte

Die von den Separatistinnen geschaffene »Frauenkultur« macht einen Großteil dessen aus, was von der Bewegung übriggeblieben ist. Von ihrer Göttin bis hin zur zuckerfreien Ernährungsweise ist sie weitgehend kommerzialisiert und bildet das feministische Gegenstück zum Hippie-Kapitalismus: »Was von der Gegenkultur übriggeblieben ist«, bemerkte eine Freundin spöttisch, »ist die Ladentheke.«

So lebenswichtig das Netz der Fraueneinrichtungen auch für das Glück vieler Frauen und das Überleben mancher war, so hat es doch nur einen minimalen Einfluß auf das institutionalisierte Patriarchat gehabt. Ein wesentlicher Grund dafür liegt in der Tatsache, daß die Ideologie, auf die es sich stützte, im Kern nicht darauf abzielte, die Grundlage des Patriarchats zu beseitigen: die Geschlechtertrennung. »Frauenkultur« bezeichnet die Überlegenheit des *Kulturfeminismus* über den *Radikalfeminismus* – das heißt, sie akzeptiert die Definitionen der herrschenden Kultur von männlich und weiblich und »zielt darauf ab, die kulturelle Wertschätzung des Männlichen und die Abwertung des Weiblichen umzukehren«, statt die Geschlechtertrennung an sich abzuschaffen.[17]

Und dennoch hat sich der Feminismus, der radikale wie der

kulturelle, während der siebziger Jahre rund um die Erde ausgebreitet und die Welt grundlegend verändert. Er hat rechtliche, politische und medizinische Reformen durchgesetzt, die Medien verändert und die Interessen und Erwartungen der Frauen von den Vorlieben prominenter Stars verlagert auf die Frauen in Saudi-Arabien, die um das Recht kämpfen, Auto zu fahren, oder die Landfrauen in Tansania, die landwirtschaftliche Frauenkooperativen gründen. Der Feminismus hat die Sexualität revolutioniert, die Geschichte neu geschrieben, die Sprache erneuert und unser Vertrauen in die »Wahrheit« unserer Wahrnehmung erschüttert. Obwohl Frauen nach wie vor arm und entrechtet und ihre Körper immer noch ein Kampfschauplatz sind, hat der Feminismus dem Patriarchat arge Schläge versetzt. In Amerika hat er seine Grundfeste, die Familie, erschüttert.

Der Männerhaß trug, wie wir gesehen haben, dazu bei, diese Umwälzungen in Gang zu setzen. Und wie die Formel eines hochexplosiven Sprengstoffs enthielt der feministische Slogan »Das Persönliche ist politisch« die ideologische, taktische und emotionale Sprengkraft, die die Bombe zündete. Das Politische persönlich zu sehen – den Vater, Liebhaber, Ehemann oder Chef als Patriarchen zu identifizieren – hieß, Intuition und Gefühl analytisch zu erhellen und alltäglichen Geplänkeln Ernst zu verleihen: Feminismus war eine Weltsicht, keine persönliche Nörgelei; ein Kampf, keine häusliche Kabbelei. Gleichzeitig hieß, das Politische im Persönlichen zu erkennen, den traditionellen Bereich, in dem Frauen als Autorität sprechen konnten – das Private –, anzuerkennen und mit mehr Gewicht auszustatten. Zeitschriften besannen sich auf ihre literarische Herkunft; die persönliche Geschichte bahnte sich ihren Weg in den Journalismus: »Sozialgeschichte«, die Geschichte des Alltagslebens, wurde zum zentralen Schlüssel für ein Verständnis der Vergangenheit; und selbst Klatsch und Tratsch wurden als eine Art von Rhetorik legitimiert.

Die Doppelform der neufeministischen politischen Auseinandersetzung – die Öffentlichkeit der Bewußtseinsbildung im Privaten und die Veröffentlichung privater Bekenntnisse zu Vergewaltigung, Schlägen und illegalen Abtreibungen – bestärkte sich wechselseitig. Das Patriarchat als gesellschaftspolitische Struktur zu erkennen, dessen Machtsitze sich überall vom Thron eines Schahs über den Stuhl des Aufsichtsratsvorsitzenden bis hin zu Vaters Lieblingssessel ausmachen ließen, ermöglichte es Frauen in scheinbar gegensätzlichen Weisen, sich stark zu fühlen und energisch zu handeln. Gleichzeitig brachte es den Sexismus nahe genug, ihn hautnah zu erleben, und rückte ihn weit genug ab, um rational über ihn nachzudenken. Sexismus war greifbar und spürbar und ließ sich daher in jedem Einzelfall bekämpfen. Doch die intellektuelle Distanz der theoretischen Analyse schuf einen Sicherheitsabstand, der gerade groß genug war, daß Frauen mit den persönlichen Bedrohungen fertig werden konnten, die aus der Rebellion gegen Männer erwuchsen. Wenn es gar zu arg wurde, war es immer noch möglich, die männliche Machtstruktur zu hassen, statt Hans, Fritz oder Papi.

Auf seinem Weg, die Familie zu zerschlagen, schuf der Feminismus eine seltsame »Familie« eigener Art. Die Töchter sperrten den Vater in den Keller und Bruder und Ehemann in den Hof. Sie taten sich als Schwestern zusammen, bezahlten die Rechnungen, aßen gemeinsam am Tisch und erledigten dann den Abwasch. Glücklich und zufrieden regelten sie alles alleine.

Wo war die Mutter in diesem Haus der aufständischen Töchter? Einerseits hatte sie den Ehrenplatz des Vaters eingenommen. Eine nachdrückliche Suche nach verlorengegangener Frauenliteratur und -geschichte förderte die Vorfahrinnen zutage und feierte neue Heldinnen. Die feministische Anthropologie lauschte Frauenstimmen anderer Sprachen und sammelte Daten, um die falsche Lehre von der universellen Minderwertigkeit der Frau für immer zu widerlegen.

Im Laufe dieses Prozesses verspürten die Frauen, wie ich glaube, eine gewisse Solidarität mit ihren eigenen Müttern, der ein bitteres Mitleid – nicht ohne Beimischung von Wut – folgte. Als die jungen Feministinnen einen Begriff davon bekamen, wie gewaltig die Widerstände waren, mit denen frühere Generationen konfrontiert waren, legten sie einen Teil der früheren Ungeduld und Verachtung für die Fügsamkeit ihrer Mütter ab und fanden zu Toleranz und sogar zu Bewunderung für ihre Widerstandskraft und Zähigkeit. Ein neues, politisiertes Verständnis der geschlechtsspezifischen Sozialisation versetzte die Frauen in die Lage, die *Rollen,* die ihre Mütter gespielt hatten, abzulehnen, die Frauen selbst jedoch als Leidensgenossinnen oder auch als frühe Rebellinnen zu akzeptieren.

Bewußt wurde die Mutter damals zu einem sowohl menschlichen als auch heldenhaften Wesen, einer lebendigen Verbindung zur Geschichte der Unterdrückung und Befreiung der Frauen. Doch unbewußt besaß sie nach wie vor große Macht – als die alles Gebende und alles Verweigernde. Sie war immer noch Eindringling und Rivalin, zu gut, aber nie gut genug. Im Bewußtsein durch ihre Unvollkommenheit lieb geworden, war die perfekte Mutter immer noch ein Wunschtraum der Frauen. Und dieser kindliche Wunsch, so behaupten die Psychologinnen Nancy Chodorow und Susan Contratto, behindere das feministische Vorhaben, die Geschlechterstrukturen wirklich zu ändern.

In ihrem Essay »The Fantasy of the Perfect Mother« von 1976 analysieren die beiden feministische Schriften über die Mutterschaft und finden in ihnen ein Hin- und Herpendeln zwischen Phantasien von der perfekten oder (wenn auch nicht für das Patriarchat) perfektionierbaren Mutter einerseits und Schuldzuweisungen an die Mutter andererseits – beides Facetten der kulturell bedingten Ideologie der allmächtigen Mutter. Darin erkennen sie »eine fortschreitende Logik ..., die eine Frau von der Identifikation als Tochter zur Identifikation als Mutter bringt ..., die ihrerseits voller Wut und Angst steckt«. Aus dieser Identifikationsfalle, in der die herrschende Ideologie unverdaut geschluckt wird, geht eine Politik unverarbeiteter Phantasien hervor. Die Tochteridentität kann nicht unterscheiden zwischen infantilem Wunsch und Bedürfnis und ergießt eine Art politisierter Wut über die »Verweigerung« der Mutter; die Mutteridentität ist so von dem Gefühl beherrscht, »daß die Bedingungen des Patriarchats sie völlig unterdrücken« und isolieren,[18] daß sie in ihre Analyse familiärer Gewalt oder mütterlicher Vernachlässigung eine rationale Entscheidung oder Verantwortung nicht einzubeziehen vermag.[19] Die Besessenheit von der Mutter-Tochter-Dyade schränkt Frauen zudem in ihrer Fähigkeit ein, die Rolle des Vaters in der kindlichen Entwicklung und der Reproduktion der Geschlechterrollen zu begreifen.

In ihrer Erörterung der Friedensbewegung von Frauen, die dazu neigt, einen »angeborenen« weiblichen Humanitarismus zu romantisieren, weist die Psychoanalytikerin Adrienne Harris auf einen ähnlichen Umstand hin. Sie meint, mit der schwesterlichen Gemeinschaft hielten Feministinnen einerseits an der phantasierten Geborgenheit dieser frühkindlichen Beziehung fest und schützten sich andererseits gegen die Erinnerung an die mütterliche Macht und die unbequeme Rolle, die sie im Leben erwachsener Frauen nach wie vor spiele.

> Die Leidenschaft und Idealisierung politischer Frauengruppen muß tatsächlich ihre Anziehungskraft zum Teil aus einer idealisierten Sehnsucht nach der symbiotischen Verschmelzung von Mutter und Kind beziehen. Doch die Idealisierung des Erlebens von Frau zu Frau kann auch ein Schutz gegen die aufrührerischen und konfliktgeladeneren Erfahrungen der Loslösung vor allem von Mutter und Tochter sein. In politischen Frauengruppen lassen sich Überreste der unbewußten Strömungen von Neid und Schuldgefühlen ausmachen, die bei vielen Frauen anscheinend Teil der Entwicklung zur Individuation sind.[20]

Der Feminismus ist allerdings meiner Ansicht nach auf dem Weg, ein Gleichgewicht zwischen diesen beiden Identitäten zu schaffen, zumindest vertieft er sein Verständnis der Mutterschaft. Doch als Gruppe fühlten und handelten die frühen Feministinnen als Töchter, die immer noch in der Auseinandersetzung mit ihren Vätern und Müttern gefangen waren. Die schwesterliche Gemeinschaft schützte die Frauen vor der Wut des ablehnenden Vaters und stellte die Selbstachtung wieder her, die eine vom Vater geförderte Weiblichkeit angeschlagen hatte. Sie kapselte die Frauen zudem vor ängstlichen und schmerzhaften Gefühlen gegen die Mutter ab.

Die Angst vor Loslösung – zu sagen: »Ich bin nicht du. Ich bin eine eigene Person« – trägt nach wie vor dazu bei, daß Feministinnen Differenzen leugnen. Das Dogma der schwesterlichen Gemeinschaftlichkeit verwischt nicht nur die Besonderheiten der Rasse, Schichtzugehörigkeit und Kultur (ein Prozeß, der ebensosehr aus gesellschaftlich geprägtem Rassismus wie aus der jeweiligen individuellen Familiendynamik erwächst), es unterwirft zudem viele Formen psychischer, verhaltensmäßiger und politischer Differenzen unter Frauen der Zensur. Konkurrenz und Ehrgeiz, Machtstreben oder der Hang zur Unterordnung sowie unzählige

»unorthodoxe« Sexualvorlieben wurden allesamt zur einen oder anderen Zeit als »unschwesterlich« verworfen.

Sich gegen Differenzen abzuschotten hat dem Feminismus, langfristig gesehen, nicht gutgetan. Allerdings diente eine vergröbernde und (nach eigenem Ermessen) geeinte schwesterliche Gemeinschaft einem wichtigen politischen Zweck. Die Wiederherstellung der geschlechtsspezifischen familiären Loyalität, die Vereinigung mit der Mutter als Symbol und Verbündeter, machte die mütterliche Omnipotenz von einer Bedrohung zur Waffe. Feministinnen bezwangen die Macht der Mutter und verleibten sie sich ein.

Wenn die schwesterliche Gemeinschaft auch bestimmte Gefühle für verboten erklärte, so gab es doch auch andere, die den Zusammenschluß förderten und die herrschende Kultur bedrohten – Gefühle, die die Philosophin Alison Jagger »verpönte« nannte. Feministinnen machten zum Beispiel jeden darauf aufmerksam, wenn sie sexistische Witze nicht komisch fanden, oder sie schrien Beschimpfungen, statt spröde zu lächeln, wenn fremde Männer ihnen auf der Straße »Komplimente« über ihren Körper machten. Diese Gefühle zu teilen »normalisierte« und politisierte sie und machte sie zur Handlungsbasis.

> Wenn isolierte Einzelpersonen unkonventionelle Gefühlsreaktionen erleben, sind sie möglicherweise verwirrt und unfähig, ihre Erfahrung zu benennen; es mag sogar sein, daß sie an ihrem Gesundheitszustand zweifeln ... Wenn jedoch andere gewisse Gefühle teilen oder bestätigen, besteht eine Basis für die Bildung einer Subkultur, die durch Wahrnehmungen, Normen und Werte definiert ist, die den vorherrschenden Wahrnehmungen, Normen und Werten systematisch zuwiderlaufen. Indem verpönte Gefühle die Grundlage für eine Subkultur bilden, können sie politisch, weil erkenntnistheoretisch subversiv sein.[21]

Männerhaß und sein weniger offensichtliches Gegenstück, Toleranz gegen die Mutter, sind solche subversiven Gefühle. Die historisch-politischen und wirtschaftlichen Stürme der sechziger Jahre peitschten sie zu einer »ungeheuer mächtigen Kraft« auf, wie Virginia Woolf es für die Frauenbewegung des 19. Jahrhunderts beschrieb.

Die Töchter wurden zu einer wilden Horde, die sich erhob, den Vater zu stürzen. Für die zweite Welle gilt ebenso wie für die erste: »Die Väter, die über die stärksten Emotionen starker Menschen triumphiert hatten, mußten nachgeben.«[22]

Teil III

LEBEN MIT DER AMBIVALENZ

Als der Feminismus den Feind im Geliebten erkannte, als er dem Männerhaß einen Namen und eine Stimme verlieh, gebar er damit das Dilemma einer ganzen Generation. Frauen, die Männer liebten, mußten nun zugleich mit dem finsteren Bewußtsein des Hasses leben. Sie konnten nicht länger fein säuberlich trennen zwischen öffentlich und privat, gut und böse, Männern, die sie liebten – Ehemännern, Liebhabern, Freunden, Vätern, Brüdern und Söhnen –, und solchen, die sie haßten – Vergewaltigern, Räubern, frauenfeindlichen Richtern, Polizisten oder Politikern. Der aufs äußerste politisierte Haß konnte nie wieder distanziert und unpersönlich sein, und persönlicher Haß sollte sich immer auf mehr beziehen als nur auf ihn und mich.

Indem sie ihn mit seinem institutionellen Namen als Patriarchen bezeichneten, machten Frauen den Vater und den Mann schlechthin vorübergehend zu etwas Unpersönlichem. Öffentlich entmystifizierten sie ihn, entrissen ihm den Deckmantel seiner Macht und reduzierten ihn zu einem Menschen. Nun mußten sie ernsthaft beginnen, sich mit ihm auseinanderzusetzen.

Teil III handelt von dieser Auseinandersetzung. Er befaßt sich mit neun ausgewählten Frauen und ihren Rezepten, mit oder ohne Männer zu leben. Als ich diesen Teil schrieb, hatte ich zwei Möglichkeiten. Ich konnte das Datenmaterial entweder nach Themen ordnen – ich nenne es »Strategien« wie »Rückzug«, »Kampf« oder »Zermürbung« – und dann Beispiele sammeln, kleine Lebensausschnitte, die jedes Kapitel zu einer Art Potpourri aus verschiedenen Melodien gemacht hätten, deren erste Zeile jeweils das Wort *Rückzug* oder *Kampf* enthalten hätte. Oder ich konnte mehrere Symphonien zusammenstellen, mit langsamen und schnellen Teilen, Dissonanzen und Konsonanzen, allesamt unvollendet. Ich habe mich für die zweite Möglichkeit entschieden, vor allem, weil ich es vorziehe, einige wenige Menschen gut kennenzulernen, statt eine Menge ähnlich scheinender Leute flüchtig zu streifen (unzufriedene Parteimitglieder der Demokraten, Oldtimer-Fans, alleinstehende, jugendliche Mütter und so weiter). Doch wie ich bereits in der Einleitung gesagt habe, möchte ich mit der Darlegung individueller Strategien durchaus nicht unterstellen, daß die Probleme des Männerhasses und der Ambivalenz individuell zu lösen oder die gesellschaftlichen Kräfte, die beides hervorbringen, individuell zu überwinden seien. Während in den ersten beiden Teilen dieses Buches das Allgemeine im Vordergrund steht, bringt dieser Teil nun den Gedanken des Besonderen mit konkreten Gesichtern in Verbindung und konfrontiert uns mit all jenen »Ausnahmen«, die nicht die Regel bestätigen, sondern die Regel sind.

Während der vergangenen drei Jahre habe ich etwa achtzig Frauen aus den ganzen Vereinigten Staaten interviewt.* Wir unterhielten uns einmal, manchmal auch mehrmals, zwei bis zwölf Stunden lang über ihre Kindheit, Freundschaften, Liebesbeziehungen, Ehen und Scheidungen, über Sex, Kinder, Beruf, Politik, Gewalt und Männer im allgemeinen. Diese Frauen sprachen offen, manchmal mit einer großzügigen Offenheit; ich denke, sie bemühten sich, die schwierige Wahrheit zu sagen, so gut sie sie verstanden, und zuzugeben, was sie nicht verstanden.

Demographisch entspricht meine kleine Stichprobe in etwa der Bevölkerungszusammensetzung der Vereinigten Staaten, bis auf einen Punkt: das Alter. Da meine Studie um 1968 einsetzt, der Anfangszeit des Nachkriegsfeminismus, sprach ich vorwiegend mit Frauen, die zu dieser Zeit bereits erwachsen waren. Meine Gesprächspartnerinnen lagen daher im Alter zwischen Dreißig und etwa Achtundsiebzig, mit einem Schwerpunkt zwischen Mitte Dreißig und Ende Vierzig. Aus Neugier wie auch aus Gründen der Genauigkeit und der Vergleichsmöglichkeiten interviewte ich einige jüngere Frauen (und nahm ihre Lieblingsmusik, -komiker und -filme unter die Lupe). Doch obwohl dieses Buch für sie von Bedeutung ist,

* Fast alle machten zur Bedingung, daß ich ihre Namen und bestimmte Details, die eine Identifizierung ermöglicht hätten, ändere; das habe ich getan.

handelt es nicht speziell von ihnen. Wer die Frauen von 1990, der »postfeministischen« Generation, sind und wie ihre Einstellung zu Männern ist, das sind notwendige und – wie ich mir vorstellen kann – spannende Fragen, die allerdings nicht in diesem Buch behandelt werden.

In anderer Hinsicht habe ich mich bemüht, der Zusammensetzung der amerikanischen weiblichen Bevölkerung zu entsprechen. Etwa drei Viertel der Frauen sind weiß und europäischer Abstammung; rund 20 Prozent sind Afro-Amerikanerinnen, und der Rest ist lateinamerikanischer oder asiatischer Abstammung. Bis auf wenige Ausnahmen sind alle in den Vereinigten Staaten geboren.

Hinsichtlich der Schichtzugehörigkeit mußte ich einige eigene Einschätzungen vornehmen, da meine Interviewpartnerinnen sich in der Mehrzahl selbst der »Mittelschicht« zuordneten. Nach Einkommen, Beruf, familiärer Herkunft und Lebensweise würde ich allerdings etwa 25 Prozent der Arbeiterschicht zurechnen und um die 70 Prozent der Mittelschicht. Eine kleine Gruppe dieser Frauen verdiente mehr als achtzigtausend Dollar jährlich, und eine hatte es aus eigener Kraft zur Millionärin gebracht. Ein ungefähr ebensogroßer Teil war eindeutig als arm zu bezeichnen, arbeitete als Hausangestellte oder in untergeordneten kirchlichen Stellungen, hatte Kinder zu versorgen und brachte sie so eben – oder auch knapp nicht – über die Runden, manchmal mit einer gewissen staatlichen Unterstützung. Die einzige Frau, die Sozialhilfe bezog, lebte mit ihren drei Kindern in einem großen Haus eines wohlhabenden Vororts von Atlanta. Sie hatte eineinhalb Jahre zuvor ihren Mann verlassen, und er hatte mit den gegenseitig sich ausschließenden Zielen, sich zu versöhnen und zu rächen, geschworen, sie in den Ruin zu treiben. Als ich sie kennenlernte, hatte er es fast geschafft.

Die Stichprobe setzt sich zusammen aus Müttern und kinderlosen Frauen; aus Verheirateten, Geschiedenen, Frauen, die einen Freund haben, mit dem sie zusammen- oder getrennt leben, und alleinstehenden Frauen; aus Lesben – etwa 10 Prozent – und Heterosexuellen. Bei fast allen hatte sich der Familienstand im Laufe der Zeit geändert, teilweise sogar mehrfach, und nicht immer entsprachen ihre eigenen Angaben dem äußeren Eindruck. So sagte zum Beispiel eine Frau zu Beginn des Gesprächs, sie sei »immer alleinstehend« gewesen, tatsächlich war sie aber vor fünfzehn Jahren einmal für sieben Jahre verheiratet. Als sie mir schließlich von der Ehe erzählte, war es, als spräche sie über eine altmodische Romanfigur. Eine andere Frau, sie ist um die Fünfzig und wurde vor fast einem Vierteljahrhundert geschieden, bezeichnet sich nach wie vor als »geschieden«. Ihr Ex-Mann ist wieder verheiratet und hat mit seiner zweiten Frau bereits erwachsene Kinder, aber sie nennt ihn immer noch »meinen Mann«. Sie hat nicht wieder geheiratet.

Auch die sexuelle Identität ist, wie gesagt, ähnlich wechselhaft und subjektiv. Ich bin nur einer »reinen« Lesbierin begegnet – einer siebenunddreißigjährigen Frau, die noch nie mit einem Mann sexuell verkehrt hatte und es auch nicht beabsichtigte – und sehr viel weniger »rein« heterosexuellen Frauen, als man erwarten sollte. Die meisten lesbischen Frauen hatten schon einmal männliche Liebhaber gehabt, viele waren einmal verheiratet, und mindestens die Hälfte von ihnen waren Mütter. Bei den heterosexuellen Frauen hatten manche lesbische Affären gehabt, und sehr viele waren schon einmal nahe davor. Fast jede Gesprächspartnerin nannte Frauen als die Menschen, mit denen sie am vertrautesten war. Auch das soziale Umfeld und die sexuellen Vorlieben stimmten nicht immer überein. Eine New Yorkerin, die in Beruf, Politik und Freundeskreis hauptsächlich mit Frauen zusammen war, aber den Sex mit Männern vorzog, bezeichnete sich als »heterosexuelle Lesbe« und beschrieb damit eine recht verbreitete Situation.

Ich ging in meiner Studie von einer These aus: Männerhaß existiert, sowohl allgemein in der Kultur als auch in den Herzen einzelner. Es war allerdings keine Hypothese; ich war – und bin immer noch – mir dessen sicher, wenn ich es auch keineswegs ablehnte, über diesen Punkt zu diskutieren. Doch welche Vorahnungen ich auch immer gehabt haben mochte, sie fanden so schnell Bestätigungen und Gegenbeispiele, daß sie bald völlig verwischt waren, wie eine Buchseite, die die Bemerkungen eines verdrossenen Lesers unleserlich gemacht hat. Zum Glück für mich (ansonsten wäre es mir bald sehr langweilig geworden) bestätigten sich erwartete Strukturen nicht immer. »Logische« Vorzeichen von Männerhaß – feministische Ideologie, Lesbianismus, selbst traumatische Erlebnisse mit Männern, Vergewaltigung eingeschlossen – waren nicht unbedingt ein Hinweis auf faktisch vorhandenen Männerhaß. Tatsächlich gehörten Feministinnen und Lesben häufig zu meinen Gesprächspartnerinnen mit dem geringsten Männerhaß.

Jede Frau war auf eindringliche, spezielle Weise sie selbst. Doch das heißt nicht, daß jede unberechenbar war noch daß gewisse Gefühle, Wertvorstellungen und Reaktionen sich nicht aufgrund von Einflüssen hätten vorhersagen oder begreifen lassen, die außerhalb der persönlichen Umstände lagen. Wie Kulturforscher und Sozialhistoriker gezeigt haben und wie ich im Laufe dieses Buches demonstriert habe, gibt es so etwas wie ein striktes Privatleben nicht.

Menschen anderer Epochen haben diese Tatsache allgemein anerkannt. Zum Beispiel im Mittelalter waren selbst nach heutigem Verständnis so private Orte wie das Brautgemach von öffentlichem Interesse. Individuen lösten sich nicht aus der Gemeinschaft, und selbst Könige begriffen ihr Leben als von übergeordneten Phänomenen – Schicksal, Gottes Wille, Natur – und von den Zufällen der Geburt gelenkt.

Im Amerika der Gegenwart ist Privatheit ein geheiligter, wenn auch widersprüchlicher Begriff. Eine Frau kann völlig legal einen Eindringling in ihrem Haus erschießen, aber der Staat kann ebendiese Frau zwingen, eine Urinprobe für eine Drogenanalyse abzugeben oder sich gegen ihren Willen einem Kaiserschnitt zu unterziehen. Auf einer diffuseren Ebene ist die Öffentlichkeit in unserem Privatleben ständig präsent. Menschen sprechen im Fernsehen über ihre Eheprobleme, und Fernsehmoderatoren geben Leckerbissen über Finanzen und Sexualleben Prominenter weiter wie Stammtischbrüder, die in einer Kleinstadt über ihre Nachbarn tratschen. Wir alle atmen die Botschaften der Kultur ein wie das Kohlenmonoxyd in der Luft.

Es liegt eine gewisse Ironie (oder, wie ein Psychologe sagen würde: Reaktionsbildung) darin, daß wir in dieser Zeit äußerster Öffentlichkeit alle der Illusion einer unantastbaren »Persönlichkeit« erliegen, die jeder von uns in hohem Maße beherrscht. Kultbewegungen wie EST (Eberhard Seminar Training) und Scientology vertreten eine Weltsicht, in der die Einflüsse der materiellen Realität – also Armut oder Geschlecht – abgelegt sind und die Fähigkeit, sein Geschick in die eigenen Hände zu nehmen, schier unbegrenzt erscheint. Die Massenmedien stellen unseren Körper dar als unbegrenzt »formbar«, wie die Philosophin Susan Bordo sagt, durch sportliche Betätigung, plastische Chirurgie oder die Benutzung gefärbter Kontaktlinsen.

Doch Menschen ein überzogenes Gefühl der Selbstbestimmung zu vermitteln schlägt leider bei fehlender Verbesserung der materiellen und gesellschaftlichen Wirklichkeit sehr schnell dazu um, ihnen die Schuld an ihrem Unglück zuzuschreiben, und wie wir wissen, sind Frauen sehr gut in Selbstbezichtigungen. Wie im Kapitel »Der Invalide« gezeigt, ist die westliche Welt überhäuft von Populärpsychologie, die einen veritablen Wirtschaftszweig ausmacht und die Frauen nicht nur für ihre eigenen Schwierigkeiten die Schuld gibt, sondern auch für die ihrer ganzen Familie und ihrer Liebhaber. Diese Bücher bieten Selbsthilferezepte für alle Arten von Unglück, die eine einträgliche Arbeit, ein Ehemann, der das Staubsaugen erledigt, und eine Woche Kuraufenthalt meist doppelt so wirkungsvoll beheben könnten.

Zum Glück haben mindestens achtzig Frauen in Amerika keine nicht wiedergutzumachende Gehirnwäsche durch Populärpsychologen hinter sich (obwohl jede mindestens eines dieser Bücher gelesen hat). Ich schätze, ein Soziologe wäre ebenso beeindruckt wie ich, in welchem Maße die Frauen, die ich interviewt habe, die Umgebung – also die gesellschaftliche Welt der Politik, des Geldes und der Ideologie – als bestimmenden Faktor in ihrem Leben auffaßten. Was die Geschlechtsrollen angeht, so brachten selbst jene Frauen, die an dem Grundsatz festhielten, daß die Geschlechter unterschiedlich geschaffen wurden, im Laufe des Gesprächs Einwände vor wie: »Also, natürlich lernen wir vieles davon von Kind an ...« Ehemals anerkannt kollektive Frauenphantasien werden fast durchgängig, wenn auch wehmütig zugegeben und ebenso häufig kritisiert. Ob es nun in sich schlüssig ist oder nicht, die amerikanischen Frauen scheinen Simone de Beauvoirs Satz verinnerlicht zu haben, daß man zur Frau nicht geboren, sondern erzogen wird.

Eine weniger extreme Variante der Psycho-Ideologie unbegrenzter Selbstbestimmung – die die Amerikaner meiner Ansicht nach in erstaunlichem Maße teilen – ist die Vorstellung, daß jeder von uns in erster Linie ein *Individuum* ist und erst in zweiter Linie ein soziales Wesen, daß wir erst herausfinden müssen, wie wir uns selbst treu sein können, ehe wir uns mit einem anderen Menschen einlassen können. Die Freudsche Entwicklungspsychologie, kombiniert mit Persönlichkeitswachstum und den New-Age-Idealen der Selbstverwirklichung, stellt uns, wie die Psychologen es nennen, Loslösung-Individuation als Vorbild der Reife hin und nicht *wechselseitige* Abhängigkeit.

Nun ist der Gedanke, daß ein Mensch sich alleine aufmacht, um sich zu finden, nichts Neues und stammt gewiß nicht erst von Freud. Seit die ersten Fackelträger das erste Feuer brachten und die ersten Geschichtenerzähler am Feuer saßen und seine Reise nacherzählten, haben sich die Menschen auf eine solche Suche nach Identität gemacht. Doch von den Geistsuchern der amerikanischen Ureinwohner bis hin zu Stephen Dedalus waren diese Menschen in der überwiegenden Mehrzahl Männer.

Daß Frauen sich auf ihren eigenen Weg zur Selbstfindung machen könnten, ist ein neuerer, allerdings doch nicht ganz neuer Gedanke. Mary Wollstonecraft schrieb schon 1792 darüber, und hier und da gab es immer wieder im Laufe der Geschichte vereinzelt hervorragende Frauen, die gewagt haben, sich einen solchen Weg für sich vorzustellen. Wir lesen die Berichte über diese brillanten Frauen und ihre strahlenden Zeiten, wie Astronomen Sterne beobachten, die seit langem verloschen sind, deren Licht aber immer noch unseren Himmel erhellt.

Heute erstrahlt unser Himmel förmlich von weiblicher Unabhängigkeit, und selbst die Auguren der Populärpsychologie, die dem weiblichen Opfer die Schuld geben, drängen die Frau, sich ihres Peinigers zu entledigen und ihr »eigenes« Leben zu leben. Es mag besser sein, niemals geliebt zu haben, als einen Mann zu lieben, der Frauen haßt, denn wenn eine Frau das tut, verliert sie sich selbst.

Feministinnen haben die Vorstellung populär gemacht, daß Frauen die Protagonistinnen ihrer eigenen Geschichten seien und der Sexismus sie hindere, diese Geschichten voll auszuleben. Diese Ansichten fest im kollektiven Unterbewußtsein verankert zu haben ist ein feministischer Triumph, ein tiefgreifender, umfassender und revolutionärer feministischer Erfolg. Auf meinen Reisen bin ich keiner Frau begegnet, ob sie nun in den entmutigendsten Verhältnissen lebte oder das jämmerlichste Selbstbewußtsein besaß, die nicht glaubte, daß sie ein Recht hatte, zu *sein*.

Populärpsychologische Ideologien einer unrealistischen Autonomie, in der Kultur verbreitete Sagen vom Streben nach Unabhängigkeit und feministische Vorstellungen von weiblicher Subjektivität und Selbstbestimmung verdrillen sich miteinander zu einem komplizierten Seil aus Hanf und Samt, Roßhaar und Seide. Sie bilden eine Art begrifflicher Strickleiter, an die, wie ich festgestellt habe, Frauen aller Schichten und Rassen die Ereignisse ihres Lebens knüpfen. Ich war überrascht, wie viele Frauen eine Geschichte nach dem Muster erzählten: »Ich war einmal abhängig, aber jetzt bin ich unabhängig«; und wie viele ihren Fortschritt an einer Folge idealisierter Sprossen dieser sagenhaften Leiter maßen. Manche hatten das Gefühl, sie hätten die Unabhängigkeit erreicht oder seien auf dem Weg dahin. Andere, bei denen dies nicht der Fall war, hatten oft das Gefühl, sich rechtfertigen zu müssen, sie bedauerten es, fühlten sich bloßgestellt oder niedergeschlagen; sie waren »ihren Möglichkeiten nicht gerecht geworden«, hatten sich selbst verraten. Einige ältere Frauen hatten den Eindruck, sie kletterten zwei Leitern gleichzeitig hinauf und stolperten ständig zwischen beiden hin und her. Nachdem sie ihr Augenmerk auf Stabilität gerichtet hatten, erwarteten sie nun von sich, ständig ihren Kurs zu ändern, immer weiter zu »wachsen und sich zu ändern«. Lebenslange Ehe und Treue, die sie wie eine olympische Medaille angestrebt hatten, waren nun im Status zu einem Glückstreffer, einem Lotteriegewinn oder, schlimmer noch, zum Trostpreis für Faulheit und Feigheit herabgesunken.

Die Rolle der Männer in diesem Frauenbildungsroman ist ein weiteres überraschendes Merkmal und ein weiteres Anzeichen seiner Modernität. Statt als Retter oder Gral erscheinen die Männer unterwegs als Zuschauer, Konkurrenten, Hindernisse und Gegner. Wie Dorothy in *The Land of Oz,* allerdings nicht geschrieben von Frank Baum, sondern von, sagen wir, Fay Weldon oder Angela Carter, wird unsere Heldin von einem Tornado (der Adoleszenz?) hinweggerissen und macht sich auf, den vollkommenen Mann zu suchen, der sie nach Hause zaubern, in einem sicheren, kindlichen Hafen unterbringen und von den Bürden der Welt befreien wird.

Unterwegs wird Dorothy allerdings erwachsen. Hin- und hergeworfen zwischen der guten und der bösen Fee, nimmt sie sich einer Handvoll niedergeschlagener Männer an, denen jeweils etwas Entscheidendes fehlt: Einem fehlt es an Grips, einem an Herz und dem dritten an Schneid (was sich als sexuelle Potenz auslegen ließe) – alles Eigenschaften, die sie im Übermaß besitzt. Als sie schließlich an der Tür von Mr. Right, dem perfekten Vater, ankommt, weiß sie sofort, daß er ihr nicht helfen kann. Der Schleier seines phallischen Rufes wird gelüftet, und dahinter kommt der Hexenmeister zum Vorschein: ein hektischer, tolpatschiger, narzißtischer Betrüger, kaum so groß wie Dorothy, der zögert, ihr in die Augen zu sehen, geschweige denn, sie zu retten.

Dorothy, deren eigener Vater auf rätselhafte Weise abwesend ist, deren männliche Freunde süß, aber unfähig sind, erblickt den Mann, nach dem sie sich ein kurzes Leben lang gesehnt hat – und er ist ein Niemand, der nichts Eiligeres zu tun hat, als Ausflüchte zu machen. Ihr bleibt nichts anderes übrig, als sich selbst zu retten, in die Schuhe ihrer guten Fee zu schlüpfen und ihre Wünsche wahr werden zu lassen. Natürlich muß die Dorothy des Jahres 1990 ihr Glück nicht unbedingt in ihrem eigenen Hinterhof suchen. Sie könnte auch Tante Ems Nummer auf ihrem Zellophon wählen, die roten Schuhe auf Touren bringen und nicht zurück nach Kansas, sondern nach New York oder Hollywood, Harvard oder den Himalaya richten. Obwohl es unsere Dorothy nach Hause zieht, ist sie nicht mehr das Mädchen, das der Wirbelwind weggetragen hat. Sie hat ihrer Sehnsucht nach männlicher Errettung ins Auge gesehen und statt dessen männliche Unzulänglichkeit gefunden. Sie hat sich an Frauen um Hilfe gewandt und sie bekommen, und vor allem hat sie ihre eigene Kraft entdeckt.

Natürlich ist kein Leben eine gut gepflasterte, gerade Straße, bei der man von Anfang an weiß, wohin sie führt, obwohl die Menschen dazu neigen, zumindest in der Erzählung, dem Verlauf ihres Lebens eine feste Bestimmung zu verleihen, indem sie unzusammenhängende Zufälle logisch verknüpfen, wie sie es auch tun, wenn sie Träume erzählen. Die Versuchung ist fast unwiderstehlich groß. Als ich die einzelnen Kapitel von Teil III schrieb, wünschte ich mir, Romanschriftstellerin zu sein und einer Erzählung Form zu geben, die mich hartnäckig und störend mit einem Widerspruch nach dem anderen konfrontierte und mich in Hinterhalte, auf Abwege und in Sackgassen führte.

Ich benutze zwar den Begriff *Strategie* als Bezeichnung für die Art und Weise, in der Frauen mit der Ambivalenz leben, doch bin ich mir vollauf im klaren, daß das Wort nicht ganz angebracht ist. Zum einen hat es etwas so Einheitliches, Ganzheitliches. In Wirklichkeit gab letzten Endes keine Strategie – ich listete sie alle auf, teilte sie in Kategorien und Subkategorien auf, bis es ins Absurde und, wie es schien, Uferlose führte – ein bestimmtes Leben vollständig wieder, und kein Leben entsprach getreulich einer einzigen Strategie. Außerdem enthält der Begriff Absichtlichkeit und Vorsätzlichkeit, und zwar mehr Absichtlichkeit, als die meisten Lebensläufe, zumal die von Frauen, sie aufweisen.

Und dennoch treffen Frauen Entscheidungen und leben danach; wie auch immer sie dahin gekommen sind, die Frauen, mit denen ich gesprochen habe, kommen in der Welt zurecht oder machen ihren Weg, indem sie sich für eine Möglichkeit entscheiden, eine andere verwerfen und eine dritte ausschließen. Wenn diese Entscheidungen (und Irrtümer) in einem Interview besprochen und beurteilt werden, nehmen sie allmählich Gestalt an und ergeben einen Sinn, bilden psychische Strukturen und erlangen politische Bedeutung.

Einige anfangs ins Auge gefaßte und augenfällige Kategorien verwarf ich, weil sie eher eine Augenblickssache darstellten, ein Handeln, dessen Konsequenzen zwar ein Leben lang anhalten konnten, aber keine Lebensstrategie. Zum Beispiel Rache bietet sich unmittelbar als Umgangsform mit Männerhaß an, angefangen von Organisationen, die für die Kastration von Vergewaltigern eintreten, über den Mord an einem gewalttätigen Ehemann bis hin zur gebräuchlichsten (und gewöhnlich unwirksamen) Form weiblicher Rache, vor dem Scheidungsrichter mit ihm »schmutzige Wäsche zu waschen«. Rache ist ein Thema weiblicher Legenden, Lieder und Komödien. Doch für die meisten Frauen ist sie, denke ich, ein boshafter Tagtraum, eine nie realisierte Phantasie.

Mit der Beschränkung auf nur wenige Frauen mußte ich eine Unmenge wunderschöner Geschichten, köstlicher Gespräche, faszinierender Vorfälle und Einblicke beiseite lassen. Doch während ich schrieb, standen die anderen um mich herum, pflichteten hier einer Verallgemeinerung bei, lehnten dort eine ab, wenn sie es für angebrachter hielten, mich davor zu warnen. Ich hoffe, ich habe ihren gemeinsamen Chor verstanden und jedem Solo sorgfältig gelauscht.

Kapitel 6

KAMPF

Helen Whitney Leinsdorp

Helen Whitney Leinsdorp benutzt ihren ehelichen Namen nur sporadisch, unsystematisch, wie es scheint, unentschlossen. Nach einer frühen, stürmischen »Bohemien-Ehe«, der ein Jahrzehnt eines sexuell ungebundenen und politisch streitbaren Single-Lebens folgte, heiratete Helen zum zweiten Mal, »sehr zur Verwunderung meiner Freunde«, diesmal einen politisch liberalen, ansonsten aber konservativen Geschäftsmann.

Heute steht Helen im Telephonbuch unter dem Namen ihres Ehemannes. Sie benutzt diesen Namen, um offizielle Dokumente und Schecks von ihrem gemeinsamen Konto zu unterzeichnen. Doch ihr Paß – als Anthropologin ist sie fast ein Viertel des Jahres auf Reisen – ist auf ihren »Mädchennamen« ausgestellt. In ihrem Büro im Obergeschoß des freundlichen Hauses in der Nähe von Harvard Square, Cambridge, das ihr gehört, meldet sie sich am Telephon gewöhnlich – aber nicht immer – mit »Helen Whitney«. So nennt sie auch ihr Freundeskreis, meistenteils Frauen, und wirft damit die belastende Respektabilität einer Ehefrau über Bord zugunsten des Namens einer kinderlosen Karrierefrau, »Freidenkerin« und leidenschaftlichen Feministin.

»Ich muß eine etwas revisionistische Phase durchgemacht haben«, sagt sie über ihre Entscheidung vor dreizehn Jahren, wieder zu heiraten.

> Ich bekam eine Professorenstelle, ich wurde bald vierzig. Ich traf Hans, der eher wie mein Vater ist. Er ist Schweizer, kommt aus einer sehr traditionellen, großen Familie. Witwer mit drei heranwachsenden Söhnen und einer eigenen Firma . . . liebevoll, gelassen. Ich war überhaupt nicht darauf aus, zu heiraten, aber er wuchs

> mir ans Herz ... Es war eine vorgefertigte Familie: Ich konnte Stiefkinder haben, die so alt waren, wie meine eigenen Kinder gewesen wären.

Doch wie schon ihr wechselnder Name zeigt, fühlt Helen sich immer noch nicht ganz wohl, weder mit ihrem Entschluß, zu heiraten, noch mit der Ehe an sich. Hans, dessen Erwartungen vielleicht unrealistisch waren, ist ebenfalls unzufrieden.

Helen ist eine Kämpferin, eine lebenslänglich zum Kampf der Geschlechter Verurteilte, zu einem Kampf, in dem die Gegner sich nur in einem Punkt einig sind, nämlich daß ihre Unversöhnlichkeit von Dauer ist. Eine Streiterin wie Helen hegt kaum Hoffnung auf eine Beendigung der Feindseligkeiten – abgesehen von einer Scheidung – zwischen sich und ihrem Partner. Und obwohl sie die Ehe mag und die Single-Szene leid war, läßt sie durchblicken, daß das ganze Vorhaben ans Anachronistische, Unmögliche grenzt.

Gleich vielen solcher Kämpferinnen, sieht Helen ihre Ehe als »ziemlich stabil«; ihre Liebe zu ihrem Mann, stellt diese ehemals promiskuitive Frau nüchtern fest, hat sich zu einer ziemlich gesetzten, mittelalterlichen Mittelschicht-Beziehung entwickelt, einer (problematisch-)gemäßigten Zuneigung und Behaglichkeit. Sie verteidigt die Vorzüge ihres Mannes – seine Gutmütigkeit, seine moralischen Grundsätze, seine Intelligenz und Loyalität –, aber sie steht ihm auch ausgesprochen kritisch gegenüber. Das gibt sie mit Bedauern zu, denn er sähe es gerne, wenn sie ihn stärker unterstützte; das täte sie auch gerne, kann es aber nicht. Und weitgehend ist es ihre Verärgerung, in der sich ein Zorn auf Männer und Frauen in der Welt verdichtet, die den Grundtenor ihrer Beziehung bestimmt – »eine der gespanntesten, die ich kenne«.

In der Ehe der Whitney-Leinsdorps schlagen sich nicht nur Helens eigene persönliche Konflikte nieder oder die zwischen ihr als dem speziellen Menschen, der sie ist, und ihm als dem speziellen Menschen, der er ist. Man könnte sagen, ihre Schwierigkeiten sind das persönlich-politische Problem einer ganzen Generation. Geboren 1937, wurde Helen in einer geschichtlichen Epoche erwachsen und fand in einer anderen zu einem völlig neuen Leben; sie ist zugleich die präfeministische Frau und die feministische Frau. Mit dreiundfünfzig trägt sie einerseits eine Geschichte erlernter Geschlechtsrollen und aus ihnen erwachsender Wünsche mit sich herum und andererseits als Gegenstück ebenso starke, gewöhnlich aber bewußtere und leichter eingestandene »moderne« Strebungen und Wünsche nach Freiheit, Gleichheit und Unabhängigkeit. Wie ein Zug, der zwei Fahrpläne gleichzeitig zu erfüllen versucht, ist Helens Generation ständig dabei, zu beschleunigen und abzubremsen, neigt zu innerpsychischen und zwischenmenschlichen Entgleisungen und Kollisionen.

Rückblickend sieht Helen ihren Entschluß, Hans zu heiraten, als eine Art Kapitulation – »eine Verleugnung der Wertmaßstäbe, von denen ich überzeugt war« –, aber sie weiß auch, daß er ein Spiegel ihrer, wie sie es nennt, »Konventionalität« ist. Seine Bestürzung und Verärgerung über sie spiegeln ihre eigene Verwirrung und ihren inneren Aufruhr wider. In diesem Lichte besehen, ergibt es durchaus Sinn, daß die feministische Freidenkerin der sechziger Jahre sich den konservativen Geschäftsmann aussucht – »den alten Mann, nicht den neuen«, wie Helen ihn beschreibt, »aber einen Mann mit Gewissen« –, ihre Stellungen aushebt und sich zu einem langen Krieg verschanzt.

Helen ist die ältere von zwei Töchtern einer »puritanischen, konventionellen weißen angelsächsischen Protestantenfamilie Neuenglands«. Ihre Mutter war Hausfrau, ihr Vater Ingenieur. Die Dinge, die Helen von ihrer Mutter über Männer lernte, waren klassisch widersprüchlich. Einerseits akzeptierte und unterstützte die Mutter die dominante Stellung des Vaters in der Familie. »Sie hatte die Einstellung, was der Vater wollte, das tat die Familie auch.« Andererseits machte sie deutlich, daß Männer emotionale Unterstützung und Fürsorge brauchten. Sie erklärte Helen: »Frauen müssen Männer interpretieren. Sie haben Schwierigkeiten, Dinge auszudrücken, sie sind sehr auf Aktion ausgerichtet. Du mußt das verstehen, du darfst dagegen nicht angehen, du darfst nicht dagegen kämpfen, du mußt es umgehen.«

Diese Art großzügiger Liebe war in Helens Familie offenbar einseitig. Zwar waren beide Eltern reserviert – die Kinder haben kaum je gesehen, daß sie sich berührt hätten –, doch der Vater war noch zurückhaltender. Von ihrem Vater sickerte so wenig offene Zuneigung zu Helen durch, daß eine Erinnerung aus ihrer frühen

Kindheit besonders hervorsticht: »Auf dem Weg zum Zahnarzt hielt er meine Hand. Er bemühte sich nach Kräften, mitfühlend zu sein. Es war ein seltsames und ungewohntes Gefühl.«

Die Whitneys waren ein Beispiel für die typische Rollenteilung der fünfziger Jahre: Die Frau sorgt für die Familie und die Bindungen, der Mann für den Unterhalt. Allerdings war der traditionelle Tauschhandel nicht durchgängig traditionell. Helens Mutter hatte eine kleine Erbschaft gemacht, mit der die Familie ein Haus kaufen konnte.

> Das machte auf mich einen starken Eindruck: daß es unbedingt wichtig für eine Frau war, eigenes Geld zu haben. Ich kam schon sehr früh zu dem Schluß, daß ich finanziell nicht völlig abhängig sein wollte. Sie hatte einen gewissen Ausgleich in der Beziehung.

Helens Eltern gaben ihr deutlich zu verstehen, daß sie »das gesellschaftlich Richtige tun würde: das College beenden, einen Jungen aus guter Familie heiraten, Kinder bekommen. Was die Karriere angeht, so solltest du schon etwas gelernt haben, falls du je arbeiten müßtest.« Wie auf ein Stichwort ging Helen als Teenager daran, diese Erwartungen eine nach der anderen über den Haufen zu werfen. Sie heiratete ihre Jugendliebe aus der Schule, einen »rebellischen, zynischen, charmanten, gutaussehenden Jungen, [der] eine Menge trank« und die High School noch nicht abgeschlossen hatte; sie begann zu studieren.

Die Ehe versank schon bald in Alkohol und Desinteresse. Helen wollte Kinder und eine sinnvolle Arbeit; beides schien David entweder nicht zu interessieren oder ihn zu überfordern. Als Helen ihn verließ, sagt sie, »gewann in gewissem Sinne meine Konventionalität die Oberhand«. Sie war in ihr Erwachsenenleben mit dem festen Entschluß eingetreten, es nicht so zu machen wie ihre Eltern, und Anfang der sechziger Jahre war der naheliegendste Weg dahin, einen Mann ohne Zukunftsaussichten zu heiraten. Durch sein Versäumnis erlangte sie eine Art finanzieller Unabhängigkeit: Sie verdiente das Geld für zwei.

Was Helen als bürgerliche Konventionalität ansah – ihren Wunsch, »etwas Interessantes und Sinnvolles zu tun« –, war zugleich auch etwas Unkonventionelles. Vor allem in der damaligen Zeit machte ihre Unabhängigkeit und Tatkraft Helen zu einer Bilderstürmerin der Geschlechtsrollen. Noch ehe es den Slogan gab, wollte Helen der Mann sein, den sie heiraten sollte.

In anderer Hinsicht ahmten Helens Männerbeziehungen unbewußt die ihrer Eltern nach. Sie fühlte sich hingezogen zu eigensinnigen, schwierigen Männern, um die sie sich gefühlsmäßig kümmern mußte – Männer, die nur äußerlich keine Ähnlichkeit mit ihrem Vater hatten. »Ich schätze, in Wirklichkeit mochte ich diese älteren, geschiedenen, jüdischen, romantischen, deprimierten Neurotiker«, erklärt Helen lachend. David besaß die meisten dieser Eigenschaften in erstaunlichem Maße, und Helens nächster Liebhaber, ein Professor namens Murray, entsprach der Beschreibung bis aufs I-Tüpfelchen. Doch jedesmal wurde Helen es leid, die bedürftigen Männer, die sie sich ausgesucht hatte, zu umsorgen und zu bemuttern – die Ablehnung einer vorgeschriebenen Geschlechtsrolle, die vielleicht stärker den Kern ihrer Auseinandersetzung mit Männern bildet als ihre ehrgeizigen Strebungen (außer etwa, daß beide Rollen sich gegenseitig ihre Zeit und Energie streitig machen).

Bei David hatte Helen keine geschlechtspolitischen Begriffe für das, was zwischen ihnen geschah – der Feminismus hatte sie noch nicht formuliert. Als sie jedoch 1969 mit Murray zusammenzog, während der Eröffnungssalven der Frauenbewegung, war plötzlich nichts mehr persönlich, alles war politisch. Murray unterstützte zwar ihren Feminismus theoretisch, doch seine Ansprüche an sie waren so altmodisch und geschlechtsspezifisch wie eh und je. Während er in eine häßliche Scheidung verwickelt war, »eine Krise nach der anderen« durchmachte, über »unbestimmte körperliche Beschwerden« klagte und unter »endlosen Depressionen« litt, erwartete er von Helen, daß sie seine Hand hielt und sich auf seine Seite stellte.

Sie wollte davon allerdings nichts wissen. Er war verbittert, daß er Unterhalt zahlen sollte. Sie fand das nicht ungerecht. Er hatte Auseinandersetzungen mit seinem Fachbereich an der Universität. Sie war oft der Ansicht, daß es sein Fehler sei. »Es wurden viele Türen geknallt. Ich ließ mir nichts gefallen, und er war verletzt. Ich konnte meine Unzufriedenheit mit diesem Leben artikulieren, aber er wollte immer noch sehr viel Fürsorge bekommen.«

Murray zu verlassen war »der Wendepunkt in meinem Leben im Hinblick darauf, mich den Widersprüchen zwischen Persönlichem und Politischem wirklich zu stellen ... Ich wußte, daß das Leben nicht mehr einfach sein würde.« In gewisser Weise *war* das Single-Leben allerdings einfach.

> Nachdem ich mich entschieden hatte, wollte ich wirklich nicht wieder heiraten, ich konnte die Männer, mit denen ich ging, eher auf ihre Weise als interessante Menschen nehmen ... Ich nahm das Beste mit und ging, wenn es zu schlimm wurde, statt mit jedem Mann eine langwierige Umerziehung durchzumachen.

Dieses Vermeiden romantischer Verstrickungen und eine kleine Erbschaft machten Helen in mancher Hinsicht frei.

> Ich fühlte mich in meiner Arbeit sehr selbstsicher ... ich war ausgesprochen feministisch in meiner akademischen Tätigkeit und in den Einstellungen, die ich dadurch entwickelte, zur Allgegenwart männlicher Privilegien und Macht und was das für Frauen in allen Teilen der Welt bedeutet.

Aufrecht und schwesterlich in ihrer Beziehung zu Frauen, finanziell unabhängig, freundschaftlich und anspruchslos in ihrem Umgang mit Männern, führte Helen ein Leben voller Energie und Zielstrebigkeit. Aber war es tatsächlich so? Was stimmte nicht an diesem Bild?

Tatsache war, daß Helen in ihrem Sexualleben nur soweit frei und unabhängig sein konnte, wie sie nicht versuchte, die Karten neu zu mischen, die die Männer gegeben hatten. Eine solche Einschränkung war eine Herausforderung, denn, wie sie heute mit einem ironischen Lachen sagt, »ich ging mit Männern aus, die völlig sexistisch waren«. Sosehr Helen sich auch bemühen mochte, die Dinge auf rein körperlicher Ebene zu halten, konnte sie doch ihre politische Einstellung nicht vor der Schlafzimmertüre lassen. »Ich diskutierte mit ihnen, versuchte sie von der Blödsinnigkeit ihrer Einstellungen zu überzeugen.«

Helen macht sich Gedanken über dieses allzu vertraute Dilemma: »Das ist eines jener Probleme, mit denen wir leben, nicht wahr? Die netten Männer gegen die sexy Männer ... Machen wir uns doch nichts vor: Sie sind zum großen Teil deshalb sexy, weil sie sich mit ihren Privilegien und ihrer Macht wohl fühlen.« Hans steht zwar vom Format und seiner gesellschaftlichen Stellung her meilenweit über diesen Liebhabern, aber seine Attraktivität beruht im wesentlichen auf den gleichen Faktoren. Hans ist konventionell männlich: Den Mantel männlicher Ansprüche trägt er mit großer Selbstverständlichkeit.

Es ist ein Problem, mit dem Helen wie so viele andere Frauen immer noch ringt. Sie fühlt sich aus eben den Gründen zu Männern hingezogen, aus denen sie sie haßt.

Helen ist eine akademisch gebildete Feministin und nach eigener Aussage »kein sonderlich introspektiver Mensch«. Sie sieht ihre Auseinandersetzungen mit Hans hauptsächlich als politische an, und in ihrer Schilderung kommen viele Formulierungen vor wie »männliche Macht und Privilegien«, Begriffe, die er aufgreift, um zu belegen, daß sie ihre Probleme ungerechtfertigt und unverhältnismäßig hochspielt.

> Ich dränge und nörgele und rege mich auf, und er ist beleidigt, zieht sich zurück und wirft mir vor, ich haßte Männer. Ich hätte schlechte Erfahrungen mit Männern gemacht und gäbe ihm jetzt die Schuld für Dinge, die andere Männer mir angetan hätten. Er sagt, ich machte ihn dafür verantwortlich, was alle Männer allen Frauen angetan hätten ... Das ist die einzige Art, wie er meine Feindseligkeit auslegen kann.

In einer Hinsicht ist Hans' Interpretation für Helens Ärger – sie nehme ihm all das übel, was alle Männer allen Frauen antun – zutreffend: »Es braucht nur einen geringfügigen Anlaß, und ich prangere die weltweite Männerhierarchie an«, erklärt sie.

> Wenn seine Kaffeetasse leer ist, sitzt er da und sagt: »Ist noch Kaffee da?«, und ich sage: »Ja«, und bleibe sitzen. Und Pia [das Au-pair-Mädchen] steht auf und holt den Kaffee. Dann sage ich: »Hans, du hättest dir den Kaffee auch selbst holen können.« Ich sehe darin die Grundhaltung, daß es zur Rolle der Frau gehört, den

Mann zu bedienen – das ist der Gesamteindruck, der bei mir entsteht, und sofort sprühe ich vor Zorn. Er kann das überhaupt nicht einsehen. Wir haben sehr oft Streit über solche kleinen Dinge. In unserem Haushalt finden die Auseinandersetzungen nicht auf der großen Ebene satt, sondern über die alltäglichen Begebenheiten.

Für Hans geht es bei Streitigkeiten um die großen Sachen, und zwar allzusehr. Die alltäglichen Begebenheiten sind seiner Ansicht nach viel zu trivial, als daß sie Helens Wutausbrüche in dieser Größenordnung verdient hätten. Zu einem anderen großen Krach kam es, als Hans am Flughafen Pia sein Gepäck tragen ließ. Für Helen umfaßte dieses Verhalten »die Frage von Sexismus und des Alters und die Tatsache, daß sie ein kleines Gehalt bekommt«. Hans »war sehr verblüfft und verärgert über meine Wut«.

Auf einer Ebene prallen im Kampf der Whitney-Leinsdorps verschiedene Weltsichten aufeinander. Wie vielen Frauen ihrer Generation und ihres Milieus hat sich Helen der Grundsatz »das Persönliche ist politisch« so unauslöschlich eingeprägt wie eine Plakatwand im Inneren ihrer Kontaktlinsen. Mit einem Teil ihres Herzens wünscht sich Helen zuweilen, sie könnte ihn aus ihrem Blickfeld tilgen und das Persönliche persönlich nehmen, fertig. Aber ihre Reaktion läßt sich nicht unterdrücken. »Es ist ein so spontanes Aufbrausen, ich glaube nicht, daß ich solche Sachen durchgehen lassen könnte.«

Für Hans ist das Politische politisch und das Persönliche ausschließlich persönlich.

Es spricht nichts in seiner eigenen Geschichte oder Herkunft an, was ihm helfen würde, es zu verstehen. Er kommt aus einer europäischen Arbeiterfamilie mit traditionellen Geschlechtsrollen. Seine erste Frau hatte sehr viel Temperament, aber es richtete sich mehr auf andere Dinge. Er sieht, daß Frauen hysterisch werden, aber nicht, daß es im Verhalten von Männern etwas gibt, was es auslöst.

Ich habe immer wieder versucht, diesen Mann zu erziehen, dreizehn Jahre lang, und in den großen Fragen hat es auch gewirkt – Frauen und Armut, Frauen und Scheidung –, aber er hat nie einen Zusammenhang zwischen diesen Dingen und seinem eigenen Verhalten hergestellt.

Helen ist verbittert über das, was sie als Hans' grundlegende Unfähigkeit darstellt, denn er begreift nicht, was sie ihm sagt – jedenfalls glaubt sie das. »Es will dir nicht in den Kopf!« ruft sie. »Es ist, wie wenn ich Statistik lehre, und manche Studenten begreifen es einfach nie.« Als Intellektuelle mit einem tiefen Vertrauen in Rationalität hält sie unbeirrt an der Überzeugung fest – vermutlich ist es ein Traum –, daß Hans, ein anständiger und vernünftiger Mensch, sein Verhalten ändern würde, wenn er die Welt und seine Stellung in ihr verstehen würde wie sie. Doch als Frau, deren Lebenswerk es ist, die Welt aufgrund von Machtstrukturen zu analysieren, hat sie den nackten Machtkampf vor Augen, wenn sie ihm begegnet. Was zum Beispiel Hausarbeit und familiäre Verantwortung angeht, ist jede Diplomatie gescheitert; das Paar befindet sich in einem offenen Krieg.

Dieses Wochenende war ich wütend über eine typisch männliche Verhaltensweise. Mir ist klar, daß ich die Verantwortung übernommen habe, all unsere Rechnungen zu bezahlen, alle Anschaffungen zu erledigen, alle Arbeiten außerhalb des Hauses zu veranlassen und die im Haus ebenfalls. Ich dachte: »Welche Rolle spielt er in alledem?« Er geht nur auf Abwehrhaltung und sagt: »Also, ich tue eine Menge«, weil er ab und zu das Bett macht oder das Geschirr spült. Ich glaube, im Grunde meint er, das sei meine Aufgabe und ich sei darin kompetent. Ich liege ihm ständig in den Ohren, und er wünschte, ich würde aufhören.

Wie werden Hans und Helen mit diesem Kampf fertig? »Nicht sonderlich gut«, meint Helen. Sie zanken, greifen sich mit bissigen Bemerkungen an, schreien. Ein echter Kompromiß kommt nicht zustande, und, wie Helen sagt, es bleibt eine »unterschwellige Aggression« bestehen.

Wie Arlie Hochschild meisterhaft gezeigt hat, geht es beim Kampf um die Hausarbeit um mehr als nur ein rein praktisches Problem. Wäre es nur das, so wären mehr Paare imstande, es gleichberechtigt und zu beider Zufriedenheit zu lösen. Doch die meisten schaffen das nicht. Hans' und Helens ständigem Streit, wer den Abfall hinausträgt und den Klempner anruft, liegt eine tiefe Kluft in ihren jeweiligen Begriffen von Fairneß zugrunde, die sich wiederum auf, wie Hochschild es nennt, ihre unterschiedlichen »Geschlechtsideologien« gründen, ihre Vorstellungen und Einstellungen darüber, wer und was sie als Männer und Frauen sind und sein sollten.

Helen bezeichnet ihre Ehe als stabil. Beide Partner sind gewillt, trotz ihrer Schwierigkeiten zusammenzubleiben, und beide, so sagt Helen, vertrauen einander. Doch die Unstimmigkeiten innerhalb und zwischen ihren Geschlechtsideologien schaffen, umgesetzt in ihre jeweiligen Erwartungen, wie sie lieben und geliebt werden wollen, eine Beziehung, die zu Instabilität, Mißverständnissen, Gefühlen des Betrogenseins und zu Verärgerung neigt – also, mit anderen Worten, zu Mißtrauen.

Das tritt in Helens Schilderung ihres durchgängigen emotionalen Problems offen zutage. Wie sie es darstellt, hat Hans das in seiner männlichen Macht wurzelnde Gefühl, Anspruch auf die »persönlichen Dienste« von Frauen zu haben. Sie ist sich darüber im klaren, daß seine Bedürfnisse, Wünsche und Erwartungen in einer anderen zeitlichen und räumlichen Umgebung geprägt wurden und sich wahrscheinlich nicht sehr ändern werden. Trotzdem will sie, daß er diese Macht und das Gefühl aufgibt, er verdiene es, umsorgt zu werden. Bis dahin weigert sie sich, seinen Wünschen nachzukommen.

Es gibt jedoch Anzeichen, daß Hans sich durchaus nicht stark fühlt. Seine Frau geht schon in die Luft, wenn er von ihr nichts weiter erwartet als die Erfüllung der hausfraulichen Pflichten, was (seiner Ansicht nach) durchaus recht und billig ist; mein Gott, sie ist sogar aufgebracht, wenn er die bezahlte Haushaltshilfe darum bittet! Zumindest könnte sie ihm zuhören, wenn er über seine Arbeit klagt, aber selbst das ist eine Last und obendrein noch politisch falsch – ein männlich-chauvinistischer, selbstsüchtiger Anspruch.

Wie viele Paare sind Helen und Hans ihre Ehe im besten Glauben eingegangen, in der Absicht, sich gegenseitig zu tolerieren und Kompromisse zu schließen. Gleichzeitig hegte jeder von ihnen sicher gewisse Wünsche, der andere werde sich ändern und der eigenen Idealvorstellung eines Partners etwas näher kommen. Helen muß

Hans Anständigkeit und Gerechtigkeitssinn gesehen und erwartet haben, daß es nur ein kleiner Schritt sei, bis er »die Falschheit seiner Einstellungen einsehe«, seine Schuld als Mann in einer sexistischen Gesellschaft zugebe und seine Ansprüche entsprechend mäßige. Er muß ihr starkes Engagement, die Mißstände der Welt zu ändern, gesehen und angenommen haben, sie werde mit der gleichen leidenschaftlichen Energie auf seine Bedürfnisse eingehen.

Leider haben sich diese Erwartungen und Wünsche genau entgegengesetzt ausgewirkt. Hans hat anscheinend den Eindruck, seine persönliche Integrität und Großzügigkeit unterscheide ihn von den männlichen »Unterdrückern« und die Beharrlichkeit, mit der sie ihn in die Kategorie Männer einordne, vergifte ihn. Andererseits muß das plötzliche Interesse dieser Neuen Frau, zu heiraten – *ihn* zu heiraten –, ihm gewisse Botschaften vermittelt haben, unter anderem vielleicht ihren versteckten Wunsch, mehr wie *er* zu sein.

Helen suchte sich einen konventionellen Mann als Ehemann aus, doch seine Konventionalität irritiert sie ständig. Sie sieht ihn als klassisches Muttersöhnchen: bedürftig und herrisch, außer Haus weltgewandt und fähig, zu Hause kindisch.

Er entschied sich für eine unabhängige Frau, empfindet allerdings ihre Unabhängigkeit als Bedrohung.

> Manchmal sagt er: »Eigentlich brauchst du mich nicht, oder?« Daß ich nicht finanziell oder spürbar emotional abhängig bin von ihm. Ich sage dann: »Im traditionellen Sinne nicht, aber ich bin gerne mit dir zusammen. Die Frau bleibt, wenn sie etwas davon hat.«

Hans war angezogen von ihrem »Tatendrang und Kampfgeist. Womit er nicht gerechnet hat, war, wie er sich gegen ihn wenden würde.« Er war eingenommen von ihrer Intelligenz und Tatkraft, beeindruckt von ihren Leistungen und fasziniert von ihrer Arbeit. Doch wenn sie auf Reisen geht, fühlt er sich immer im Stich gelassen und vernachlässigt und stellt verbittert ihr »Recht« in Frage, ihn sich selbst zu überlassen.

> Er probiert aus, wie weit er gehen kann. Ich habe ihm vor unserer Ehe gesagt, daß das ein Teil unseres Lebens sein würde. Natürlich,

jedesmal wird er ganz übellaunig und sagt: »Was würdest du tun, wenn ich sagen würde, du kannst nicht fahren?« Die Antwort lautet, ich wäre sehr erstaunt und würde selbstverständlich fahren.

Helen hat das Gefühl, daß er sie für ihr Verhalten, das dem einer Ehefrau nicht entspricht, bestraft. »Es herrscht ein paar Tage lang ziemlich gespannte Stimmung, wenn ich nach Hause komme. Er schmollt ein wenig, und ich bin verärgert, wenn ich sehe, daß in meiner Abwesenheit manche Dinge nicht erledigt wurden – wie die Zimmerpflanzen, die vertrocknet sind.«

Ihre Beziehung verläuft nach einem recht verbreiteten Muster: Helen bedrängt Hans offen, sich zu ändern. Hans hat seine eigenen Druckmittel, aber sie sind eher passiv. Sie versteht sein Verhalten als aggressiv und voll halbherzigen Wunschdenkens – voll wehmütiger Sehnsucht, eine äußerst heikle Kombination. Zum Beispiel: Als das Paar heiratete, lautete eine der »Grundvereinbarungen«, wenn die Jungen erst einmal das Haus verlassen hätten, würden die beiden vom Vorort in die Stadt ziehen. Als die Zeit kam, hatte Hans »eine Ausrede nach der anderen«. Helen begab sich auf die Suche nach einem Haus und bemühte sich, ihres zu verkaufen; er beteiligte sich einfach nicht daran. Schließlich »erklärte er einfach: ›Ich ziehe nicht um.‹«

Helen »packte den Stier bei den Hörnern« und drohte, sie werde die Werktage in ihrem Haus in Cambridge verbringen. »Ich machte deutlich, wenn er nicht umziehen würde, ich würde es tun«, eine Regelung, von der beide wußten, daß ihre Ehe sie nicht überstehen würde. Sie zogen um, »aber es war ein schlimmes Jahr – eine echte Krise in unserer Ehe –, denn ich hatte das Gefühl, daß er eine Abmachung brach, die mir sehr viel bedeutete«.

Warum war er so unnachgiebig? Es war ein Machtkampf, sicher, aber es steckte auch ein starker Wunsch dahinter. »Er dachte, ich würde mich an sein Vororthaus gewöhnen und gerne dort leben. Er dachte, ich würde diesen Gedanken einfach aufgeben.«

In Geldfragen passen Hans und Helen nicht so gut in das Schema konventioneller Mann–unkonventionelle Frau. Hans gefiel es, eine Frau kennenzulernen, die so lange Jahre finanziell auf sich gestellt war. Mit seinem Einverständnis gibt Helen jetzt ihre Stelle an der

Universität auf, um sich ganz ihrer Forschungsarbeit zu widmen, und wird mit Beratertätigkeiten zum gemeinsamen Einkommen beitragen. Sie schätzt, daß sie sich an allen Ausgaben außer an der Hypothek beteiligen wird, und da sie ihren Lebensunterhalt aus der Beratertätigkeit bestreiten kann, wird sie nicht vollends von ihm abhängig sein.

Hans ist etwas pikiert, daß sie eine »Freischaffende« wird, erklärt Helen, er empfindet es als »Statusverlust« für »meine Frau, die Professorin«. Aber sie meint auch, daß er insgeheim über die neue Regelung froh ist. Sie vergibt ihre Trumpfkarte in ihren Auseinandersetzungen über ihre, wie er es sieht, Verschwendungssucht. »Wenn er Einwände gegen etwas hat, für das ich Geld ausgegeben habe, sage ich nur: ›In Ordnung, ich schreibe dir einen Scheck aus.‹« Wenn sie diesen Scheck nicht mehr ausstellen kann, wird er dann sein finanzielles Übergewicht anders gegen sie in die Waagschale werfen? Ein wenig besorgt, daß er es tun wird, vermutet Helen allerdings auch, daß er meint, das bräuchte er nicht. »In gewisser Hinsicht gibt es ihm das Gefühl, daß die Dinge so ›natürlicher‹ sind«, erklärt sie. »Ich denke, er hofft, ich werde mein Verhalten ändern und netter zu ihm sein.« Helen tut diesen Traum, sich Dankbarkeit und damit ein Ende der Feindseligkeiten zu erwerben, als Illusion ab: »Irgendwie tut er mir leid, der arme Kerl.«

Es kann keinen Zweifel geben: Diese Streiterin wird keinen Waffenstillstand mit dem geliebten Feind schließen, den sie geheiratet hat. Es ist allerdings keine Böswilligkeit, die sie ständig auf der Hut und in der Offensive sein läßt. Auf einer Ebene ist Helen überzeugt, daß ihre Differenzen strukturell unversöhnlich sind.

> Ich habe oft das Gefühl, Frauen und Männer versuchen sich artenübergreifend zu paaren, und das macht es unmöglich, sich zu verstehen. Ich sehe natürlich Männer als die Fremden. Ich halte Männer für schwierig, sie teilen nicht die gleiche Sicht der Welt, haben eine ganz andere Sicht des persönlichen, ja selbst des politischen Lebens und haben im allgemeinen eine Menge männlicher Kraft, die mich anzieht. Ich werde in diese Welt hineingezogen und gleichzeitig abgestoßen von der Schwierigkeit, echten menschlichen Kontakt über eine Art Kluft hinweg herzustellen. Es

ist eine körperliche, gefühlsmäßige Kluft, die für Frauen sehr schwer zu überbrücken ist. Männer meinen, sie überbrückten sie, aber Frauen wissen, daß sie es nicht tun. Und wir tun es auch nicht.

Obwohl sie Hans liebt, hat sie das Gefühl, daß er nicht besser gerüstet ist, diese Kluft zu überbrücken, als jeder andere Mann. Sie hat »keine Illusionen, daß er die Ausnahme wäre . . . Ich denke, er ist ein durchschnittlicher Vertreter der Spezies Mann«, doch wie sie sagt, fühlt sie sich nicht ausgeschlossen oder einsam wegen der Distanz zwischen ihnen. Andererseits sehnt er sich danach, die Kluft zu überbrücken.

Er sagt mir recht deutlich, daß er eifersüchtig auf meine Beziehungen zu meinen Freundinnen ist. Ich hätte mit ihnen mehr Spaß – das stimmt. Ich behandelte sie anders – das stimmt. Er fühle sich von einem Großteil meines Lebens ausgeschlossen – das stimmt. Bei Frauen spüre ich . . . eine natürliche Empathie, ein Verständnis, eine Menge Dinge, die sich von selbst verstehen, eine gemeinsame Weltsicht, die schon halbwegs einer innigen Beziehung den Weg ebnet.

Helens Wahrnehmung der Kluft ist sehr verbreitet, ich habe sie bei vielen Frauen vorgefunden, die auf sehr unterschiedliche Weise lebten. Sie steht auf einer sehr breiten kulturellen Ebene in Zusammenhang mit dem Auseinanderklaffen der Bedürfnisse von Männern und Frauen, seiner Erwartungen, eine gewisse Art weiblicher Fürsorge zu bekommen, und ihrem Widerstreben, ja ihrer Unfähigkeit, sie zu erfüllen. Helen ist nicht die einzige Frau und Hans nicht der einzige Mann, die zwiegespalten, verwirrt und wütend über die Frage sind, wer wem wieviel geben sollte.

Auf dieser Ebene ist Helens weitgehend politisches Verständnis der Situation durchaus zutreffend. Ihre Bemühungen, Hans zu einer anderen Arbeitsteilung auf emotionalem und praktischem Gebiet zu zwingen, sind Teil des Sturms auf die Festung des Sexismus, und ihre Verachtung und Wut auf ihn sind Bestandteil des kollektiven Männerhasses.

Allerdings straft der Nachdruck, mit dem sie Hans' Bedürfnisse zurückweist, die Rationalität ihrer Haltung als eines politischen Aktes Lügen. Unbewußte Faktoren, die in der Kindheit wurzeln, motivieren jeden Menschen, auch Helen. Ein Beispiel: Helen stammt aus einer Familie, die gutes Benehmen, gute Zeugnisse und gesellschaftliche Erfolge als selbstverständlich erwartete und niemals belohnte. »Ich erinnere mich, daß ich oft sehr enttäuscht war, wenn ich etwas nach Hause brachte, das ich für eine gute Nachricht hielt, und sie dann sagten: ›Wir haben nichts anderes erwartet.‹ Keine Feier, keine Freude, keine Umarmung«, erzählt sie. Es macht Sinn, daß diese Frau vielleicht allergisch gegen Erwartungen ist.

Nach der Krise über den Umzug versuchten Hans und Helen es mit einer Paartherapie. Beide gingen sie mit dem Gefühl hinein, daß »wir Bedürfnisse hatten, denen der andere nicht entsprach«. Aber bald wurde deutlich, daß es beiden ebenso widerstrebte, in ihrer eigenen Vergangenheit die tieferen Ursachen für ihr Unglücklichsein, das wechselseitige wie auch das jedes einzelnen, aufzustöbern. Nach der sechsten Sitzung gaben sie die Behandlung auf.

> Ich glaube, ich hatte mich im Grunde entschieden, schlafende Hunde nicht zu wecken. Unterschwellig hatte ich so eine Ahnung, wenn ich meine Gefühle wirklich genauer betrachtete, könnte es vielleicht sein, daß ich nicht in der Ehe bleiben wollte, und das Risiko wollte ich nicht eingehen.

Die Hunde schlafen also weiter, und Helen ist sich weiterhin der globalen Unterdrückung der Frau schmerzlich bewußt; in dieser Hinsicht ist ihre Ehe kein sicherer Hafen. Sie ist allerdings froh, mit Mitte Fünfzig nicht mehr auf dem sexuellen Markt zu sein (auch wenn sie ihres Mannes sexuell müde ist), und sie mag die Kameradschaft, die gemeinsamen Scherze, den Ehealltag; trotz ihrer Kritik mag sie Hans sehr.

Nun, da ihre Eltern beide tot sind, fühlt sie sich ihm noch stärker verbunden, empfindet sie ihn mehr als Familie. Sie mag es nicht zugeben, aber vermutlich braucht sie ihn etwas mehr als vorher.

Für diese Frau, deren Leben die Scheitelpunkte zweier Epochen gekreuzt hat und deren Herz und Seele in beiden zu Hause sind, ist weder der eine Kurs – verheiratet zu bleiben – noch der andere – ihren Mann zu verlassen und wieder allein zu leben – der offensichtlich richtige.

Also trägt sie ihre Ehe herausfordernd, ein warmes Gewand, das dennoch zu eng sitzt, ein härenes Hemd, ein politisierter Streit. Helen hat sich in diese Situation geschickt, obwohl sie sich keineswegs ganz schlüssig darüber ist. Sie wirkt verwirrt, sogar bestürzt und etwas deprimiert darüber.

> In einer Hinsicht kann ich nicht glauben, was geschieht und daß ich heute diese Auseinandersetzungen habe. Die Frage ist, was mache ich daraus? An dieser Stelle kommt der große Kompromiß ... Ich könnte die Beziehung halten, ich könnte weiter kämpfen – was ich sicher tun werde – und weiterhin meine Zerrissenheit ausleben, und wir beide wären weiter unglücklich. Ich könnte auch aufgeben und sagen: »Es ist den Krach nicht wert, warum nicht einfach nachgeben und ein bißchen mehr auf entspanntes Familienleben machen?« Ich bin in mancher Hinsicht auch versucht, diese Richtung einzuschlagen.

Wenn nach Helens Verständnis ein bißchen entspannen gleich aufgeben heißt – zu kapitulieren –, dann mag sie wohl niemals Frieden finden.

Kapitel 7

ZERMÜRBUNG

Deborah Markowitz

Die Frau, die mir vorschlug, Deborah Markowitz zu interviewen, meinte, sie stehe »an einem Scheideweg«. Als ich das am Telephon Deborah gegenüber erwähnte, lachte sie etwas zweifelnd. »Nein?« fragte ich. Sie lachte wieder: »Ich muß darüber nachdenken.« Jedenfalls würde sie sich gerne mit mir unterhalten, fügte sie schnell hinzu, und wir verabredeten uns zum Mittagessen, wenn ihre Halbtagsarbeit als Studienberaterin einer High School beendet wäre.

Deborah ist zierlich, hat ein offenes, lebhaftes Gesicht, ist ruhig und gelassen, und dabei gesprächig und unprätentiös. Sie ist intelligent, denkt viel über sich nach, hat eine psychologische Vorbildung und spickt weder ihre Äußerungen mit Fachausdrücken, noch versteckt sie ihre Gefühle hinter allzu intellektuellen Floskeln.

Ihren äußeren Lebensumständen nach steht Deborah sicher an einem Wendepunkt. Sie ist neununddreißig und seit neunzehn Jahren mit Arthur Markowitz verheiratet, stellvertretender Geschäftsführer einer großen Firma. Sie haben drei Kinder. Da das jüngste gerade ins erste Schuljahr gekommen ist, organisiert sie ihr Leben gerade neu und denkt daran, eine weiterführende Ausbildung zu machen und eine Ganztagsbeschäftigung anzunehmen. Sie schlägt sich mit alten ehelichen Wunden herum, bringt mehr ihre Verärgerung zum Ausdruck und bietet ihrem Mann in Fragen des Geldes und der Religion die Stirn. Ihrer Schilderung nach tut sich das Paar schwer, seine Differenzen auszutragen. Sie hat zunehmend den Eindruck, daß ihre Formen der Problemlösung unvereinbar seien mit ihren neuen Vorstellungen vom Leben. Deborah und Arthur scheinen in entgegengesetzte Richtungen zu streben: er in Richtung auf eine Ehe mit einer stärker traditionellen Geschlechtsrollenbindung, sie in Richtung auf eine Unabhängigkeit, die keiner von beiden für möglich gehalten hätte, als sie vor fast zwei Jahrzehnten heirateten.

Das Wochenende nach unserem Gespräch bot ein Musterbeispiel für »die interessante Richtung, in die sich unsere Ehe entwickelt«. Arthur beschäftigte sich seit einiger Zeit intensiv mit dem orthodoxen Judentum, das Frauen eine gesonderte, untergeordnete Rolle zuweist, und fuhr mit seiner rein männlichen Studiengruppe und seinem orthodoxen Rabbi in ein Meditationswochenende. Deborah, eine praktizierende konservative Jüdin (diese Glaubensrichtung ordiniert auch Frauen und bezieht sie in alle Aspekte des Gottesdienstes ein), überließ die Kinder ihrer Mutter und fuhr zum ersten Mal, seit sie verheiratet ist, übers Wochenende nach Cleveland – unter lautem Protest von Arthur. Was machte Deborah in Cleveland? Sie nahm an einer Tagung über die Familie teil, auf der die jüdische Feministin Letty Cottin Pogrebin die programmatische Rede halten sollte.

Im Laufe unseres Gesprächs begann ich allmählich, Deborahs seltsame Antwort auf meine Frage am Telephon zu verstehen. So wie sie ihr Leben schilderte, schien ihr der Weg, der so gerade und gut gepflastert begonnen hatte, nun plötzlich steinig, steil und schwer begehbar zu werden. Was ihr bevorstand, war eine Belastungsprobe.

Eine andere Frau in ihrer Lage hätte vielleicht an Trennung gedacht oder zumindest doch daran, ihrem Mann eine Art Ultimatum zu stellen. Doch für Deborah kommt Scheidung als Möglichkeit nicht in Betracht. Sie genießt die Bequemlichkeiten der Ehe, hat drei kleine Kinder und »einen typischen Ehefrauenjob – zwölftausend Dollar im Jahr, kaum Anerkennung, es ließe sich nicht davon leben, auch wenn man es versuchte«. Doch persönliche Veränderungen, die sie durchgemacht hat, lassen sie ungeduldig auf entsprechende Veränderungen bei Arthur warten. Sie hat sich immer nach mehr Nähe gesehnt; jetzt will sie außerdem auch mehr Respekt und Gleichberechtigung. Er wird ihr all dies jedoch nicht freiwillig zugestehen. Er ist zufrieden so, wie es ist, und wie Männer eben sind, erklärt sie, hat er seine Grenzen.

Das Leben mit ihm hat von seiner offenbar fröhlichen Frau seinen Tribut gefordert. Während sie spricht, sickern allmählich unterdrückter Ärger, tiefe Verletzung und Frustration durch. Sie sieht ihren Mann in mancherlei Hinsicht als typischen Mann, und das ist nach ihrer Einschätzung keine schmeichelhafte Bezeichnung. Ja, gibt sie zu, jede Frau haßt irgendwo die Männer. Dieser Gedanke ist allerdings keine echte Hilfe bei ihren beträchtlichen ehelichen Auseinandersetzungen, die nach ausgewogeneren Gefühlen und Ansichten, Strategien und Taktiken verlangen.

Deborah und Arthur befinden sich in einem Zermürbungskrieg. Jeder von ihnen strebt seinen eigenen Zielen zu, Zielen, die sich weitgehend gegenseitig ausschließen. Bei unserer ersten Begegnung 1988 hatte es den Anschein, als seien beide etwa gleich gut gerüstet. Deborahs Gutmütigkeit und Seelenstärke konnten ihre Bemühungen gleichermaßen stützen wie untergraben. Sie konnten eben genug Freundlichkeit als eine Art Friedensangebot ausstrahlen, um ihrem Mann das Gefühl zu vermitteln, daß ihre Unabhängigkeit seinen Status oder die Sicherheit ihrer Kinder nicht bedrohen würde. Gleichzeitig versetzte diese Geduld sie in die Lage, »sich weiter mit Dingen abzufinden«, wie sie es den größten Teil ihres Ehelebens über getan hatte, und die Seite in sich zu unterdrücken, die gewaltig die Nase voll hatte – jene Seite, die seine Position als Herr im Hause tatsächlich und unmißverständlich bedrohte.

Arthur hatte siebzehn Jahre einer traditionellen Ehe und eine Welt männlicher Privilegien auf seiner Seite. Gewohnt, das Familieneinkommen zu verdienen und zu verwalten und in den wichtigsten Dingen ihr Leben so zu bestimmen, wie er es für richtig hielt, setzte er anscheinend auf das Beharrungsvermögen des Status quo, ihre Anschläge zu überdauern. Er gestattete sich sogar den Luxus, sich über ihr Streben zu amüsieren. Seine Ausflüge ins fundamentalistische Judentum stellte er als Interesse hin, als »Hobby«, erklärte Deborah, »wie Angeln oder Astrologie«. Und doch nahm er die Kinder nun samstags oft mit, um sie mit den Prinzipien vertraut zu machen. Deborah war etwas besorgt, daß er versuchen könnte, auf ihre religiöse Position Einfluß zu nehmen, was im Falle des orthodoxen Judentums bedeutet, das gesamte Familienleben zu ändern und den Vater bedingungslos als unbestreitbares Oberhaupt anzuerkennen. Vielleicht war es ja auch ein defensiver Schritt, die Kinder mitzunehmen: Stützte er eine Festung, die er wanken sah, wenn auch nur leicht?

Deborah wuchs im Mittelwesten in einer finanziell gesicherten Familie gläubiger Juden auf. Ihr Vater war Geschäftsmann; er war, »mit einem Wort, abwesend«. Streng erzogen, ohne großen Spielraum für eigene Entscheidungen, war Deborah ein gehorsames Kind und besaß als Heranwachsende wenig Selbstsicherheit.

> Meine Mutter traf viele Entscheidungen für mich. Sie sagte mir, welche Kleider mir gut standen, was gut war, was schlecht, was meine Persönlichkeit ausmachte, und ich befolgte das. Ich traute meinem eigenen Urteil nicht, also verließ ich mich auf ihres.

Mutter (und vermutlich auch Vater) wollten, daß Deborah einen Mann heiratete, der »respektabel, zuverlässig, ein guter Verdiener – all diese Sachen« war. Ihre Eltern mochten Arthur, und sie besaß nicht die Veranlagung zur Rebellion.

> Ich entschied mich auch für einen Mann, auf den man sich verlassen konnte, der immer dasein würde. Ich schätze Verläßlichkeit, aber ich glaube, ich vermisse es ein wenig, meinen Gefühlen nicht gefolgt zu sein. Ich habe es verpaßt, mir die Art von Mensch zu suchen, der mehr wie ich gewesen wäre, verständnisvoller. Ich habe das Gefühl, als habe es mich von vielen Erfahrungen abgeschnitten, das Sichere zu suchen statt das Befriedigende.

Wie andere Mädchen, die in den fünfziger Jahren aufgewachsen sind, hatte auch Deborah romantische Vorstellungen von der Ehe. Sie hatte kaum Erfahrungen mit Jungen, nur eine Beziehung vor Arthur.

> Ich dachte, zu heiraten wäre wie ein langes Rendezvous. Wir würden morgens wach und uns die ganze Zeit unterhalten und ausgehen und alles teilen ... Ich fand sehr bald heraus, daß das Teilen nicht stattfinden würde. Das war 1972. Ich dachte – nun ja, wir arbeiteten beide den ganzen Tag –, wir würden uns zu Hause die Arbeit schon teilen. Na ja, da war nicht viel mit Teilen. Was die Liebe angeht, war unsere Beziehung zu Beginn sehr lebendig, aber ich bekam nicht das, was ich erwartet hatte.

Deborah arbeitete halbtags und machte ihren Abschluß als Studienberaterin. Als das erste Kind kam, ein Junge, hörte sie auf zu arbeiten. In kurzem Abstand folgte ein zweiter Junge. Das dritte Kind, ein Mädchen, wurde 1982 geboren. Arthur stieg in seiner Firma auf und war mehr und mehr auf Reisen. Deborah versorgte ihr großes Haus in einer Vorortgegend und engagierte sich im Elternverband der Schule und in der Synagoge. Als Mindy in die Vorschule kam, nahm Deborah wieder eine Halbtagsstelle an. Obwohl Arthur sehr viel auswärts zu tun hat, ist Deborah mit ihm als Vater mehr als zufrieden.

> Er hat ein sehr enges Verhältnis zu den Kindern, ist sehr nett mit ihnen. Er ist ein wirklich sehr engagierter Vater ... Also, er weiß nicht, wann sie zum Zahnarzt müssen – zum Beispiel. Das muß man ihm sagen. Er ergreift nicht die Initiative. Er ist auch nicht so ganz im Bilde, wer ihre Freunde sind. Aber meine Tochter wird wach, und er ist in der Dusche. Sie kommt herein und sagt: »Wo ist Papi?« und sitzt vor dem Badezimmer und wartet, bis er herauskommt.

Die Frage der Elternschaft löste gewissermaßen die erste größere Krise in der Ehe der Markowitz' aus. Deborah wurde wieder schwanger, ließ eine Abtreibung und gleichzeitig eine Sterilisation vornehmen. Obwohl sie die Entscheidung mehr oder weniger gemeinsam trafen, hatte Deborah das Gefühl, Arthurs Art, Probleme anzugehen, habe es ihm unmöglich gemacht, ihr durch dieses traumatische Erlebnis hindurchzuhelfen. Die Episode schuf eine Kluft in ihrer Beziehung, die bis heute nicht überwunden ist. Diese Distanz zwischen Mann und Frau ist für Deborah zwischen den meisten Frauen und Männern von vornherein angelegt.

Interessanterweise begann Deborah diese Geschichte mit der Äußerung, Männer täten ihr leid, weil sie keine Kinder bekommen könnten und gewöhnlich nicht sehr viel mit dem Leben ihrer Kinder zu tun hätten.

> Ich war gerne schwanger, ich mochte es, Kinder zu gebären, ich bin gerne Mutter. Ich fand es gut, die Möglichkeit zu haben, zu

Hause zu bleiben und es zu genießen. Ich bin froh, daß ich nicht ... in einem Beruf arbeiten muß, der mir nicht gefällt. Aber, ich glaube, Männer begreifen nicht, wie es ist, schwanger zu sein.

Sie hält inne, setzt wieder an, hört auf und beginnt dann über die Abtreibung zu sprechen. Obwohl sie schon drei Jahre zurückliegt, erzählt sie die Geschichte umständlich, stockend, als seien ihre Zweifel, ihre Verwirrung, Traurigkeit und Wut noch frisch.

Ich bin immer noch wütend darüber. Ich dachte, ich hätte es aufgearbeitet, aber es kommt immer wieder hoch, und ich weiß nicht, ob es mein Konflikt war oder seiner oder was. Ich glaube, ich bin vielleicht immer noch wütend auf ihn. Ich wußte, als ich schwanger wurde – vor allem hatte ich das Gefühl, es sei meine Schuld, daß ich schwanger wurde –, irgendwie wußte ich, daß er keine Kinder mehr wollte. Ich weiß nicht, wie ich dazu stand. Ich glaube, ich wollte noch mehr Kinder ... Ich glaube, ich war etwas verärgert, weil ich wußte, daß er keine Kinder mehr wollte und ich es loswerden mußte, sofort. Das muß man teilen – wir waren siebzehn Jahre zusammen –, aber ich glaube nicht, daß er den Konflikt verstand, in dem ich mich befand.

Arthur schaffte es nicht, ihr zuzuhören, erklärt Deborah, also konnte er auch nichts von dem Konflikt erfahren, in dem sie war. Sie mußte über ihren Zwiespalt sprechen, aber als sie es tat, dachte Arthur, sie rede nur so daher, und begann, ihr Vorträge zu halten, und versuchte, sie zu überreden. Sie fühlte sich zum Schweigen gebracht, vernachlässigt und mehr und mehr allein.

Ich glaube, jedesmal, wenn ich das Thema ansprach, hatte er das Gefühl, ich frage ihn, damit er die Entscheidung treffe. In Wirklichkeit hatte ich mich entschieden, aber ich mußte immer noch darüber sprechen. Es war schwer für mich, mich abzufinden ... Aber das ist wieder einmal sein Schwarzweißdenken: »Das kann nicht sein. Das paßt nicht in den Plan.« Ich hatte nie das Gefühl, daß er wirklich verstand, wie komplex es war. Wenn ich versuchte, über den Verlust zu sprechen, sagte er: »Oh, du willst noch ein Baby? Du willst nicht wirklich ein Baby. Die Wahrheit ist blah blah blah, mein Gehalt, das Haus, blah, blah.« Nie sah er wirklich auf die Gefühle.

Wie Arthur an die Abtreibung heranging, war typisch für ihn, erklärt Deborah. »Ich glaube nicht, daß er sich in meine Situation einfühlen konnte.«

Arthur kann nicht einfach meinen Gefühlsäußerungen zuhören. Er will das Problem lösen. Er will eine Entscheidung treffen, eine sehr grundsätzliche Sache, nicht einfach über Sachen reden. Er will einen Schlußstrich, er will einen Strategieplan.

Wie wirkt sich das auf sie aus? »Ich verschließe mich dadurch und scheue davor zurück, ihm etwas zu erzählen, ehe ich es nicht schon für mich gelöst habe.«

Deborah sieht dieses Schwarzweißdenken als »eine männliche Charaktereigenschaft – oder der Männer, die ich kenne«. Arthur ist ein Stammler: »Rationale« Sprache beherrscht er fließend, doch sobald es um Gefühle geht, ist er erschrocken und sprachlos. Wie wir im Kapitel »Der Stammler« oben gesehen haben, bestätigt die Psychologin Deborah Tannen Deborahs Sicht. Da zielloses Problemwälzen Männern angst macht und sie zu instrumentellem Denken erzogen wurden, sagt Tannen, fühlen sie sich verpflichtet, sofort eine Lösung für ein Problem zu finden, während ihre Partnerinnen oftmals das Gespräch selbst als Lösung ansehen: Es lindert Trauer oder bringt Klarheit in verworrene Situationen. Wie bei vielen heterosexuellen Paaren ist Arthurs mangelnde Bereitschaft, »einfach über Sachen zu reden«, eine der größten Enttäuschungen für Deborah und Ursache für sehr viel Wut, Zwietracht und Mißverständnisse zwischen ihnen.

Daß Deborah mit Arthur nicht sprechen kann, bedeutet für sie ein ernstes Defizit in ihrem Leben, denn sie fängt gerade erst an, sich als Frau in einem »Beziehungsnetz zu Frauen« zu sehen. Noch vor drei Jahren war sie eine »normale, verheiratete Dame der Mittelschicht«; sie suchte Trost bei ihrem Mann und Rat bei ihrem Frauenarzt und ihrem Therapeuten – beide Männer. Erst vor kurzem sprach sie mit anderen Frauen über die Abtreibung, die von ähnlichen Erfahrungen berichteten; das, so sagt sie, hilft ihr, mit dem Aufruhr fertig zu werden. Doch während ihrer Krise wandte sie sich an Männer und sah ihre Einsamkeit nur größer werden.

> Gott weiß, warum ich mit einem männlichen Therapeuten darüber sprach. Ich meine, ja, er war ein wirklich einfühlsamer Mensch und hörte sehr aufmerksam zu und fühlte sich auch ein und half mir, beide Seiten zu sehen, und machte deutlich, was ich sagte. Aber er hatte keine Möglichkeit, mich zu verstehen.

Deborah ist sich darüber im klaren, daß Arthur auch etwas dabei empfand – gemischte Gefühle, vermutet sie –, das Baby zu verlieren und die Möglichkeit auszuschließen, noch weitere zu bekommen. Aber sie ist nach wie vor von dem Gedanken zermürbt, wie unterschiedlich er und sie die Sache erlebt haben, wie schwer es für sie war und wie vergleichsweise leicht für ihn, so glaubt sie. In unserem Gespräch kam sie mehrfach auf die Tatsache zurück, daß sie sich für die Sterilisation einem größeren Eingriff unterziehen mußte, der bei einem Mann nicht nötig wäre. »Es war seine Idee«, daß sie sich sterilisieren lassen sollte, erklärt sie; als sie ihm eine Vasektomie vorschlug, lehnte er es kategorisch ab. »Das wollte er gar nicht in Betracht ziehen. Der Gedanke, daß jemand seinen Körper anfaßte oder seine Männlichkeit zerstörte, war bedrohlich für ihn.«

Deborahs erster Impuls war, Mitgefühl zu entwickeln. »Ich glaube, er war traurig, daß es geschah«, erklärt sie. Doch innerhalb weniger Sätze schlägt ihr Mitgefühl in Verärgerung um, und ein feindseliger Unterton schleicht sich in ihre Stimme.

> Er hat nie etwas von Trauer oder einem Gefühl des Verlustes geäußert. Eigentlich war er froh. Und ich schätze, das machte mich auch wütend. Jetzt bekommt er, was er will. Er hat erreicht, daß ich meine Eileiter verschließen lasse, und muß sich überhaupt keine Gedanken mehr machen. Denn das Kupferding mit dem kleinen Drähtchen, der Draht tat ihm weh. Und die Pille – ich meckerte zu viel. Und das Diaphragma ist fies und Kondome ebenso.

Unverarbeitete Gefühle zur Sterilisation quälen Deborah noch in anderer Hinsicht. Sie lacht nervös und erzählt:

> Seit ich meine Eileiter verschließen ließ, hatte ich das Gefühl, also, okay, diese Phase meines Lebens ist vorbei, ich kann darum trauern, in Ordnung. Und ich habe diese neugewonnene Freiheit. Aber ich war deprimiert. Ich fühlte mich wie ein Eunuch, als sei ich geschlechtslos. Ich sagte: »Ich glaube, sie haben mir den G-Punkt herausgenommen.« Ich war völlig teilnahmslos. Ich dachte, ich würde mich völlig frei fühlen, aber es hatte genau die gegenteilige Wirkung, als ich gedacht hatte.
> ... Also deshalb meinte ich, daß ich vielleicht innerlich wütend bin, weil ich das seinetwegen durchmachen mußte. Weil er mich schwanger gemacht hat, weil er meine Gefühle nicht verstanden hat. Er war wunderbar. Wir fuhren ins Krankenhaus, er war bei mir. Er kümmerte sich auch um mich, als wir zurückkamen. Er war mitfühlend und warmherzig während dieses Erlebnisses. Aber ich fühlte mich dennoch allein und entfremdet. Ich mußte es durchmachen; ich bekam die Spritze und die Narkose. Er mußte das nicht machen.

»Das liegt drei Jahre zurück«, sage ich und frage: »Haben Sie wieder angefangen, sexuelle Lust zu empfinden?« Sie legt ihre Gabel aus der Hand und sagt schlicht: »Ich glaube, das Baby würde jetzt bald drei.«

Nach einer Weile frage ich noch einmal: »War das nur eine vorübergehende Phase, die Sie durchgemacht haben, sexuell teilnahmslos zu sein?«

> Also, es war stärker ausgeprägt. Aber ich glaube nicht, daß es je ... Ich glaube, die Angst und die Erregung, vielleicht schwanger werden zu können, ist ein Teil dessen, was Sex ausgemacht hat, zumindest mit meinem Mann. Also war es nie wieder so gut. Ich weiß nicht, ob es mit den anderen Sachen zusammenhängt, die in meiner Psyche vorgehen.

Wieder macht sie eine Pause, denkt nach und fügt fast schroff hinzu: »Ich habe ohnehin Schwierigkeiten, mich von Dingen zu trennen.«

Nach der Abtreibung und der Sterilisation begann Deborah, noch einen anderen belastenden Teil ihrer Ehe abzulegen: ihre Fügsamkeit. Vielleicht hatte das traumatische Erlebnis, ihre Fruchtbarkeit zu verlieren, eine befreiende Wirkung auf sie. »Was habe ich zu verlieren?« mag sie wohl gedacht haben. Oder: »Ich habe so viel aufgegeben. Ich will nicht noch mehr aufgeben.« Jedenfalls machte die Tatsache, daß sich der Bruch zwischen ihr und Arthur offensichtlich nicht überwinden ließ, sie anscheinend mutig, ja für ihre Verhältnisse sogar tollkühn. Wenn ihre Ehe weiterbestehen sollte, dann müßte es auf einer anderen Grundlage sein als auf ihrer Anpassung an seine Bedürfnisse und Wünsche.

Arthur war nicht einverstanden.

Geld war ein typischer Streitpunkt. Deborah erbte etwas Geld von ihrer Mutter und erklärte, sie wolle ein eigenes Bankkonto eröffnen und sich einen Wagen kaufen. Arthur war dagegen. Er griff zu einem traditionellen männlichen Mittel, die Kontrolle zu behalten – der Beschützerrolle –, und ihr Versuch, sich auch nur ein geringes Maß finanzieller Unabhängigkeit zu verschaffen, bedrohte diese Kontrolle, erklärt sie. Er sah ihren Wunsch als Bruch ihres Paktes: Sie traute ihm nicht zu, für »ihr« Geld und damit im weiteren Sinne für sie und die Kinder zu sorgen. Er hatte den Eindruck, er könne seinen Willen durchsetzen, wenn er sie überzeugte, daß es »unbequem« wäre, getrennte Konten zu haben. Er glaubte, die »praktische« Herangehensweise würde alle störenden Gefühle abschwächen, meint Deborah.

Doch Deborah äußerte sich weder geradeheraus, noch handelte sie konsequent. Teils zwangen sie sein Widerstand und die Überlegenheit seiner Argumentation zu einer hinterhältigen Handlungsweise. Sie setzte eine Art Guerillataktik ein, mit der sie Arthur zermürbte und immer im ungewissen ließ, ob und wann sie »angreifen« würde. Es versteht sich von selbst, daß keine dieser Vorgehensweisen auch nur einen Deut dazu beitrug, das Problem zu klären.

> Er hat das Gefühl, daß ich nicht offen sage, was ich will, daß ich es erschleichen will. Ich bin irgendwie passiv-aggressiv. Ich sage: »Oh, es macht mir nichts, wenn ich das Geld nicht auf meinem Konto behalte. Ich tue es einfach auf das gemeinsame Konto«, weil

er mich mit all diesen logischen Argumenten überzeugen will, daß unser Konto mehr Zinsen bringt und er so leichter an das Geld herankommt. Und ich sage: »O ja, du hast recht.« Was nicht unbedingt heißt, daß ich es auch tue. Dann wird er wütend, weil er denkt, ich habe zugestimmt, und wir bekommen noch mehr Streit darüber, ob ich zugestimmt habe oder nicht.

Deborah deponierte das Geld »vorübergehend« auf dem gemeinsamen Konto, aber der Streit blieb. Sie hatte nicht den Mumm, es einfach abzuheben und ein eigenes Konto zu eröffnen (etwas, das sie, nebenbei bemerkt, jederzeit hätte tun können) – auch um ihr Gehalt darauf einzuzahlen. Der Scheck für den neuen Wagen wurde vom gemeinsamen Konto ausgestellt. Arthur hatte den Kampf gewonnen.

In den letzten Jahren gab es eine ganze Reihe solcher Machtkämpfe, in denen Deborah die Familientraditionen in Frage stellte und Arthur Widerstand leistete. Oft führt er die Sicherheit der Kinder – ein treffsicheres Geschütz – gegen sie ins Feld. Bei Familienausflügen mit dem Auto zum Beispiel sitzt gewöhnlich Arthur am Steuer. Deborah kutschiert die Kinder in der Stadt herum, zu Pfadfindertreffen, Geburtstagsparties, Arztterminen – die üblichen Fahrdienste von Müttern. Vor kurzem äußerte sie also bei einem Familienausflug den Wunsch, auf der Autobahn zu fahren. Arthur lehnte es glattweg ab; er warf ihr vor, das Leben der Kinder in Gefahr zu bringen.

In diesem Jahr wurde Deborah eine Ganztagsstelle in der Schule angeboten; sie ist versucht, sie anzunehmen. Wie vorherzusehen, ist Arthur dagegen und argumentiert, den Kindern würde es an ihrer Zeit und Zuwendung fehlen. Deborah, die an diesen Fragen in der Therapie gearbeitet hat, ist gegen Schuldgefühle nicht ganz gefeit. »Ich denke, ich werde die Entscheidung danach treffen, was für mich gut ist«, meint sie und fügt dann hinzu: »Da die Kinder jetzt älter sind, bin ich unabhängiger.«

Doch der langwierige Zermürbungskrieg geht weiter.

Er sagte: »Wozu willst du eine Ganztagsstelle? Du brauchst das Geld nicht.« Er ist in seinem Beruf auch aufgestiegen. Ich sagte, ich hätte auch gerne Sicherheit. Ich habe immer noch das Gefühl,

eskaliert. Arthur verfolgt immer noch seine orthodoxen Studien, hat aber nicht darauf bestanden, daß sie oder die Kinder sich daran beteiligen. Ihr ältester Sohn feiert im nächsten Jahr seine Bar-Mizwa in der konservativen Synagoge, ist also nicht dem orthodoxen Glauben gefolgt.

Und Deborah, die seltsame Streiterin, macht weiter.

> Im Augenblick ist mein Ziel im Leben, diese Bar-Mizwa lebendig und mit intakter Familie zu überstehen ... Sie bedeutet Seth und uns allen sehr viel. Arthur und ich konzentrieren uns auf gemeinsame Ziele – das Zeug, das sie einem in *McCall's* erzählen. Ich kann nicht behaupten, daß es ein wunderbares Gefühl ist.

Kapitel 8

KAPITULATION

Elizabeth Storey

Die einschlägige Studie zur Männerknappheit überraschte Elizabeth fast ebenso wie das Klingeln ihres Weckers am Morgen eines Werktages. Für einen Moment war es ein kleiner Schock, doch er kam nicht ganz unerwartet. Wie viele alleinstehende Frauen ihres Alters und ihrer gesellschaftlichen Stellung – sie ist einundvierzig Jahre alt und verdient über sechzigtausend Dollar im Jahr – wurde Elizabeth nicht gerade überhäuft mit Heiratsanträgen passabler Junggesellen. Allerdings brachte die Untersuchung sie auch nicht dazu, in wilder Hast ihr ganzes Leben erneut zu überdenken, wie es unglückliche Frauen angeblich in Therapeutenpraxen und über Gläsern Blanc de Blanc im ganzen Land taten. Elizabeth sprang nicht eilends in den nächsten Video-Kontakt-Klub, fing keine Diät an und dachte auch nicht daran, nach Wyoming zu übersiedeln, wo die Bevölkerungszusammensetzung günstiger ist.

Elizabeth Storey hat viele Freunde, Frauen wie Männer. Ihr Berufsleben könnte nicht herausfordernder, faszinierender und erfüllter sein (»Haben Sie noch weitere Fragen?« fragte sie mich gegen Ende unseres Interviews. »Ich habe noch etwa sieben Minuten Zeit«). Sie ist ehrgeizig und energisch, eigentlich in beidem schon »ein bißchen überzogen«, gibt sie zu. Sie ist Anwältin mit einer gutgehenden Kanzlei und Senatorin eines Bundesstaates im Süden (sie bat mich, den Namen des Staates nicht zu nennen); ihre prägenden juristischen Erfahrungen sammelte sie in Bürgerrecht und Armenrecht in ländlichen Counties, die selbst in den siebziger Jahren der Integration noch nicht freundlich gesinnt waren. Wo immer sie seitdem gearbeitet hat, fiel sie auf.

»Ich war die einzige Frau in jeder Anwaltssozietät, in der ich praktiziert habe«, erklärt Elizabeth. »Ich war die einzige Frau in all diesen Gerichtssälen, ich war die einzige Frau bei hunderterlei anderen Gelegenheiten.« Als sie anfing, gab es in vielen Gerichtsgebäuden des Staates noch nicht einmal eine Damentoilette außer der für die Geschworenen. Frauen benutzten die Toiletten, die früher Schwarzen vorbehalten waren – im Untergeschoß, Zugang von der Rückseite des Gebäudes, von außen.

Elizabeths schneller politischer Aufstieg und ihre feste Haltung zu Fragen, die sie zu vertreten hatte – das Recht von Frauen auf Abtreibung eingeschlossen –, haben nur dazu beigetragen, sie ins Blickfeld zu rücken und in den Augen der alten Herren, die den Staat weitgehend beherrschten, verdächtig zu machen. Da Elizabeth begriff, was für eine Bedrohung sie darstellte, entwickelte sie eine eigene Strategie, die Dinge, die sie erreichen wollte, durchzusetzen. Dazu gehörte es, bewußt eine Haltung einzunehmen, die weder allzusehr auf offenen Kampf noch auf weibliche Listen setzte.

> Als ich ins Kapitol kam, war noch nie eine Anwältin im Senat gewesen ... Ich war die jüngste weiße Frau im Kongreß ... Ich komme also hinein mit einem sehr zielstrebigen Lebenslauf, mit einer äußerst profilierten Kampagne, die mir unglaublich positive Reaktionen in der Presse eingebracht hat ... ich komme also hinein! Dynamische Frau. Junge, dynamische Frau ... Ich bin seit fünfzehn Jahren daran gewöhnt, mit Männern an einem Tisch über Geld und Macht zu verhandeln.
> Und diese Burschen haben nicht einmal eine Vorstellung von einer berufstätigen Frau, abgesehen von der Lehrerin und der Krankenschwester. Da ich das wußte und da ich wußte, daß ich dem Speaker diese großartigen, prestigeträchtigen Ausschußernennungen zu verdanken hatte ... beschloß ich mit ganz strenger Disziplin, freundlich und bestimmt zu den Leuten zu sein. In Prozessen bin ich kühl und bestimmt, höflich und professionell, aber nicht freundlich. Ich neige dazu, unnachgiebig und negativ zu sein und die Zähne zu zeigen. Und das hat sich bewährt. Das muß man in dieser Umgebung. Ich glaube, ich bin [im Kapitol] für sie ein so völlig fremdartiges Wesen, daß es wichtig für mich war, freundlich zu sein und zu lächeln.

Elizabeth war mit ihrer instrumentellen, zielstrebigen, praktischen und an Grundsätzen orientierten Herangehensweise bemerkenswert erfolgreich, fast schon unglaublich erfolgreich für ihr Geschlecht. Senatorin Storey hat es geschafft, sich selbst bei ihren standhaftesten Gegnern Respekt zu verschaffen. Und wenn man ihr an ihrem großen, hölzernen Schreibtisch gegenübersitzt in ihrem hellen Büro, das mit ausgefallenen Geschenken von Anhängern und mit Zeitungsbildern von ihr dekoriert ist, kann man nicht anders, als diesen Respekt zu teilen. Sie ist groß und auffallend gekleidet, liebenswert, aber unerschütterlich, eine treibende Kraft und jemand, der Dinge in Bewegung bringt, durch und durch professionell – voller Selbstvertrauen.

Zumindest gilt das für Büro, Gerichtssaal und Kapitol. Denn wenn Senatorin Storey einfach nur Liz ist, scheinen Selbstvertrauen und Kompetenz von ihr abzufallen. Im persönlichen Leben zeitigt ihre zielorientierte Taktik offenbar keine Erfolge. »Für das zu kämpfen, was man will, läuft bei mir sehr gut politisch, in der Öffentlichkeit, in Prozessen und in der Arbeit«, erklärt Elizabeth, und zieht damit eine Linie, die ihr Leben in zwei ungleiche Teile teilt. Für das zu kämpfen, was man will, hatte bei ihr im Persönlichen keinen Erfolg. Sie macht den Eindruck, als sei sie zu diesem Schluß ebenso methodisch und empirisch gelangt wie zu ihren Vorstellungen über die Führung einer Kampagne oder die Vorlage zu einem Gesetz. »Ich würde sagen, ich habe es versucht«, sagt sie, »und bin auf ganzer Linie gescheitert.«

Elizabeth gibt sich nicht selbst die Schuld am traurigen Stand der Dinge zwischen sich und den Männern. Sie kennt viele großartige Frauen, die in der gleichen Lage sind wie sie – unbefriedigende oder gar keine Beziehungen haben –, und hält nichts von der populärpsychologischen Weisheit, daß sie zuviel lieben, arbeiten oder wollen. Vielmehr, so meint sie, sind die Männer das Problem: Sie sind in einer erbärmlichen Verfassung.

> Die Frauen, die ich kenne – enge Freundinnen –, erfolgreich, verdienen viel Geld, über fünfzigtausend Dollar im Jahr, über achtzigtausend Dollar, attraktiv, ich meine wirklich attraktiv, kompetente Frauen, die sich einsetzen und eine Menge sehr, sehr

positive Sachen machen – ich kenne viele solcher Frauen, die in ihrem persönlichen Leben mit Männern völlig gescheitert sind. Und die Männer der gleichen Altersgruppe, aus denselben Kreisen, Mittdreißiger bis Mittvierziger, haben einfach nicht diese Qualitäten, diese emotionalen Gaben, persönliche Qualitäten. Sie sind einfach – das hört sich jetzt nach Vorurteilen an – in dem Alter, in dem sie eine soziopathische Distanz dazu haben, gemeinsame Verantwortung für die Gesellschaft oder für die Beziehungen zu übernehmen, in denen sie sind. Sie haben kein Interesse am Wettbewerb mit Frauen, die ihnen gleichwertig sind. Sie sind fasziniert davon – diejenigen, die wirklich selbstbewußt sind – und genießen es als Illusion, aber für das tägliche Leben wollen sie es überhaupt nicht. Sie haben nicht die Energie, diese Verpflichtung einzugehen, oder sie wissen nicht, wie sie es machen sollen.

Sie wissen nicht, wie sie sich verhalten sollen, wirklich nicht, in gewisser Weise ist das eigentlich nicht selbstsüchtig.

Ich bin ständig verblüfft über die völlige Unbeholfenheit, mit Frauen umzugehen: entweder völliges Unwissen oder Unfähigkeit, ein emotionales Bedürfnis zu erkennen. Ständig die Metapher, ständig das Beispiel: »Ich ruf' dich an und mache dies oder das«, das nie eingehalten wird. Das völlige Fehlen jeder Einsicht, was das bewirkt ... Ich weiß nicht, ich finde es merkwürdig, wie unbeholfen sie sind. Und ich kenne viele Geschichten von Frauen, etwa in meinem Alter, eine Menge ähnlicher Geschichten.

Mit der ihr eigenen Prägnanz skizziert Elizabeth die Geschichten dieser Frauen.

Es ist immer dasselbe: eine enorm positive kurze Zeit, sehr, sehr interessiert – dann sind sie verschwunden. Kein Dankesbrief, kein Anruf, kein Wie-geht-es-dir? Nichts ... Nur diese gewisse Distanz, diese Mentalität von Kommen und Gehen. Kein Interesse, sich hinzusetzen, auf irgendeiner persönlichen Ebene Gemeinsamkeiten zu finden.

Den Standpunkt, von dem aus Elizabeth diese Beobachtungen anstellt, hat sie nicht aufgrund von schmerzlichen Erfahrungen gewonnen, nicht durch übermäßiges Leid, Mißbrauch, Schikanierung, Verlassenwerden oder krankhafte Erfahrungen. Ihre Familie erfüllte ihre Aufgabe hervorragend, und ihre Kindheit klingt so normal, wie man es sich nur vorstellen kann. Ihre Eltern hatten ein Geschäft und lebten über fünfzig Jahre gemeinsam in einer nach Elizabeths Ansicht liebevollen, angenehmen, glücklichen Ehe ein ruhiges, einfaches Leben. Obwohl sie Elizabeth nicht zu Ehrgeiz anhielten – sie neigten sogar eher dazu, sie aufzufordern, sich auszuruhen –, »saßen sie da und beobachteten, vor allem, was ich in den letzten fünf Jahren gemacht habe ... mit einer gewissen Anerkennung und Erregung und Interesse und auch Stolz, da bin ich sicher«.

Was sie Elizabeth über Liebe, Männer und Ehe vermittelten, war

> ... sehr traditionell, wie ich es empfand: Es ist egal, wen ein Mann heiratet, weil die Familie die Stellung, den Luxus und den Erfolg hat, den der Mann hat. Es macht aber sehr viel, wen eine Frau heiratet, was diese Fragen des bequemen Lebens, Reichtums, Prestiges und der gesellschaftlichen Stellung angeht.

Auch die Geschichte ihrer Liebe ist nicht ungewöhnlich. Während der College-Zeit und in ihren zwanziger Jahren hatte Elizabeth einige wirkliche Freunde. In ihrer ersten Beziehung begann ihr klarzuwerden, daß sie nicht alles tun mußte, wozu sie erzogen worden war.

> Ich hatte diese traditionelle Südstaaten-College-Romanze bis zum Verlobungsring und beschloß dann, diesen Jungen nicht zu heiraten. Ich sehe das als Wendepunkt, denn es wurde erwartet, daß man den Jungen heiratete, mit dem man fest zusammen war.

Obwohl sie ihren Ex-Verlobten als einen »pathologischen Fall von herrschsüchtig« und insofern als atypisch einschätzt, bestanden ihre Auseinandersetzungen weitgehend in den für diese Zeit und dieses Milieu typischen Machtkämpfen zwischen den Geschlechtern: »Ich wollte Sachen machen, von denen er meinte, daß das überhaupt nichts für mich wäre. Zum Beispiel mich an einigen gemäßigten politischen Aktivitäten beteiligen oder diese Zeitungsarbeit, in der ich wirklich aktiv war und die mir großen Spaß machte.«

In einer anderen Beziehung gab es Konflikte mit ihren weltlichen Interessen und Ambitionen – Prozeßvertretungen in örtlichen Bürgerrechtsfällen –, die sich mit dem Geschmack und der Persönlichkeit ihres Freundes nicht vereinbaren ließen. In gewisser Weise wuchs sie über ihn hinaus.

> Ich würde sagen, diese drei Jahre nach der Law School waren wirklich eine Zeit, in der ich gewaltig aufgeblüht bin. Große Sachen, große Leute, große Spieler. Hoher Gewinn, hoher Verlust, solche Sachen. Und er war ein völlig ungeselliger Mensch. Seine ganze Gesellschaft bezog sich auf Sport, den ich mag, und darin kamen wir gut miteinander aus. Aber er war einfach an so vielen Dingen völlig uninteressiert, besonders an gesellschaftlichen Fragen, also ...

Elizabeth war nie verheiratet – »in den letzten zehn Jahren nicht einmal annähernd« –, und im gleichen Maße, wie sie an Einfluß und Macht gewonnen hat, haben sich ihre romantischen Aussichten verringert. Sie ist traurig darüber, nimmt es aber mit Humor.

> Meine Freundin war Staatsanwältin und ist jetzt Richterin, ich sagte neulich zu ihr: »Was wäre schlimmer für einen Mann, der an eine Frau gerät, mit der er am Samstagabend ausgehen muß: eine amtierende Richterin oder eine Politikern?« Sie sagte: »Er wird von keiner von beiden begeistert sein.« Es ist eine Art totes Rennen.

Sie hat also, zumindest theoretisch, Männer noch nicht ganz aufgegeben. Sie wäre schon ganz gerne in einer festen Beziehung oder Ehe, aber sie hat auch zu dieser Institution eine ungeschminkte Meinung:

> Ja, ich wäre gern verheiratet, aber ich sehe nicht, daß es dazu kommt. Es bringt ein gewisses Maß von Verletzung und Leiden und Schaden mit sich, es nicht zu sein ... aber ich bearbeite eine Menge Scheidungsfälle, und ich weiß, daß es auch ein gewisses Maß an Verletzung und Leiden und Schaden mit sich bringt, es zu sein.

Ich fühle mich ziemlich machtlos dabei. Ich habe nicht das Gefühl, als könnte ich das für mich schaffen. Ich war bisher dazu nicht in der Lage, und ich sehe auch nicht, daß andere Frauen es könnten. Und die, die es schaffen, handeln sich in einem sehr, sehr großen Teil der Fälle Probleme ein. Ich meine, ich sehe, wie sie Kompromisse eingehen und Opfer bringen für Männer, die ihr Leben eher schlechter als besser machen. Es gibt einfach eine Menge davon, was ich zu sehen bekomme. Also habe ich eine ziemlich negative und ziemlich zynische Einstellung dazu.

Es besteht kaum eine Wahrscheinlichkeit, sagt Elizabeth, daß Männer sich ändern.

Können sie sich ändern? Leute in meinem Alter? Nein. Wollen sie es? Nein. Sehen sie irgendeinen Vorteil? Nein. Warum sollten sie? Was steckt für sie drin? Ihnen steht immer eine neue Ladung Fünfundzwanzig- bis Fünfunddreißigjähriger zur Verfügung. Hundert Neue in der Woche.

Diese Einschätzung eines überall herrschenden, schwer zu beeinflussenden schlechten Verhältnisses zwischen Männern und Frauen bestimmt Elizabeths Privatleben. In ihrer kleinen privaten Welt sind Männer uneinsichtige Stammler und mächtige Betrüger, und Frauen können ihre Macht nicht ankratzen. Diese clevere Machtjongleurin in der Welt der großen Politik fühlt sich völlig machtlos, ihre eigenen Beziehungen auch nur im geringsten zu gestalten. Außerhalb der großen Fragen wie Abtreibungs- und Elternrecht und Diskriminierung am Arbeitsplatz identifiziert sie sich nicht mit der Frauenbewegung; ihr Liebesleben, sagt sie, ist kein feministisches Projekt: »In diesen persönlichen Beziehungen ändere ich die Welt nicht.«

Einerseits hat Elizabeth die Männer aufgegeben: Sie sind Blödmänner und wollen es auch bleiben. Andererseits hat sie sie nicht aufgegeben: Sie will sie nach wie vor in ihrem Leben, zum »Spaß, zur sexuellen Befriedigung, um etwas anderes zu machen, Zeit mit Menschen zu verbringen, die ich mag, an denen mir etwas liegt und die ich bis zu einem gewissen Grad respektiere«. Sie kapituliert also vor den Ansprüchen der anderen, so wie sie sind, und bewegt sich innerhalb der Machtstrukturen, die sie vorfindet.

Seit einigen Jahren hat Elizabeth zwei überaus beiläufige sexuelle An-Aus-Beziehungen auf weite Entfernung, eine zu einem verheirateten Mann und eine mit einem Single. Sowohl Bob als auch Wendel sehen sie offenbar als Freundin und als gelegentliche Freizeitpartnerin – das ist alles.

> Diese beiden Männer, denen ich mich in gewisser Weise am engsten verbunden fühle, die, was das Gefühl angeht, auf meiner Liste der Hauptpersonen am höchsten rangieren, gehören nicht zu den Menschen, die sich hinsetzen und mir erklären können, was mit ihnen los ist. Es ist sehr frustrierend, schafft eine große Distanz. Es ist ein Gefühl von großer Erfolglosigkeit, nicht in der Lage zu sein, zu einer ausdrücklichen Gemeinsamkeit zu gelangen.

Aber Elizabeth hat den Versuch seit langem aufgegeben, mit diesen beiden eine Gemeinsamkeit herzustellen. Diese Verhältnisse, die ihr Sex und ein bißchen Spaß ohne finanzielle, emotionale oder sexuelle Abhängigkeit bieten, sind nur dem Anschein nach in ihrer Hand. Tatsächlich zählt sie sie zu ihren Niederlagen: Elizabeth wäre *gerne* emotional auf jemanden angewiesen. Sie wäre *gerne* sexuell gebunden.

> Ich glaube nicht, daß sie mich als die Frau in ihrem Leben sehen. Ich glaube nicht, daß sie die Männer in meinem Leben sind! Es ist eine Art gewachsene neurotisch-emotionale Anhänglichkeit.

Bob und Wendel sind also nicht besitzergreifend, bemerkte ich. »Das ist eindeutig nicht die Frage«, antwortet sie mit einem harten Lachen. »Das Ausmaß an Unaufmerksamkeit gegen meine Gefühle ist ziemlich extrem, glaube ich.«

Und was unternimmt Elizabeth dagegen? Sie versucht nicht – wie eine Radikalfeministin ihr raten würde –, die Männer zu ändern. Sie versucht nicht – wie Ehetherapeuten ihr raten könnten –, die Beziehungsmuster zu ändern. Sie verfolgt – obwohl sie behauptet, nie im Leben ein populärpsychologisches Buch aufgeschlagen zu haben

– die Taktik, die viele »postfeministische« (und die meisten präfeministischen) Psychotherapeuten Frauen empfehlen: die Beschränkungen der Männer akzeptieren und sich selbst entsprechend ändern.

> Ich versuche mich soweit selbst zu erziehen, daß ich einfach nicht mehr erwarte, daß Männer eine Verantwortung für ihre Beziehungen übernehmen, aufgrund einer Analyse, daß Männer in ihrer Entwicklung schlichtweg nicht so weit fortgeschritten sind wie Frauen.

Und was ist mit Ärger? »Ärger ist ein großes Problem. Mit Ärger muß man sich auseinandersetzen. Wissen Sie, Ärger schlägt um in Depression oder so etwas.« Also bemüht sie sich ebenso wie im politischen Leben, wo sie gelernt hat, daß eine negative Politik der »Feinderfassung« nicht die gewünschten Erfolge bringt, zu verhindern, daß ihre Verärgerung alle positiven Gefühle für ihre männlichen Freunde völlig überdeckt. Diese »Technik«, in der sie zugegebenermaßen »nicht allzu erfolgreich« ist, nennt sie »Aggressionsmanagement«.

Sieht sie das als Schlichtung?

»Sicher«, erklärt sie, »aber ich glaube, Schlichtung, Kompromiß und Akzeptieren sind Managementtechniken.«

Und würde ein Erfolg dieses »Managements« sie glücklicher machen?

Sie lacht wieder.

> Mehr zu akzeptieren, mehr zu verzeihen? Weniger zu verurteilen? Ja, ich glaube, das würde mich glücklicher machen. Also halte ich es für ein Ziel. Aber, oh, es ist nicht jeden Tag ein erreichbares Ziel. Oft werde ich bei dem Versuch stocksauer.

Noch einmal, das ist ihr alleiniges Ziel, kein gemeinsames. Akzeptieren und Anpassen sind einseitig. Bob und Wendel bestimmen die Form des Tisches (einen mit sehr viel Abstand zwischen den Gesprächspartnern), setzen eine begrenzte Liste von Themen auf die Tagesordnung, und Elizabeth setzt sich hin und hält sich ans Protokoll.

Ich habe nicht das Gefühl, daß ich das Recht habe, sie auszufragen, warum sie mir X, Y und Z angetan haben. Oder A, B und C nicht getan haben. Ich habe nicht den Eindruck, daß das ein gutes Vorgehen ist. Soweit ich damit herumexperimentiert habe, bin ich nicht gut damit gefahren. Und soweit ich das Gefühl habe, sie eine Zeitlang zu kennen, glaube ich nicht, daß ich sie mit dem, was ich sage, stark beeinflusse. Vielleicht beeinflusse ich sie stark mit dem, was ich ihnen bedeute. Aber ich glaube nicht, daß ich sie in unserer persönlichen Beziehung stark beeinflusse.

Es klingt, als gäbe es ihr eine gewisse Befriedigung, sage ich, und das scheint besser zu sein als nichts.

Ja. Aber ich glaube nicht, daß es möglich ist, Befriedigung zu verlangen. Ich halte es nicht für eine vernünftige Sache, die funktioniert.

Das Summen des Telephons unterbricht uns gegen Ende unseres Gesprächs. Senatorin Storey entschuldigt sich, zückt ihren Terminkalender und sucht auf den dicht beschriebenen Seiten nach Raum für eine weitere Verabredung. Sie wendet sich in vertrautem, aber doch respektvollem Ton an ihre Assistentin und bittet mich um etwas Geduld, während sie einen weiteren Anruf entgegennimmt. Aus ihrem Ton schließe ich, daß es ein Freund ist, eine Verabredung zum Abendessen, ob männlich oder weiblich, weiß ich nicht. Elizabeth lacht herzlich über etwas, was der Gesprächspartner sagt, äußert sich erfreut, ihn oder sie bald zu sehen, und legt den Hörer auf; sie wendet mir wieder ihr offenes, intelligentes Gesicht zu – ein Gesicht, das in einer anderen Welt an manch einem ehelichen Frühstückstisch willkommen wäre.

Ist sie allzu pessimistisch, zu glauben, daß sie diesen Frühstückstisch jemals sehen wird? Hat sie mit der persönlichen Politik und mit sich selbst allzu kurzen Prozeß gemacht? Vielleicht ist ihre Einstellung einfach knallharter Realismus, ihre Taktik Realpolitik. Alles andere ist ihrer Ansicht nach Utopie.

Zum Abschluß unseres Gesprächs meint die Senatorin, sie hoffe, sie habe mir helfen können – gewöhnlich denke sie nicht viel über diese Dinge nach, zumindest nicht über ihre eigene Situation. »Ich glaube, die Probleme, die ich habe, sind langweilig typisch«, schließt sie.

> Sind sie persönlich, sind sie politisch? Ich weiß es nicht. Ich denke, sie sind langweilig typisch ... Ich habe keine große Ahnung von theoretischen Begriffen. Wenn ich ein Buch sähe mit – wie ist ihr Titel? –, würde es mich deprimieren. Es würde nur all die persönlichen Frustrationen, die ich empfinde, in einen strukturellen Rahmen stellen. Und ich muß meine Energie auf andere Weise einsetzen.

Kapitel 9

SEPARATFRIEDEN

Cyd Harpur

Ich hab' meine eigenen Vorstellungen und meine eigene Art.
Wenn mein Mann zu streiten anfängt, setz' ich ihn vor die Tür.
Ich lass' mich vollaufen mit gutem Schnaps und laufe die ganze Nacht durch die Straßen.
Geh' nach Hause und werf' meinen Mann raus, wenn er sich nicht richtig benimmt.
Wilde Frauen machen sich keine Sorgen.
Wilde Frauen haben nicht den Blues.

Ida Cox

Manche nennen sie vielleicht wild, jene Frauen, die einen Separatfrieden mit Männern geschlossen haben. Sie selbst bezeichnen sich als Bilderstürmerinnen – und als heterosexuelle Frauen meist mittleren Alters, die sowohl die Ehe als auch die Enthaltsamkeit scheuen, sind sie es wohl auch.

Wie alle Wege ist auch ihrer schlecht gepflastert. Da diese Frauen jedoch kaum ausgetretene Pfade beschritten haben, ist ihr Leben, mehr als das anderer, von bewußten Entscheidungen bestimmt – Entscheidungen *gegen* wie auch *für* etwas. Vielleicht weil sie gezwungen waren, ihren unkonventionellen und »anomalen« Wünschen einen Sinn zu geben, um sie vor ihren Familien, Verehrern, Freunden oder Arbeitgebern zu rechtfertigen, haben diese Frauen häufig recht klare persönliche Vorstellungen und detaillierte Geschichten, wie sie dahin gekommen sind, wo sie nun stehen.

Viele Frauen, die einen Separatfrieden schließen, waren schon als Kind Nonkonformisten, oder hielten sich dafür. Wenn sie ihre

Geschichte erzählen, konzentrieren sie sich überwiegend auf Entscheidungen und spielen Zufälle herunter; sie betonen lautstark Mut und Verwegenheit und schwächen Befürchtungen, Ängste und Neurosen ab. Vielleicht in einer Verteidigungshaltung stellen sie ihre eigene Lebensweise häufig der üblichen Lebensweise als politisch, geistig oder psychologisch vorzuziehen dar und fassen ihre Erzählung in einer Moral, einem Lehrsatz zusammen. Diese Selbstfreisprechung ist durchaus verständlich: Als Frauen, die Regeln übertreten haben, die tief verwurzelt sind und mit Nachdruck geltend gemacht werden, haben sie kaum gesellschaftliche Unterstützung, aber viele gesellschaftliche Sanktionen erfahren.

Hassen Frauen, die einen Separatfrieden schließen und Männer auf einen zweitrangigen Platz in ihrem Leben verweisen, die Männer (wie es ihnen sicher vorgeworfen wurde)? Oder stehen sie wie Lesben Männern einfach weniger negativ gegenüber, weil sie weniger auf sie angewiesen sind? Vielleicht von beidem ein wenig. Cyd Harpur hat als Kind bereits gelernt, Männern zu mißtrauen; sie entwickelte zudem ein starkes Selbstbewußtsein und starke Leidenschaften auch außerhalb der Liebe. Als Erwachsene beschränkt sie die Frustrationen, Betrügereien, finanziellen wie emotionalen Abhängigkeiten und Machtkämpfe, die die flüchtigen Ingredienzien der Geschlechterfeindschaft ausmachen, auf ein Minimum. Da sie die Männer auf Abstand hielt, konnte sie Männerhaß verdeckt zum Ausdruck bringen (Männer als beiläufiges Vergnügen abzutun enthält mit Sicherheit eine gewisse Verachtung, zumindest aber Gleichgültigkeit) und offen abstreiten, ihn zu empfinden.

Sie haben Männer als Verführer, Rohlinge und Treulose erlebt, sich aber entschlossen, nicht ihre Opfer zu sein. Sie könnten sie vermutlich zu ihren Sklaven machen, doch wollen sie sich auch nicht »erniedrigen«, dieses Spiel mitzuspielen.

Cyd Harpur war in ihrem Leben schon Folkloresängerin, Kellnerin, Schriftstellerin, Filmemacherin und Lehrerin. Sie war immer ein Freigeist und hat sich nun, mit dreiundvierzig Jahren, mehr oder weniger in ihrem eigenen Häuschen in Missoula niedergelassen, einer Universitätsstadt im Nordwesten von Montana. Sie steht der Behaglichkeit, die sie in Missoula gefunden hat, etwas skeptisch gegenüber.

»Mein Bild von mir besteht aus Kampf«, erklärt Cyd. »Wenn Sachen leicht sind, kann ich sie nicht annehmen.«

Was Männer angeht, so scheint Cyd allerdings froh zu sein, den Kampf abgeschlossen zu haben. Vierzig zu werden hatte einen gewissen Einfluß darauf. »Als ich jünger war, sah ich mich selbst im Verhältnis zu Männern, das tue ich jetzt nicht mehr. Mein Lebensgefühl, meine Ziele, mein Selbstwert [sind] nicht mehr abhängig von meinem Spiegelbild durch Männer.« Sexualität und Liebe sind für sie nach wie vor von großer Bedeutung, doch, wie sie erklärt, macht sie sich keine Illusionen mehr darüber, was sie ihr geben können.

> Die Gesellschaft preist die sexuelle Beziehung als das A und O im Leben an und die Kinder ebenfalls. Also nimmst du eine Beziehung und meinst, sie erfüllt auch andere Bedürfnisse, die du hast und um die du dich nicht kümmerst. Für viele Frauen läuft das nicht, wenn es auch andere Dinge in ihrer Psyche gibt.

Zu diesen anderen Dingen gehören in Cyds Psyche eine ausgeprägte Neugier – die sie durch Europa, Asien und bis zum Nordpol gebracht hat –, eine breitgefächerte Kreativität und eine Ruhelosigkeit, die einen Arbeitstag von neun bis fünf zum »Tod auf Rädern« macht. Auch diese Ruhelosigkeit schließt eheliche Häuslichkeit aus. Sie weiß es, denn sie hat es versucht.

> Ich ging eine feste Beziehung ein – lebte mit einem Mann – und bekam diese schrecklichen Gefühle, mit denen Middletown mich erstickte. Ich sah mein Leben ablaufen wie das all der traurigen Frauen, die ich gesehen hatte. Ich saß in der Falle. Ich wollte wieder losziehen.

Obwohl Cyd dauerhafte Liebesbeziehungen zu Männern hat, versucht sie nicht mehr, mit ihnen zu leben.

> Wenn man mit jemandem tagtäglich lebt, muß man viele Kompromisse eingehen. Das ist keine Lebensweise, zu der ich Lust habe. Ich habe gerne Männer in meinem Leben, aber von Zeit zu Zeit, nicht ständig.

Es gibt in Cyds Kindheit manche Hinweise auf die Ursachen für ihre entschiedene – manche mögen sagen: krankhafte – Vorliebe für sexuell leidenschaftliche, aber emotional anspruchslose Männerfreundschaften. Ihre Mutter ist nach Cyds Beschreibung eine böse, aufdringliche, besitzergreifende, »rachsüchtige und destruktive« Frau. Ihr leiblicher Vater, der von ihrer Mutter geschieden wurde, als Cyd noch ein Baby war, war für sie ein Fremder geblieben.

> Als ich ein Kind war, sprach meine Mutter verächtlich über meinen Vater ... Wenn man hört, wie jemand seine Wut gegen einen anderen richtet, erscheint die andere Person immer in einem schlechteren Licht. Als ich ihn schließlich sah, war er ein Krämer in schäbigen Kleidern; er war irgendwie erbärmlich.

Cyds Mutter heiratete mehrmals »in schneller Folge ... im Lauf von zehn oder zwölf Jahren. Dann war sie fertig mit den Männern.« Der einzige unter den Ehemännern (wie Cyd sie nennt), der so etwas wie ein Stiefvater war, war Herbert. Doch in Cyds Erinnerung war auch er nichts Besonderes, »ein Duckmäuser« wie ihr leiblicher Vater.

> Ich sah ihn, als ich noch ein Kind war, im Schatten meiner Mutter. Daher erwartete ich von ihm auch nichts, als ich größer wurde. Wenn man ihn vor allem Bedrohlichen bewahrte, war er ein netter, passiver Bursche.

Nachdem ihre Mutter sich von Herbert hatte scheiden lassen, versuchte Cyd, mit ihm in Kontakt zu bleiben; sie traf ihn ab und an, bis sie achtzehn war. Dann warf ihre Mutter ihr in einem Anfall von Eifersucht vor, sie schlafe mit Herbert, und verbot ihr, ihn wiederzusehen. Doch wie es scheint, war Cyd unbewußt auf eine solche Möglichkeit vorbereitet: »Ich vermißte ihn, aber ich investierte nicht allzuviel darein.« Herbert nimmt in Cyds Herz nach wie vor einen Platz ein, allerdings weniger seiner Person wegen, denn als »ein wirklich wunder Punkt in der Beziehung zu meiner Mutter«.

Cyds starke, widersprüchliche Gefühle galten in ihrer Kindheit offensichtlich ihrer Mutter. Welche Wut sie auch immer auf die Abfolge abwesender Väter gehabt haben mag, die ihre Kindheit durchzogen, sie scheint sie unterdrückt zu haben. Jedenfalls lernte sie frühzeitig, keine Bindungen zu Männern einzugehen: Väter und Familien waren etwas für andere Leute.

> Ich hatte keinen Begriff davon, was Vater bedeutete. Herbert war mein Kumpel ... Ich bin sicher, daß ich Freunde mit normalen Familien hatte. Aber ich kann nicht sagen, daß ich mich nach einer herkömmlichen Familie gesehnt hätte.

Aus der Beobachtung ihrer Mutter lernte Cyd, daß Männer leicht zu beeindrucken und zu formen sind. Trotz der feindseligen Einstellung, die sie als Kind zur Mutter hatte, saß diese Lektion.

> Meine Mutter war in ihrer Blütezeit ungemein attraktiv. Ich erlebte bei ihr, daß sie sich bei Männern vermarktete. Sie sah wie eine alte Schlampe aus, bis sie jemanden kennenlernte. Dann blühte sie auf. Ich dachte, daß Männer die äußere Verpackung kaufen. Daß Männer leicht zu täuschen sind. Das denke ich immer noch.

Wie viele Frauen, die einen Separatfrieden schließen, ist auch Cyd ungemein attraktiv. Es hilft einer Frau, Liebhaber nach Belieben zu nehmen und zu verlassen, wenn sie genügend sexuelles Kapital besitzt, das sie einsetzen kann. (Auch echtes Kapital hilft. Das Klischee der blendend aussehenden Frau à la Marilyn Monroe oder Rosalind Russell, die nur hinter dem Geld her ist, ist ein Mythos; ökonomische Abhängigkeit und sexuelle Unabhängigkeit sind unvereinbar.) Während ihre Mutter »ihre vierziger Jahre als Trauma erlebte«, scheint Cyd neues Selbstvertrauen zu erlangen, je weiter sie in den Vierzigern fortschreitet. Ihre Figur entspannt sich von jugendlicher Straffheit zu schlanker Sinnlichkeit, ihr Haar ist sexy zerzaust, ihr Lachen tief und behaglich. Cyd trägt Jeans und T-Shirts. Noch nicht ganz eine Frau im gewissen Alter, scheint sie immer noch auf dem Weg zur Blüte ihrer Schönheit zu sein. (Vielleicht wird sie in diesen jugendlichen Zeiten ihre Fünfziger als Trauma erleben.)

Cyd besteht darauf, daß sie ihre Schönheit nicht manipulativ einsetzt, und behauptet, sie verfüge über keine der weiblichen Listen, die die zweite Waffe ihrer Mutter darstellten. Solche Machenschaften gehören zu den Grunderfordernissen der Ehe und aller heterosexuellen Vollzeitbeziehungen, meint Cyd, und weil sie die Winkelzüge nicht beherrscht oder beherrschen will, muß sie sich von diesem Spiel fernhalten.

> Ich lernte von meiner Mutter, daß Männer weniger gerissen sind als Frauen. Frauen sind in der Welt im Nachteil, darum müssen sie immer sehr listig mit Männern umgehen. Ich muß hinzufügen, daß ich mich überhaupt nicht für listig halte. Ich bin sehr geradeheraus, und die einzige Möglichkeit, wie ich das sein kann, ist, alleine zu bleiben.

Man täte Cyd Harpur unrecht, wollte man sie als verletztes, vernachlässigtes Kind bezeichnen, das vor den Risiken einer Bindung davonläuft. Ich fand sie durchaus ausgeglichen – glücklich, produktiv, stark, klug, unsentimental und selbstkritisch. Unabhängigkeit bekommt ihr: Sie ermöglicht es ihr, ihren unzähligen Passionen und ungestümen Strebungen zu folgen. Da sie aus einer Familie stammt, in der Respekt füreinander rar war, legt sie großen Wert darauf und gestaltet ihre Beziehungen entsprechend. Sie verlangt nicht nur Respekt und Gleichwertigkeit von Männern, sie vermeidet auch Beziehungen zu Männern, die sie nicht achtet. Früher versuchte Cyd diese Rücksicht durch »Erziehung« zu vermitteln: »Ich erzog jeden im Hinblick darauf, wie ich behandelt werden wollte.« Im nachhinein meinte sie, daß diese Bemühungen eher das Gegenteil bewirkten.

> Gelegentlich sagt ein Mann, daß er es zu würdigen wüßte. Das höre ich gern. Wenn ich Abstand nehmen kann, denke ich: »Nett«. Auf Dauer ist es jedoch für die Beziehung schädlich. Es herrscht ständig diese Spannung. Unterschwellig ist da immer die Erkenntnis, daß alles, was ich verlange – wirklich, warum sollte er [dem nachkommen], außer er mag mich wirklich? Denn es wird irgendein Mäuschen geben, die genauso ist, wie er es mag.
> ... Es zermürbt mit der Zeit. Du arbeitest und arbeitest und hast immer noch die gleichen Probleme, nur in anderer Verkleidung.

Mit Ende Zwanzig begann Cyd, dieser Arbeit müde, sich immer weniger mit Männern und mehr mit Frauen zu beschäftigen, wenn auch nicht sexuell. In dem Maße, wie ihr Verlangen nach männlicher Stimulation nachließ, schwanden auch ihr Wunsch nach männlicher Bestätigung und zugleich auch das Bedürfnis und Verlangen, Männer zu bestätigen und zu »bessern«. Sie entdeckte, daß sich ein Teil an Selbstbestimmung und Behaglichkeit erreichen ließ, indem sie die *Form* ihrer Beziehungen zu Männern änderte und nicht unbedingt die Männer selbst. Diese Verhältnisse waren weder häuslich noch zwangsläufig monogam. Auf ein Zusammenleben in einer Liebesbeziehung zu verzichten heißt, Auseinandersetzungen über unzählige Dinge zu vermeiden, in denen man sich aufeinander einstellen müßte, von der Frage, wieviel man vor dem Frühstück reden möchte, bis zu dem Streitpunkt, wie prompt man seine Rechnungen bezahlt.

Da Cyd sich keine Gedanken darüber machen mußte, Kinder zu haben oder auch nur in einer Paarbeziehung zu leben (es bestand kein familiärer Druck in dieser Richtung), konnte sie befriedigende Verbindungen mit Männern eingehen, die früher »unpassend« gewesen wären, mit wesentlich älteren oder jüngeren Männern, mit Männern anderer Rassen oder Kulturkreise, mit Männern, die in anderen, vorrangigen Beziehungen gebunden waren. Das gab ihr mehr Spielraum, jene gleichberechtigten Beziehungen aufzubauen, die sie früher so energisch und oft vergebens angestrebt hatte.

> Ich glaube, ich habe jetzt gerade eine, aber es ist eine recht ungewöhnliche Beziehung. Ich habe einen Freund, der ist fünfundsiebzig. Er ist ein alter Kommunist. Er ist ein wunderbarer Mensch, und wir schlafen miteinander. Auf keinen Fall würde ich mit diesem Menschen vierundzwanzig Stunden am Tag zusammenleben wollen. Er heitert mein Leben auf, wenn ich ihn sehe.
> Der Altersunterschied ist es, der die Gleichberechtigung schafft. Die Machtvorteile, die er als Mann hat, habe ich durch meine Jugend. Er hat als Mann in unserer Kultur an Bedeutung verloren, weil er alt ist. Mag sein, weil ich jung bin, sind in diesem Fall Mann und Frau fast gleichberechtigt in Dingen, die wichtig sind. Außerdem ist er ein alter Streiter in all diesen sozialen Kämpfen, so daß wir eine gemeinsame Sprache sprechen. Ich schätze ihn.

Cyd ist sich auch klarer darüber geworden, was ihr in einer heterosexuellen Beziehung am wichtigsten ist. Wenn die Leidenschaft verflogen ist, ist es mühsam und, so meint sie, sinnlos, eine Affäre in Gang zu halten. Viele Ehen überleben nur durch blindes emotionales und sexuelles Durchhaltevermögen.

> Wenn die Sinnlichkeit zwischen Männern und Frauen aufgehört hat, was bleibt dann noch? Man muß dann oft Gefühle erzwingen, da man diesen Menschen für das körperliche Wohlbefinden braucht. Ich fürchte das am meisten in Beziehungen. Was ein Mann mir geben kann, kann ich auch von einer Frau bekommen. Meine stärksten Bedürfnisse sind körperliche Zuneigung und Berührung.

Mit geänderten Bedürfnissen und Erwartungen und mit abgewandelten Beziehungsformen, in denen sie sie befriedigt, sind Cyds Quellen für Angst und Feindseligkeit weitgehend versiegt. Im Rückblick sieht sie die Männer anders, denen sie einst heftige Wut und Haß entgegenbrachte.

> Jetzt habe ich nicht das Gefühl, daß ich je einen brutalen Mann hatte, der nur versucht hätte, mich zu verletzen. Manche Frauen fühlen sich wirklich verletzt. Ich glaube, bei den Flirts, die ich hatte, ging es um zwei Persönlichkeiten, seine und meine, die versuchten, Selbstachtung zu bekommen.

Wie eine typische Frau, die einen Separatfrieden schließt, formuliert auch Cyd eine Lehre aus ihren Prüfungen und Fehlschlägen. Und sie hat das Gefühl, den Weg gefunden zu haben, der schon immer für sie bestimmt war.

> Als ich ein Kind war, umgab Jungen diese Aura des Geheimnisvollen und Mächtigen. Ich kaufte es ihnen ab, daß sie mein Leben grundlegend ändern und mich glücklich machen würden. Jahrelang glaubte ich meiner Mutter das ganze Zeug, daß ich jemanden finden würde, der intelligenter wäre, eine bessere Arbeit und ein besseres Gehalt hätte, als ich es je bekommen könnte. Wann

immer ich diesem Menschen begegnete, hatte ich eine solche Wut. Im Grunde meines Herzens glaube ich nicht, daß ich das anstrebte. Es scheint, daß wir in unserem Leben in unsere jeweils eigene Richtung treiben. Je älter ich werde, um so mehr habe ich das Gefühl, so seltsam dieser Kurs auch ist, ist es doch der, für den ich bestimmt bin.

Kapitel 10

RÜCKZUG

Pam Brady

Der Rückzug aus Beziehungen zu Männern ist nie vollständig und fast nie ganz freiwillig. Nicht einmal lesbische Separatistinnen, die die Männer selbst aus ihrem Sprachschatz verbannt haben, können dem alltäglichen Umgang mit dem Metzger, Bäcker oder Briefträger aus dem Weg gehen; und auch die eifrigsten Separatistinnen haben Brüder, Väter, Söhne und Ex-Ehemänner. Eine alleinstehende Frau kann mittels einer künstlichen Befruchtung ein Baby bekommen, aber sie muß den Samen von jemandem bekommen, und nur die hartherzigsten Männerhasserinnen werden ihr Neugeborenes abgeben, nur weil es zufällig einen Penis hat.

Gelegentlich stellt sich heraus, daß Ideologinnen, die gegen den Geschlechtsverkehr predigen, mit Männern zusammenleben. (Andrea Dworkin hat lange mit einem selbsternannten »ungenitalen Mann«, John Stoltenberg, zusammengelebt und bekennt sich nicht zu sexuellen Beziehungen zu Frauen. Eine Freundin von mir nennt diese Gattung heterosexueller Frauen »metaphysische Lesben«.) Und in der gesamten Geschichte finden sich immer wieder einige der herausragendsten Gegnerinnen der Leidenschaft – ein wunderbares Romanbeispiel ist George Gissings »seltsame Frau« Rhoda Nunn –, die die Liebe besiegt hat.

Ebenso wie jene, die Männern aus dem Weg gehen wollen, dies nicht immer schaffen, leben viele nicht aus freien Stücken allein. In meinem Bekanntenkreis und unter den Frauen, die ich interviewt habe, kenne ich viele vitale, reife, freundliche und attraktive Frauen, die sich schleichend vom heterosexuellen Markt verdrängt sehen, weil sie »zu dick«, »zu alt« oder sonstwie abgewertet sind in einem zunehmend konkurrenzorientierten, rigiden Wertsystem weiblicher Attraktivität. Sie sind einer sexuellen Suche müde, in der sie anfangen, mit Zurückweisung zu rechnen, erschöpft von dem nicht enden wollenden, nie ausreichenden Bemühen, »jung« zu bleiben. In Barbara Raskins Buch *Hot Flashes* fragt sich eine alleinstehende Frau in den Vierzigern wehmütig, wann es ihr endlich erlaubt sein wird, den Bauch nicht mehr einzuziehen.

Also ziehen sich diese Frauen für lange Zeit oder auch für immer aus einem Rennen zurück, das mitzumachen sie nicht länger ertragen wollen. Ein von den Medien verbreitetes körperliches Schönheitsideal, das Rekrutenspinden würdig ist, ist nur der augenfälligste Ausdruck der Wertmaßstäbe dieses Wettbewerbs. Eine schädlichere, überall herrschende Strömung schiebt die Schuld an den Problemen zwischen den Geschlechtern den harterkämpften Errungenschaften der Frauen zu, wirft den Frauen Anmaßung vor und rät ihnen, sich auf präfeministische Rollen und Gefühle zu besinnen. Dr. Connell Cowan und Dr. Melvyn Kinder erklären in ihrem Bestseller *Der falsche Prinz: Erfolgsfrauen und ihre Partner,* »daß heute die Erwartungshaltung der Frauen an Partnerschaften oft weit überzogen ist, weil Frauen überzeugt sind, sie könnten ›alles‹ erreichen und besitzen«[1]. Die Autoren sind glücklich, berichten zu können: »Die Frauen von heute wollen wieder nach den alten traditionellen Grundwertvorstellungen leben, aber die neugewonnenen Freiheiten der letzten Jahre nicht aufgeben.«[2] Manche Frauen sind sich der völlig widersprüchlichen Natur einer solchen Zielsetzung durchaus bewußt und haben inzwischen einen Punkt erreicht, an dem sie – weit von der Erwartung entfernt, alles zu bekommen – bezweifeln, daß sie schließlich überhaupt etwas davon erreichen.

Rückzüglerinnen, die Männerhaß bewußt ablehnen, weigern sich, ihren eigenen Köper so harten Richtlinien zu unterwerfen. Für sie ist es nicht nur schmerzlich, den Versuch zu unternehmen, die Prüfung zu bestehen, sie finden es auch beleidigend; das ganze Unternehmen steht in zu krassem Kontrast zu dem hohen Maß an Selbstverwirklichung und gesellschaftlicher Anerkennung, das sie sich in anderen Lebensbereichen erworben haben. Viele Frauen, die entdecken, daß die Sexualität vielseitiger ist, als sie dachten, schließen sich erklärten Lesben an und finden ihr Glück in Intimbeziehungen mit anderen Frauen. Andere, die unabänderlich heterosexuell sind, finden sich mit langen, enthaltsamen Lebensphasen ab. Eine erfolgreiche

Geschäftsfrau, die ich kenne, sie ist zweiundfünfzig, heterosexuell, geschieden und hat zwei Kinder, erklärte: »Ich schlafe lieber allein mit meiner Integrität.«

Die sexuelle Vorliebe läßt noch keine Rückschlüsse zu auf den Wunsch, sich zurückzuziehen, oder auch auf das Maß an Wohlbefinden, das eine Frau im Rückzug findet. Ein gutes Beispiel hierfür ist Maria Rosario, eine achtundzwanzigjährige Lesbe aus der Umgebung von Chicago, die als Schweißerin nur mit männlichen Kollegen arbeitet. Sie erzählte mir:

> Ich glaube ehrlich, daß ich Männer gehaßt habe, als ich verheiratet war. Aber jetzt, wo ich mit Frauen zusammen bin – das zeigt, wie merkwürdig das Leben sein kann –, sind zwei meiner besten Freunde Männer, und ab und zu schlafe ich mit einem Mann, und es ist schön. Ich mag es. Männer beherrschen mein Leben nicht, in keiner Weise, daher kann ich sie *in* mein Leben lassen.

Gracie Miller dagegen – neunundfünfzig, ehemalige Flugbegleiterin – bezeichnet sich als heterosexuell, hat aber die letzten fünfzehn Jahre enthaltsam gelebt, weil sie sich aus einem Spiel zurückgezogen hat, das zu spielen sie sich nie in der Lage fühlte. Abgesehen von den Ehemännern ihrer Freundinnen trifft sie kaum je einen Mann auch nur zum Abendessen.

> Es erschien so kraftraubend, mit ihnen zusammenzusein. Ich mußte über alles lachen, was sie sagten, und aufpassen, daß sie nicht wütend wurden. Selbst wenn ich sie nicht mochte, mußte ich dafür sorgen, daß sie mich mochten. Ich war so unterwürfig, so süß, so gut. Es war so anstrengend, so schwierig.

Ist es das immer noch?

»Heute«, sagt sie matt, »versuche ich es nicht mehr.«

Und dann gibt es noch die Frauen, die die Männer vielleicht aus ihrem Leben verbannen würden, wenn sie es nur könnten. Eine Freundin hörte auf einer Fähre in Maine folgendes Gespräch zwischen zwei älteren Frauen mit an und schrieb es in ihr Tagebuch:

»Sehen wir dem ins Auge. Wir haben uns mit einer Menge Quatsch abgefunden, mit dem sie sich nicht mehr abfinden würden.«

»Verdammt richtig.«

»Wir tun es immer noch.«

»Immer noch besser, als allein zu sein.«

»Das ist die Alternative.«

»Ich weiß nicht. Sie haben jetzt solche Organisationen für ältere Mitbürger. Sie treffen sich und veranstalten einen Ball. Brauchen nicht einmal mehr einen Ehemann.«

»Solange du für dich selbst sorgen und allein leben kannst.«

»Solange du es dir leisten kannst.«

Ebensowenig, wie die sexuelle Vorliebe auf Rückzug schließen läßt, gilt dies nach meiner Feststellung für »zerrüttete« Familienverhältnisse, unglückliche Ehen, sexuelle Belästigung oder Vergewaltigung. Kit Stern, eine Künstlerin aus New York, wurde mit neunzehn Jahren in einem Bahnhof von Boston vergewaltigt, eine Treppe hinuntergezerrt und vermeintlich tot liegengelassen. Sie erlitt Hirnverletzungen, die ein Koma und teilweise Lähmungserscheinungen bewirkten. Während Kit um ihre Bewegungs- und Sprechfähigkeit rang, die ein Mann zerstört hatte, hatte sie die feste Absicht, furchtlos und liebevoll in der Welt der Männer zu bleiben. Sie schlief auch weiterhin mit Männern und entschloß sich bewußt, in ein Heim zu ziehen, in dem Männer und Frauen gemeinsam lebten. Sie ist heute wie vor dem Überfall bisexuell, doch lange Zeit waren sexuelle Kontakte mit Männern eine ihrer letzten Verbindungen zu ihrem »alten Ich«.

Pam Brady ist eine Frau, die sich aus der Welt der Männer zurückgezogen hat. Pam, eine neununddreißigjährige Afro-Amerikanerin, ist ausschließlich lesbisch, und in ihrem Leben kommen fast keine Männer vor. Sie mag Männer nicht besonders – sie hält sie größtenteils für egoistische Drückeberger –, aber sie empfindet auch keine aktive Feindschaft ihnen gegenüber. Eines ihrer beiden Kinder (die beide auf die althergebrachte Weise empfangen wurden) ist ein sechsjähriger Junge, aber wie sie sagt, denkt sie nicht viel über Männer und Probleme in Zusammenhang mit Männern nach.

Pam lebt in einer vorwiegend weiblichen Umgebung. Sie findet in ihrer Welt Befriedigung, Anregung, Unterstützung und Liebe, auch sexuelle Liebe. Für Pam ist Lesbianismus eine Art, zu lieben, keine politische Grundsatzerklärung; ihr Rückzug von den Männern bedingt die Nähe zu Frauen.

Es ist nicht überraschend, daß Pam Brady vor Dogmatismus zurückschreckt. Schon seit ihrer Jugend entzieht sie sich dem langen Arm einer mächtigen »Erweckungsreligion des Tiefen Südens«, in deren Kirche ihr Vater Geistlicher war. Ihre Eltern lehrten sie, daß Männer unzuverlässige Opportunisten seien.

> Sie wissen schon, sie wollen nur das eine, Sex, und wenn du schwanger bist, sind sie verschwunden ... Es war an mir, nein zu sagen. Und immer eigenes Geld in der Tasche zu haben, damit ich nicht tun müßte, was irgendein Mann von mir verlangte.

Einmal verheiratet, verwandelten Männer sich allerdings von Lüstlingen zu Patriarchen, und es wurde erwartet, daß Frauen ihre Einstellung zu ihnen entsprechend änderten. Als Nachfahren Adams leiteten Männer ihre Familien gemäß dem Schöpfungsgesetz: Wer zuerst kommt, mahlt zuerst. Ihre Herrschaft durfte nicht in Frage gestellt werden.

Die Bradys lebten in der Kleinstadt Jackson, Mississippi, und waren eine vorbildliche christliche Familie. Vater hatte das Sagen, und Mutter gehorchte. Als ältestes Kind und einziges Mädchen neben sechs Brüdern hatte Pam wesentlich mehr Verpflichtungen als sie. Sie kochte, putzte und bediente die anderen zusammen mit ihrer Mutter. Sie hatte allerdings nicht das Recht, zu kommen und zu gehen, wie es ihre Brüder taten. Mit dreizehn hatte sie bereits genug davon, sich von Männern gängeln zu lassen.

> »Wenn ich einmal heirate«: Wir haben sehr wenig darüber gesprochen, weil es klar war, daß ich das nicht tun würde. Wenn wir es taten, hieß es: »Wann wirst du heiraten?« Und ich sagte: »Nie.« Warum? Weil ich nichts davon halte, daß jemand

mir sagt, was ich zu tun habe, nur weil ... Ich halte auch nichts davon, mein Geld abzugeben, nur weil ... Darüber kamen wir nicht hinaus.

Und doch gab es in der einengenden Ideologie, mit der Pam aufwuchs, auch Lichtblicke. So unerbittlich ihr Vater verlangte, daß sie heiratete, wollte er doch auch, daß sie frei sei, sich scheiden zu lassen. Er bestand darauf, daß sie eine Ausbildung erhielt, und verlangte, daß sie während der ganzen High-School-Zeit Maschinenschreiben belegte.

Er sagte immer, wenn du heiratest, möchte ich wissen, daß du für dich selbst sorgen kannst, und falls der Bursche plötzlich anfängt, verrückt zu spielen, daß du nicht bei ihm bleiben mußt, daß du dein eigenes Geld hast und gehen kannst.

Wenn man in der Kirche bleibt, ist eine Trennung natürlich nur knapp besser als eine schlechte Ehe. Geschiedene dürfen zwar getrennt leben, aber verheiratet bleiben sie ein Leben lang und dürfen nicht wieder heiraten, es sei denn, sie erwischten ihren Ehegatten auf frischer Tat bei außerehelicher Unzucht.

Und man muß sie mit eigenen Augen sehen, es darf nicht nur Hörensagen sein. Und selbst wenn du ein Kind aus dieser Beziehung siehst, das genauso aussieht wie dein Mann, oh, oh! Dann kannst du ihn verlassen, aber danach bist du auf dich gestellt, für immer allein. Das ist schwer. Das ist wirklich schwer, hm, hm!

Pams Kindheit – die Abende während der Woche, die Wochenenden, das gesellschaftliche Leben, die Erziehung und die kreativen Betätigungsfelder – war beherrscht von der Kirche. Mit Rebellion konnte sie den Würgegriff, mit dem die Kirche ihre Vorstellungswelt gefangen hielt, zwar lockern, aber nicht vollständig abschütteln, selbst bis sie zwanzig war nicht. Jede sexuelle Anziehungskraft, die für Pam von Frauen ausgegangen sein mag, wurde sofort von Angst erstickt.

Es war etwas, das ich schon lange wußte, aber mir nicht eingestehen wollte. Ich wollte einfach nicht einmal mit dem Gedanken spielen. Ich war immer noch so tief im traditionellen christlichen Denken verhaftet, daß ich das Gefühl hatte, wenn ich mir das vorstellen könnte, würde ich auf der Stelle verdammt sein. Und ich war mir nicht sicher, ob ich so bald schon zur Hölle verdammt sein wollte. [Sie lacht!] Ich wollte daran die nächsten vierzig Jahre noch nicht denken.

Und dennoch unternahm Pam einen Schritt nach dem anderen, um mit ihrer Familie zu brechen. Sie hatte voreheliche sexuelle Kontakte mit Männern; 1980 war sie mit ihrer Tochter Aqisha schwanger, weigerte sich jedoch, Lester, den Vater, zu heiraten; sie verließ das College nach dem ersten Jahr und trat in das Marine Corps ein, »weil es mein Entschluß war ... Es war die einzige Sache in meinem Leben, von der ich sagen konnte, daß es meine war.«

Im Marine Corps waren die Frauen sich zwar ungeheuer nah, doch sexueller Umgang mit einer Mitrekrutin war ein Grund zur sofortigen, unehrenhaften Entlassung. Lesbierinnen hielten sich streng im verborgenen.

Während und nach ihrer Dienstzeit traf Pam weiterhin Lester, obwohl sie nicht mit ihm lebte, und neun Monate, nachdem sie wieder nach Hause gekommen war, wurde ihr Sohn Kufi geboren. Es gab Reibungen in der Beziehung. Wie andere Frauen, die sich zurückziehen oder einen Separatfrieden schließen, hatte sie das Gefühl, eine Beziehung mit einem Mann gefährde ihre Integrität.

Wir hatten eine ordentliche Beziehung. Aber ich konnte mich einfach nicht binden. Ich hatte das Gefühl, sie verlangte zu viel von mir. Ich mußte zu vieles sein. Mutter, Geliebte, Freundin, und ich sah einfach nicht, wo in der Beziehung ich Zeit für mich haben würde. Selbst wenn er zu Besuch kam oder einige Zeit in meiner Wohnung blieb, war es jedesmal wie Zähne ziehen, diesen Mann dazu zu bewegen, mir beim Essenmachen zu helfen und solche Sachen. Wenn mein Baby nebenan verlangte, daß sich jemand darum kümmerte, und ich den Eindruck hatte, er täte, was Väter eben so tun, hineingehen und das Baby aufnehmen und irgendwie herumschaukeln, dann kam er herein und sagte etwas wie: »Hier, ich glaube, sie braucht neue Windeln.« Und ich sagte: »Warum, zum Teufel, hast du die Windeln dann nicht gewechselt?« Und er wurde wütend und fing mit all diesem anderen Problemwust an. Ich hatte zuviel Elend gesehen. Ich hatte das Gefühl, zu sterben, wenn ich mich voll auf ihn einließ. Es war einfach so stark ... Mein Schwur vor mir selbst war so eingefleischt, daß ich niemals heiraten würde. Ich wußte, daß ich eine Familie wollte, aber ich konnte mir nie Mann-Frau-Kind vorstellen. Nur mich und Kinder. Ich dachte schon so, als ich etwa dreizehn war.

Lester zog von Jackson nach Little Rock, Arkansas, und das war Pam nur recht. Die Beziehung verschlechterte sich. Es ging im Kern nicht darum, daß sie heimlich lesbisch war. Vielmehr hatten sie die klassischen Auseinandersetzungen von Mann und Frau: Rechte gegen Verpflichtung gegenüber den Kindern; Macht und Geld.

Wir hatten eine Beziehung auf große Entfernung. Es war einfach, sich damit einverstanden zu erklären, weil ich den Mann nicht immer sehen wollte. Ich mochte ihn. Ich wollte, daß wir unser Verhältnis auf diese Art aufrechterhielten, aber es war anscheinend einfach nicht möglich. Ein Teil von mir mußte sterben, um das in Ordnung zu bringen. Ich war nicht bereit, Kompromisse zu schließen.

Wir hatten oft Streit, zum Beispiel, der Vater war fort, als Aqisha geboren wurde. Er war im Ausland. Er kam zurück, als sie sechs Monate alt war, und automatisch nahm er an, daß er in der Position wäre, das Kind zu erziehen und hereinzukommen und meinen Haushalt zu übernehmen. Ich hatte sehr hart gearbeitet, um es zu schaffen, eine Wohnung einzurichten und trotz Kind beim Militär arbeiten zu können. Mir gefiel das nicht. Es machte alles zunichte, was ich bis dahin gemacht hatte, wenn er einfach hereinkommen konnte und alles an sich reißen und nicht merken wollte, daß ich einen Kopf zum Denken hatte.

Ich sagte: »Du kannst nicht herkommen und Sachen ändern. Das ist mein Zuhause, und nur weil du ein Kind hier hast, heißt das noch nicht, da du hier einziehen kannst« ... Jedesmal, wenn wir zusammenkamen, war es so: »Du hast mein Kind. Warum kann ich nicht hier einziehen? Wir sagen, wir lieben uns. Warum kann ich nicht hier einziehen?« Er unterstützte mich, solange ich mich »richtig« verhielt. Solange ich ihn in meine Wohnung ließ und seine Frau war. Aber in dem Moment, wo ich sagte: »Diese Beziehung läuft für mich nicht«, oder: »Ich will dich heute abend nicht sehen, weil ich dich einfach heute abend nicht sehen will«, war es wie eine Strafe für das Kind: »Ich werde dir diesen oder jenen Betrag an Geld oder Unterstützung oder Zeit nicht geben ...«

Damit ist schwer umzugehen. Da stecken Druckmittel drin.

Pam und Lester trennten sich, aber der Machtkampf hörte nicht auf. Jahre später klagte er, daß die Kinder seinen Nachnamen bekommen sollten (er gewann), und sie verklagte ihn auf Zahlung der Alimente (sie gewann, und jeden Monat wird sein Gehalt gepfändet). Nun spricht sie davon, die Namensänderung der Kinder wieder rückgängig machen zu lassen.

Das war die letzte heterosexuelle Beziehung und der letzte Mann, mit dem Pam in ihrem bisherigen Leben intim war.

Eines Tages fragte eine Kollegin Pam im Büro, womit sie sich die Zeit vertreibe.

Ich sagte: »Ich gehe nach Hause, gehe allein ins Kino, solche Sachen.«

»Was ist mit Clubs? Willst du dich nicht mit jemandem verabreden?«

Ich sagte: »Nein. Ich habe Kinder, um die ich mich kümmern muß, und ich habe keine Zeit, mich mit jemand anderem abzugeben.« Und jemand fragte mich nach Männern, und ich erklärte: »Weißt du, ich glaube, es wäre viel leichter für mich, nur mit Frauen zusammenzusein.« Und es wurde ganz still im Raum.

Wissen Sie, manchmal sagt man Dinge, weil sie unbewußt schon so lange da waren, und sie kommen heraus, und man merkt nicht einmal, daß sie draußen sind. Und das ist geschehen ... Und danach fing ich an, mir zu erlauben, Frauen anzuschauen.

Heute arbeitet Pam als Verwaltungsangestellte in einem großen Krankenhaus unweit ihrer kleinen Wohnung mit Garten. Sie hat es geschafft, sich ein Leben fast ohne Kontakte zu Männern einzurichten, abgesehen von Kufi. Sie arbeitet ausschließlich mit Kolleginnen zusammen, und auch ihre Vorgesetzte ist eine Frau. Ihr Freundeskreis besteht aus Frauen, größtenteils Lesbierinnen, schwarzen wie weißen. Sie hat eine feste Beziehung mit einer Frau, und obwohl ihre Geliebte keine Kinder hat, hilft sie Pam mit Aqisha und Kufi. Es gibt auch zwischen den beiden Frauen Machtkämpfe, räumt Pam ein, aber sie sind nicht annähernd so heftig wie die zwischen Männern und Frauen.

> Sie weiß auch, wie es ist, eine Frau zu sein. Sie ist in der gleichen Welt aufgewachsen wie ich. Unsere Erfahrungen mögen zwar unterschiedlich sein, aber sie ist auch eine Frau. Und die Frauen, mit denen ich zu tun habe, wissen, daß wir nicht auf männliche Art miteinander umgehen wollen, keine Machtspielchen oder »Rechte« einfordern, die sie vielleicht meinen, an mir zu haben.

Über Kufis Tagesstätte kommt Pam auch mit Vätern in Berührung, aber sie pflegt keine Freundschaften zu ihnen und bezieht sie nicht in das Leben ihrer eigenen Kinder ein. Pam erklärt, sie würde gerne den »Kreislauf« männlicher Dominanz in ihrer Familie »durchbrechen«; sie versucht, Kufi zu einer anderen Art Mann zu erziehen und schließlich auch zu einer anderen Art Vater, als sein eigener Vater es ist. Sie will, daß er Frauen respektiert und nicht erwartet, daß Frauen und Mädchen für ihn sorgen. Bislang scheint es zu funktionieren. Als Pam und ich uns an einem Samstagmorgen unterhielten, rannte Kufi mit seinen Freunden zum Haus hinaus und herein, machte sich Butterbrote und schlich sich nur ab und zu ins Wohnzimmer, um sich an Mutters Schulter zu kuscheln und schüchtern in meinen Kassettenrekorder zu sprechen.

> Er hat Verantwortung für das, was er in die Welt setzt ... Das Karma fällt auf dich zurück. Das bringe ich ihm bei. Deine Handlungen betreffen mehr als nur dich.
> ... [Ich will, daß er] merkt, daß seine Schwester genauso wichtig

> ist wie er. Ich glaube, die Familien bringen den Jungen bei, daß sie wichtig sind ... Es wird nicht unbedingt gesagt, aber wenn dein Bruder einen großen Teller Essen bekommt oder du nicht das größte Hähnchenstück haben kannst, weil das für deinen Vater oder Bruder ist, wissen Sie, das sind die subtilen Kleinigkeiten, die wir unseren Töchtern beibringen.

Pam kennt alternative Beispiele lesbischer Mutterschaft. Eine Freundin aus der Tagesstätte ist eine schwarze, lesbische Psychotherapeutin, die mit einer anderen Frau zusammen eine Tochter, Lisa, aufzieht. Auch diese Therapeutin schränkt ihre eigenen gesellschaftlichen und beruflichen Kontakte mit Männern ein, aber sie hat einen Mann gefunden, den sie wegen seiner, wie sie meint, ungewöhnlichen Zärtlichkeit als Paten für Lisa ausgesucht hat. Wie ein Kind aus einer geschiedenen Ehe verbringt Lisa einen Tag in der Woche und jedes zweite Wochenende bei ihrem Patenonkel und seiner Frau. Pam hält die minimale väterliche Zuwendung, die ihre eigenen Kinder bekommen, für ausreichend und – wie bereits im Kapitel »Töchter und Väter« zitiert – für typisch in afro-amerikanischen Familien.

Als ich Aqisha und Kufi flüchtig kennenlernte, machten sie auf mich den Eindruck von glücklichen, gut erzogenen, neugierigen und humorvollen Kindern. Es mag natürlich sein, daß sie Probleme haben, aber dafür kann es unzählige mögliche Gründe geben, abgesehen vom Fehlen eines pflichtbewußten Vaters.

Und doch mag es sein, daß Pam sich in ihrer Versicherung, daß es gut auch ohne väterliche Zuwendung geht, weniger gewiß ist, als sie zugibt. Hätte sie gerne mehr Männer in ihrem Leben, fragte ich sie.

> Ich habe einen schwulen Freund. Wir sehen uns gelegentlich. Ich habe keine heterosexuellen Freunde. Es ist nicht so, daß ich sie nicht mag, aber worüber sollten wir miteinander sprechen? Wie würden wir miteinander umgehen? Wie würde ich mit einem heterosexuellen Mann umgehen, der Probleme damit hat, daß ich lesbisch bin? ... Ich glaube nicht, daß alle Schwierigkeiten damit hätten, aber die Frage ist, will ich so viel Zeit investieren? Wenn ich einen netten Ausgleich finden könnte, dann ja, das hätte ich schon gerne. Aber ich habe nicht viel darüber nachgedacht.

Ist diese Antwort unaufrichtig? Pam sagt, der Mangel an Männern in ihrer Umgebung »hat sich einfach so ergeben«. Aber würde eine Frau, die so viele bewußte Entscheidungen unter schwierigen Umständen getroffen hat, die offenbar sehr viel darüber nachgedacht hat, wie sie ihre Kinder am besten erzieht, eine solche Frage dem Zufall überlassen? Sie sagt, sie mag Männer nicht besonders, und schiebt dann ihnen die Abneigung zu: Was ist, wenn ein Mann mit ihrem Lesbianismus »Probleme hätte«? Pam hat sich klar entschieden, sich von der männlichen Gesellschaft abzugrenzen und ihre gesellschaftlichen, wirtschaftlichen, sexuellen und familiären Bedürfnisse ohne Männer zu befriedigen. Doch selbst ihr Rückzug mag nicht ganz frei von Zwiespalt sein und hat vielleicht auch seinen Preis – gesellschaftliche Ächtung vielleicht oder Armut für die Kinder. Vielleicht ist der blinde Fleck in der Sichtweise dieser ansonsten genauen Beobachterin – »Ich habe nicht viel darüber nachgedacht« – ihre Art, mit der Ambivalenz umzugehen, indem sie sich nicht mit den gesellschaftlichen Konsequenzen ihres Rückzuges beschäftigt.

Kapitel 11

INFILTRATION

Kat White

Ich denke oft, die Karrieren von Männern fallen ihrem Drang nach Selbstbestätigung oder sexueller Dominanz zum Opfer. Ich habe viele Männer gesehen, die die Leitung von Firmen verloren haben oder nicht so erfolgreich waren, wie sie es hätten sein können, weil sie den Drang hatten ... als Individuum persönlich in Erscheinung zu treten und persönliche Macht zu haben, wo es tatsächlich ein besserer Weg zum Erfolg gewesen wäre ... nicht diese persönlich machtgierige Haltung einzunehmen. Es ist für sie im allgemeinen schwer, gute, unterstützende Teamarbeiter zu sein, vor allem, wenn Frauen in der Nähe sind.

Kat White, vierunddreißig, Geschäftsführerin
eines Unternehmens mit 25 Millionen Dollar Jahresumsatz

Männerhaß am Arbeitsplatz ist eine Spielart jenes resistenten Virus, den zu Hause bestimmte Dosierungen an Liebe in Schach halten. Streitigkeiten im Betrieb sind nicht ganz dasselbe wie private Auseinandersetzungen. Der Einsatz – ob es nun um eine Beförderung, einen glatteren Arbeitsablauf in der Abteilung oder die Beendigung sexueller Belästigungen geht – ist nicht die Liebe des Gegners, sondern sein Respekt oder, wenn das nicht zu erreichen ist, seine Kompromißbereitschaft.

Am Arbeitsplatz mag vieles von der Feinabstimmung im persönlichen Umgang miteinander abhängen. Man hat erlebt, daß Firmen praktisch zugrunde gingen, wenn das nicht gelang. Doch auch wenn es am Arbeitsplatz eine unerläßliche Taktik ist, miteinander auszukommen, so ist es doch nicht wie in der Ehe das Hauptziel. »Ich muß mit diesem Typen nur Seife verkaufen, ich muß mit ihm keine Kinder großziehen«, meinte eine Werbefachfrau, als sie ein seit langem bestehendes Problem mit einem Kollegen löste, indem sie die meisten der bis dahin gemeinsamen Aufgaben aufteilte. Außer zu Beginn und am Ende eines Projekts sprechen die beiden kaum miteinander – eine unrealistische Strategie für ein Ehepaar.

Nicht nur praktische Erwägungen, sondern auch ihre Liebe bewirkt, daß die Frauen die Männer, die ihnen am nächsten stehen, selten so bekämpfen und in Schach halten. Doch dieselben Frauen können ohne die zwiespältigen Gefühle intimer Bindungen wild über die Typen herfallen, mit denen sie arbeiten. Der Unbeholfene, der Sklave, der Gockel und das Muttersöhnchen paradieren unverhüllt und ungeschützt durch Büroflure und Fabrikhallen. Sekretärinnen lachen verächtlich über die schlechte Rechtschreibung, zwischenmenschliche Unbeholfenheit und berufliche Systemlosigkeit ihrer Chefs: »Wir haben ihnen mehr als nur ein *paar* Mal den Kopf gerettet«, erzählte mir eine Chefsekretärin, kniff die Augen zusammen und spähte im Büro umher wie eine potentielle Erpresserin. Geschäftsfrauen finden sich stoisch mit dem Machismo ihrer Kollegen ab; Krankenschwestern und Ärztinnen beklagen bei männlichen Ärzten den Mangel an elementarem Mitleid (»Das Herz ist für ihn ein Muskel, nichts weiter«).

Da der Beruf nicht im Zentrum dieses Buches steht, habe ich ihn in meinen Interviews nicht ausführlich angesprochen. Doch wann immer das Thema zur Sprache kam, stieß ich auf unverhüllte Verachtung: Männer sind bedürftig, halsstarrig, feige, inkompetent, psychologisch blind und unheilbar sexistisch.

Natürlich gibt es Ausnahmen von der Faustregel, daß Frauen Männer gnadenlos aburteilen, wenn sie von der Arbeit sprechen – und selten, wenn von ihrem Ehemann die Rede ist. Zum Beispiel gibt es das klassische Szenario der kritischen Ehefrau und der toleranten Sekretärin, in dem eine Affäre mit den Worten eingeleitet wird: »Meine Frau versteht mich nicht.« Außerdem läßt niemand seine Psyche jeden Morgen am Eingang zur Fabrik oder zum Verwaltungsgebäude zurück. Chefs stehen für versagende Väter, Kollegen für sadistische Liebhaber, Untergebene für freche kleine Brüder. Ein Unternehmen hat Ähnlichkeiten mit einer Familie, einer Liebesaffäre, einem Club, einer Gemeinde oder einer Therapiegruppe, denn alle benutzen ein Spektrum von Gefühlen und Verhaltensweisen – akzeptieren, ablehnen, Sündenböcke schaffen, idealisieren, konkurrieren und eifersüchtig sein gehören dazu.

Doch Zuneigung oder Mitgefühl für einen männlichen Kollegen trägt wenig dazu bei, die häßlichen Ursachen so mancher Feindschaft am Arbeitsplatz zu beschönigen. Ob er nun clever oder dumm, charmant oder langweilig ist, ein Mann hat bessere Chancen als eine Frau, mehr zu verdienen, ein größeres Büro zu bekommen und sich beim Chef Gehör zu verschaffen. Frauen verdienen allgemein nur 69 Prozent dessen, was Männer verdienen, seit 1955 hat dieser Prozentsatz nur um 4 Punkte zugenommen. Und obwohl es in einigen Wirtschaftsbereichen Fortschritte gegeben hat, ist die Berufsstratifikation und -segregation nach wie vor weitgehend in Kraft. Die überwiegende Mehrzahl der Frauen arbeitet in Bereichen, in denen zu mindestens 80 Prozent Frauen beschäftigt sind und die meist schlecht bezahlt sind, geringes gesellschaftliches Ansehen genießen, nur geringe Aufstiegschancen bieten und oft keine Arbeitsplatzsicherheit, Sozialversicherungsleistungen und gewerkschaftliche Organisation haben.

Während also Frauen 1988 fast 15 Prozent der Architekten stellten gegenüber 4,3 Prozent im Jahr 1975 und fast ein Fünftel aller Anwälte und Richter gegenüber 7,1 Prozent im Jahr 1975, haben sie nach wie vor 99 Prozent aller Sekretariate inne, und der Anteil weiblicher Zahnarzthelfer ist in den letzten zwanzig Jahren von 100 Prozent auf nur 98,7 Prozent gefallen. Aber selbst hinter einer zahlenmäßigen Zunahme in einem Bereich können sich fortbestehende Ungleichheiten verbergen. In Anwaltskanzleien zum Beispiel stellen Frauen ein Viertel aller assoziierten Anwälte, aber nur 6 Prozent der Teilhaber. Für farbige Frauen kommt zum Sexismus noch der Rassismus hinzu, eine Tatsache, die sie in jeder Hinsicht ans untere Ende der Berufshierarchie verbannt.[1]

Bei der Geschwindigkeit, mit der wir Fortschritte machen, werden Frauen bis fast ins 22. Jahrhundert hinein noch keine vollständige berufliche Integration erreicht haben; ohne Tiefkühlkonservierung wird es den Sekretärinnen, Zahnarzthelferinnen und Anwältinnen von heute sehr schwer fallen, darauf zu warten.

All das bedeutet, daß es neben einer breiten und zunehmenden Schicht verarmter Frauen und solchen, die in zwei oder drei Stellen arbeiten, um über die Runden zu kommen, kaum Frauen von Macht und Einfluß gibt. Im Machtkampf, in den Männer mit einem erheblichen Vorsprung eintreten, haben sie es schwer. Wenn Frauen wissen, daß sie in ihrem Beruf nicht die gleiche Bezahlung oder Entscheidungsgewalt erreichen werden, kann es sein, daß sie ihre Zielsetzungen entsprechend einstellen. »Ich weiß, daß ich für die Jungs da oben unbedeutend bin«, erklärt Zulma Cruz, eine Gewerkschaftsfunktionärin. »Ich will gar keine Position. Ich will nur Respekt. Ich will, daß man mich in Ruhe arbeiten läßt.«

Gemeinhin passen Frauen sich an, indem sie sich ihre Kämpfe aussuchen. So mögen sie zum Beispiel eine Bemerkung über das Aussehen ihrer Beine in diesem oder jenem Rock schlucken, aber bis zum letzten kämpfen, wenn sie erfahren, daß sie weniger verdienen als ein Mann, der nach ihnen eingestellt wurde. Ungeachtet gewisser Konzessionen wie zum Beispiel der Mütterlaufbahn, die »weniger einsatzfreudige« Frauen (sprich: Mütter) in Halbtagsbeschäftigungen oder Positionen ohne Aufstiegsmöglichkeiten in Anwaltskanzleien, Maklerbüros und ähnlichem abschiebt, kämpfen Frauen auch weiterhin für bessere, gleichberechtigte Arbeitsbedingungen.

In den traditionell männlichen Berufen wie Facharbeiterstellen nimmt die Zahl sehr schnell ab, während weiblich dominierte Bereiche wie Dienstleistungs- und Pflegeberufe sich halten. Doch Frauen dringen in jede Ecke des Arbeitsmarktes vor, wie Susan Shank vom Amt für Arbeitsstatistiken erklärt, und arbeiten mehr und mehr nach »männlichem« Muster – also ebenso viele Wochenstunden und ebenso viele Arbeitswochen im Jahr wie Männer. Viele Berufstätige haben den Eindruck, daß sich im Handel, in den Medien und in einigen freien und akademischen Berufen beide Geschlechter härter um dieselben Stellen schlagen. Aber selbst wenn dies nicht ganz den Tatsachen entspricht, erklärten die meisten Frauen, mit denen ich gesprochen habe, sie spürten am Arbeitsplatz eine Gegenwehr der Männer. Wenn Frauen versuchen, ihnen ihren Raum streitig zu machen, verdoppeln Männer ihre Anstrengungen, ihn zu verteidigen.

»Sie sind kälter, defensiver und rebellischer gegen Frauen«, erklärte die Verwaltungsdirektorin eines Krankenhauses in Chicago, in dem Frauen in die oberen Ränge der Verwaltung und der medizinischen Abteilungen vordringen. Eine Straßenarbeiterin in Cleveland sagte, sie habe immer Arbeit, weil gesetzlich ein gewisser Prozentsatz weiblicher Arbeiter und Angestellter in staatlich finanzierten Projekten vorgeschrieben sei. Aber, so sagte sie, die Arbeit zu bekommen ist nur der halbe Kampf. »Du mußt doppelt so viel tragen, doppelt so schnell arbeiten, halb so viele Pausen machen und doppelt so fröhlich bleiben, wenn sie dir zufällig über den Weg laufen, wenn du gerade einen Eimer hochhebst oder die Schaufel schwingst.«

Kat White hat nicht ganz die gleichen Probleme. Sie gehört zu jener Handvoll Frauen, die die dünne Schicht des Topmanagements erreicht haben.* Ihr Unternehmen gehört zu einem jungen, dynamischen Industriezweig, in dem relativ viele Frauen aufgestiegen sind, obwohl auch hier die berüchtigte »gläserne Decke« eingebaut ist.

Unter den talentierten, ehrgeizigen Frauen ihrer Branche ist Kat als besonders außergewöhnlich, perfektionistisch und gelassen anzusehen. Mit zweiunddreißig machte sie ihre erste Million. Mit vierunddreißig leitet sie ein Unternehmen mit 250 Beschäftigten und 25 Millionen Dollar Jahresumsatz. Sie läuft Ski und fährt Rennen, macht Paragliding, reitet und fährt oft zum Windsurfen. Sie lebt allein, hat zwar einen Freund, aber nicht die Absicht, zu heiraten.

Kat ist schlank und blond, hat eine geschliffene, aber nicht affektierte Art und erklärt, sie habe weniger gegen Geschlechterdiskriminierung kämpfen müssen als gegen die unterschwelligeren Äußerungen des Sexismus, denen sie in ihrem persönlichen wie auch beruflichen Leben begegnet ist. Eine frühe, ernsthafte Beziehung führte fast zur Ehe, doch sie brach sie ab, da sie die gleichen geschlechtsspezifischen Einstellungen und Haltungen störten, die sie auch heute noch stören – von denen sie sich aber nicht unterkriegen läßt. Von dieser Beziehung sagt sie: »Am Ende hatte ich das Gefühl, ich sei eher ein Kandidat für eine feindliche Firmenübernahme als eine Geliebte«, und ein unvollkommener obendrein.

* Es sind so wenige, daß ich mich bereit erklärt habe, weder die Branche noch den Bundesstaat zu nennen, um ihre Identität nicht preiszugeben.

Oft sind Männer in einer engen Bandbreite von Gefühlen gefangen. Der Bereich, in dem er einen Menschen wahrnehmen konnte, war sehr klein. Wenn man sich außerhalb dieses schmalen Bandes bewegte, verursachte man Lärm im System und war ein Störfaktor. Das war keine gute Basis. Es gab ungesunde Konkurrenz in der Beziehung – ich glaube wirklich, es war sehr ähnlich wie im Geschäftsleben.

Ich glaube nicht, daß Männer sich seit den Neandertalern sehr [verändert] haben. Der Drang nach sexueller Eroberung ist nach wie vor im normalen Büroalltag lebendig und erhalten.

In ihrer Arbeit, die sie mit der Begeisterung einer Bergsteigerin oder Missionarin schildert, stößt Kat, wie sie sagt, häufig auf Hindernisse in Form männlicher Arroganz, Egoismus und Unsicherheit. Wenn es um so hohe Einsätze geht und der Konkurrenzdruck so stark ist wie in ihrer Branche, kann ein Innehalten, um solche Hindernisse in Gesprächen auszuräumen, den Verlust oder Gewinn eines Vermögens bedeuten.

Dabei geht es nicht nur um finanzielle Verluste. Für eine Frau wie Kat, die ihr Leben ihrer Karriere verschrieben hat, sind sie zugleich Schläge, die sie in Herz und Seele treffen. Als eine vielversprechende Firma an den, wie sie es sieht, psychosexuellen Problemen ihres Topmanagers zugrunde ging, war der Rückschlag für sie ebenso schmerzlich und enttäuschend, wie ein Stolpern auf den letzten Metern eines olympischen Rennens oder (ich glaube nicht, daß das ein überzogener Vergleich ist) eine Fehlgeburt im achten Monat. Solche Verluste, die Opfer männlichen Stolzes, haben eine bereits unsentimentale Frau zu einer zynischen Einstellung zu Männern gebracht.

Ich hatte einen Chef, der war auf meine Weiblichkeit so fixiert, daß er sexuelle Träume hatte, in denen ich vorkam. Es war eine Sache der männlichen Integrität, daß er auf jede erdenkliche Weise klüger, besser, schneller sein mußte als ich. Er arbeitete furchtbar hart, um meine Unterstützung und Zuneigung zu gewinnen, aber es mußte immer so sein, daß er besser war ... Was er wirklich wollte, war, daß ich in sein Büro marschierte und sagte: »Verdammt, du bist der unglaublichste, talentierteste, cleverste Mensch, dem ich in meinem ganzen Leben begegnet bin, und ich bin dir in jeder Weise völlig verfallen.«

Dieses Gefühl hatte Kat allerdings nicht und konnte es auch nicht vortäuschen.

Schließlich wurde es für uns beide so schmerzlich, daß ich letzten Endes die Firma verlassen mußte. Was nach allen erkennbaren Maßstäben ein großer Verlust für das Unternehmen war ...
Zuerst war ich leicht irritiert. Am Ende war ich sehr traurig und enttäuscht und in vieler Hinsicht sehr wütend. Denn ich hatte das Gefühl, daß etwas, was im Grunde eine Frage der emotionalen Reife war, mir und sieben Millionen Dollar und dem Erfolg einer Firma mit 250 Beschäftigten im Weg stand.
... Gleichzeitig hasse ich ihn aber nicht. Ich schreibe es der Tatsache zu, daß er sehr unsicher ist und viel Bestätigung für seine Stärke oder was auch immer braucht. Wenn ich einen gangbaren Weg gefunden hätte, abgesehen den, mit ihm zu schlafen, hätte ich es gemacht. Er ist ein sehr talentierter Mensch, aber er hat ein unglaubliches Bedürfnis, immer recht zu haben.

Unsicherheit und das Bedürfnis nach ständiger Bestätigung; Sexualisierung von Erfolg und Fehlschlägen in der Arbeit; Egoismus, der eine Arbeit hinter den Kulissen für ein besseres, gemeinsames Ziel ausschließt; und eine beschränkte und einschränkende Wahrnehmung, »eine enge Bandbreite von Gefühlen« – diese gockel- und stammlerhaften Charakterzüge herrschen in Kats Schilderungen von Männern vor, zumal jener Art von Männern, mit denen sie bei der Arbeit und – obwohl sie dem aus dem Wege zu gehen versucht – im Privatleben zu tun hat. Kat ist nicht prüde; sexuelle Schwingungen am Arbeitsplatz stören sie nicht. Allerdings nervt sie das, was sie als Drang der Männer sieht, ihre sexuelle Überlegenheit in einer Firmenhierarchie unter Beweis zu stellen, in der, das versteht sich von selbst, Frauen unten stehen. Vielleicht ist sie für diese Dinge überempfindlich, räumt sie ein. Vielleicht sollte sie ihren Vorgesetzten mehr Streicheleinheiten gönnen. Aber, wie das obige Beispiel zeigt, sie kann und will das nicht.

Männer bringen mehr Sexualität ins Busineß hinein als Frauen. Es gibt viele sexuelle Anspielungen im normalen geschäftlichen Umgang miteinander. Das ist zu einem natürlichen Bestandteil des Geschäftslebens geworden. Ich finde es nicht beleidigend oder einschüchternd oder überraschend.

Interessanterweise hatte ich nie Schwierigkeiten, daß ein unmittelbarer Vorgesetzter sich auf die Tatsache fixiert hätte, daß ich eine Frau bin ... aber ich hatte viele Probleme mit meinen Chefs. Aus welchem Grund auch immer habe ich den Eindruck gewonnen, daß sie meine Unterstützung brauchten, sie erwarten ein gewisses Maß an Zuneigung von Frauen. Und das gebe ich meinen unmittelbaren Vorgesetzten, weil ich ihre Loyalität haben möchte, und ich stelle Leute ein, die ich mag.

Ich suche mir meine Chefs nicht aus, weil ich sie mag ... Von einem Chef erwarte ich, daß er in den meisten Dingen besser ist oder zumindest seine Arbeit ebenso gut macht wie ich meine. Ich habe sehr hohe Ansprüche. Das mag ein Fehler sein, aber das werde ich nicht ändern.

Ebensosehr wie über das Bedürfnis nach Bestätigung ärgert sich Kat über die Unfähigkeit von Männern, ihre Verwundbarkeit zuzugeben.

Ich kann zu meinem nächsten Vorgesetzten gehen und sagen: »Wie sind Sie mit mir zufrieden? Was kann ich besser machen?« Männer können das nicht so leicht sagen. Einen Vorgesetzten können sie einfach nicht danach fragen.

Männer »zahlen einen hohen Preis für ihren Stolz«, meint Kat. Es ist traurig, sagt sie, daß die »meisten Männer ihre Karriere als Bestätigung ihrer Potenz, ihrer Fähigkeit als Jäger sehen«. Aber im Gegensatz zu den meisten Menschen, Frauen inbegriffen, die diesen männlichen »Jagdinstinkt« als Hindernis für die emotionale Gesundheit, aber als Segen für den Geschäftserfolg ansehen, hält Kat ihn grundsätzlich für ein Handicap. Aus Stolz »sind sie nicht bereit oder imstande, Risiken einzugehen. Sie sind nicht bereit, ihren Geltungsdrang beiseite zu lassen, um etwas zu erreichen.«

Kat zieht einen »konsensorientierten« Managementstil vor, der »hinter den Kulissen« arbeitet und ihr durch die männliche Unterschätzung ihrer Fähigkeiten oft Vorteile verschafft.

> Ich werde ständig unterschätzt, und das war eine meiner größten Stärken. Oft kann man sehr viel in einer Organisation erreichen, ehe die Leute aufwachen. Dann überschätzen sie deinen Erfolg, weil sie dich für eine Niete halten.

Solche Überraschungsangriffe gleichen allerdings kaum den Mangel an tagtäglicher, gleichberechtigter Zusammenarbeit aus, und der ständige Anspruch, Männer zu bestätigen, ist ermüdend, »eine ständige Betreuungsanforderung«. Letztlich bewirkt es bei ihr eine gewisse Desillusionierung und Entfremdung.

> Schließlich verliere ich den Respekt vor Männern. Ich frage mich, warum ist ihre Selbsteinschätzung so schwach, daß sie dieses ständige Bedürfnis haben? Ich glaube nicht, daß es mich wütend macht. Sie tun mir irgendwie leid. Wenn ich eine Frau treffe, gehe ich davon aus, daß ich einen interessanteren, vielseitigeren Menschen vor mir habe, als wenn ich einem Mann begegne.

In Kats Privatleben stellen sich diese Probleme auch recht häufig. Sie mag es nicht, unterschätzt zu werden, und möchte, daß man ihre Unabhängigkeit respektiert.

> Viele Männer wünschen sich, ich wollte, daß sie sich um mich kümmern. Ich will das nicht. Ich möchte geliebt und geschätzt werden. Ich hatte einmal einen Mann, der mir ständig sagte, was für einen fürchterlichen Tag ich hinter mir hatte. Ich sagte dann: »Ich hatte diesen Tag, und er war ziemlich normal.« Ich brauche nicht gerettet zu werden.

Die Bedürfnisse der Männer behindern sowohl in der Liebe wie auch im Geschäft ein Vorwärtskommen, meint sie, doch zu Hause ist sie viel eher bereit, das Tempo zurückzunehmen und diese Ansprüche zu erfüllen.

Ich glaube, die meisten Männer wollen, daß man sich um sie kümmert, aber sie fragen nie danach. Das geht zurück auf diesen Stolz oder ihr Selbstwertgefühl. Interessanterweise kommt bei ihnen der Stolz noch vor der Leidenschaft. Wenn ich jemanden liebe, bin ich bereit, einige recht ernstliche Risiken in bezug auf meine Identität oder mein Ego einzugehen. Ich bin bereit, dazusein und mich ihm ganz zu widmen und zu tun, was nötig ist, damit der andere sich gut fühlt. Stolz ziehe ich gewissermaßen aus der Tatsache, daß der andere sich etwas aus mir macht.

Sie gibt zu, daß es recht schwer für einen Mann ist, ihren Ansprüchen in der Liebe gerecht zu werden, und daß sie nicht groß im Kompromisseschließen ist. Den Mann zu finden, der ihrem Geschmack entspricht, ist, das weiß sie, schwierig, wenn nicht gar unmöglich.

Ich glaube, ich brauche einen sehr selbstbewußten Menschen um mich, aber jemanden, der auch zärtlich ist. Das ist sehr selten. Ich habe viele selbstbewußte Mistkerle gefunden und viele zärtliche, unsichere Typen.
Sosehr der einfühlsame Mann der neunziger Jahre auch im Kommen ist, glaube ich, daß der Macho der Fünfziger immer noch unter der Oberfläche lauert, sowohl aus der Sicht der Frauen wie auch aus der der Männer. Mich ziehen starke, dominante Männer an. Wenn das für mich kein entscheidender Punkt wäre, würde ich mit gutaussehenden Tankwarten ausgehen.
Und da liegt genau der Konflikt. Sie müssen wirklich stark sein, damit ich nicht von Zeit zu Zeit in Situationen gerate, in denen es den Anschein hat, als wäre ich ihnen überlegen.

Manche der Männer, mit denen Kat ausgeht, fühlen sich unbehaglich angesichts ihres guten Einkommens. Aber meist ist sie ohnehin mit Männern zusammen, deren Gehalt sich ebenfalls in diesen Höhen bewegt. Das hindert sie allerdings nicht, sich mit ihr messen zu wollen. Kat erzählt einen Zwischenfall, der sich vor einigen Jahren zugetragen hat.

Ich hatte mit jemandem eine herrliche Zeit. Schließlich gerieten wir zufällig in eine mißliche Lage. Auf dem Weg zum Flugplatz blieben wir nach einem Skiwochenende im Schneesturm stecken. Der Wagen blieb liegen, und wir mußten – ich meine wirklich mußten – beide zurück. Es blieb nur die Möglichkeit, uns etwas Rettendes auszudenken. Ich erinnere mich, daß ich die Wahl hatte: tun, was er tun wollte, nämlich den Kopf verlieren. Oder mir zu überlegen, wie wir den Wagen bis zu einer Werkstatt brächten, etwas Geld bezahlten, damit sie ihn in der Warteliste vorzögen, um wieder da wegzukommen. Die Tatsache, daß ich das gemacht habe, war das Ende der Beziehung.

Kats sexuelle Beziehungen ähneln in mancher Hinsicht ihren Arbeitsbeziehungen, doch steht beides auch in entscheidender Weise in Konflikt miteinander. Sosehr sie sich Liebe in ihrem Leben wünscht, hat sie doch für den Augenblick ihre Prioritäten klargemacht.

Man muß sich ernsthaft zwischen Karriere und Familie entscheiden. Diese Entscheidungen sind nicht so offensichtlich. Ich kann nicht sagen, wenn ich geheiratet und jetzt schon ein fünfzehn Jahre altes Kind hätte, sähe alles besser aus. Ich glaube, Entscheidungen sind schwarz und weiß. Ich glaube nicht, daß man beides sein kann, eine gute Mutter und Ehefrau und eine wirklich erfolgreiche Geschäftsfrau. Ich glaube nicht, daß es die Superfrau gibt.
Ich kann Ihnen sagen, mit Geld ist das Problem nicht zu lösen. Es ist die psychische Kraft, das Engagement. Der Einsatz, den jede Aufgabe verlangt, läßt für das andere nichts übrig.

Kat ist eine Außenseiterin, aber keine Reformerin. Als Managerin steht sie nicht auf der »Frauenseite«. Sie ist nicht einmal davon überzeugt, daß es eine solche gibt. Kat liegt ständig im Kampf mit Männern, und sie ist fassungslos und wütend über deren Einstellungen und Verhaltensweisen. Aber sie sieht den Arbeitsplatz nicht als Ort, »weibliche Werte« wie Fürsorglichkeit und Konkurrenzlosigkeit einzuführen. Derartige Milde gehört ihrer Ansicht nach in die Wohnstube. Bei der Arbeit ist Arbeit zu bewältigen. Und wenn das bedeutet, andere Frauen in gewisser Weise zu diskriminieren – das ist eben so.

ich lerne, mein Schicksal anzunehmen, und nicht alles in Frage stelle, wird es sich schon regeln. Ich kann nicht neunzehn Jahre und drei Kinder und diesen ganzen Lebensstil über Bord werfen. Vielleicht ist es mein Problem – ich bin innerlich nicht glücklich.« Dieser Weg war für mich immer einfacher. Ich nahm Antidepressiva und hatte Angstanfälle. Sie sagen, von Neununddreißig bis Vierundvierzig ist eine Zeit, in der Frauen depressiv werden. Ich lag also richtig in der Zeit.

Als ich zum Ende der Therapie kam, fühlte ich mich innerlich stärker – was meine Kindheit und mein Selbstwertgefühl angeht. Ich bereue es nicht. Wir kamen zum Schluß dahin, daß ich sehen mußte, wohin meine Ehe sich entwickeln sollte – mich damit zu beschäftigen. Der nächste Schritt war, in eine Ehetherapie zu gehen.

Das taten sie auch; sie haben sie gerade beendet, allerdings brachte sie keine entscheidenden Resultate.

Ich glaube immer noch nicht, daß ich die Kraft habe, zu entscheiden: Hat diese Ehe mir genug zu bieten? Ich bin zu dem Schluß gekommen, daß ich die Ehe will und will, daß sie etwas besser wird. Wir haben gelernt, besser zu kommunizieren. Ich denke, wir haben mehr Respekt füreinander entwickelt. Unser nächstes Ziel war, mehr Nähe zu entwickeln.

Sie erklärt: »Ich konnte es nicht mehr aushalten, in Therapie zu sein«, und läßt durchblicken, daß die angestrebte Nähe vielleicht ohnehin ein etwas zu hoch gegriffenes Ziel sein mag.

Was den Respekt angeht, so scheint Deborah bei ihrem Teil an Ansprüchen zurückgesteckt zu haben – vielleicht auch mehr, als es gerecht gewesen wäre. »Ich bin stärker bereit, Kompromisse zu machen«, erklärt sie, wie eine Pfadfinderin das therapeutische Glaubensbekenntnis nachbetend. »Nicht mich aufgeben, aber anerkennen, daß es Kompromisse gibt und daß manche Dinge, die ich habe, von Wert sind.«

In der Frage der Religion sind sich die beiden nach wie vor uneins, aber der Konflikt ist nicht zu einer bedingungslosen Konfrontation ich würde gerne wissen, daß ich genug Geld verdienen kann, um davon zu leben. Aber er sagte, das bringe ihn auf den Gedanken, unsere Ehe sei nicht sicher.

Er sagte: »Du wirst es nicht auf ein spearates Konto tun.« Ich habe in diesem Punkt nachgegeben. Ich versuche, das nicht so wichtig zu nehmen. Ich denke, er hat recht. Wenn ich ihm vertraue, sollte ich es nicht auf ein eigenes Konto tun wollen. Wenn ich meinen Standpunkt verteidigte, würde es sich anhören, als dächte ich an Scheidung.

Deborahs Geschichte ist nicht die ruhmreiche Geschichte einer Frau, die im Feminismus neu geboren wurde. Einerseits findet sie sich mit den, wie sie es nennt, »Kompromissen« der Ehe ab: Er ist eingebunden in seine Arbeit, »fünfzig Stunden die Woche mit einem äußerst belastenden Job, und all die Dinge, die es mit sich bringt, ein Mann zu sein«, und sie genießt die Wahlmöglichkeit, arbeiten zu gehen oder zu Hause zu bleiben. »Ich liebe die Arbeit, die ich mache, und ich mag die Menschen, die ich dabei treffe.« Andererseits fühlt sie sich wie in einer Falle. Sie spürt, daß dieser »Spielraum« nicht Freiheit ist. »Ich will auch die Freiheit und Macht und Unabhängigkeit.« Die Freiheit, Unabhängigkeit und Macht zu erlangen bedeutet allerdings, gegen ihren Mann anzukämpfen, vielleicht für immer.

Ihre Geschichte ist allerdings auch kein Fallbeispiel für ein Übungsbuch zur Selbstbehauptung. Auf ihrem Weg zur Unabhängigkeit – falls das wirklich das Ziel ist, dem sie zustrebt – weicht sie vom Kurs ab, bleibt oft stehen und zieht sich zurück. Die zwei Jahre, die zwischen unseren beiden Gesprächen lagen, verliefen stürmisch und oftmals enttäuschend. »Es stellte sich – rückblickend – heraus, daß ich meiner traditionellen Erziehung und dem Teil von mir sehr treu blieb, der sagte: Geh nicht zu weit.«

Ich wurde im Herbst neununddreißig. Ich schätze, ich bin damals zu dem Schluß gekommen, daß der Konflikt zu groß ist, und habe mich für eine Weile entschlossen, der einzige Weg, damit umzugehen, sei, ihn zu meiden. Ich bekam Depressionen. Ich gab mir selbst die Schuld und begab mich richtig in Therapie.

Ich sagte: »Ich bin nicht stark genug, die Dinge zu ändern. Wenn

Die Wahrheit ist doch, wenn ich mir ganz ehrlich auf der anderen Seite des Schreibtischs den jungen Mann ansehe mit einer Frau, die ihn unterstützt, der sieben Tage in der Woche 110 Prozent geben kann, weil sie sich um sein Privatleben kümmert, seine Kinder aufzieht und ihm den Rücken krault, wenn er nach Hause kommt, und dagegen die ebenso talentierte Frau, die nur dreißig Stunden in der Woche arbeiten kann, dann ist bei Licht besehen die Realität ... die Person, die sieben Tage in der Woche 110 Prozent geben kann, bekommt den Job. Das sind Darwins Gesetze. Es ist keine Frage von Fairneß mehr.

Wenn Zulma Cruz, die Gewerkschaftsfunktionärin, die auch eine beachtliche Karriere geschafft hat – nur unter einem anderen Vorzeichen –, mit Kat White zusammenträfe, sähe sie sie vielleicht weniger als Schwester denn als Kollaborateurin mit dem Feind. Beide Frauen erkennen bestimmte unschöne Eigenschaften als männlich – Egoismus, Selbstschutz, Hinterhältigkeit aufgrund einer Unfähigkeit, seine Bedürfnisse und Wünsche offen zu äußern. Doch andere Werte, die bestimmte Feministinnen als männlich bezeichnet haben – also Produktivität und Profit über die Bedürfnisse von Ernährern und Familien zu stellen –, schreibt Kat nicht dem Geschlecht zu. Es sind auch ihre Wertvorstellungen. Wo Zulma dafür eintritt, daß Frauen gemeinsam die männlichen Machtstrukturen zu Fall bringen, ist Kat stärker daran interessiert, in sie einzudringen, als sie zu beseitigen. Sie will nur, daß die Männer die Schraubenschlüssel ihrer persönlichen Komplexe aus den Maschinen nehmen und den Betrieb laufen lassen.

Kapitel 12

UNABHÄNGIGKEITSERKLÄRUNG

Dottie Bernstein

Ich traf Dottie Bernstein zum ersten Mal an ihrem fünfunddreißigsten Hochzeitstag. Sie war neunundfünfzig Jahre alt, hatte einen forschen Gang, ein warmes Lächeln, war gut frisiert, geschmackvoll gekleidet und trug, da es ein kühler Tag war, einen leuchtenden Schal elegant um den Hals geschlungen.

Dottie wirkte wie die perfekte moderne Großmutter, eine Frau, die sich beim Tennis immer noch beachtlich schlägt, ehrenamtlich in verschiedenen Gemeindegruppen in einem Vorort von Cleveland arbeitet und regelmäßig allein einen Ausflug nach New York oder Florida unternimmt.

»Heute ist mein fünfunddreißigster Hochzeitstag, und ich bin ganz romantisch gestimmt«, verkündete Dottie und fügte hinzu, daß sie vielleicht an diesem Tag nicht hundertprozentig ehrlich über ihren Mann, Hyman, sprechen könne, sie habe das Gefühl, sie müsse »den Mann und auch mich selbst ein klein bißchen in Schutz nehmen«. Aber mit Unterstützung ihrer drei besten Freundinnen (ich interviewte die »Viererbande«, wie sie sich selbst nennen, gemeinsam), einer Kanne Kaffee und einiger exzellenter Butterkekse war der Schutzschild bald durchbrochen.

Die Ehe der Bernsteins ist »ein Kampf«, war es schon immer und wird es, wie Dottie vorhersagt, immer bleiben. »Mein Kampf mit ihm besteht darin, um meine Unabhängigkeit zu fechten. Ich benutze das Wort Kampf, weil es ein Machtkampf *war* – um meine eigene Stellung, meine eigene Stimme.«

Diese Stimme ist immer noch nicht ganz sicher – Dottie fehlen oft die richtigen Worte, gibt sie zu, sie führt ihre Sätze nicht zu Ende und läßt sich in Diskussionen leicht nervös machen. Hy dagegen ist ihrer Schilderung nach äußerst kritisch, redegewandt, anspruchsvoll und konkurrenzorientiert. »Ich erlebe Hy wirklich als stärker, als ich es bin«, erklärt sie an diesem Tag, doch andere Gespräche lassen auch an dieser Einschätzung zweifeln.

Im Laufe der Jahre hat Dottie es von einem Gefühl banger Unterlegenheit über unverblümte Wut und Männerhaß bis zu einer hart erkämpften und immer noch wachsam gehüteten »Unabhängigkeit und Selbstachtung« gebracht. Sie hat eine äußerst konventionelle, vom Ehemann dominierte Ehe in eine Partnerschaft verwandelt, in der beide Seiten sich um emotionale und praktische (wenn auch nicht finanzielle) Gleichberechtigung bemühen; aus einer Paarbeziehung, die auf Abhängigkeit und ständigem Beisammensein basierte, ist ein Verhältnis geworden, in dem »jeder von uns ein eigenes Leben führt«. Am Anfang mußte Dottie ihren Mann mühsam zur Auseinandersetzung zwingen, und immer noch ist sie sehr hinter ihm her, sich an den ehelichen Zwistigkeiten zu beteiligen. Heute, sagt sie, »stehen wir häufig auf derselben Seite«. Sie hat den Kampf in der Küche geführt, im Wohnzimmer, in der Praxis eines Therapeuten und sogar auf dem Tennisplatz. Im Laufe der Jahre hat sie ein ganzes Arsenal traditioneller und moderner Waffen gesammelt: das Temperament einer jüdischen Einwanderertochter, mittelamerikanischen Feminismus, Populärpsychologie, New-Age-Spiritualismus und die Unterstützung einiger guter Freundinnen.

Dottie und Hy heirateten 1953; ihre Beziehung war typisch für eine gewisse Art jüdischer Ehen in dieser Zeit. Er war der Intellektuelle, sie die gutaussehende Frau und gute Sportlerin. Er war ein As in politischer Rede, sie war ebenfalls engagiert, aber sie »verhielt sich still und machte den Kaffee«. Er war ein großer Debattierer, und sie »erledigte die Gefühlsarbeit für uns beide«. Er hatte ein vielversprechendes Geschäft, sie richtete ihrer Familie ein hübsches Heim ein. Dottie sprach von Idealvorstellungen von einer Ehe, die anders sein sollte als die ihrer Mutter. »Ich kam in die Ehe mit dem Gefühl, eine moderne Frau zu sein. In den ersten drei Jahren waren wir gleichberechtigt.« Doch dieser Eindruck (ob er den Tatsachen entsprach, ist nicht ganz klar) änderte sich, als die Kinder geboren wurden – drei, in kurzem Abstand. »Unsere Ansichten sanken wieder in das alte System zurück.«

Der *Weiblichkeitswahn* könnte bis ins letzte Detail über Dottie geschrieben worden sein.

Hy hatte das Gefühl, wenn wir ein nettes Heim und all das hätten, würde er meine Bedürfnisse befriedigen. Und in gewisser Weise glaubte ich das auch. Erst als ich ein Heim und drei Kinder und einen Mann hatte und immer noch weinte, wie Betty Friedan sagt, erwischte es mich. Ich wußte nicht, was geschah.

Dottie geriet in Rage, und da die Kinder in der Nähe waren, bekamen sie alles ab. Sie drückte ihren zwei Jahre alten Sohn gegen eine Wand. »Ich hatte das Gefühl, ich könnte töten. Es jagte mir solche Angst ein, daß ich in eine Therapie ging. Ich brauchte ein Jahr, ehe ich herausfand, daß ich eigentlich wütend auf Hy war.« Über fünfunddreißig Jahre hinweg vertraute sie auf psychologische Einsichten, um diese Wut zu besänftigen, sobald sie wieder hochkam. »Es ist am schlimmsten und die Wut am größten, wenn ich nicht weiß, was es ist. Es gibt eine Ungerechtigkeit, aber ich weiß nicht genau, was es ist.«

Neben der Psychotherapie war es der Feminismus, der Dottie Einblick in diese vagen Gefühle von Ungerechtigkeit vermittelte.

Die Frauenbewegung hat mein Leben völlig verändert, weil sie mein Denken verändert hat. Damals fühlte ich meine Wut hautnah und fand heraus, daß der Mensch, der mich am meisten fertigmachte, Hy war. Wenn ich mich schlecht fühlte, verfolgte ich die Gründe zurück und fand heraus, daß er es war und seine kleinen kritischen Bemerkungen, ich machte dies und das nicht richtig. Ich fing an, den Machtkampf zu begreifen und daß ich mich verloren hatte.

Was die Frauenbewegung für mich brachte, war, daß ich aufhörte, mich als Ehefrau und Mutter zu sehen. Alles, was von mir übrigblieb, war die Wut.

Es gab eine Zeit, da war ich extrem wütend auf alle Männer. Denn ich war von der Überzeugung ausgegangen, daß Männer interessanter wären als Frauen, Männer wüßten alles. Ich mochte Frauen nicht. Sie waren Klatschweiber, sie waren dies, sie waren das. Dann, als ich anfing, den Männern zuzuhören, wie sie anderen ins Wort fielen, und auf die Dinge zu achten, die sie sagten, und als ich auf ihre Einstellungen achtete, wurde ich wütend. Ich glaube, ich haßte Männer, aber mein persönlicher Kampf galt Hy.

Wie so viele andere Frauen ihrer Generation erfuhr auch Dottie, daß Männer und vor allem ihr Mann sie wie ein Kind behandelten.

> Es gibt einen bestimmten Ton, eine bestimmte Art, wenn ich einen Fehler mache, da ist eine Schärfe und Zurechtweisung. Wenn ich meine Sätze nicht beende oder durcheinanderkomme, wenn ein Mann mir sagt, sie machen sich über mich lustig, und ich mich am Ende unbehaglich fühle. Ich fühle mich schließlich wie ein kleines Mädchen, zurechtgewiesen.

Als Hausfrau, die nur kurze Zeit außer Haus gearbeitet hat – und das noch zu einem kleinen Anerkennungshonorar –, war Dottie während ihrer ganzen Ehe finanziell von ihrem Mann abhängig. Es versteht sich von selbst, daß dies ein weiteres Mittel war, sie wie ein Kind zu halten. In gewisser Weise trug die »vertrauensvolle« junge Ehefrau mit dazu bei: Sie warf nicht einmal einen Blick auf die Familienkonten. Allmählich jedoch »wurde es immer wichtiger, über die Finanzen Bescheid zu wissen. Ich glaube, ich mußte daran arbeiten, weil ich keine Arbeit und keine Karriere hatte.« Sie mußte auch daran arbeiten, weil Hy keinen Grund sah, daß sie darüber Bescheid wissen sollte. Er willigte ein – er war nie ein Autokrat –, aber ohne davon wirklich überzeugt zu sein. »Er tat es nicht für mich«, erklärt Dottie, und faßt damit eine Art Motto ihrer gesamten Ehestrategie in Worte, »wenn ich es nicht für mich tat.«

Dottie war nicht fügsam, aber lenkbar, und so traf Hy auch weiterhin die Hauptentscheidungen über Geld. Anfang der sechziger Jahre war das so »normal«. Er verdiente es, also sollte er es auch ausgeben. Vor dem Feminismus galt Hausarbeit nicht als »wirkliche« Arbeit, die einer Ehefrau ein Mitspracherecht in der Familie gegeben hätte, das über die Frage hinausgegangen wäre, welche Turnschuhe die Kinder tragen sollten und ob ein Staubsauger auf Raten angeschafft werden sollte oder nicht. Erst als die Kinder heranwuchsen und Dottie etwas Geld außer Haus verdiente, begriff sie, was es hieß, über eigenes Geld zu verfügen. Als sie wieder zu Hause blieb, hatte sie den Mumm, eine Änderung zu fordern.

Ich kam für mich zu dem Schluß, daß die Hälfte des Geldes mir gehörte. Hy verdiente es, aber ich war zu Hause und tat die halbe Arbeit. Als ich zu arbeiten aufhörte, wollte ich ein Gehalt – zweimal im Monat, und ein angemessenes Gehalt. Wenn es nicht reicht, verlange ich, was ich will, so fühle ich mich stark.

Vor kurzem gewann Dottie einen Kunstfehlerprozeß und erhielt eine Entschädigung, mit der sie ihr eigenes Konto eröffnete. Es war ein Betrag unter hunderttausend Dollar, aber damit hat sie ihre »eigene kleine Stiftung« gegründet, aus der sie Spenden an politische Gruppen und Wohlfahrtseinrichtungen ihrer Wahl finanziert – bis dahin war dies immer ein Streitpunkt.

Dotties Gehalt und ihr Sparkonto sind Unabhängigkeitserklärungen, wenn sie auch eher symbolischen Charakter haben. Schließlich kommt der größte Teil »ihres« Geldes nach wie vor von Hy – gar nicht zu sprechen von den Hypothekenraten, den Kreditkartenrechnungen und Ausbildungskosten für die Kinder; vermutlich könnte er die Zahlung einstellen, wenn er es wollte. Doch die Stärke, die Dottie empfindet, ist real, nicht nur innerlich, sondern anscheinend auch zwischen den Ehegatten. Ihre Forderung, über eigenes Geld zu verfügen, und ihre neu gewonnene Fähigkeit, auf ihren Wünschen zu bestehen, wenn eine Finanzentscheidung strittig ist, sind ein Zeichen, daß Dotties wachsender Einfluß in der Ehe von beiden anerkannt wird.

In ihren Auseinandersetzungen setzt Hy seine von beiden empfundene intellektuelle Überlegenheit ein.

Ich gehe mit Worten sehr salopp um, und Hyman ist im Umgang mit Worten peinlich genau. Und oft hat er mich in der Öffentlichkeit korrigiert, das hat mich jedesmal zum Schwiegen gebracht. Es macht mich wütend – wütend, gedemütigt und verlegen.

Dottie begehrt auf: »Schließlich habe ich ihm die Meinung gesagt. Ich habe ihm gesagt, wenn ich nicht gerade etwas wirklich Falsches sage, soll er das nicht machen.« Doch sie räumt ein, daß er sie immer noch verbessert, und »ich muß es ihm immer wieder sagen«. Intellektuell gewinnt Hy durch Einschüchterung, emotional und in Auseinandersetzungen über Hausarbeit und häusliche Pflichten bekommt er seinen Willen mit passivem Widerstand. Diese beiden Taktiken funktionieren am besten bei einem umzingelten Gegner, der eingeschüchtert oder erschöpft ist, und in den ersten Jahren ihrer Ehe war Dottie – die mit drei Kindern und ohne eigenes Geld zu Hause saß – beides. Als sie jedoch erst einmal ihre Angst aufgab und anfing, ihre Standhaftigkeit zu verbessern, war sie ihm mehr als gewachsen.

In der Ehe der Bernsteins wendet sich das Blatt in mancherlei Hinsicht und aus vielschichtigen Gründen. Wie bei anderen Paaren wirkt sich das Älterwerden zu seinem Nachteil und zu ihrem Vorteil aus. Hymans gewohnte Quellen männlicher Wichtigkeit und persönlicher Bestätigung versiegen nach und nach. Sein Gedächtnis für Worte läßt ihn allmählich im Stich (auch sie vergißt manches, da sie aber nie ihren Stolz in erster Linie aus ihrer Redegewandtheit bezog, sagt sie, es mache ihr nichts aus). Er geht bald in den Ruhestand und ist nicht darauf vorbereitet, was ihn danach erwartet. Sie hat kaum je außer Haus gearbeitet, daher ist für sie eine solche Umstellung nicht von Bedeutung. »Neulich sagte er zu mir: ›Du bist zäh.‹ Jahrelang war ich die Verwundbare, und er war der Starke«, sagt sie. »Das hat mich etwas überrascht.«

Während Hy immer mehr auf Dotties Hilfe angewiesen ist, vertraut sie auf Selbsthilfe. Sie liest Bücher wie *You Can Heal Your Life* und *Embracing Ourselves,* ist einer »Fitneß-Gruppe« beigetreten, meditiert und führt Tagebuch. Dottie wendet beim Tennis die Technik der »positiven Bestätigung« an und hat gelernt, »das ängstliche Kind in ihrem Inneren zu umsorgen«, wenn sie sich niedergeschlagen fühlt. Nach ihrem Gefühl ist Hy ihr in all diesen Dingen unterlegen. Wenn es um Selbsterkenntnis geht, »verfügt er einfach nicht über die Mittel«. Und während sie sich jahrelang auf ihren sechzigsten Geburtstag vorbereitet hat, über ihre Vergangenheit und ihre Ziele nachgedacht und das neue Jahrzehnt mit einer Frauenfeier eingeleitet hat, bei der jede Teilnehmerin aufgefordert war, »ein Symbol mitzubringen, was Frauen für sie in ihrem Leben bedeutet haben, und ein anderes, was sie an sich mochten«, überlegt sie, ob er wohl je die persönlichen Fähigkeiten erwerben kann, ein ähnliches Glück zu finden. Einem alten Gaul bringt man keine neuen Kunststücke bei, meint sie. »Ich glaube, es ist zu spät.«

Hätte ihre eigene Therapie noch nicht gereicht, ihr in introspektiven Fragen einen Vorsprung zu geben, so gab es da noch zehn Jahre lang immer wieder Ehetherapien, die die beiden gemeinsam besucht haben. Der Prozeß scheint ihrer Ehe gutgetan zu haben; vielleicht hat es sogar ihre Beziehung gerettet. In den siebziger Jahren, sagt Dottie, »haben wir Dutzende Beziehungen vor allem deshalb zerbrechen sehen, weil der Mann sich mit der Veränderung nicht abfinden konnte«. Hy war »zu diesem Kampf bereit«, obwohl er ihrer Ansicht nach im Nachteil war. Heute ist die Verständigung der beiden besser als je zuvor. Sie »verarbeiten mehr«, und wenn sie das Gefühl haben, nicht weiterzukommen, gehen sie in eine Beratung. Im ganzen, meint sie, »haben wir wesentlich längere Phasen, in denen wir uns aufrichtig lieben und glücklich sind«.

Die therapeutische Hilfe mildert zwar einige der unverhüllten Machtspielchen in ihrer Ehe, sie setzt allerdings auch einen Schwerpunkt auf emotionale Ausdrucksfähigkeit und gibt Dottie einen Vorteil. Solange im Mittelpunkt ihrer Auseinandersetzungen Denken und Sprache standen, war er der Kritiker, und sie befand sich in der Defensive; wenn es um schlichte Hartnäckigkeit ging, war er der Sieger. Heute ist er oftmals verwirrt, fühlt sich zu Unrecht kritisiert und – wie es ihr sonst häufig erging – behandelt wie ein Kind.

Wie wir im Kapitel »Der Kindmann« gesehen haben, können Frauen ihre besser entwickelten emotionalen Fähigkeiten dazu einsetzen, sich überlegen zu fühlen und in Beziehungen an Macht zu gewinnen. In der Ehe der Bernsteins hat dieser Vorgang, kombiniert mit den emotionalen Folgen des Alterungsprozesses, die Hierarchie zu Fall gebracht und die Frau die Oberhand gewinnen lassen. Dottie erklärt, ihre therapeutischen Bemühungen hätten ihr »inneren Frieden« gegeben und sie von ihrer übermächtigen, blinden Wut befreit. Das habe ihr Gefühl von Partnerschaft mit ihrem Mann verbessert. Vielleicht erwächst ihre innere Ruhe zum Teil bewußt oder unbewußt aber auch aus dem Gefühl, daß Hy nach all den Jahren, in denen er sie unter der Fuchtel hatte, nun endlich seine wohlverdiente Strafe bekommt?

Auf die Bitte, etwas über ihre Machtkämpfe zu erzählen, schildert Dottie einige Streitigkeiten, die trivial erscheinen mögen, über eine Dinnerparty, eine Geburtstagsfeier für die Tochter oder ein Tennisspiel. Doch wenn es stimmt, daß jede Politik im kleinen stattfindet, dann ist das Wohnzimmer der »Wahlbezirk« der Geschlechterpolitik; eine Spüle voll schmutzigen Geschirrs ist ein ungeflicktes Schlagloch in der Straße, und eine Unterhaltung in Gesellschaft ist eine Steuerdebatte, die im Fernsehen übertragen wird.

Wie Dottie es schildert, verlaufen ihre Auseinandersetzungen nach einem absehbaren Schema: Sie bittet Hy, etwas zu tun. Er tut es nicht. Sie bittet ihn wieder und erklärt dieses Mal ihre Gefühle dabei. Wenn sie auf ihrer Unabhängigkeit besteht, willigt er murrend ein. Sein Tun wird belohnt, und er fühlt sich gut.

> Carolyn [ihre Tochter] wollte zu einem Konzert gehen. Er schlief und wollte nicht wach werden. Er weigerte sich, und wir wären zu spät gekommen. Also sagte sie: »Wir müssen nicht hingehen.« Ich sagte: »Ich möchte, daß du weißt, daß ich enttäuscht bin, wenn wir nicht hingehen.« Ich empfand das so. Schließlich sagte Hy: »In Ordnung, gehen wir.« Es war ein wunderschöner Abend, und es war genau das, was sie wollte.

Eine andere Auseinandersetzung gab es über ein besonderes Abendessen, zu dem Dottie vor kurzem eingeladen hatte:

> Ich bat ihn, etwas Rotwein zu besorgen, und er sagte nein. Er sei müde und habe nicht die Energie. Er meinte, der Weißwein sei gut genug. An diesem Punkt beschloß ich, daß es nicht »unser Abendessen« sein sollte, ich beschloß, daß es mein Abendessen war. Mein früheres Verhalten war, wütend auf Hy zu sein und weder vorher noch nachher etwas zu sagen. Dieses Mal sagte ich, ich ließe mir von ihm nicht das Essen verderben. Ich sei durchaus bereit, ihn selbst zu holen. Ich bat ihn noch einmal, und er ging und kaufte einen hervorragenden Wein, und alle machten viel Aufhebens um den Wein, und das Essen war ein großer Erfolg.

Die Geschichte ist damit noch nicht zu Ende. Eine Woche nach dem Konzert:

Ich sagte: »Was ich von dir hören wollte, war, ›Ich bin froh, daß du mich dazu überredet hast‹. Irgendeine Anerkennung für das, was ich getan hatte. Nun ja, das hörte er gar nicht gern.

Oder nach dem Abendessen:

Was ich jetzt von ihm verlange, ist: Wenn er sich weigert wie bei dieser Sache mit dem Wein und ich ihn drängen muß, etwas zu tun, dann möchte ich um meinetwillen hinterher eine Anerkennung von ihm: »Mein Gott, ich bin froh, daß du mich dazu gebracht hast, das Richtige zu tun.« Das möchte ich. Das wird schwierig für ihn – er empfindet es als Niederlage.

Dottie versteht diese Interaktionen als unvollständige Umverteilungen von Macht. Ihrer Ansicht nach übt Hy mit seiner Passivität Macht aus. Früher hätte sie bedingungslos kapituliert und ihm seinen Willen gelassen. Heute gibt sie nach, indem sie ihn überredet, aber ihr Nachgeben ist strategisch, nicht bedingungslos: Indem sie ihre Gefühle äußert, bewahrt sie ihre Würde und Integrität.

[Am Abend des Konzerts] habe ich fast kapituliert. Statt zu sagen: »Hy, du bleibst zu Hause, wir gehen«, habe ich meine Machtposition aufgegeben. Was die Sache gerettet hat, war, zu sagen: »Ich werde enttäuscht sein.« Er entschied sich dann, doch zu gehen. Und von uns dreien wollten zwei gehen. Die Mehrheit also.

In diesem Fall hat sie ihren Willen bekommen: Er ist gegangen. Um aber endgültig einen Ausgleich zu schaffen, sollte Hy nach Dotties Dafürhalten übers Netz springen, um sie zu beglückwünschen. Sie dürfte nicht einmal sagen müssen: »Das habe ich dir ja gesagt.« Er sollte das an ihrer Stelle sagen.

Wenn er zugibt, daß sie es »besser wußte«, scheint sie allerdings auch nicht zufrieden zu sein.

Ich fragte ihn, ob er den Wein bekommen habe, und er sagte: »Ich bin so froh, daß du mich erinnert hast«; und ich sagte: »Ich wünschte, ich bräuchte dich nicht daran zu erinnern.« Er dankte mir und meinte, er sei doch nett, und ich antworte ihm mit einer Kritik. Er macht sich Sorgen um sein Gedächtnis, daher war das so etwas wie eine bissige Bemerkung. Für mich war es nur wieder etwas, für das ich verantwortlich war.

Das Phänomen der Dankbarkeit ist komplex. Sollte sie ihm dankbar sein, wenn er ihr »hilft«, während sie doch in Wirklichkeit von ihm will, daß er vor allem die gleiche Verantwortung für Heim und Familie übernimmt? Sollte er andererseits dankbar sein, daß sie ihn zwingt, Verantwortung zu übernehmen? Ist das Höflichkeit oder Unterwerfung?

Als Hy zugab, daß er den Wein vergessen hatte, löste das noch eine andere Reaktion in Dottie aus. »Unterschwellig hatte ich das Gefühl: Aha! Er hat es nicht gemacht.« Was empfand sie dabei?

Enttäuschung. Ich hatte ihn gebeten, diese eine Sache zu tun, und rief ihn an, weil ich befürchtete, daß er es nicht gemacht hatte, und dann hatte er es nicht gemacht. Ich wünschte, er hätte diese Verantwortung selbst übernommen.

Bewußt wäre sie dankbar gewesen, wenn Hy seinen Teil geleistet hätte. Doch unbewußt mag sie sein Versäumnis wohl als kleinen Sieg empfunden haben, wenn es auch ein Pyrrhussieg war. Wie jede Frau eines Tolpatschs sammelt Dottie Belege für ihre Überlegenheit, wenn Hy sie enttäuscht.

Natürlich hat Hy sich nicht kampflos ergeben. Wie jeder erfahrene Streiter weiß auch er, wann es zu kämpfen gilt und wann nicht. Viele ihrer Kämpfe kommen einfach nicht zustande, weil einer der Beteiligten – er – sich im Ring nicht blicken läßt. »Er versteckt sich«, sagt Dottie. »Er läuft davor weg.« Mit dieser Taktik oder diesem ängstlichen Vermeiden – was immer es auch ist – schlägt er sich selbst, meint Dottie. Da er einer Klärung ihrer Differenzen ausweicht, bleiben sie Widersacher, während ein konstruktives Ausfechten sie auf ein und dieselbe Seite bringen könnte.

Um nicht den Eindruck zu erwecken, daß Dottie eine jener Beziehungen will, die auf einer Metaebene völlig in der Arbeit an der Beziehung aufgehen, ist zu sagen, daß sie meint, weitgehend hielten sie gemeinsame Interessen und Wertvorstellungen zusammen. Für sie ist es am enttäuschendsten, daß das Konkurrenzdenken ihnen lange Zeit den Weg verbaut hat, sich in dieser Beziehung gut zu verstehen. Zum Beispiel hat sich herausgestellt, daß sie in der politischen Arbeit einfach nicht miteinander auskommen.

> Er ist mir in der politischen Welt so weit voraus, ich habe zwanzig Jahre gebraucht, aus einer Organisation auszutreten, in der Hy war, um eine eigene zu finden.

Tennisspielen – »er ist ein sehr guter Spieler, und ich bin eine gute Spielerin« – verkam leicht zu einem Schlagabtausch von Kränkungen und Vorwürfen. Und im gesellschaftlichen Leben rechnen sie nach wie vor gegeneinander auf.

> Wenn ich mehr als ein Viertel der Gesprächsbeiträge bringe, empfindet er es als mehr als die Hälfte. Er braucht in gewisser Weise die Aufmerksamkeit. Er kann den Abend beherrschen, und er besteht darauf, daß er teilt und die Leute ins Gespräch läßt, und ich habe nein gesagt. Es hat Gelegenheiten gegeben, bei denen ich im Mittelpunkt stand, und er sagte, ich habe dominiert. Er hat ständig das Gefühl, daß ich dominiere.

Um die Sorge um einen solchen Wettstreit zu vermeiden, nicht nur mit Hy, sondern auch mit anderen Männern, hat Dottie sich »ein eigenes Leben aufgebaut, mit Frauen«, und verbringt mit ihrem Mann eine begrenzte Zeit mit »sicheren« Beschäftigungen – Tanzen, Fernsehen und Essengehen. Häufig verreist sie allein; sie ist nach New York gefahren und hat auch an einer Gruppenreise nach China teilgenommen. Bei dieser Reise machte es sie froh, daß sie ihren Mann vermißte, und empfand bei ihrer Heimkehr eine Auffrischung ihrer Zuneigung.

Trotz ihrer Schwierigkeiten ist das Paar fest entschlossen, verheiratet zu bleiben, und hat nie eine Scheidung in Betracht gezogen. Allerdings sagt Dottie heute, »wenn ich es noch einmal zu tun hätte, würde ich getrennte Wohnungen wollen, wirklich Raum für mich allein«.

Dotties Unabhängigkeitserklärung ist Ausdruck einer neu gewonnen Subjektivität. Sie stellt auch eine Möglichkeit dar, in einer Ehe, die keine umfassende Erfüllung bietet und häufig von Kämpfen erschüttert ist, einen Ausgleich zu schaffen. Ihr Abstandnehmen löst nicht alle Probleme des Paares. Ihre Bedürfnisse prallen grundlegend aufeinander: Sie ist entschlossen, »aufzuhören, sich um alle anderen zu kümmern und anzufangen, mich um mich zu kümmern«; und er hätte gerne, daß sie sich zärtlicher um ihn kümmerte, zumal er seine eigenen Kräfte schwinden sieht. Zudem vermitteln ihm ihre Selbsthilfeaktivitäten eine eindeutige Botschaft: Sie braucht oder will seine Hilfe nicht; sie hat den Wunsch aufgegeben, daß er ihre Bedürfnisse erfüllt. Für Wochen nach Florida zu fahren, um etwas über ihr Lebensziel zu erfahren, in das er nicht einbezogen ist, ist gewiß eine Art Zurückweisung. Von einigen der wichtigsten und intimsten Geschehnisse in ihrem Leben ist er ausgeschlossen.

Während die Unabhängigkeit einer verheirateten Frau teils mit dem zu tun hat, was Dottie Selbstverwirklichung nennt, enthält sie häufig doch auch ein gewisses Maß Selbstverteidigung. Die destruktiven und schmerzlichen Abhängigkeiten, die in der Ehe der Bernsteins lange Zeit bestanden haben, werden für Dottie unerträglich, und vielleicht in einer weniger verstandenen Weise auch für Hyman, doch haben sie es nur teilweise geschafft, sie aufzuheben. Wie die Dinge liegen, erfordern die wachsenden Phasen, sich gemeinsam »großartig zu fühlen«, anscheinend Zeiten, in denen sie getrennt sind, und das sogar jeden Tag.

> Wir unternehmen viel zusammen, aber ich bin auch gerne allein. Und was mit uns geschehen ist und warum unsere Beziehung weiter gewachsen ist, ist, daß jeder von uns fast ein eigenes Leben führt. Ich habe mir eine ganze Welt für mich mit Frauen aufgebaut. Hy und ich essen gemeinsam und sitzen zusammen in unserem Arbeitszimmer und machen gemeinsam jeder für sich unsere politische Arbeit. Dann hören wir auf und schauen Fernsehen oder was auch immer. Wir sind so unterschiedlich, daher habe ich einen Weg gefunden, mein Leben selbst zu gestalten und mich dabei wohl zu fühlen.

Sie lächelt und hält inne, dann fügt sie (aus Wunschdenken?) hinzu: »Und er auch.«

Kapitel 13

WAFFENSTILLSTAND

Alice Mae Parks

Alice Mae Parks, neununddreißig, Arbeiterin, Hausangestellte und Kinderfrau, hat allen Grund, Männer auf sicheren Abstand zu halten. Ihre Kindheit war von ihrem fünften Lebensjahr an bis zu dem Zeitpunkt, als sie als Heranwachsende von zu Hause fortging, beherrscht von ihrem gewalttätigen Stiefvater Joe, der sie auch sexuell mißbrauchte. Ihre Mutter gab ihr kaum Anlaß, jemandem zu vertrauen. Sie sah weg und unternahm nichts, um ihre Kinder vor ihrem brutalen Mann zu schützen. Alice geht immer noch nicht nach Hause, um die Eltern zu besuchen.

Diese große, etwas unbeholfene Frau – ihre langen Arme und großen Hände wirken zugleich unproportioniert und ausdrucksvoll – hat einige unerschütterliche Vorstellungen über Männer: über deren Ruhelosigkeit und sexuelle Unersättlichkeit, deren Infantilität und Verantwortungslosigkeit. Klagen über ihren eigenen Mann, Leroy Parker, einen Arbeiter in der fleischverarbeitenden Industrie und LKW-Fahrer auf Teilzeitbasis, reichen über die ganze Skala – und darüber hinaus. In den über zwanzig Jahren, die sie ihn kennt, lagen die beiden sich zeitweise zu viel in den Haaren, um zusammenzuleben.

Und dennoch haben Alice Mae und Leroy Parks eine Feuerpause erreicht, einen Waffenstillstand. Alice brauchte eine Mischung aus Anpassungsfähigkeit und Toleranz und vielleicht ein gewisses Maß an Verleugnung, um den Folgen ihrer Schädigungen, ihrem Erbe, ein Ende zu setzen und über eine Menge »Spielchen« von Leroys Seite hinwegzusehen. Gleichzeitig besitzt sie einen starken Selbsterhaltungstrieb – ohne Zweifel in ihrer Kindheit erlernt – und eine schwererkämpfte Selbstachtung, die sie davor bewahrt, ihre Integrität für die Liebe eines Mannes aufzugeben.

Leroy hat in letzter Zeit »die Veränderung geschafft«, um es mit Alices Worten zu sagen, von einem Mann, der Verpflichtungen scheute, zu einem Partner, auf dessen Festigkeit und Großzügigkeit sie sich in Krisenzeiten verlassen kann, wenn auch nicht immer zu anderen Zeiten. Alice verläßt sich auf ihn, wenn sie es muß: als sie mit einer Lungenentzündung im Bett lag, während bei ihrem zweitjüngsten Sohn Krebs festgestellt wurde, oder als sie entlassen wurde, während ihre Tochter vier Monate lang mit Blutvergiftung und einer Dickdarmresektion im Krankenhaus lag. Sie ist allerdings alles andere als abhängig. »Ich hätte es gerne, wenn mein Mann und ich zusammenblieben, bis der Tod uns scheidet«, meint sie. »Aber wenn der Punkt kommt, daß es so nicht sein kann, dann lebe ich trotzdem weiter.«

An einem Nachmittag im Spätherbst fuhr ich mit Alice von ihrem Häuschen, in dem sie mit Leroy, drei ihrer vier Kinder und dem Baby ihrer siebzehnjährigen Tochter in einem reinlichen Durcheinander lebt, in einen nahe gelegenen Park. Hier, auf einer sonnigen Bank im freundlichen, fast ausschließlich von Schwarzen bewohnten Viertel von Richmond, wo sie seit fünfzehn Jahren lebt, erzählte sie mir von einem Holzhaus ohne Wasseranschluß in einer ländlichen, schmutzig-elenden Gegend von Georgia, wo noch Rassentrennung herrschte. Alices glattes, braunes Gesicht, ihre sanften, weit auseinanderliegenden Augen und ihr offenes Wesen verleugnen die schwere Bürde der Erinnerungen, mit denen sie gelebt hat und die sie vor allen verbirgt, auch vor ihrem Mann, von frühester Kindheit an bis zu diesem Nachmittag mit einer Fremden, über zwanzig Jahre später.

Ich hatte eine wirklich schlimme Kindheit. Ich spreche nicht gerne darüber. Ich ging mit Fünfzehn von zu Hause fort, wegen meinem Stiefvater – er war einer dieser Stiefväter, die, ich will nicht sagen, einen mißbrauchten, aber ich ging von zu Hause fort, ehe es wirklich dazu kam. Aber meine Mutter sah das nicht, und sie dachte mehr an ihn als an mich. Denn ich werde den Tag nie vergessen – eines Morgens, er, ehm, er war krank, und ich war zu Hause. Ich glaube, ich war etwa zwölf Jahre alt damals. Wissen Sie, schlimme Dinge, die Ihnen passieren, vergessen Sie nicht; es ist egal, wie jung Sie sind, es gibt Dinge, die können einem passieren, die nehmen Sie mit ins Grab. Also, meine Mutter war fort, und er war krank. Und ich war in der Küche beim Spülen. Er lauerte mir auf, wissen Sie. Was geschah, war, daß ich seinen Schatten sah, und das hat mich gerettet. Als ich ins Zimmer kam, sah ich den Schatten, denn er hatte sich hinter einer Kommode versteckt, und als ich das bemerkt hatte, griff er schon nach mir, und ich rannte. Ich lief aus dem Haus und sagte meiner Mutter nichts davon, sie weiß immer noch nichts davon, soviel ich weiß, hat sie keine Ahnung, was für ein Mann er war. Sie wollte es auch nicht wissen.

Wie in vielen Inzestgeschichten sind die Einzelheiten in Alices Erzählung unzusammenhängend und unklar. Ging sie mit Dreizehn oder Fünfzehn von zu Hause fort? Fing ihr Stiefvater an, ihr »Zeichen zu machen«, als sie fünf oder sieben war? Und vor allem: Hat er sie tatsächlich sexuell belästigt?

Therapeuten erklären, Opfer sexuellen Mißbrauchs verdrängten allgemein Erinnerungen an wirklich sexuelle Handlungen und seien oft nicht in der Lage, sie ohne langwierige und intensive therapeutische Behandlung (die Alice wohl nie bekommen wird) freizusetzen. Es gibt in Alice Maes Geschichte starke Hinweise, daß Joe sich tatsächlich sexuell an ihr vergangen hat. Wenn er sie zum Beispiel nie wirklich sexuell berührt hätte, woher hätte sie wissen sollen, daß er ihr hinter der Kommode auflauerte? Es gibt Abstufungen inzestuöser Handlungen, die von unangebrachtem Flirten bis zum Geschlechtsverkehr reichen. Wo auch immer Joe auf dieser Skala anzusiedeln war, sein Verhalten war bedrohlich genug, daß die kleine Alice ständig auf der Hut vor ihm war.

Wenn ich zu Hause war, konnte ich nicht gut schlafen, weil, wissen Sie, ich hatte immer Angst, selbst wenn ich abends ins Bett ging, daß er versuchen würde, mich zu belästigen. Ich wollte nie mit ihm irgendwohin gehen. Meine Mutter bestand darauf.

Woran Alice sich deutlich erinnert, sind die rasenden Wutanfälle, wenn Joe betrunken war und sie und ihren asthmatischen jüngeren Bruder verprügelte. Sie erinnert sich auch an die Unfähigkeit – die Weigerung, meint Alice – ihrer Mutter, fortzugehen.

Meine Mutter trinkt. Mein Vater trinkt. Mein Stiefvater trank, und er war ein gewalttätiger Mensch ...
Also, in dieser Nacht war mein Stiefvater betrunken, und er holte immer das Gewehr heraus, wenn er betrunken war, wissen Sie, bedrohte uns. Und in dieser Nacht regnete es, ich meine, es goß in Strömen. Wir waren alle im Bett, und er fing an zu toben, sprach davon, uns alle zu erschießen. Mein kleiner Bruder hatte kurze Hosen an. Ich schaffte es, mir die Schuhe anzuziehen, und mein Bruder lief aus dem Haus mit nichts an außer der kurzen Hose. Und er rannte zu meiner Tante, denn meine Mutter hatte eine Schwester, die in derselben Straße wohnte. Er ging also zu ihr, und meine Mutter und ich gingen in die Wohnung meiner Cousine. Und am nächsten Tag ging sie sofort wieder nach Hause. Ich meine, das ging immer wieder so.

Alice Mae bat ihre Mutter ein letztes Mal, sich von ihrem Mann zu trennen. Noch heute, mit achtunddreißig Jahren, fühlt sie sich von der »Antwort« der Mutter verraten.

Denn ich sagte zu meiner Mutter, ich sagte: »Du weißt, wir können nicht beide hier leben.« Ich sagte ihr, ich sagte: »Mama, einer von uns muß gehen.« Diese Worte sagte ich ihr. Und sie gab mir nie, niemals eine Antwort. Das tat sie nie. Als überließe sie es mir, das zu entscheiden – ich war dreizehn Jahre alt, und sie überließ es mir, von zu Hause fortzugehen. Das tat ich dann auch.

Alice zog zu ihrem Bruder nach Richmond. Er war um einiges älter als sie und schon aus dem Haus, als ihre Mutter Joe heiratete. Er nahm sie auf, sorgte für sie und kümmerte sich um sie. Aber von sich aus erzählte Alice ihm nicht, was zu Hause vorging, und er drängte sie nicht dazu. Alice war immer noch allein. Sie war zwar dem Haus ihrer Mutter entkommen, nicht aber ihrer Angst.

Wissen Sie was? Als ich anfangs hierherkam, hatte ich eine Todesangst. Ich hatte soviel Angst in mir, als ich herkam ... Ich traute keinem Mann. Ich hatte vor ihnen allen Angst, wirklich. Ich hatte sogar Angst vor den Brüdern meiner Schwägerin ... Wissen Sie, ich hatte sogar Angst, Taxi zu fahren. Ich meine, ich traute keinem Mann, überhaupt mit mir allein zu sein. Ich kam darüber weg, wissen Sie, aber ich glaube, ich war wohl schon in der zehnten oder elften Klasse, als ich schließlich anfing, lockerer zu werden und nicht mehr soviel Angst zu haben. Und ich wollte nie mehr nach Hause.

Mit Achtzehn ging sie mit Jungen aus und freundete sich mit Leroy an. Er war etwas älter als sie, aber rückblickend meint sie, er war »jung für sein Alter«.

Er war einer dieser wirklich wilden Männer, und es dauerte ziemlich lange, bis er sich änderte; als wir heirateten, war er immer noch wild. Ich glaube nicht, daß er eigentlich schon reif für eine Ehe war. Ich war nicht verheiratet, als mein erstes Kind geboren wurde, und ich war auch nicht verheiratet, als mein zweites Kind geboren wurde. Wir lebten zusammen. Ich fühlte mich nicht wohl, so zu leben, darum machten wir Schluß, er ging seiner Wege, und ich ging meiner Wege, wissen Sie, meine Kinder aufzuziehen.

Was meinen Sie mit wild, fragte ich Alice.

»Ich weiß natürlich, daß er sich mit anderen Frauen traf, wissen Sie«, erklärte sie lachend.

Traf? Sie meinen: mit ihnen schlief?

»Also«, meinte sie verschmitzt, »diesen Schluß zu ziehen überlasse ich Ihnen.«

Alice und Leroy trennten sich mehrmals im Laufe der ersten zehn Jahre. Aber sie blieben in Kontakt. Sie hatte zwei Kinder von ihm. Ob es nun scharfsichtig war oder auf Wunschdenken beruhte, Alice sah das Gute in Leroy.

Später kamen wir wieder zusammen. Ich glaube, das Alter hatte eine Menge damit zu tun, tief im Inneren war trotz der Wunden immer noch etwas da. Ich wußte, wenn ich ihn nicht aufgäbe, würde er untergehen – denn ich kannte seinen Hintergrund, wo er aufgewachsen ist. Er war einfach, für mich war er einfach ein junger Mann, der noch nicht bereit war, Verantwortung zu übernehmen.

Männer, meint Alice, neigen zur »Unmäßigkeit«. Wenn sie ihre Neigungen und wunden Punkte aufzählt, ruft es Erinnerungen an den Kindmann, den Sklaven, den Verführer und den Treulosen wach.

Ich glaube, Männer haben ein Selbstbild, das sie aufrechterhalten müssen. Also, manche sind wirklich großspurig, wissen Sie, aber ich glaube, manche meinen einfach, daß sie mehr als eine Frau haben müssen oder vielleicht auch mehr als zwei oder drei, wie auch immer ... Ich meine, ich habe gehört, wie Männer zugegeben haben: Wissen Sie, sie fühlen sich sonst nicht wohl.
Also, ich kann das nicht verstehen. Denn ich habe immer gedacht, wenn man zwei oder drei, vielleicht auch vier oder fünf Frauen hat, ist man nicht zufrieden, sucht man immer noch nach etwas – sucht nach einem Menschen, der das Bedürfnis befriedigen kann, das man von der ersten Frau, der zweiten Frau, der dritten Frau nicht bekommen hat.
... Wenn man die Partner wechselt, ist das für mich wie ganz von vorne anfangen, und man muß sich erst wieder an jemand anderen gewöhnen. Man hat eine Sache hinter sich gelassen, aber man muß sich mit etwas arrangieren, das einem vielleicht nicht paßt. Aber die meisten Männer denken nicht so. Sie machen sich darüber keine Gedanken. Wenn sie anfangen, darüber nachzudenken, ist es meist schon zu spät. Weil sie schon in die Sache hineingeraten sind.
... Ich habe das auch meinem Mann immer gesagt, denn er hat so die Vorstellung, daß Frauen oft Männer in die Falle locken, indem sie Babys bekommen. Ich habe gesagt, also vor allem einmal, du kannst eine Frau nicht daran hindern, ein Kind zu bekommen, wenn du mit ihr schläfst. Aber die meisten Männer denken darüber nicht nach. Das tun sie wirklich nicht.
Das ist eine andere Sache, die ich mir nicht vorstellen kann: Warum kümmert es sie nicht? Aber wenn es passiert, geben sie dir die Schuld. Vielleicht locken manche Frauen Männer damit in die Falle, ich weiß es nicht. Aber ein Mann muß für mich der Stärkste sein.

In der Beziehung zwischen ihr und Leroy ist der Mann (wie in den meisten Fällen, meint Alice) nicht der Stärkere. Männer mißbrauchen die Privilegien ihrer Männlichkeit, sagt sie, aber sie übernehmen nicht die Verantwortung. »Sie tun so, als sei es nur ein Titel, der starke Mann zu sein, als bedeute es weiter nichts.« Ihre ersten beiden Kinder hat sie fast ganz auf sich gestellt aufgezogen, bis Antoine neun und Vonnette vier war. Leroy drohte, die Familie im Stich zu lassen, wenn sie ihre dritte (und von ihr gewünschte) Schwangerschaft austrüge. »Das setzte unserer Beziehung einen echten Dämpfer auf.« Als das Baby kam, war Leroy allerdings gleich in den Jungen vernarrt. Er erhielt den Namen Leroy Jr. und wird Little Roy genannt.

Leroy arbeitete nun hart für seine Familie, manchmal sieben Tage in der Woche, und die Dinge schienen sich zu bessern. Doch bald, kurz nachdem er seine Stelle in einer Fabrik verloren hatte, »erwischte es« Alice wieder. Alfred, der Teddy genannt wird, kündigte sich an. Wie bei Little Roy kam auch diesmal eine Abtreibung für sie nicht in Frage, ihre Religion verbietet es ihr. Diesmal »war ich wirklich deprimiert darüber, denn ich konnte mir nicht vorstellen, wo das Kind schlafen sollte«. Sie arbeitete bereits in zwei Stellen. Vonnette kümmerte sich abends um Little Roy. Leroy war völlig am Boden zerstört und zog sich zurück. »Mein Gott, es war wirklich hart«, sagt Alice. »Er ließ sich völlig hängen. Er sagte: ›Mein Leben ist ruiniert.‹«

Alice hatte das Gefühl, mit einem Mann verheiratet zu sein, der schwer arbeitete, aber emotional unreif war. Er zeigte seiner Familie seine treue Ergebenheit, indem er Überstunden machte, aber seine langen Arbeitszeiten erfüllten noch einen anderen Zweck: Er konnte so Intimitäten vermeiden. Bis zur Geburt von Little Roy ignorierte er seine Kinder mehr oder weniger. Alice Mae gegenüber hat er immer noch fast panische Angst vor offenen Liebesbezeugungen, und das ist ein Grund für ihre Traurigkeit.

> Ich meine, wir sprechen miteinander. Er ist auch mein Freund ... Aber ... da ich als Kind nicht die Zuneigung bekam, die ich gebraucht hätte, und auch nicht so sehr als Teenager, suche ich sie, glaube ich, bei ihm, und sie ist nicht da. Er war einfach, schätze

ich, ein ganz normaler Mann ... Wir gehen nicht aus essen ... Wenn ich ihn auf der Straße küsse, weil ich mich danach fühle, sagt er, »Ich mag diesen ganzen sentimentalen Quatsch nicht«.

Alice hat den Eindruck, ihr ältester Sohn Antoine kommt auf seinen Vater. Das macht sie unglücklich.

Ich war wirklich schockiert, und es hat eine Weile gedauert, bis ich begriffen habe, daß das passiert ist. Tony ist kein gewalttätiger Mensch; mein Mann ist auch nicht gewalttätig. Aber ich glaube nicht, daß er dieses Mitgefühl hat ... nein, das hat er nicht. ... Ich frage mich, und ich schätze, es hat etwas damit zu tun. Da mein Mann kein einfühlsamer Mensch ist, hat Tony nie erlebt, daß mein Mann mir Blumen mitbringt, er ist nicht wirklich so liebevoll und fürsorglich, daß er mich zum Essen ausführen, nach Hause kommen und mich in den Arm nehmen würde oder so etwas. Weil er das nie gesehen hat, hat er keine Wertvorstellungen, mit denen er aufgewachsen wäre.

Sex, beeilt Alice sich zu betonen, ist nicht das Problem.

Ich meine, *wirklich,* wir haben ein gutes Verhältnis, sexuell gesehen. Ich meine, wir passen zueinander. Ich schätze, darum sind wir auch so lange zusammengeblieben ... Ich bin mit vielen Männern ausgegangen, aber ich war mit keinem Mann zusammen, der so war wie mein Mann. Obwohl er kein einfühlsamer Mann ist, weiß er, wie er in mir Gefühle wecken kann. Und wenn ich etwas nicht richtig mache oder er etwas nicht richtig macht, sagt er es mir, und ich sage es ihm. Das einzige, was mir fehlt, ist die liebevolle Seite.

Viele Jahre lang hat Alice versucht, Leroy zu ändern, aber er nahm ihre Vorschläge nicht freundlich auf.

Das hat mich fast meine Ehe gekostet. Er war wirklich wild, und ich bekam nicht die Zuwendung. Er machte Sachen nicht, wenn es darum ging, Verantwortung zu übernehmen, wissen Sie, zu

Hause sein, sich an der Arbeit beteiligen, im Haus. Auch wenn er nicht liebevoll zu mir war, gab es immer noch bestimmte Verpflichtungen, die ein Mann übernehmen sollte. Und ich habe viele Schwierigkeiten gemacht, weil ich immer wieder versucht habe, ihn zu bewegen, das anders zu sehen. Ihn zu ändern, ihn einsehen zu lassen, daß es ab einem bestimmten Alter gewisse Dinge gibt, die man einfach nicht mehr tut. Wenn er nach Hause kam, mußte ich das Essen auf dem Tisch haben, die Kinder mußten essen, die Hausarbeit erledigt werden. Ich meine, er brauchte sich einfach nur hinzulegen. Das war wirklich schwer für mich, aber das war eine weitere Pille, die ich schlucken mußte. Ich kam einfach nicht weiter. Er sagte immer: »Ooooh! Du meckerst, meckerst, mekkerst!« Oft war es, als spräche ich nur zu mir selbst, oder er ging einfach.

Alice griff zu Guerillataktiken.

Ich hörte auf zu meckern. Und es gab Zeiten, da kochte ich nicht und ging mit den Kindern aus. In manchen Nächten ging ich sogar zu meinem Bruder, blieb die Nacht über da und ließ ihn nicht wissen, wo ich war. Einmal ging ich bis nach Hause und sagte keinem, wo ich war. Für mich waren das Dinge, die ich machen mußte, um durchzudringen, auch wenn er es nicht von mir hörte, mein Handeln mußte etwas bewirken.

Er sah, daß Sie ohne ihn leben konnten, schlug ich vor.

O ja, das konnte ich bestimmt. Denn ich war lange auf mich gestellt gewesen. Ich habe alleine gelebt, ehe wir zusammen wohnten. Zudem habe ich ohnehin für mich gedacht, als ich bei meinem Bruder wohnte ... Ich liebe meinen Mann, ich liebe meinen Mann wirklich ... aber, ich würde mir nie erlauben, zu glauben, daß ich ohne ihn nicht leben könnte.

In gewisser Weise scheint Alice allerdings doch das Gefühl gehabt zu haben, ohne ihn nicht leben zu können. Die Ehe war kurz vor dem Zusammenbruch, und doch hielt sie daran fest. Schließlich hatten sie vier Kinder und ein spärliches Einkommen, auch wenn beide arbeiteten, und eine starke, leidenschaftliche Bindung und eine lange gemeinsame Geschichte. Alice war emotional und körperlich überfordert.

Sie suchte Zuflucht, Trost und Rat in der Kirche. Sie war als Baptistin getauft und wurde nun zum gläubigen, praktizierenden Gemeindemitglied. Interessanterweise ähnelt das, was Alice unter der Anleitung ihres Geistlichen lernte, den Lehren, die andere Frauen aus der Psychotherapie ziehen: Liebe dich selbst, ändere dich, kümmere dich um dich selbst. Ihre Erzählung deutet an, daß sie trotz ihrer Entschlossenheit, sich als Erwachsene nicht mißbrauchen zu lassen, mit Leroy in manche Opferhaltungen ihrer Kindheit zurückgefallen war. Ihre religiösen Meditationen trugen auch dazu bei, manche dieser Wunden zu heilen, und versetzten sie in die Lage, Fortschritte zu machen.

> Ich fing erst an, Religion ernst zu nehmen, als ich diese Sache mit meinem Mann durchmachte ... Es gab Dinge, die ich versucht hatte [bei ihm], und ich bekam keine Antwort. Ich erwartete, daß diese Änderung bei ihm eintrat, aber in Wirklichkeit sollte sie bei mir eintreten. Nicht bei ihm, bei mir. Ich war unglücklich. Ich meine, er tat mir Dinge an, aber er tat sie, weil er sie tun wollte. Er war glücklich! Also war ich es, die das Nachsehen hatte bei diesem Tausch.
>
> Ich mußte also für mich etwas ändern. Und als ich das tat, fühlte ich mich wirklich gut, weil ich nicht mehr auf ihn wartete. Ich war gesund, hatte eine Arbeit. Sie war nicht gut bezahlt, aber ich verdiente genug, um davon leben zu können.
>
> ... Ich besuchte Bibelstunden, und der Geistliche, er hieß Dr. Scott, zeigte mir, wie ich mich mögen und um mich kümmern konnte. Von da an war der Stillstand bei mir durchbrochen, und ich war nicht mehr abhängig von meinem Mann. Und ich schämte mich nicht. Es gibt Menschen, die sich selbst nicht mögen. Und ich glaube, an diesem Punkt, an dem ich war und wie mein Mann mich behandelte, dachte ich, daß etwas mit mir nicht stimmt. Aber das war nicht so! Es war nicht so, daß etwas mit mir nicht stimmte. Ich stand nicht mit mir in Berührung. Wenn Menschen

erst einmal mit sich in Berührung kommen und sich darauf konzentrieren können, dann geht ihr Leben weiter. Aber man muß mit sich in Kontakt stehen.

Alice zieht eine unmittelbare Verbindung zwischen dem Umstand, daß sie aufhörte, an Leroy herumzunörgeln, und der Tatsache, daß er »die Veränderung geschafft« hat – seine Verpflichtungen wahrnimmt, zu Ehe und Familie steht, sich mehr um die Kinder kümmert –, und zwischen ihrer neu gewonnenen Religiosität und ihrer wachsenden Toleranz für seine Fehler. Doch sie sieht auch, daß andere Wendungen in ihrem gemeinsamen Leben Leroy in seiner jugendlichen Leichtlebigkeit aufgerüttelt und den reifen Mann in ihm zum Vorschein gebracht haben. In dem Maße, wie er in einer Reihe von Prüfungen, die ihre bisherigen langjährigen Kämpfe gegen die Armut in den Schatten stellten, seine Stärke unter Beweis stellte, fühlte sie sich allmählich sicherer und empfand mehr Respekt vor ihm und er seinerseits für sie; und ihre Dankbarkeit machte es ihr möglich, über manche Enttäuschung und Verärgerung hinwegzusehen, die ihre Liebe überschattet hatte.

1983 erlitt Vonnette einen Blinddarmdurchbruch, der erst erkannt wurde, als sie eine Blutvergiftung bekam. Sie mußte sich einer Dickdarmresektion unterziehen und vier Monate im Krankenhaus bleiben. Zusätzlich zur emotionalen Belastung kam noch hinzu, daß Alice und Leroy, die gerade ein Haus gekauft hatten, nun mit »gigantischen« Krankenhaus- und Arztrechnungen überhäuft wurden. Zur gleichen Zeit verlor Alice von jetzt auf gleich ihre Stelle in einer kleinen Fabrik, in der sie fünfzehn Jahre lang gearbeitet hatte; sie mußte ganztags als Kinderfrau arbeiten. Und als sei das alles noch nicht genug gewesen, kam Alice kurze Zeit später mit einer Lungenentzündung ins Krankenhaus. Während sie dort war, wurde bei Little Roy, der damals fünf Jahre alt war, Krebs festgestellt. Zu Alices Verwunderung »kam Leroy durch«.

Manchmal sind Männer unberechenbar. Ich habe darüber nachgedacht – ich würde nie etwas darüber sagen –, ich glaube, als mir all diese Dinge zustießen, fragte ich mich, wann er aufgeben und mich verlassen würde, bei all den Belastungen ... Die meisten

Männer können keine Belastungen ertragen. Sie gehen einfach, aber er tat das nicht. Er arbeitete sieben Tage die Woche, Tag und Nacht. Das tat er wirklich.

Leroys liebevolle Fürsorge für Little Roy, ihrer Ansicht nach der netteste der drei Jungen, hat vielleicht am meisten dazu beigetragen, ihr ihren Mann lieb und teuer zu machen.

Er hat sich mehr um Little Roy gekümmert als ich. Oh, er ließ ihm alles durchgehen. Auch schon ehe Little Roy krank wurde, glaube ich, daß Leroy ihn in sein Herz geschlossen hatte. Die Veränderung kam bei ihm, als er geboren wurde, und vielleicht ist es etwas, was schon da war und herauskam.

Leroy »zeigte Mitgefühl« für Alice, als auch sie krank war, »aber als es mir wieder besserging ...« Sie führt den Satz nicht zu Ende. Doch Alice scheint bereit, sogar diese Enttäuschung zu verzeihen. Angesichts seiner neu gewonnenen Beständigkeit kann sie über fehlende Beweise von Zuneigung offenbar leichter hinwegsehen. »Ich glaube, wenn ich die Wahl hätte, hätte ich lieber einen verantwortungsbewußten Mann und einen fürsorglichen Mann als einen Mann, der mich zum Essen ausführt und mir Blumen bringt, und dann, wenn etwas passiert, könnte ich mich nicht auf ihn verlassen.«

Alice ist sogar bereit, mit vernünftigen Erklärungen Versäumnisse von Leroy wegzudeuten, die sie früher wahnsinnig gemacht haben.

Wissen Sie, ich will gar nicht, daß mein Mann mit mir oft aus essen geht, denn er ist in bezug aufs Essen wirklich pingelig ... und wenn ich mit jemandem ausgehe, und er mäkelt am Essen herum, dann habe ich auch keinen Spaß am Essen. Was soll es also?

Mehrmals kommt sie während unseres Gesprächs auf dieses Thema zurück (offensichtlich bedeutet es ihr doch mehr, als sie zugeben will) und gibt zu verstehen, daß sie sich ihre Kraft klugerweise für wichtigere Auseinandersetzungen aufspart.

Ja, der Mann ist sehr, sehr heikel mit dem Essen. Und ich glaube, das kommt, weil er viele Schwestern hatte, die ihn durch und durch verwöhnt haben. Aber in seinem Alter würde ich gar nicht den Versuch wagen, ihn noch zu ändern. Ich glaube, das würde mich völlig fertig machen, wenn ich versuchte, seine Eßgewohnheiten zu ändern.

Es bedarf keiner Erwähnung, daß Alices Waffenstillstand mit Leroy – oder mit Männern allgemein – nicht ungetrübt ist. Es bleiben ungelöste, möglicherweise auch unlösbare Fragen. In entscheidenden Dingen vertraut Alice Leroy immer noch nicht ganz: Sie hat ihm nie erzählt, daß sie in ihrer Kindheit mißbraucht wurde.

Wissen Sie, ich sehe in Filmen Mädchen und Frauen, die vergewaltigt wurden und deren Beziehung mit ihrem Partner sich verändert hat, und ich weiß nicht, ob mir das auch passieren würde. Aber das war mir irgendwie im Hinterkopf, was das angeht, ehm, daß mein Stiefvater versucht hat, mich zu belästigen. Und ich weiß nicht, ob mein Mann das akzeptieren könnte.

Vielleicht erfüllt es auch für Alice einen gewissen Zweck, über ihre Kindheit Stillschweigen zu bewahren: Sie muß sich nicht direkt damit auseinandersetzen. Sie sieht ihre Zurückhaltung als eine Art Stolz.

Ich denke, wenn Leroy gewußt hätte, was ich wirklich durchgemacht habe, als ich ihn kennenlernte, wäre er vielleicht mitfühlender gewesen. Aber ich wollte wirklich kein Mitleid. Wenn ein Mann mich wollte oder liebte, sollte er es nicht wegen etwas tun, was mir zugestoßen war. Ich glaube, ich fürchtete irgendwie, daß er es aus dem einfachen Grund tun könnte, daß ich ihn zu dieser Zeit brauchte wegen des Lebens, das ich hinter mir hatte.

Wenn Alice Mitgefühl mit Mitleid und intime Vertraulichkeit mit der Bitte um Zuwendung gleichsetzt, scheint sie sich um ihren Widerwillen gegen ihre Bedürfnisse im Kreise zu drehen. Denn wenn es in ihren Kindheitsträumen Ritter in glänzenden Rüstungen gegeben haben sollte, so lagen sie ständig im Kampf und wurden häufig besiegt von den realen Drachen ihrer Umwelt. Ihr leiblicher Vater, den sie ab und zu sah, nachdem er und ihre Mutter sich getrennt hatten, verließ die Stadt, als sie elf war, auf Nimmerwiedersehen. Ihr Stiefvater lauerte ihr auf, ihre Mutter ließ sie im Stich. Natürlich sehnen sich viele vernachlässigte und mißbrauchte Kinder auch weiterhin nach dem Schutz und der Fürsorge, die ihnen versagt geblieben sind; Alice sagte, auch sie habe sich diese Liebe gewünscht. Doch viele – und vor allem Mädchen – zieht auch im Erwachsenenleben ein Opferdasein magnetisch an. Wenn sie hineingeraten, so erscheint es ihnen nicht als etwas Ungewöhnliches.

Alice ist Gewalt aus dem Wege gegangen und hat auch ihre Kinder nicht körperlich gezüchtigt. Und doch trägt ihre Angst vor Abhängigkeit mit zur Erklärung bei, weshalb sie bei einem Mann geblieben ist, auf den sie sich so lange Jahre nicht verlassen konnte. Ihre zwiespältige Einstellung Leroy gegenüber liegt genau am Schnittpunkt einer offenen, bewußten Erwartung, vernachlässigt zu werden, und eines vielschichtigeren, weniger offenen Wunsches nach Fürsorge und Geborgenheit. Er hat ihr beides gegeben, Kälte und eine Art emotionaler Feigheit einerseits und andererseits Loyalität auf lange Sicht, Beständigkeit und Kameradschaft, die schwere Prüfungen überstanden haben.

Es ist für Alice Mae allerdings nach wie vor eine Grundvoraussetzung, daß Frauen nicht von Männern abhängig sein sollten. Sie hat es geschafft, dem Mißbrauch zu entkommen, und welche Mischung aus Verzweiflung und Mut ihr auch immer die Kraft dazu gegeben haben mag, sie scheint sie auch immun gegen eine »Ansteckung« durch jene gemacht zu haben, die weniger stark sind. Alice hat wenig Mitleid mit Frauen, die zulassen, daß man ihnen wehtut.

> Es gibt Frauen, die meinen, sie könnten nicht ohne diesen Mann leben. Mißhandelte Frauen, ich habe sie nie im Leben verstehen können. Ich habe es nie verstanden. Sie sagen, sie haben Angst vor ihnen. Ich habe das nicht verstehen können, warum konnten sie nicht weg? Die Welt ist groß!

Auch mit ihrer eigenen Tochter, die mit Sechzehn schwanger wurde und vom Vater des Kindes im Stich gelassen wurde, ist Alice nicht einverstanden; doch ihre Mißbilligung wird gemildert durch ihre mütterliche Liebe und Sorge. Alice hat offenbar versucht, ihrer Tochter beizubringen, daß eine schöne Frau, von ihrer Macht her gesehen, einem Schönredner nicht gewachsen ist.

> Meine Tochter ist eine attraktive junge Dame. Sie hat einen klugen Kopf. Aber ich glaube, sie braucht die Aufmerksamkeit [von Männern]. Wissen Sie, manche Frauen, weil sie einen schönen Körper und ein hübsches Gesicht haben, meinen, Männer würden sie nicht benutzen. Ich kann mich ja irren, aber diesen Eindruck habe ich von meiner Tochter. Sie meint, das passiert ihr nicht noch einmal, mit noch einem Kind ... [Aber] ich sage ihr immer: Attraktive Frauen werden genauso von Männern benutzt, wie unattraktive Frauen von Männern benutzt werden.
> Ich mache mir viele Gedanken über sie, aber ich weiß nicht, ich finde keinen Zugang zu ihr. Und ... bei dem Talent, das sie hat, sehe ich es nicht gern, wenn sie Rückschritte macht. Ich hoffe, sie geht aufs College. Ich hätte wirklich gerne, sie ginge aufs College. Denn ich will nicht, daß sie von einem Mann abhängig ist. Das will ich wirklich nicht.

Abhängigkeit selbst von einem zuverlässigen Mann sei eine Falle, meint Alice.

> Ich habe es zu oft erlebt, daß Frauen von Männern abhängig sind und in der Falle sitzen. Es ist fast wie bei mißhandelten Frauen. Sie können sich nicht selbst daraus befreien ...

Trotz der befriedigenden erotischen Beziehung zu Leroy sitzt Alices Mißtrauen gegen die Sexualität von Männern tief. Ihre Erfahrung mit ihrem Stiefvater ist ständig präsent, und infolgedessen ist sie mißtrauisch gegen jeden Mann, der mit einem Kind zusammen ist.

> Selbst heute noch gehen meine Gedanken zurück, und wenn ich kleine Mädchen mit ihrem Vater oder ihrem Bruder sehe, kommt

mir das wieder in den Sinn ... Ich frage mich, wie behandelt er das Kind? Ich habe das Gefühl, ich möchte sie alle beschützen, all diese kleinen Mädchen. Ich weiß, es gibt gute Väter, Väter, die ihr Kind nicht anrühren würden. Ich weiß, es gibt gute Väter, aber es fällt mir schwer, die Unterschiede zu erkennen. Ich kann sie nicht aufzeigen.

Alice ist eine vernünftige Frau; sie weiß, daß nicht alle Männer gleich sind. Aber tief im Inneren glaubt sie, daß sie es doch sind: Sie sind bestenfalls kindisch, schüchtern und unzuverlässig und schlimmstenfalls gewalttätig, grausam und wie Raubtiere. Leroy gehört entschieden nicht zur letztgenannten Sorte, daran gemessen, wirkte er zunächst wie ein mittelmäßig guter Mann. Bald stellte sich heraus, daß er ein wenig besser war als erwartet, ein rücksichtsvoller, guter Liebhaber, ein fleißiger Arbeiter und ein Ehemann, der gelegentlich fremdgeht, im Grunde aber treu ist.

Und lange nachdem Alice die Hoffnung schon aufgegeben hatte, als die Dinge nicht zum besten standen, gab Leroy ihr seine Reife wie ein König, der sein halbes Land an die Königin eines kriegführenden Königreiches abgibt. Mit diesem Geschenk schlossen die beiden einen Waffenstillstand und machten sich daran, die größeren Feinde zu bekämpfen, die sie beide angriffen. Es blieb wenig Zeit für Feste und Feiern, keine zweiten, nicht einmal erste Flitterwochen; auch Armut ist ein Feind der Liebe. Alice erklärt: »Wir haben nie richtig Urlaub gemacht. Immer kam eins zum anderen, wissen Sie. Eins zum anderen.«

Kapitel 14

VERHANDLUNG

Molly Madsen

Molly Madsen, geboren und aufgewachsen im Norden von Louisiana, hat eine Südstaatenstimme, der man zuhören könnte, bis der Mississippi austrocknet. Sie erzählt eine Geschichte gemütlich, indem sie mittendrin anfängt und zum Beginn zurückgeht, sich dann auf gewundenen Wegen zum Ende vorarbeitet, allen Einzelheiten Genüge tut und mit Erklärungen voll schnörkeliger Fragezeichen schließt. Und doch ist Molly mit keiner Silbe affektiert. Man hat den Eindruck, was sie sagt, sei grundaufrichtig, weder aus Arglist noch aus Selbsttäuschung beschönigt. Sie hört auch zu, ohne Predigten zu halten.

Diese Fähigkeit, zu sagen, was sie denkt, und aus dem, was andere sagen, herauszuhören, was sie meinen – Eigenschaften, die ihr Mann ebenfalls besitzt –, haben ihre Ehe, es ist für beide die zweite, zu einer soliden, liebevollen Verbindung zwischen zwei gleichberechtigten Menschen gemacht. Doch der Weg dahin war für Molly und Carl nicht einfach, und beiden fällt es nicht leicht, es so beizubehalten. Sie sind fest entschlossen, zusammenzubleiben: »Ich kann mir nicht vorstellen, je ohne den Mann zu leben«, erklärt Molly, die es sich allerdings durchaus zutraut, für sich selbst zu sorgen. Entscheidender ist aber vielleicht ihre Entschlossenheit, über ihre Ehe ständig neu zu verhandeln.

Rückblickend betrachtet, hat es den Anschein, als habe Molly zu Beginn mehr Zugeständnisse gemacht und dann allmählich stärkere Ansprüche an Carl gestellt. Sie hat allerdings das Gefühl, daß er in mancherlei Hinsicht die Änderungen hin zu mehr Gleichberechtigung angeregt habe. Beide haben eine unromantische, pragmatische Einstellung zu Beziehungen. Sie haben nichts dagegen, Dinge auszufechten: »Es gibt *viele* Auseinandersetzungen in unserem Haushalt«, sagte Molly mir, als ich das erste Mal mit ihr sprach. Sie sind nicht der Ansicht, daß in ihrer Ehe etwas nicht stimme, wenn sie ihnen viele Konflikte abverlange. Keiner von ihnen erwartet, daß der Weg gradlinig wäre; sie erwarten nicht einmal, daß sie immer Seite an Seite gehen.

> Ich glaube, die Vorstellung aufzugeben, daß es für jede Frau da draußen den Richtigen gibt, und es nur darum geht, ihn zu finden, zu heiraten und glücklich bis an ihr Ende zu leben, dauerte bei mir viele, viele Jahre. Die Einsicht, daß das keine Lebenswahrheit ist, kam mir erst in der Arbeit an der Beziehung, die ich jetzt habe. Mir ist so klar, was für eine harte Arbeit es ist, zufrieden zu sein. Das wichtigste ist für mich, daß jeder von uns auf die Weise wachsen und sich ändern kann, wie er will – und das heißt nicht, daß die Beziehung immer gepflegt wird.

Mollys und Carls berufliche Fachkenntnisse und Wertorientierungen helfen ihnen sehr: Er ist Familientherapeut, sie ist Krankenschwester und macht eine Ausbildung zur Sozialarbeiterin. Ihre vielen gemeinsamen Interessen zum Beispiel an Wissenschaft und Natur, Politik und Sport – beide laufen, schwimmen und spielen Fußball – sorgen dafür, daß sie neben der Arbeit viele gemeinsame Vergnügungen haben. Und Carls lebhaftes Interesse am Leben ihrer beiden Töchter – Molly hat noch ein drittes, erwachsenes Kind aus erster Ehe – macht ihre Familie zu etwas Besonderem. Das tut übrigens auch ihre Größe: Beide sind über 1,80 Meter groß, und ihre Töchter machen nicht den Eindruck, als blieben sie weit hinter ihnen zurück. Die sechsjährige Billy »hat schon die längsten Beine, die ich je an einem Kind gesehen habe«, meint Molly.

Keiner der beiden Ehepartner wurde zu einer gleichberechtigten, auf Konsens basierenden Ehe erzogen. Carls Kindheit mag ihn noch am ehesten darauf vorbereitet haben. Seine Mutter »ist sehr stolz darauf, Hausfrau und Mutter gewesen zu sein«, und »mischt sich immer noch in die Ehen ihrer erwachsenen Kinder ein, so gut sie kann«. Sie erzog ihre Tochter zu Ordnung und Sauberkeit, und ihre Söhne zu der Erwartung, daß die Frauen ihre »Höhle« ordentlich hielten. Doch Carl war der Erstgeborene, und sein Vater, Berufsoffizier bei der Marine, war sehr viel von zu Hause fort. »Carl übernahm schon früh eine kleine Vaterrolle«, erklärt Molly. »Er blieb ausdrücklich mit dem Auftrag zurück, sich um Mami zu kümmern. Er lernte früh, Sachen im Haus zu reparieren ... Obwohl seine Mutter hinter ihm herräumte, wurde er doch auch dazu erzogen, Verantwortung zu übernehmen und ein Erwachsener zu sein.«

In Mollys Familie gab es solche Flexibilität nicht. Ihre Erziehung orientierte sich an »ganz grundlegenden Südstaaten-Werten ... sehr presbyterianisch-christlich und gottesfürchtig. Für die Männer in der Familie war es das höchste Ziel, Presbyter zu werden«. Der Haushalt war »sehr streng organisiert, aber auch sehr durcheinander«. Die Familie achtete auch sehr auf die Geschlechtsrollen. Doch der Sinn für Lässigkeit verlieh dem Ganzen eine angemessene Lockerheit.

> Alles in der Familie konzentrierte sich auf das männliche Familienoberhaupt, für alles bis hinunter zu echten Kleinigkeiten war er zuständig. Da waren vier Kinder und zwei Erwachsene. Wenn ein Nachtisch übrig war, bekam mein Vater ihn. Ich erinnere mich, wie wichtig es uns allen war, am Essenstisch den Platz neben Vater zu bekommen. Wir hatten solche Ehrfurcht vor ihm, und er war so sehr die Hauptperson der Familie. Als nächste kamen meine Brüder. Meine Schwester und ich wurden zu Ehefrauen erzogen und waren irgendwie die Aschenputtel.
>
> Es herrschte sehr stark die Überzeugung, daß man für Mädchen sorgen müsse ... [aber auch, daß] die Frau da sei, um für die Bedürfnisse des Mannes zu sorgen. Abgesehen davon, wurden die typischen Frauenrollen nur wenig streng eingehalten ... Es war etwas verwirrend.

Molly hält sich nach wie vor für einen gläubigen Menschen, aber sie bekennt sich zu keiner Kirche. »Ich habe mich so gequält mit dem, womit ich aufgewachsen bin, daß es für mich wirklich schwer vorstellbar ist, die Kirche zum Teil meines Lebens zu machen.« Und dennoch reagierte sie auf die Strenge der Familie, indem sie »funktionierte«. Wie ihre Schwester wurde sie mit Achtzehn schwanger und heiratete sofort nach der High School. Die Ehe mit dem einzigen Sohn aus reichem Hause war vorgegeben.

Ich glaube, ich war eigentlich ein Dienstmädchen, ich war kein wirklicher Mensch. So eine Art Zuchtstute ... Ich wußte nicht, was ich tat. Ich wußte gar nichts – nicht die grundlegenden Dinge über Beziehungen, wie ich für mich selbst eintreten sollte. Ich wußte bestimmt nicht, wie man nein sagt ... Ich schätze, ich kam raus, als ich so sehr litt, daß ich nicht mehr drinbleiben konnte. Ich konnte mir nicht vorstellen, wie ich zu leiden aufhören könnte – mein Repertoire war sehr beschränkt.

Im Gespräch mit dieser selbstbewußten, gelassenen Frau von fünfundvierzig Jahren fällt es schwer, sich die junge Frau vorzustellen, die sie beschreibt.

Ich dachte, ich machte es gut, aber in Wirklichkeit fühlte ich mich dabei schrecklich. Wenn er sich über das Essen beschwerte, war es irgendwie mein Fehler. Ich wußte, daß daran etwas nicht stimmte; ich wußte nur, daß ich mich schlecht fühlte. Ich begriff es überhaupt nicht. Ich war in diesen strengen und unerfüllbaren Regeln des Lebens gefangen: Denke nicht selbst. Sage nie nein. Sei immer beherrscht. Die anderen kommen immer zuerst. Auf einer mehr persönlichen Ebene lief das hinaus auf: Denke nicht, habe keinen Willen, fühle nicht.

... Wenn ich auf diese junge Ehe zurückblicke, habe ich meinen eigenen Gefühlen nie getraut. Obwohl ich [heute] weiß, daß meine Gefühle eine wirklich normale Reaktion auf die Art waren, wie ich lebte, sagten mir viele Leute, ich sähe das falsch. Als ich ging, bekam ich keinerlei Unterstützung von meiner Familie. Keiner in der Familie hatte sich je scheiden lassen, und es war das Schrecklichste, was je ein Mensch zu ertragen hatte.

Molly und ihr Ex-Mann einigten sich provisorisch auf eine Art gemeinsames Sorgerecht, »das nicht sehr gut funktionierte, wirklich«. Der Vater ihrer Tochter führte ein wechselhaftes Eheleben, und als Kerry heranwuchs, »führte sie sich wild auf«. Wie ihre Mutter heiratete sie jung und bekam in kurzer Zeit drei Kinder.

Molly zog nach Boulder, Colorado, wo sie immer noch wohnt; sie arbeitete als Sekretärin, ging öfters mit Männern aus und begann zu entdecken, daß es »eine Welt außerhalb meiner Familie und meiner Kirche gab«. Nach einigen Jahren begab sie sich in Therapie.

> Das war das erste Mal, daß ich zu begreifen anfing, worum es in einer Beziehung geht. In der Universität des Lebens war es wie ein Grundkurs über Beziehungen ... Ich blieb lange genug bei diesem Therapeuten, um einige grundlegende Dinge über Verträge zwischen Menschen zu lernen: Ich tue dies, und du tust das; ich will dies und gebe dir das.

Nach einer Weile ging sie in Behandlung zu einer Frau.

> ... eine sehr starke Therapeutin und eine sehr starke Persönlichkeit. Sie war die erste Frau, mit der ich zusammen war, bei der ... ich mehr den Eindruck von einem wirklich reinen Wesen hatte, und ob sie Frau oder Mann war, war irgendwie zweitrangig für die Art, wie ich sie kannte ... Ich fing an, mich darum zu bemühen, als Frau stärker zu werden, oder als Person stärker zu werden, trotz der Tatsache, daß ich eine Frau war ... Sie war auch lesbisch und half mir, zu lernen, mich als Frau zu lieben, und zu lernen, daß ich nicht tun mußte, was ein Mann verlangte. Ich brauchte nicht mit einem Mann sexuell zusammenzusein, um geliebt und umsorgt zu werden.

Molly lernte Carl in einer Therapiegruppe kennen – was sich sowohl als Vorteil wie als Nachteil herausstellte. »Wir wußten viele Einzelheiten übereinander, die Schrecken inbegriffen«, erzählt Molly lachend. »In gewisser Weise machte es uns sensibler füreinander, aber in anderer Hinsicht konnten wir einander auf ausgeklügeltere Weise manipulieren.«

Die Beziehung wurde schon bald auf die Probe gestellt, als Molly schwanger wurde. Sie sprachen immer und immer wieder darüber, ob sie das Kind bekommen sollten, und obwohl beide sich einig waren, daß eine Abtreibung zu diesem Zeitpunkt das beste wäre, hatte keiner von ihnen das Gefühl, dies sei vorbehaltlos die einzige Lösung. Der Vorfall brachte die Paarbeziehung aus dem Gleichgewicht und wirkte sich nachhaltig aus.

Ich hatte zwiespältige Gefühle, und eigentlich wollte er eine Abtreibung. Er sah sich nicht als Vater, und damals wollte er noch nicht heiraten. Es war für mich schwer, es zu machen, aber auch schwer, es nicht zu tun. Es war eine furchtbare Entscheidung, obwohl ich für Entscheidungen bin.

Ich glaube nicht, daß ich mich schrecklich unter Druck gesetzt fühlte ... Ich glaube, [wir beide] hatten das Gefühl, daß es das einzige war, was wir machen konnten. Es war nicht so, daß er mit alledem nichts zu tun hatte. Es war auch für ihn eine schreckliche Entscheidung, und es fiel ihm sehr schwer, und manchmal ist er immer noch wehmütig und schmerzlich berührt deswegen.

Doch einige Jahre später, nachdem das Paar geheiratet hatte, stand es erneut vor dem Konflikt, ein Kind zu bekommen oder nicht. Carl war im Grundstudium und Molly am College, sie verrichtete halbtags als studentische Hilfskraft Sekretariatsarbeiten. Sie war siebenundzwanzig. Damals begriff Molly am Beispiel der Kinderfrage zum ersten Mal, daß sie beide nicht gleichzeitig alles haben konnten, was sie wollten. Das an sich war für Molly nichts Neues, es war sowohl in ihrer Familie als auch in ihrer ersten Ehe die Grundregel gewesen. Der entscheidende Unterschied war, daß Molly damals automatisch die Bedürfnisse ihres Vaters oder ihres Mannes über ihre eigenen gesetzt hätte, ohne nachzudenken, ohne etwas zu sagen, und mit einer Menge unausgesprochenen Kummers. Nun sprachen sie und Carl darüber, hatten Auseinandersetzungen und kamen zu gemeinsamen Entscheidungen. Solche Verhandlungen machen die Dinge nicht einfacher; sie bergen sogar ein hohes Risiko.

Es geschah folgendes: Wir kamen gemeinsam zu dem Schluß, daß es für ihn wirklich wichtig war, die Graduate School in seiner eigenen Geschwindigkeit und auf seine eigene Weise abzuschließen. Es gab eine Zeit, da machte mir die Schule einfach keinen Spaß, und ich ging eine Weile nicht mehr hin ... Ich wollte Kinder haben, und er wollte erst seine Abschlußarbeit fertig machen.

Ich traf eine bewußte Entscheidung und war mir klar, daß der Entschluß, zu warten, nicht unbedingt bedeutete, daß er sich Kinder wünschte, wenn er fertig wäre. Es war das erste Mal, daß ich bereit war, mit dieser Sorge zu leben. Ich erinnere mich, daß ich mir sehr erwachsen vorkam.

Was es Molly möglich machte, mit dieser Sorge zu leben, war ein Gefühl von Vertrauen und Fairneß, das schon früh in der Beziehung vorhanden war und ihr die Sicherheit gab, daß sich das Blatt immer wieder wenden würde. Zur Zeit kommt zum Beispiel Carl allein für die Familie auf, während Molly eine Schule besucht. Das heißt allerdings nicht, daß er von seinem Anteil der Kinderbetreuung befreit wäre. Wie immer übernimmt er mindestens die Hälfte der Aufgaben.

Ich unterhielt mich mit Molly an einem Sonntagabend, und sie schilderte mir, wie sie sich dieses Wochenende eingeteilt hatten.

Gestern haben wir es so eingeteilt. Ich bin aufgestanden und sechzehn Kilometer gelaufen, während er für ihr Frühstück gesorgt und das Haus aufgeräumt hat. Dann habe ich unsere Zehnjährige zur Tanzstunde gebracht, die eineinhalb Stunden dauert, und die Sechsjährige zu meiner Mutter, um mit ihr etwas zu unternehmen. Ich habe die Große abgeholt, und er hat die Kleine zum Fußballspielen begleitet; danach haben die Große und ich die beiden getroffen, und wir sind alle zusammen schwimmen gegangen. Dann kümmerte er sich darum, daß sie ins Bett kamen, und massierte mir die Füße, die mir schmerzten. Heute hat er sie von mittags bis sechs Uhr genommen, während ich zum Fußballspielen ging und anschließend mit den Mädchen ein Bier trank. Als ich nach Hause kam, hatten er und meine Sechsjährige einen Blaubeerkuchen gebacken. Eigentlich hatte sie ihn gebacken, und er hatte ihr das Rezept vorgelesen und beim Abwiegen geholfen. Er ist großartig darin, sie so zu unterstützen. Ich hätte heute nachmittag keinen Blaubeerkuchen mit ihr gebacken! Er macht solche Sachen ständig. Er weiß über Naturwissenschaften und die Erde Bescheid und hat immer irgendein Projekt am Laufen. Ständig bringt er mit den Kindern Käfer mit nach Hause. Als der Halleysche Komet zu sehen war, stand er mitten in der Nacht auf, packte die Kinder ein und fuhr mit ihnen aus der Stadt, um ihn zu zeigen.

Gewöhnlich nimmt er die Kinder das ganze Wochenende. Wenn er während der Woche nach Hause kommt, ist es an vier von fünf Abenden so, daß er zur Tür hereinkommt und ich zur Tür hinausgehe und mich davonmache. Er beklagt sich nicht darüber. Er kümmert sich sehr, sehr viel um sie. Hat er immer schon getan. Immer. Er ist sehr liebevoll, immer für sie da, sehr einfallsreich.

Molly und Carl teilen sich die Betreuung der Kinder in einem ungewöhnlich hohen Maße. Es war nicht das Ideal, zu dem beide erzogen worden sind, aber sie hatten beide immer schon fast instinktiv das Gefühl, daß es so richtig ist.

In bezug auf Geld mußten sie sich allerdings ein wenig drehen und wenden, ehe sie in die »liberale« Form paßten, die sie bereits zu haben glaubten.

Wir stellten fest, daß wir eigentlich viel traditionellere Ansichten hatten, als wir gedacht hatten. Unsere Umstände stellten uns vor verschiedene Dinge, mit denen wir umgehen mußten. So ließ er sich ein Jahr von der Schule beurlauben, und wir lebten von unseren Ersparnissen und meinem Gehalt. Wir sprachen miteinander über Geld, und dann traf er die Entscheidungen. Er übernahm die Entscheidungsgewalt, und ich fügte mich.

Er hatte schon eine wesentlich gleichberechtigtere Einstellung zum Geld, bevor ich sie hatte. Wenn ich ein Baby bekam oder in der Schule war, wie jetzt, ist es für ihn völlig klar, daß das Geld, das er verdient, mir, ihm und unseren Kindern zur Verfügung steht, also der ganzen Familie. Er betrachtet das Geld, das er verdient, als unser Geld. Ich war diejenige, die eher zögerte, es so zu sehen. Wir hatten ein gemeinsames Konto, aber es hat in der Vergangenheit Zeiten gegeben, da habe ich gesagt: »Kannst du mir dreißig Dollar für eine neue Jeans geben?« Und er sagte: »Ich will nicht, daß du mich um Geld bittest« . . . Das tue ich nicht mehr.

Die Kontrolle über die Finanzen aus der Hand zu geben ist kein geringes Zugeständnis; nur wenige Männer tun dies wirklich – sogar in Familien, in denen die Frau mehr verdient, wie Pepper Schwartz und Philip Blumstein in ihrem Buch *American Couples* berichten.[1] Es hat also einen Anklang von Edelmut, wenn Männer Frauen finanzielle Entscheidungen treffen »lassen«. Carl konnte das Gefühl haben, nicht nur freiheitlich zu denken, sondern auch großzügig zu handeln.

Sich an der Hausarbeit zu beteiligen findet weniger Anerkennung. Molly verlangte, daß Carl etwas tat, was er nicht gerne machte, Aufgaben, die geringgeschätzt und abgewertet werden, nie enden wollen und der Definition nach fast schon undankbar sind. Außerdem war Molly, was Wäschewaschen und Geschirrspülen anging, auf sein freundliches Entgegenkommen nicht gut zu sprechen. Sie war es leid, diese Sachen allein zu erledigen, und wollte, daß auch er sich daran beteiligte, und sie war wütend, daß er sich nicht kooperativ zeigte.

Jahrelang tat Carl »sich hervor, wenn es um die großen Dinge ging, nicht aber bei den Kleinigkeiten, wie tagtäglich sauberzumachen«. Das ist die traditionelle Arbeitsteilung der Geschlechter im Haushalt, aber keine gleichberechtigte: Beim Auto einen Ölwechsel zu machen, das Schlafzimmer anzustreichen und sogar den Rasen zu mähen, sind Aufgaben, die man erledigen kann, wann man will, und sie fallen nicht sehr oft an. Wäschewaschen, Staubsaugen, Einkaufen, Kochen und Geschirrspülen sind nicht nur regelmäßig, sondern auch rechtzeitig und nach Bedarf zu erledigen. Schmutziges Geschirr und schmutzige Wäsche können sich nur so lange anhäufen, bis nichts mehr zum Anziehen oder zum Kochen und Essen da ist. Und man kann nicht warten, bis Samstag ist, ehe man den Kindern etwas zu essen gibt.

Inzwischen hat Carl sich gebessert, sowohl was Sonderaufgaben als auch das Saubermachen angeht, obwohl sie nicht ganz die gleichen Maßstäbe und Arbeitsstile haben. Sie ist wie eine Schildkröte ständig unterwegs. »Er räumt nicht ständig auf, wie ich es tue. Ich kann nicht von vorne nach hinten durchs Haus gehen, ohne etwas mitzunehmen.« Er ist eher wie ein Hase, der ein Rennen läuft. »Er kommt vom Mittagessen nach Hause, rast herum, macht die Betten. räumt die Spülmaschine ein ... Ich habe das Gefühl, er beteiligt sich ebenso aktiv an der Hausarbeit wie ich.«

Diesen Zustand zu erreichen war ein mühseliges Unterfangen.

Es fing damit an, daß ich mich sehr viel beklagt habe. Ich war in der Krankenschwesternausbildung. Ich sagte: »Ich habe nicht die Zeit, alles alleine zu machen, und du hast nicht die Zeit, alles alleine zu machen, also muß ich einen Teil machen, und du mußt einen Teil machen.«

Prinzipiell zu argumentieren brachte nichts. Theoretisch war Carl schließlich mit ihr einer Meinung: Er sollte seinen Anteil übernehmen. Aber in der Praxis meinte er eigentlich nicht, daß es überhaupt gemacht werden müßte: Er konnte gut im Durcheinander leben, und außerdem hatte er keine Lust, es zu machen. Forderungen zu stellen brachte ebensowenig. Er schaltete auf stur. Sie waren in einer Pattsituation.

Er betrieb eine passiv-aggressive Abwehr, indem er es einfach nicht tat, und wir hatten diese unglaublichen Auseinandersetzungen ... Manchmal war ich so unglücklich über das Durcheinander, daß ich es machte. Wenn ich alleine leben würde, hätte ich es gerne ordentlich. Ich habe es gerne, genau zu wissen, wo ich etwas finde, weil ich weiß, daß es da ist. Ich glaube nicht, daß ich zwanghaft bin, aber ich habe es wirklich gerne ordentlich. Ich habe ein wenig für ihn mitgemacht, aber dann hatten wir das Kind, und dann hatten wir noch eins. Und sie waren zu dritt, und sie sind alle drei schlampig, und dann ich noch. Im Laufe der Verhandlungen habe ich meine Ansprüche etwas gesenkt, und er hat seine etwas höhergeschraubt.

Molly und Carl haben sich schließlich auf einen Mittelweg geeinigt, wie sie es in den meisten Fragen tun. Sie hat gespürt, daß Carl eher auf sie als Person ansprechen würde, die er verletzt, als auf eine Partnerin, die ihr vertragliches Recht nicht bekommt.

Ich beschloß, mit Schreien und Klagen aufzuhören und mehr darüber zu sprechen, was es für mich als Person bedeutete. Wir hatten viele Gespräche, in denen ich sagte: »Ich will so nicht leben. Ich empfinde es als Beleidigung.« Er warf gewöhnlich Sachen aus einiger Entfernung in den Abfalleimer in der Küche, und wenn er nicht traf, ließ er sie liegen. Meist lagen haufenweise Papiertücher rund um den Heizkörper.

Ich konnte es nicht ertragen. Ich habe ihn gebeten und gebeten und gebeten. Ich war so frustriert, ich fing einfach an zu weinen. Ich sagte: »Ich kann das nicht aushalten, und ich verstehe nicht, warum du nicht auf mich hörst.«

Tränen waren in diesem Fall kein Mittel weiblicher Manipulation, sondern ein Zeichen, wie tief Mollys Gefühle reichten.

Ich sagte: »Ich glaube, wenn du wüßtest, wie schrecklich das für mich ist, würdest du darauf hören«, und ich sagte: »Gibt es irgend etwas, was ich tue und was dich verrückt macht?«

Als sie ihm mit dieser Frage anbot, in einer anderen Streitfrage nachzugeben, war der Machtkampf, der ihrem Hausarbeitskrieg zugrunde lag, offenbar entschärft.

Manchmal, wenn ich etwas ändern will, wie das Haus putzen oder so etwas, glaube ich, es widerstrebt ihm . . . und er wird argwöhnisch, in der Art: »Versuchst Du mich zu kontrollieren?« Ich habe mich gefragt, ob es an meinem Kommunikationsstil liegt oder ob es einfach sein Argwohn gegen Kontrolle ist. Vermutlich ist es von beidem ein wenig.

Statt sich vorzumachen, daß Macht nicht existiere, suchen Molly und Carl nach Wegen, sie zu teilen und Konsens herzustellen, wenn sie nicht zu teilen ist. Ihr ungemein flexibles Lebenskonzept wird zusammengehalten von einigen unantastbaren, nicht zur Verhandlung stehenden persönlichen »Grenzen und Schranken«, sagt Molly, die sie definiert als »Wissen, was du zu tolerieren bereit bist und was du nicht zu tolerieren bereit bist«. Diese Grenzen bei sich und dem anderen anzuerkennen macht es Molly und Carl möglich, zu geben, ohne ständig zu befürchten, sie würden gezwungen, alles aufzugeben. »Wir haben viel Respekt in unserer Beziehung, und dieser Respekt hält das Boot über Wasser.«

Kinderbetreuung, Hausarbeit und Geld sind zentrale Bereiche, die über Einfluß, Wertschätzung und Respekt entscheiden. Je nachdem, wie man sich entscheidet, sind sie Instrumente, um Liebe zu geben oder zurückzuhalten. Sex ist einer der wichtigsten Machtfaktoren. Er wird zum Sinnbild für die Gesundheit und das Glück der Institution Ehe.

Menschen heiraten, um die Wäsche gewaschen zu bekommen und jemanden zu haben, mit dem sie essen, Eigentum erwerben und besitzen und Kinder aufziehen können, aber zumindest in unserer modernen Zeit sind auch Liebe und Leidenschaft ein Motiv. Eine Ehe ohne Sexualität – wenn sie auch häufiger vorkommen, als man gemeinhin glaubt – vermittelt nicht das Gefühl von Ehe. Ohne körperliche Liebe, warum sollten sie Mann und Frau sein und nicht einfach eine Eltern- oder Wohngemeinschaft?

Molly und Carl haben Zeiten der Untreue durchgemacht; beide hatten heterosexuelle Affären, und Molly hat auch mit einigen Frauen geschlafen. Doch in solchen Zeiten hat das Sexualleben des Paares nicht gelitten.

Teils aus diesem Grund waren sie in der Lage, Seitensprünge aus Respekt vor der Privatsphäre des anderen zu übersehen oder zu vergeben. Als allerdings Mollys Bedürfnis, sich selbst treu zu bleiben, für sie bedeutete, enthaltsam zu leben, machte ihre Ehe eine ihrer gefährlichsten Prüfungen durch.

> Eines der Dinge, die bei mir häufig vor die Hunde gehen, wenn ich studiere und arbeite und Arbeiten schreibe, ist mein Sexualtrieb, und das war zeitweilig ein wirklich heikles Problem. Zunächst einmal gibt es da sehr viel Wut. Er war sehr wütend auf mich, und ich war wie benebelt und verwirrt und wußte nicht, warum ich kein Interesse hatte, außer, daß ich wirklich oft müde war.

Wie haben sie das gelöst?

Eigentlich gar nicht, oder vielmehr, sie haben es versucht, konnten aber keine für beide Seiten zufriedenstellende Lösung finden.

> Die Art, wie wir das gelöst haben, war, daß ich immer gesagt habe: »Wenn ich es dir zu Gefallen tue, mache ich mich selbst

fertig. Ich glaube, es wird alles nur schlimmer. Es ist mein Körper, und ich bin diejenige, die darüber zu bestimmen hat.« Wir stritten uns sehr viel, und er war oft wütend. Im Grunde ist es das, wie wir uns damit auseinandergesetzt haben. Es war für mich nicht von vornherein alles klar und entschieden. Ich fühlte mich, mein Gott, verwundbar, und ich war mir nicht sicher, ob ich das Richtige tat. ... Ich behauptete meinen Standpunkt, und manchmal fühlte ich mich richtig unsicher, und er wurde nur wütend. Er lief rot an im Gesicht und trat Sachen durch die Gegend, was ihm gerade so in den Weg kam, Spielzeug oder einen Stuhl, oder er ging und kam dann zurück und redete mit mir. Eine Trennung kam nie zur Sprache.

Da Carl nicht imstande war, Molly gegen ihren Willen zum Sex zu zwingen, versuchte er weiterhin gegen besseres Wissen, sie dazu zu überreden, und tatsächlich wurde die Lage immer schlimmer.

Was geschah, war, daß ich im Laufe der Jahre das Gefühl bekam, er dränge mich ständig so sehr, und dann schaltete ich auf stur. Ich konnte gar nicht mehr unterscheiden, wann ich Lust hatte und wann nicht, weil ich so fest entschlossen war, nicht in die Haltung zu verfallen: »Ich muß Sex haben, weil ich seit fünf Tagen keinen mehr hatte.« Ich sagte: »Wenn du mich einfach in Ruhe läßt, bis ich von selbst zu dir komme ...«, aber das konnte er nicht.

Carl nahm Zuflucht zur kalten Dusche: Er schwamm, lief und arbeitete ungewöhnlich viel. Allerdings war das Problem der Sexualität damit nicht gestorben. Wie bei den meisten anderen Fragen sagt Molly: »Wir sprachen wieder und wieder darüber und sprachen noch einmal darüber.«

Beide waren sich darüber im klaren, daß es hier ebenso um eine Machtfrage ging wie um ein »rein« sexuelles Problem individueller Bedürfnisse oder Vorlieben, falls es innerhalb einer Ehe so etwas überhaupt gibt. Die Fronten verhärteten sich, und die Situation wurde trostloser.

Schließlich lief es auf die grundlegenden Standpunkte hinaus: »Das ist das, was ich will, und ich habe Spaß daran, und du verweigerst mir den Spaß.« Und ich sagte: »Ja, das tue ich.« Wir führten einige Jahre eine Ehe weitgehend ohne Sex.

Molly ist sich nicht ganz sicher, was sich bei ihr verändert hat, der Druck in der Schule hat nicht sonderlich nachgelassen, aber irgend etwas ist anders. Zum einen gelangte sie eher zufällig zu einem neuen Verständnis, was Carl zugute kam.

Mir ist ziemlich klar, daß mein Mann und ich sehr verschieden sind, was das angeht. Für mich ist es einfach eine schöne Sache oder manchmal auch etwas wirklich Spirituelles. Für ihn dient es zum Teil dazu, Spannungen abzubauen, ist es eine Möglichkeit, Dampf abzulassen. Als mir das zuerst klar wurde, hatte ich das Gefühl, für ihn ein Werkzeug zu sein, und ich fand es wirklich widerlich. Dann hatte ich ein interessantes Gespräch mit einer Frau, der ich sehr nahe stehe. Wir sind im gleichen Alter, stammen aus ähnlichen Familien, haben beide sehr jung geheiratet, haben Kinder – es gibt viele Parallelen in unserem Leben ... Sie ist sexuell sehr, sehr aktiv mit einer Reihe von Männern und spricht sehr viel über Sex. Und nicht nur mit Männern, sie masturbiert auch oft. Ich sagte: »Warum hast du so oft Sex?«, und sie sagte: »Weil es mich heilt.« Ich fragte sie: »Baut es Spannungen ab?«, und sie sagte, ja, das habe sie damit gemeint.

Diese Erklärung einer Außenstehenden, von einer Frau, mit der Molly sich identifiziert und die sie bewundert, durchbrach ein moralisches Urteil über Carls Bedürfnisse. Ein Teil der Spannung war damit gelöst, aber sie war immer noch nicht bereit, sich zu entspannen. Die unfaire Tatsache blieb bestehen: Molly hatte die Kontrolle, und wenn Carl sich nicht zum Vergewaltiger entwickeln und sie zum Sex zwingen wollte, konnte er nichts daran ändern.

In anderen Bereichen ging ihr Leben weiter wie bisher. Sie stritten sich, einigten sich, hatten Spaß, gingen beide ihren jeweiligen Interessen nach, pflegten ihren eigenen Freundeskreis und liebten ihre Kinder.

Vor nicht ganz einem Jahr sagte ich zu ihm: »Weißt du, ich habe Leute immer für komisch gehalten, die jeden Mittwoch und Samstag zusammen schlafen. Aber wir haben ein Kind, das dreimal in der Woche zur Tanzstunde geht, ich habe drei Tage in der Woche Unterricht, das andere Kind hat einmal in der Woche Fußball, du gehst zweimal in der Woche zu Versammlungen ... Laß uns doch beschließen, daß wir jeden Mittwoch und Samstag zusammen schlafen.« Und er sah mich an, als wolle er sagen: »Mein Gott, wo kommt das jetzt her?«
Ich dachte, vielleicht sollte ich es einfach in meinen Terminkalender aufnehmen. Es schien mir einfach ein vernünftiger Versuch zu sein. Ich habe es gemacht, und es hat funktioniert. Wir haben es beide genossen. In den Ferien setzen wir diese Regelung aus. Aber es klappt ganz gut.

Mit dieser Vereinbarung haben sie aufgehört, sich gegenseitig zu überreden, zu demütigen oder gedemütigt zu fühlen oder um Macht zu pokern.

Irgendwie hat das seine Sorge gemildert. »Werde ich jemals mit dieser Frau wieder sexuell intim sein?« Und mir hat es wirklich geholfen. Ich wußte, daß er mich nicht jeden Tag drängen würde, mit ihm zu schlafen. Es gab uns beiden die Chance, zu bekommen, was wir wollten, ohne daß einer einen wichtigen Teil von sich hätte aufgeben müssen.

Sich nicht selbst aufgeben zu müssen: Dieses Prinzip der individuellen Integrität steht in Mollys und Carls Ehe an oberster Stelle. Die Person geht nicht im gemeinsamen Wohl auf, sie geht darüber hinaus. Ein solches Prinzip birgt ein gewisses Konfliktpotential. Ein vollständiges Ganzes kann sich nicht immer anpassen, um Platz für ein anderes vollständiges Ganzes zu schaffen; wie Molly sagt, die Beziehung werde nicht immer gepflegt. Die Frage der Macht – das Ringen, wer sie hat und wer nicht – spielt in ihren Auseinandersetzungen eine große Rolle. Carl reagiert zum Beispiel äußerst gereizt, wenn Molly einen Vorschlag mit den Worten einleitet: »Wir müssen dies und das tun ...«

Ich glaube, er meint, er muß hin- und herspringen und etwas tun. Das ist ganz und gar nicht das, was ich sage. Ich sage, das ist mir eingefallen, und wir müssen in dieser Sache wirklich etwas unternehmen! [Sie lacht.] Es ist einfach so, daß mir diese Sache klargeworden ist.

Konflikte mit diesem Gleichgewicht zwischen Eigenständigkeit und Gemeinsamkeit zu akzeptieren gibt Molly und Carl die Möglichkeit, zu geben, ohne nachzugeben.

Ich habe Molly gefragt, wie viele ihrer Unstimmigkeiten mit Geschlechtsrollen zu tun haben. Und was ist mit Männerhaß? Kommt er jemals auf? Sie beantwortet die Frage auf Umwegen.

Ich kenne nicht mehr viele Männer, die ich sehr mag. Vor zwanzig Jahren gab es in meinem Leben viele männliche Freunde und nicht viele Freundschaften zu Frauen, und heute ist es genau umgekehrt. Es gibt nicht viele Männer, die mich interessieren, und die meisten Männer, mit denen ich mich unterhalte, sind recht langweilig ... Carl ist sehr ... er ist emotional sehr weiblich für mich, das heißt, seine Gefühle sind wirklich zugänglich, er spricht wirklich darüber und zieht sich nicht vor seinen eigenen Gefühlen zurück. Er spricht viel mit mir über mein Gefühls- und Seelenleben. Es ist ganz anders als bei den meisten Männern, die ich kenne. Die Männer, die mich am meisten anziehen, haben mehr Zugang zu ihrem Gefühlsleben, und ich kenne nicht allzu viele, die das haben.

Wie andere Frauen, mit denen ich gesprochen habe und die eine gefühlvollere Beziehung zu Männern suchten, hat auch Molly sich mit einigen schwulen Männern angefreundet. Carl zu treffen, sagt sie, war gewissermaßen eine Überraschung und eine Erleichterung: »Ich hatte nie den Eindruck, daß ich die Gefühlsarbeit in der Beziehung leiste.«

Zu verstehen, auf welche Weise ihre Weiblichkeit sie an der Entfaltung ihrer Persönlichkeit hinderte, war für Molly in der ersten Phase ihrer Therapie eine wichtige Erkenntnis, und sie wirkt immer noch in ihr nach. Ihr »ganzes Ich« zu finden hat sie zu einem echten Mitspieler in ihrer Ehe gemacht. Carl und Molly haben zudem das

Glück, beide eine akademische Berufsbildung zu haben, beide ihre Zeitplanung in gewissem Grade frei einteilen zu können, beide genug Geld zu verdienen, um davon leben zu können, und daß keiner von beiden erheblich mehr machen muß als der andere. Mit anderen Worten, die Ungleichheit der Geschlechter in der Welt lastet mit ihrem Gewicht nicht auf dem privaten, gleichberechtigten Gefüge, das sie sich aufgebaut haben.

Da all diese Faktoren fehlen, die das Gleichgewicht stören, und die Kinderbetreuung kein großes Problem darstellt, scheinen andere geschlechtsspezifische Arbeitsteilungen ohne große Konsequenzen zu sein.

> Ich bin mir nicht mehr sicher, welche Beschränkungen vom Geschlecht her auferlegt sind, abgesehen von manchen rein körperlichen ... Er kümmert sich um die Autos, aber das hat nichts direkt damit zu tun, obwohl es eine traditionelle Rolle ist. Ich mache das nicht gerne, und er ist bereit, es für mich zu tun. Andere Dinge fallen mir nicht ein.

In praktischer, sexueller und emotionaler Hinsicht arbeiten Molly und Carl auch weiterhin daran, die Ungleichheiten zwischen den Geschlechtern zu nivellieren, die Frauen und Männer einander ablehnen und hassen lassen. Dazu mußten sie beide Klischeevorstellungen über Bord werfen.

> Carl ist mir in gewisser Weise ein Rätsel. Ich habe noch nie einen Mann wie ihn gekannt. In mancher Hinsicht wäre es egal, ob er ein Mann oder eine Frau ist oder ob ich ein Mann oder eine Frau bin. Es besteht ein wirklich tiefes, tiefes Band, das tiefer reicht als diese Dinge.

Dies ist ihr Versuch, die Grenzen des Geschlechts zu überschreiten, der ein echtes Verstehen, eine echte Partnerschaft schafft.

NACHWORT

Als meine Nichte Sarah drei Jahre alt war, also erst auf dem Weg, eine der Neuen Frauen zu werden, fragte ich sie, ob sie Apfelsaft oder Orangensaft wolle. Sie überlegte, während ich ihr die beiden Gläser in Augenhöhe hinhielt, und sagte dann: »Ich will den anderen.«

Ich habe oft an diese Antwort gedacht – eine Mischung aus intelligenter Umsicht, störrischem Widerstand und überzeugender Schlagfertigkeit –, wenn ich die Möglichkeiten durchging, die sich einer Frau bieten: Mutterlaufbahn oder kinderlose Karriere, sexuelle Gewalt oder paternalistischer Schutz, Diskriminierung am Arbeitsplatz oder sich unsicheren Bedingungen aussetzen, »Anpassung« oder Enthaltsamkeit ... von all den oben genannten Möglichkeiten gefällt mir keine – ich will die andere.

Angesichts der Übermacht kleinerer Übel sind Frauen weniger radikal und eher stoisch geworden – *realistisch* ist das Wort, das ich am häufigsten höre. »Wir haben unsere Möglichkeiten in den Griff bekommen«, meinte eine feministische Freundin, »aber wir haben unsere Träume verloren.« Wenn Frauen einen Blick auf diese Träume erhaschen, die schwach in einer entfernten Ecke leuchten, empfinden sie dieses »realistische«, laxe Verfolgen des Möglichen um so mehr als Kompromiß, und von neuem erwacht die Wut. »Unsere Wut«, fügte sie hinzu, »ist nach zwanzig Jahren eine andere. Sie richtet sich gegen das, was *nicht* passiert ist.« Männerhaß – sowohl der stärker gewordene als auch der neutralisierte – richtet sich dagegen, wie Männer sich nicht verändert haben.

Wie wir gesehen haben, richten sich die Wut und der Männerhaß der neunziger Jahre allerdings auch gegen das, was sich verändert *hat* und wie Männer sich verändert *haben* – zum Guten wie zum Schlechten. Jede herbeigesehnte Veränderung trägt zugleich eine Bedrohung in sich, und da sich im Umfeld einer bestimmten Wandlung nicht alles gleich schnell weiterentwickelt, enthält sie auch Folgeerscheinungen, die sie abschwächen. Frauen sind wütend, daß Väter sich nicht mehr um ihre Kinder kümmern. Doch sobald Papi den Junior ins Bettchen bringt, fängt Mami an, um ihren Status und ihre Machtposition als Mutter zu fürchten. Zum Glück gelingt es vielen Paaren, diese Probleme zum Wohle aller Beteiligten, zumal der Kinder, so zu lösen, daß nur geringe Reibungsflächen zurückbleiben. Außerhalb dieser besser geregelten, liebevollen Familieneinheiten zeichnen sich allerdings weibliche Ängste ab. In Sorgerechtsentscheidungen, bei denen sich früher die Mütter auf eine Art Sieg durch Abwesenheit der Männer verlassen konnten, führen Ansprüche der Väter zu neuen, manchmal brutalen Konkurrenzkämpfen, die zunehmend mit der Niederlage der Mutter enden.

Finden die Beziehungen zwischen den Geschlechtern tatsächlich auf einem Schlachtfeld statt, auf dem ein Gewinn für Männer einen Verlust für Frauen bedeutet und umgekehrt? Bedeutet jeder Schritt der Männer hin zu mehr Häuslichkeit, Elternverantwortung oder Gefühlsäußerung, daß Frauen kostbares gesellschaftliches Territorium aufgeben müssen? Wenn Frauen an politischem, ökonomischem und intellektuellem Einfluß gewinnen, annektieren sie dann zwangsläufig männliche Gebiete?

Sind Frauen dazu bestimmt, Männer zu hassen, ob sie sich nun ändern oder nicht? Sind Frauen zum Haß gezwungen durch jene Frauenfeindlichkeit, die sich in üblen Witzen über weibliche Freiheit beharrlich hält?

So wie die Fronten derzeit verlaufen, lautet die Antwort ja. Wo der Boden knapp ist und keine Grenze existiert, können Männer und Frauen nicht anders, als sich gegenseitig den Platz wegzunehmen, sobald sie sich ausdehnen.

Es gibt nur zwei Länder: Männlichkeit, reich an Ölquellen, Wolkenkratzern und teuren Viersternerestaurants; und Weiblichkeit, ein ärmeres Land, aber wie viele arme Länder grüner und schöner. In unserer Zeit findet ein reger grenzüberschreitender Verkehr zwischen beiden Ländern statt. Frauen gehen wie Wanderarbeiter über die Grenze, um für niedrige Löhne zu arbeiten, während Männer kurze, vorsichtige Ausflüge auf die weibliche Seite unternehmen und dorthin zurückkehren, wo ihre größten Vorteile liegen. Doch jene, die versuchen, im jeweils anderen Land Fuß zu fassen, tun dies um den Preis tiefer Entfremdung und unter der ständigen Bedrohung, ausgewiesen zu werden. Das Geschlecht gibt einem Menschen nur die Staatsbürgerschaft eines Landes.

Die Anthropologin Esther Newton meint, daß es in der Praxis ebenso viele »Geschlechter« gibt wie Verschiebungen und Abwandlungen des biologischen Körpers, der sexuellen Vorliebe, der persönlichen Kleidung, der Eigenarten, der Zuordnung zu gesellschaftlichen Gruppen und der medizinischen Geschlechtsumwandlung. Ein Mensch mit einem Penis, der ein Kleid trägt und sexuelle Kontakte zu anderen Männern hat, ist keine nachgemachte Frau oder kein halber Mann, er ist ein echter schwuler Transvestit, ebenso wie eine ›Karrieristin‹ eine echte Frau ist und ein »weibischer« Mann ein echter Mann. Die Frau, die auf die Mutterschaft verzichtet, ist eine echte Frau; der Mann, der den Kampf in einem Krieg fürchtet, ist ein echter Mann.

Und dennoch leben wir nach dem »Gesetz« alle auf einer Seite der Trennlinie, spähen über die Grenze und hüten uns, allzuweit auf fremdes Gebiet vorzudringen, während wir verherrlichen und verdammen, mystifizieren und dämonisieren, was jenes andere ist, das wir nicht sein dürfen.

Nicht Männer oder Frauen, sondern das Geschlecht an sich brütet Neid, Angst und Haß zwischen den Geschlechtern aus – Frauenhaß wie auch Männerhaß.

»Die Auseinandersetzung wird so lange dauern, als Mann und Frau sich nicht als ihresgleichen anerkennen, das heißt, solange sich das Frauentum als solches weiter fortsetzt«, schrieb Simone de Beauvoir.[1] Und, so mag ich hinzufügen, solange das Männertum sich fortsetzt mit seiner Macht, zu definieren und zu dominieren. Denn Geschlecht ist nicht einfach ein wechselseitiges Anerkennen des Unterschiedes, es ist nicht einmal ein wechselseitiges Argwöhnen des Unterschiedes. Es ist hierarchisch; das gegenwärtige Geschlechtersystem enthält eine Aufwertung von Männern und eine Abwertung von Frauen. Geschlechtertrennung ist eine Stärkung der Ungleichheit und deshalb Unterdrückung. Und »jede Unterdrückung«, sagte Simone de Beauvoir, »schafft einen Kriegszustand«.[2]

Obwohl Männer unter den Geschlechterbeschränkungen leiden,

nutzt ihnen das System: Einzelne Männer helfen, das System zu perpetuieren, weil es ihnen Privilegien einräumt. Frauen, die sich gegen die Ungerechtigkeit männlicher Privilegien erhoben haben, haben die Feindschaft zwischen den Geschlechtern nicht geschaffen, aber sie haben den Krieg erklärt. Daß der moderne Feminismus den Männerhaß offengelegt hat, der schon lange vor dem Feminismus und weit über die Grenzen seiner Einflußsphären hinaus existiert hat, ist eine weitere Salve in diesem Krieg.

Letzten Endes ist der Feminismus allerdings weder ein Schlachtplan noch eine Blaupause der Veränderung. In seinen visionärsten Elementen ist er eine Weltsicht; er entwirft eine imaginäre Welt ohne das eine und das andere Geschlecht, eine Welt des »anderen«, eine Welt, in der das biologische Geschlecht – der Körper – nur ein Unterscheidungsmerkmal und nicht der bestimmende Faktor des Daseins ist.

Die Verwirklichung dieser Vision verlangt gleichzeitig zwei scheinbar entgegengesetzte Bemühungen. Während wir unsere eigene Geschlechtslosigkeit heraufbeschwören, müssen wir uns ständig vor den Verbrechen der Geschlechtertrennung hüten, das heißt gegen Ungleichheit kämpfen. In ihrem brillanten Essay *Ein Zimmer für sich allein* sagt Virginia Woolf über das Verfassen von Romanen, über den Schaffensprozeß: »Es ist fatal, schlicht und einfach nur ein Mann zu sein oder eine Frau; man muß weib-männlich sein oder mann-weiblich. Es ist fatal für eine Frau, den geringsten Nachdruck auf die Ungerechtigkeiten zu legen; selbst mit gutem Recht irgendeine Sache zu verteidigen; in irgendeiner Form bewußt als Frau zu sprechen.«[3] Während sie unmißverständlich als Frau gegen den Schaden aufbegehrt, den die Geschlechtertrennung den Frauen zufügt, verordnet Virginia Woolf als Heilmittel eine geschlechtslose Phantasie.

Das vorliegende Buch gibt einen Überblick über die Widerstände, die es verhindern, über die grobe Unterteilung in Männer und Frauen hinauszudenken; einen Maßstab für diesen Widerstand bildet die Bereitwilligkeit, ja sogar die Begeisterung, mit der Männer und Frauen den Platz akzeptieren, der ihnen nach ihrem Geschlecht zugewiesen wird. Das Geschlecht, so unbequem und einschränkend es auch sein mag, ist auch eine vertraute und daher *willkommene*

Unbequemlichkeit. So weit wir auch gekommen sein mögen in der Benennung der Ungleichheit, sie ist dennoch fast nicht auszumachen; sie ist der Geschmack unserer eigenen Zungen, das Licht unter unseren Augenlidern, die Schwerkraft, die unsere Füße auf der Erde hält. Sie abzuwerfen hieße, sich fast ohne jede Form und Gestalt der Zweideutigkeit ausgeliefert zu fühlen. Ohne dieses Gerüst bewährter und anerkannter Ansichten über das eigene Ich und den anderen wären wir gezwungen, sehr viel Unsicherheit zu ertragen – und bewußt, fast willentlich, mit dem Zwiespalt zu leben.

Die westliche Kultur, die erkenntnistheoretisch auf der Dualität aufbaut (und männlich–weiblich ist eine mustergültige Dualität), erträgt Ambivalenz nicht gut. Dualität enthält Gegensätzlichkeit, und Gegensätze schließen sich angeblich aus, daher gilt Ambivalenz (ein Wort, das an sich schon *Zweiheit* enthält) als gefährlicher Mangel an Entschiedenheit. Ist sie vorübergehend, dann kann die Ambivalenz ein Schritt zur Entscheidung sein; ist sie allerdings chronisch, dann ist sie ein Problem.

Doch wie wir gesehen haben, bildet Ambivalenz – oder, stärker deskriptiv: Multivalenz – einen inneren Bestandteil vieler Lebenslagen, auch im Intimbereich. Eine Art »positiver Ambivalenz« ist zudem von entscheidender Bedeutung für kritisches Denken und Kunst: Eine Auseinandersetzung, die Widersprüche beiseite schiebt, wird zu einer groben und falschen Polemik; eine Darstellung ohne Komplexität wird zum Stereotyp. Ambivalenz mag ein grundlegender Bestandteil der Wahrnehmung von Unterschieden sein: Man mag die Art, wie andere die Dinge sehen, fürchten oder ablehnen, aber schon der Versuch, sie zu begreifen, bedeutet, die eigene Sicht zu überdenken. Als notwendige Voraussetzung für die Toleranz dieser Andersartigkeit, einer Toleranz, die der Gleichheit vorausgeht, ist Ambivalenz eine Notwendigkeit, ja sogar ein gesellschaftliches Gut.

Weder die Toleranz der Ambivalenz noch das Erreichen einer Gleichheit der Geschlechter garantieren ein Ende der Auseinandersetzungen zwischen Frauen und Männern. Solange es Intimität gibt, gibt es Erwartungen und Enttäuschung, Angst und Wut, und solange es Sexualität gibt, gibt es auch Macht – und all das addiert sich zu Konflikten. Wenn Frauen und Männer die Fracht vorgegebener Erwartungen und Machtanteile abwerfen und den Pöbel der Klischees in einen Bus setzen und in ein historisches Museum verfrachten würden, wären sie gezwungen, soziale Beziehungen zu improvisieren. Der bereits vertrackte Umgang miteinander in Beruf, Elternschaft, Freundschaft und sexueller Intimbeziehung könnte noch vertrackter werden.

Leider sitzen wir nach wie vor in der Klemme. Die schlimmsten Zeiten des kalten Krieges zwischen den Geschlechtern mögen vorüber sein, aber es ist noch zu früh, voreilig vom Feminismus zu einem »Postfeminismus« überzugehen, der gleich ihren derzeitigen strahlenden Aushängeschildern alle anhält, sich die Hände zu reichen und *vorzugeben,* gleich zu sein, statt tatsächlich etwas zu tun, was sie in die Lage versetzt, es zu werden. Die Nutznießer der Ungleichheit sind nur allzu gerne bereit, zu vergeben und zu vergessen. Vergebung aus einer Machtposition heraus ist eine Art von Edelmut, die den Gebenden adelt; und die Aufstände der Frauen, der Armen oder der Farbigen – nun, die würden die Mächtigen nur zu gerne vergessen. Die Opfer der Ungleichheit haben es andererseits wesentlich schwerer mit der Versöhnung. Wenn die Ungerechtigkeiten gegen sie kaum behoben sind, fühlen sie sich auch weiterhin gezwungen, zu mißtrauen, wo Mißtrauen angebracht ist.

Solange Frauen unter dem Schwachsinn und den Ungeheuerlichkeiten des Sexismus zu leiden haben, ist ihre einseitige Abrüstung unmöglich. Denn heute verfügen die Frauen über ein Arsenal von Männerhaß, und auch wenn sie ihn nicht immer wohlüberlegt einsetzen, so ist er doch auch nicht mehr jener Sprengsatz wilder Gefühle, die in ein gepanzertes Dogma gehüllt sind, wie er es vor zwanzig Jahren war. Ein allgemeiner Anstieg des psychologischen Bewußtseins fängt Ausbrüche nackter Wut ab, und die Lehren aus zwei Jahrzehnten politischer Aktivitäten verhindern gewöhnlich, daß Haß sich zur Ideologie verhärtet.

Der Feminismus hat einen erheblichen Unterschied bewirkt: Ungeachtet bestehender Vorurteile mögen die Menschen heute mehr denn je in der Lage sein, sich gegenseitig, einer den anderen, dreidimensional zu sehen. Unser Humor, unsere Bescheidenheit und die Schärfe unserer Wahrnehmung sind in diesen Jahrzehnten nicht weniger herangereift als unser Kummer.

Wenn – falls – die Gleichheit erreicht ist, schauen wir vielleicht auf den »Postfeminismus« zurück als die finstere Vorgeschichte einer Ära, für die Feminismus ein rudimentäres Überbleibsel ist. Wenn das »besser als« und »schlechter als« dem Anderssein weicht und das Anderssein aufhört, ein Signal für Feindschaft zu sein, werden kategorische Arten von Haß – Frauenhaß, Männerhaß und Rassismus – ihren Nutzen verlieren und entwaffnet sein.

DANK

Dieses Buch zu schreiben erforderte die praktische und emotionale Unterstützung so vieler Menschen, daß ich die Gelegenheit, ihnen zu danken, nutzen möchte.

Zu besonderem Dank bin ich den achtzig Frauen verpflichtet, deren Gedanken und Empfindungen das Rückgrat des vorliegenden Buches bilden. Ein so intimes Gespräch mit einer Fremden zu führen kann auf beiden Seiten Unsicherheiten schaffen. Oft hatte ich den Eindruck, daß meine Gesprächspartnerinnen eher mir Sicherheit gaben als umgekehrt.

Ich danke den vielen Menschen, die ihre Adreßbücher durchstöbert und Freunde, Familienangehörige und Arbeitskollegen überredet haben, sich mit einer neugierigen New Yorkerin zu unterhalten. Theresa Ghilarducci und William O'Rourke, Marcy Darnovsky und ihre Mitbewohner, Jesse und Carol Epstein, Jan Pickard und Anne Harvey sowie Elizabeth Lide und Paul Kayhart stellten mir außerdem noch ein Gästebett und einen Platz an ihrem Tisch zur Verfügung. Ich weiß ihre Gastfreundschaft zu würdigen.

Das Blue Mountain Center und die Cummington Community of the Arts boten mir Gelegenheit, in einer herrlichen Umgebung eine angenehme Zeit zu verbringen. Der Writers Room unter der festen, liebevollen Leitung von Renata Rizzo hat mich und manch andere Autoren davor bewahrt, ein Schicksal zu erleiden wie Jack Nicholson in *Shining,* und New York gewiß etwas sicherer gemacht. Dank auch an das Barnard Center for Research on Women, die Women's History Archives der Northwestern University und die Musikabteilung der New York Public Library for the Performing Arts.

In meinem Leben verschmilzt das Persönliche tatsächlich mit dem Politischen; es fällt mir schwer, zu unterscheiden zwischen jenen, die sich um mich, und jenen, die sich um mein Buch gekümmert haben.

Im Laufe der letzten sieben Jahre habe ich nicht weniger als eine höhere Schule des Denkens durchlaufen, angeleitet von Ann Snitow und den Teilnehmern des Seminars Sex, Gender and Consumer Culture des New York University's Institute for the Humanities. Die sachkundigen Therapeuten des Seminars Psychoanalyse und Geschlechtsdifferenz halfen mir, den Mut aufzubringen, meine eigene Theorie über Väter und Töchter zu entwickeln, und unterstützten mich, sie so klar zu artikulieren, wie ich es nur vermochte.

Meine Gruppe sorgte dafür, daß ich aufrichtig blieb; meine Genossen in der National Writers Union sorgen dafür, daß ich den Mut nicht verliere; und meine feministischen Mitverschwörerinnen von No More Nice Girls sorgen dafür, daß ich ungezogen im besten Sinne des Wortes bleibe.

Charlotte und Ted Levine lehrten mich, alles in Frage zu stellen und für das zu kämpfen, woran ich glaube. Ich hoffe, dieses Buch gelangt ihnen zur Ehre. Durch sie und den größeren Levine-Zimmerman-Rappaport-Rosenthal-Klan habe ich mich niemals allein in der Welt gefühlt.

Allerdings lebe ich allein, ohne einen Tom, Dick oder eine Sally, die so oft auf solchen Seiten gewürdigt werden, weil sie die Kaffeetassen forträumen, die Fußnoten korrigieren und allgemein die Verzweiflungsattacken des Schreibers auffangen. Ich war daher auf Unterstützung von Freunden angewiesen, die ich hier in alphabetischer Reihenfolge nenne, ohne damit eine Rangfolge vorzugeben: Pam Black, Larry Bush, Vanalyne Green, Susie Griss, Cindy Karasek, Myra Leysorek, Leonard Nakamura und Jonathan Tasini.

Besonderer Dank gebührt Brett Harvey. Sie hat die Arbeit an diesem Buch von Anfang an begleitet, meine beträchtlichen Ängste beruhigt, Ideen, technische Fragen und alles andere mit mir besprochen und die Kapitel in jedem Stadium ihrer Entstehung sorgfältig gelesen. Besonderen Dank, Brett, daß du mich unterstützt und dich mit mir und meinen Kochkünsten in Craryville abgegeben hast. Marcy Darnovsky und Paula Diperna nahmen sich trotz gefüllter Terminkalender ebenfalls die Zeit, sich ausführlich und sachkundig mit dem fertigen Manuskript zu befassen. Stuart Math leistete großzügig und kompetent, wie er die meisten Dinge tut, Hilfestellung in technischen Fragen.

Diane Cleavers Beitrag zum Überleben dieses Buchprojekts wie auch seiner Autorin verleihen dem Satz neue Bedeutung: »Mach dir keine Gedanken, ich kümmere mich schon darum.« Mehr Schutzengel als Agentin, lud Diane mich zu unzähligen japanischen Essen ein, nahm jeden panischen Telephonanruf entgegen und geleitete dieses langjährige Waisenkind über eine Rekordzahl von Lektoren, bis es schließlich bei der begeisterten und äußerst fähigen Sallye Leventhal und ihrer hervorragenden Assistentin Arabella Meyer ein Zuhause fand. Zu jenen, die mehr als ihre Pflicht getan haben, gehört auch Susan Moldow, die, obwohl mit einem Fuß bereits zur Tür von Doubleday heraus, das Manuskript mit scharfem Verstand gelesen hat.

Ihnen allen gebührt aufrichtiger Dank.

Judith Levine

ANMERKUNGEN

Einleitung:

1 Eine ausführliche Behandlung dieser Frage findet sich in Muriel Dimen, *Surviving Sexual Contradictions,* New York 1986.

2 Martin Symonds, »Psychodynamics of Aggression in Women«, in: *American Journal of Psychoanalysis,* 36, 1976, S. 195.

3 Philip Blumstein und Pepper Schwartz, *American Couples,* New York 1983, S. 53.

4 Carol Tavris, *Anger: The Misunderstood Emotion,* New York, 1982, S. 198.

5 Rosalind C. Barnett und Grace K. Baruch, »Correlates of Fathers' Participation in Family Work«, in: Phyllis Bronstein und Carolyn Pape Cowen, Hrsg., *Fatherhood Today: Men's Changing Role in the Family,* New York 1988, S. 76.

6 *The American Women 1990–91: A Status Report,* Hrsg. Sara E. Rix, New York 1990, S. 354.

7 Michel Foucault, »Truth and Power«, in: *Power/Knowledge: Selected Interviews & Other Writings 1972–1977,* New York 1972, S. 119.

8 Mary Wollstonecraft, *A Vindication of the Rights of Women;* dt.: *Verteidigung der Rechte der Frauen,* Bd. I, Zürich 1975, S. 113.

9 Dorothy Dinnerstein, *The Mermaid and the Minotaur,* New York 1976, S. 28.

10 Ebenda, S. 161.

11 Teresa Bernadez-Bonesatti, »Women and Anger: Conflicts with Aggression in Contemporary Women«, in: *Journal of the American Women's Medical Association,* Mai 1978, S. 216.

12 Harriet Lerner, »Internal Prohibitions Against Female Anger«, in: *American Journal of Psychoanalysis,* 40/1980, S. 138.

13 Bernardes-Bonesatti, a. a. O. (s. Anm. 11), S. 216.

14 *Daring To Be Bad: Radical Feminism in America 1967–1975,* Minneapolis 1989, S. 17.

Teil I: Feindbilder

1 Mary Ellmann, *Thinking About Women,* New York 1968, S. 59.
2 Adrienne Rich, »Women and Honor: Some Notes on Lying«, in: *On Lies, Secrets and Silence: Selected Prose 1966–1978;* dt.: »Frauen und Ehre – Einige Gedanken über das Lügen«, in: *Um die Freiheit schreiben,* Frankfurt/M. 1990, S. 33.
3 Craig Owens, »The Medusa Effect or, The Spectacular Ruse«, in: Barbara Kruger, Hrsg., *We Won't Play Nature to Your Culture,* London 1983, S. 1–5.
4 Faye Levine, »Four Types of Men«, in: *Feminist Revolution,* New Paltz, NY 1975, S. 113.

Kapitel 1: Der Kindmann

1 Toni Grant, *Being A Women: Fulfilling Your Femininity and Finding Love;* dt.: *Die Chance eine Frau zu sein: Rückbesinnung auf die Weiblichkeit,* Genf, München 1990, S. 168.
2 Adrienne Rich, »Husband-Right and Father-Rith«, in: *On Lies, Secrets, and Silence: Selected Prose 1966–1978,* New York 1979, S. 221.

Das Muttersöhnchen

1 Gloria Naylor, *The Women of Brewster Place;* dt.: *Die Frauen von Brewster Place,* München 1984, S. 44 u. 47.
2 Dee Jepsen, *Women: Beyond Equal Rights,* Waco, Tx., 1984, S. 199.
3 Marabel Morgan, *The Total Woman,* New York 1973, S. 175.
4 Darien B. Cooper, *You Can Be the Wife of a Happy Husband;* dt.: *Mein Mann ist gern verheiratet,* Asslar 1988, S. 45.
5 Ebenda S. 51.
6 Jane Lazarre, *On Loving Men;* dt.: *Über die Liebe zu Männern,* Reinbek bei Hamb. 1985, S. 150f.
7 »Notes on Women's Liberation: We Speak in Many Voices«, Detroit 1970.

Der Stammler

1 Sarah Kent, »The Erotic Male Nude«, in: *Women's Images of Men,* Hrsg. S. Kent und Jacqueline Morreau, London 1985, S. 98.
2 Irma Kurtz, *Mantalk: Tough Talk from a Tender Woman;* dt.: *Was Männer meinen . . . wenn sie reden,* München 1987, S. 10.
3 Ebenda S. 12 f.
4 Adrienne Rich, *Diving Into the Wreck,* New York 1973, S. 3.
5 Laura Shapiro, »Guns and Dolls«, *Newsweek,* 28. 5. 1990, S. 60 f.
6 Laurie Hetherington et al., »Whither the Bias: The Female Clinet's ›Edge‹ in Psychotherapy?«, in: *Psychotherapy,* 23, 1986, S. 252–256.
7 Deborah Tannen, *You Just Don't Understand: Women and Men in Conversation;* dt.: *Du kannst mich einfach nicht verstehen,* Hamburg 1991.
8 Mimi Pond, *Secrets of the Powder Room,* New York 1983.
9 Luise Eichenbaum und Susie Orbach, *What Do Women Want: Exploding the Myth of Dependency,* New York 1983, S. 91.

Der Unbeholfene

1 »Mandela the Man«, *Ms,* Juli/August 1990, S. 15.
2 Phyllis McGinley, *Times Three,* New York 1960, S. 260.
3 Shere Hite, *Women & Love;* dt.: *Frauen und Liebe,* München 1987, S. 4.
4 Bombeck, Erma, *Family – The Ties that Bind. . . and Gag,* New York 1987, S. 7 f.
5 Barbara Ehrenreich, *The Hearts of Men;* dt.: *Die Herzen der Männer,* Reinbek 1984, S. 10.
6 Persönliches Gespräch mit Pepper Schwartz.
7 U. S. Bureau of Labor Statistics, März 1990.
8 Arlie Hochschild, *The Second Shift: Working Parents and Revolution at Home,* New York 1989, S. 263.
9 Arlie Hochschild, »The Second Shift: Employed Women Are Putting in Another Day of Work at Home«, in: *Utne Reader,* 4. 3. 1990, S. 66.
10 Hochschild, *The Second Shift,* a. a. O. (s. Anm. 8), S. 215.
11 Rosalind C. Barnett und Grace K. Baruch, »Correlates of Fat-

hers' Participation in Family Work«, in: Phyllis Bronstein und Carolyn Pape Bowen, Hrsg., *Fatherhood Today: Men's Changing Role in the Family,* New York 1988, S. 72.

12 Louis Genevie und Eva Margolis, *The Motherhood Report: How Women Feel About Being Mothers,* New York 1988, S. 161.

13 Deborah L. Rhode, »Gender Equality and Employment Policy«, in: *The American Woman 1990–91,* S. 176.

14 Rayna D. Green, »Magnolias Grow in Dirt: The Bawdy Lore of Southern Women«, in: *Southern Exposure* 4, 1977, S. 29–33.

15 Lillian Breslow Rubin, *World of Pain: Life in the Working-Class Family,* New York 1976, S. 152.

Der Invalide

1 Rozsika Parker, »Images of Men«, in: *Women's Images of Men,* Hrsg. S. Kent und Jacquelin Morreau, London 1985, S. 46.

2 Helen W. Papashvily, *All the Happy Endings,* Port Washington, NY, 1972, S. 91.

3 Ebenda, S. 151.

4 Sandra Gilbert und Susan Gubar in: *No Man's Land: The Place of the Woman Writer in the Twentieth Century,* Bd. 1, New Haven 1987, S. 72.

5 Parker, a. a. O. (s. Anm. 1), S. 46.

6 Marilyn French, *The Women's Room;* dt.: *Frauen,* Reinbek b. Hamb. 1982, S. 42 f.

7 Erica Jong, *Fear of Flying;* dt.: *Angst vorm Fliegen,* Frankfurt/M. 1975, S. 116–119.

8 Joyce Brothers, *What Every Woman Should Know About Men;* dt.: *Ich liebe ihn und möchte ihn auch verstehen: ein Ratgeber für alle Frauen, die sich fragen, warum Männer so anders sind,* München 1989, S. 19 ff.

9 Toni Grant, *Being a Woman: Fulfilling Your Femininity and Finding Love;* dt.: *Die Chance eine Frau zu sein: Rückbesinnung auf die Weiblichkeit,* Genf, München 1990, S. 171.

10 Leanne Payne, *Crisis in Masculinity,* Crossway Books, 1985, S. 12.

11 Siehe z. B. Darien B. Cooper, *You Can Be the Wife of a Happy Husband;* dt.: *Mein Mann ist gern verheiratet,* Asslar 1988.

12 Melody Beattie, *Codependent No More;* dt.: *Die Sucht, gebraucht zu werden,* München 1987, S. 44.
13 Ebenda, S. 55–66.
14 Anne Wilson Schaef, *Escape from Intimacy,* New York 1989.
15 Sonya Rhodes und Marlin S. Potash, *Cold Feet: Why Men Don't Commit;* dt.: *Wenn Männer sich nicht binden wollen,* München 1990, S. 8.
16 Carol Botwin, *Men Who Can't Be Faithful;* dt.: *Männer, die nicht treu sein können,* München 1991, S. 21.
17 Rhodes und Potash, a. a. O. (s. Anm. 15), S. 42.
18 Margaret Kent, *How to Marry the Man of Your Choice,* New York 1984.
19 Rhodes und Potash, a. a. O. (s. Anm. 15), S. 174.
20 Botwin, a. a. O. (s. Anm. 16), S. 243.
21 Ebenda S. 240.
22 »Mating for Life? It's Not for the Birds or the Bees«, in: *New York Times,* 21. 8. 1990.
23 Sue Kaufman, *Diary of a Mad Housewife,* New York 1967, S. 187 f.
24 Marcelle Clements, »The Jewish American Prince«, in: *New York Woman,* Oktober 1987, S. 74–79.
25 Sara Lee Johann und Frank Osanka, *Representing . . . Battered Women Who Kill,* Springfield, Il., 1989, S. 4 f.

Kapitel 2: Der Betrüger

Der Verführer

1 Samuel Richardson, *Clarissa,* 1748, Modern Library Ed., New York 1950, S. 276 f; dt.: *Clarissa,* Zürich 1966 (das Zitat ist in der stark gekürzten deutschen Übersetzung nicht enthalten; Anm. d. Übers.).
2 Lord Byron, *Don Juan,* XV/12.
3 Elizabeth Hardwick, *Seduction & Betrayal;* dt.: *Verführung und Betrug,* Frankfurt/M. 1986, S. 205.
4 Susan Brownmiller, *Against Our Will: Men, Women & Rape;* dt.: *Gegen unseren Willen. Vergewaltigung und Männerherrschaft,* Frankfurt/M. 1991, S. 187.

5 Anne Bernays, *Professor Romeo,* New York 1989, S. 36 f.

6 Eine hervorragende Abhandlung zum Sadomasochismus findet sich in Jessica Benjamins Arbeit zur *Geschichte der O: Bonds of Love: Psychoanalysis, Feminism, and the Problem of Domination;* dt.: *Fesseln der Liebe,* Frankfurt/M. 1990.

7 Brownmiller, a. a. O. (s. Anm. 4), S. 238.

8 Tania Modleski, *Loving with a Vengeance: Mass-Produced Fantasies for Women,* New York 1982, S. 47 f.

9 Vanessa Grant, *Takeover Man,* Toronto 1989, S. 44.

10 Ebenda, S. 46.

11 Pamela Beck und Patti Massman, *Rich Men, Single Women,* New York 1988, S. 87.

12 Judith Krantz, *'Till We Meet Again;* dt.: *Wiedersehen in Valmont,* München 1988, S. 51.

13 Rosemary Rogers, *Love Play,* New York 1981, S. 321.

14 Susan Elizabeth Phillips, *Glitter Baby;* dt.: *Glitter Baby,* Bergisch Gladbach 1991, S. 61.

15 Barbara Ehrenreich et al., *Re-Making Love: The Feminization of Sex,* New York 1991.

16 »Study of Teen-Agers Hints Gain for Those Having Abortion«, in: *New York Times,* 25. 1. 1990, A21.

17 Catherine A. MacKinnon, *Toward a Feminist Theory of State,* Cambridge 1989, S. 172 f.

18 Alle Zitate aus *Smooth Talk,* Regie: Joyce Chopra, Nepenthe/American Playhouse, Goldcrest, 1985; dt.: *Bedrohliches Geflüster.*

19 Joyce Carol Oates, »Where are You Going, Where Have You Been?« in: *Two Hundred Years of Great American Short Stories,* Martha Foley, Hrsg., New York 1975, S. 922.

Der Sklave

1 Shulamith Firestone, *The Dialectic of Sex: The Case for Feminist Revolution;* dt.: *Frauenbefreiung und sexuelle Revolution,* Frankfurt/M. 1987, S. 142.

2 Steve Chapple und Dave Talbot, *Burning Desire: Sex in America, a Report from the Field,* New York 1990, S. 66.

3 Zora Neale Hurston, »Spunk«, in: *The Selected Stories of Zora Neale Hurston,* Berkeley, CA, 1985, S. 3.

4 Pamela Beck und Patti Massman, *Rich Men, Single Women,* Delacorte Press, 1988, S. 414.
5 Judith Rossner, *Looking for Mr. Goodbar,* New York 1975.
6 Jackie Collins, *The Bitch;* dt.: *Das Luder,* München 1985, S. 40.
7 Jackie Collins, *The Love Killers;* dt.: *Sex ist ihre Waffe,* München 1984, S. 37.
8 Ebenda, S. 33.
9 Ebenda, S. 75 f.
10 Ebenda, S. 99.

Der Treulose
1 Linda Gordon, *Heroes of Their Own Lives: The Policies and History of Familiy Violence,* New York 1988, S. 108.
2 »Father's Vanishing Act Called Common Drama«, in: *New York Times,* 4. 6. 1990, A18.
3 *The American Woman 1990–91,* S. 373.
4 Siehe: Herbert Gutman, *The Black Family in Slavery and Freedom 1725–1925,* New York 1976, und Eugene Genovese, *Roll, Jordan, Roll: The World the Slaves Made,* New York 1976; beide haben die vormals herrschende Ansicht einer vorwiegend matriarchalischen schwarzen Sklavenfamilie im wesentlichen entkräftet. John W. Blassingame vertritt, die Sklaven*halter* selbst hätten häufig die Integrität der Sklavenfamilie gefördert; siehe: *The Slave Community: Plantation Life in the Antebellum South,* New York 1979.
5 John Lewis McAdoo, »Changing Perspectives on the Role of the Black Father«, in: *Fatherhood Today,* S. 81
6 Mary Helen Washington, *Midnight Birds: Stories of Contemporary Black Women Writers,* New York 1980, S. XIX.
7 Mona Simpson, *Anywhere but Here;* dt.: *Überall, nur nicht hier,* München 1991, S. 203.
8 Alice Adams, »1940: Fall«, in: *After You're Gone,* New York 1989, S. 20 f.
9 Ebenda, S. 16.
10 »Father's Vanishing...«, a. a. O. (s. Anm. 2)
11 Lenore Weitzman, *The Divorce Revolution.* New York 1985.
12 Stephen D. Sugarman, »Dividing Financial Interests on

Divorce«, in: *Divorce Reform at the Crossroads,* Hrsg. S. D. Sugarman und Herman Hill Kay, New Haven 1990, S. 133.

13 »The Precious Rights ERA Will Take Away From Wives«, *The Phyllis Schlafly Report* 7, August 1973, S. 1.

14 Barbara Ehrenreich, *Hearts of Men;* dt.: *Die Herzen der Männer,* Reinbek b. Hamburg 1984, S. 162.

15 Ebenda, S. 163.

16 Carson Daly, »The Feminist in the Family: The Femme Fatale?«, in: *Fidelity* 2, März 1983, S. 13.

17 Faye D. Ginsburg, *Contested Lives: The Abortion Debate in an American Community,* Berkeley 1989, S. 215 f.

18 Rosemary Bottcher, »Feminism: Bewitched by Abortion«, in: *To the Rescue: The Pro-Life Movement in the 1980s,* Hrsg. Dave Andrusko, Toronto 1983, S. 180 f.

19 Ebenda, S. 181 f.

20 Faye Ginsburg, a. a. O. (s. Anm. 17), S. 216 ff.

Der Entführer

1 Sue Miller, *The Good Mother;* dt.: *Die gute Mutter,* München 1988, S. 194.

2 Susan Crean, *In the Name of the Father: The Story Behind Child Custody,* Vancouver 1988, S. 139 f.

3 »Bringing Up Daddy«, in: *Esquire,* November 1989, S. 117.

4 Irma Ellmann, zitiert von Herma Hill Kay, »Beyond No-Fault: New Directions in Divorce Reform«, in: *Divorce Reform at the Crossroads,* Hrsg. S. D. Sugarman und Herman Hill Kay, New Haven 1990, S. 15.

5 »Why More Dads Are Getting the Kids«, in: *Business Week,* 28. 11. 1988, S. 118.

6 Nancy Polikoff, »Gender and Child-Custody Determinations: Exploding the Myths«, in: *Families, Politics, and Public Policy: A Feminist Debate on Women and the State,* Hrsg. I. Diamond, New York 1983, S. 139.

7 Susan B. Boyd, »From Gender Specificity to Gender Neutrality? Ideologies in Canadian Child Custody Law«, in: *Child Custody and the Politics of Gender,* Hrsg. Carol Smart und Selma Svenhuijsen, London 1989, S. 147.

8 Robert Mnookin et al., »Private Ordering Revisited«, in: *Divorce Reform at the Crossroads,* a. a. O. (s. Anm. 4), S. 65.
9 »Why More Dads . . .«, a. a. O. (s. Anm. 5), S. 122.
10 *Our Bodies, Ourselves,* Boston, Boston Women's Health Collective, 1969, S. 114.
11 Germaine Greer, *The Female Eunuch;* dt.: *Der weibliche Eunuch,* Frankfurt/M. 1970, S. 230.
12 Shulamith Firestone, *The Dialectic of Sex: The Case for Feminist Revolution;* dt.: *Frauenbefreiung und sexuelle Revolution,* Frankfurt/M. 1987, S. 219.
13 Ebenda, S. 225.
14 Jane Alpert, »Mother Right: A New Feminist Theory«, *Ms,* August 1973, S. 91 f.
15 Ebenda, S. 93.
16 Phyllis Chesler, *Mothers on Trial: The Battle for Children and Custody,* Seattle 1986, S. 73.
17 Geoffrey L. Greif und Mary S. Pabst, *Mothers Without Custody,* San Diego 1988, S. 83 f.
18 Chesler, a. a. O. (s. Anm. 16), S. 77.
19 Rayna Rapp, »Feminists and Pharmacrats«, in: *The Women's Review of Books* 11, Juli, S. 4.
20 Jalna Hammer, »A Womb of One's Own«, in: *Test-Tube Women,* Hrsg. Rita Arditti, Renate Duelli Klein und Shelley Minden, London 1985, S. 441.
21 Mary O'Brien, *The Policies of Reproduction,* London 1983.
22 Gena Corea, *The Mother Machine;* dt.: *Die Muttermaschine: Reproduktionstechnologien von der künstlichen Befruchtung zur künstlichen Gebärmutter,* Frankfurt/M. 1988, S. 262.
23 Ebenda, S. 263 ff.
24 Phyllis Chesler, *The Sacred Bond: The Legacy of Baby M.,* New York 1988, S. 144.
25 Flugblatt vom 18. 2. 1987.
26 Flugblatt vom 18. 2. 1987.

Kapitel 3: Das Tier

1 Michel Foucault, »Body/Power«, in: *Power/Knowledge,* New York 1972, S. 57 f.

Die Bestie

1 »Athletic Aggression and Sexual Assault«, in: *New York Times,* 3. 6. 1990, 8. 1.

2 »Special Report: Everyday Violence Against Women«, *Ms,* Sept./Okt. 1990, S. 45.

3 Judith Lewis Herman, »Considering Sex Offenders: A Model of Addiction«, in: *Signs* 13, Sommer 1988, S. 703.

4 »The Mind of the Rapist«, in: *Newsweek,* 23. 7. 1990, S. 47.

5 Herman, a. a. O. (s. Anm. 3), S. 696 f.

6 Diana E. H. Russell, *Sexual Exploitation: Rape, Child Sexual Abuse, and Sexual Harrassment,* Beverly Hills, Calif., 1984.

7 »Date Rape Is OK, Grade Schoolers Say«, in: *Philadelphia Inquirer,* 3. 5. 1988.

8 »The Mind of the Rapist«, a. a. O. (s. Anm. 4), S. 52.

9 Andrea Dworkin, *Intercourse,* New York 1987, S. 63.

10 Andrea Dworkin, *Pornography: Men Possessing Women;* dt.: *Pornographie: Männer beherrschen Frauen,* Frankfurt/M. 1990, S. 70.

11 Susan Brownmiller, *Against Our Will: Men, Women and Rape;* dt.: *Gegen unseren Willen. Vergewaltigung und Männerherrschaft,* Frankfurt/M. 1991, S. 22.

12 Rosàn A. Jordan, »The Vaginal Serpent and Other Themes from Mexican-American Women's Lore«, in: *Women's Folklore, Women's Culture,* Hrsg. R. A. Jordan und Susan J. Kalcik, Philadelphia 1985, S. 27 f.

13 Ebenda, S. 31.

14 Ebenda, S. 35.

15 Zur Auseinandersetzung mit dieser Frage siehe: Paula Giddings, *When and Where I Enter: The Impact of Black Women on Race and Sex in America,* New York 1984, und eine Reihe von Essays von Audre Lorde u. a. »An Interview: Audre Lorde and Adrienne Rich«, in: *Sister Outsider;* 1984; dt.: »Der Kampf, mir meine Wahrnehmung zu erhalten . . . Adrienne Rich im Gespräch mit Audre Lorde«, in: *Macht und Sinnlichkeit,* Berlin 1983.

16 Carroll Smith-Rosenberg, *Disorderly Conduct: Visions of Gender in Victorian America,* New York 1985, S. 115 f.

17 Andrea Dworkin und Catherine MacKinnon, »Proposed Los Angeles County Anti-Pornography Civil Rights Law« Manu-

skript, zusammengestellt aus den Fassungen der Gesetzesvorschläge für Minneapolis und Indianapolis, 1985.

18 Gerd Brantenberg, *Die Töchter Egalias: ein Roman über den Kampf der Geschlechter,* München 1989, S. 61.

19 Ursula K. LeGuin, *The Left Hand of Darkness;* dt.: *Winterplanet,* München 1985, S. 86.

20 Ebenda, S. 88.

21 Adrienne Harris, »Bringing Artemis to Life«, in: *Rocking the Ship of State: Toward a Feminist Peace Politics,* Hrsg. A Harris und Ynestra King, Boulder 1989, S. 93.

22 Charlotte Perkins Gilman, *Herland;* dt.: *Herland,* Reinbek. b. Hamburg 1991, S. 79.

23 Joanna Russ, *The female Man;* dt.: *Der Planet der Frauen,* München 1976.

24 Harris, a. a. O. (s. Anm. 21), S. 93.

25 Sally Miller Gearthart, *The Wanderground;* dt.: *Das Wanderland,* München 1982, S. 127.

26 Patricia Volk, »Being Safe«, in: »Hers«, *New York Sunday Times Magazine,* 11. 1. 1990, S. 24.

Das Haustier

1 Rachel Ingalls, *Mrs. Caliban;* dt.: *Mrs. Calibans Geheimnis,* Hamburg 1990, S. 35 ff.

2 Ebenda, S. 46.

3 Marian Engel, *Bear;* dt.: *Bär,* Reinbek. b. Hamburg 1989, S. 149.

4 Ebenda, S. 78.

5 Ebenda, S. 149.

6 Ebenda, S. 140.

7 Ebenda, S. 117.

8 Ebenda, S. 141.

9 Ebenda, S. 168 f.

10 Alle Zitate aus *Making Mr. Right,* Regie: Susan Seidelman, Barry and Enright/Orion, 1987.

Der Gockel

1 Sigmund Freud, »Das Medusenhaupt«, in: *Gesammelte Werke,* Bd. 17, Frankfurt/M. 1968, S. 48.
2 Jane Gallop, *The Daughter's Seduction: Feminism and Psychoanalysis,* Ithaca 1982, S. 37 f.
3 Suzanne Moore, »Here's Looking at You, Kid«, in: *The Female Gaze: Women as Viewers of Popular Culture,* Hrsg. Lorraine Gamman und Margaret Marshment, Seattle 1989, S. 59.
4 Jacquelin Morreau und Catherine Elwes, »Lighting a Candle«, in: *Women's Images of Men,* Hrsg. Sarah Kent und Jacqueline Morreau, London 1985, S. 18.
5 Lisa Tickner, »The Body Politic: Female Sexuality and Women Artists«, in: *Framing Feminism: Art and the Women's Movemen 1970–1985,* Hrsg. Roszika Parker und Griselda Pollack, London 1987, S. 268.
6 Sarah Kent, »The Erotic Male Nude«, in: *Women's Images of Men,* a. a. O. (s. Anm. 4), S. 91.
7 Simone de Beauvoir, *Le Deuxième Sexe;* dt.: *Das andere Geschlecht,* Hamburg 1951, S. 648.
8 Mimi Pond, *Secrets of the Powder Room,* New York 1983.
9 Andrea Dworkin, *Intercourse,* New York 1987, S. 63.
10 Ron Kovic, *Born on the Fourth of July;* dt.: *Geboren am 4. Juli,* München 1991, S. 94.
11 »Good or Just Lucky?«, in: *New York Times,* 18. 2. 1990, A14.
12 Kent, a. a. O. (s. Anm. 6), S. 96.
13 Ebenda, S. 93.

Der Killerhai

1 Geschätzte Kosten nach amtlichen Schätzungen des Pentagon, Center for Defense Information, Washington, D. C.
2 »Washington Whispers«, in: *U. S. News and World Report,* 1. 4. 1991, S. 16.
3 Nancy C. M. Hartsock, »Masculinity, Heroism, and the Making of War«, in: *Rocking the Ship of State,* Hrsg. A. Harris und Ynestra King, Boulder 1989, S. 139 f.
4 »The Antiwar Movement and the Women's Movement«, in: *Off Our Backs,* Juni 1972.

5 Carol Cohn, »Sex and Death in the Rational World of Defense Intellectuals«, in: *Signs: Journal of Women in Culture and Society*, 12/1987, S. 696.
6 Andrea Dworkin, *Pornography: Men Possessing Women;* dt. «: *Pornographie: Männer beherrschen Frauen,* Frankfurt/M. 1990, S. 65 f.
7 Cohn, a. a. O. (s. Anm. 5), S. 699.
8 Kate Ellis, *The Contested Castle: Gothic Novels and the Subversion of Domestic Ideology,* Urbana 1989, S. 181–206.
9 Dee Jepsen, *Women: Beyond Equal Rights,* Waco, TX, 1984, S. 32.
10 Ebenda, S. 227.
11 Sigmund Freud, »Einige psychische Folgen des anatomischen Geschlechtsunterschieds« (1925), in: *Gesammelte Werke,* Bd. 14, Frankfurt/M. 1968, S. 29 f.
12 Carol Gilligan, *In a Different Voice,* Cambridge 1982.
13 Catherine MacKinnon, *Toward a Feminist Theory of State,* Cambridge 1989, S. 248.
14 Jeanne Bethke Elshtain, *Women and War,* New York 1987, S. 231.
15 Sara Ruddick, *Maternal Thinking: Toward a Politics of Peace,* New York 1989, S. 197.
16 Kimiko Hahn, »The Bath«, in: *Women on War,* Hrsg. Daniela Gioseffi, New York 1988, S. 207 f.
17 Adrienne Harris, »Bringing Artemis to Liefe«, in: *Rocking the Ship of State,* a. a. O. (s. Anm. 3), S. 104.

Teil II: Private Liebe – Offener Haß

Kapitel 4: Töchter und Väter

1 Virginia Goldner, Peggy Penn, Marcia Sheinberg und Gillian Walker, »Love and Violence: Gender Paradoxes in Volatile Attachments«, in: *Family Process,* 29. Dez. 1991, S. 343–64.
2 Emily Dickinson, *Complete Poems of Emily Dickinson,* Hrsg. Thomas H. Johnson, Boston 1960, S. 319.
3 Margaret Mead, *Male and Female;* dt.: *Mann und Weib,* Stuttgart 1955, S. 148 ff.
4 Letty Cottin Pogrebin, *Family Politics,* New York 1983, S. 83
5 Perry Garfinkel, *In a Man's World: Father, Son, Brother, Friend and Other Roles Men Play,* New York 1986.

6 Michael E. Lamb, »The Changing Role of Fathers«, in: *The Father's Role: Applied Perspectives,* Hrsg. M. E. Lamb, New York 1986, S. 9 ff.
7 Anna Quindlam, »Men at Work«, in: *New York Times,* 18. 2. 1990, E19.
8 Michael Lamb, *The Role of Fathers,* Salt Lake City 1981, S. 5.
9 Letty Cottin Pogrebin, *Growing Up Free: Raising Your Child in the Eighties,* New York 1980, S. 142.
10 »Fathers Vanishing Act Called Common Drama«, in: *New York Times,* 4. 6. 1990, A18.
11 Frank F. Furstenberg Jr. und Kathleen Mullan Harris, *The Disappearing American Father? Divorce and the Waning Significance of Biological Parenthood,* Philadelphia 1990, Manuskript.
12 Geoffrey L. Greif und Mary S. Pabst, *Mothers Without Custody,* San Diego 1988, S. 6.
13 Furstenberg und Harris, a. a. O. (s. Anm. 11), S. 3.
14 Margaret Atwood, *Cat's Eye;* dt.: *Katzenauge,* Frankfurt/M. 1989, S. 198 f.
15 Judith Lewis Herman und Lisa Hirschman, *Father-Daughter Incest,* Cambridge 1981, S. 214.
16 Michael Lamb, Margaret Tresch Owen und Lindsay Chase-Lansdale, »The Father-Daughter Relationship: Past, Present, and Future«, in: *Becoming Female: Perspective on Development,* Hrsg. Claire B. Koff, New York 1979, S. 98.
17 Ebenda, S. 95.
18 Miriam Johnson, »Fathers and ›Femininity‹ in Daughters: A Review of the Literature«, in: *Sociology and Social Research* 67, Okt. 1982, S. 4 f.
19 Margaret Mahler, zitiert in: Ernest Abelin, »Triangulation, the Role of the Father, and the Origins of Core Gender Identity During the Rapprochement Subphase«, in: *Rapprochement: The Critical Subphase of Separation-Individuation,* Hrsg. R. F. Lax, S. Bach und J. A. Burland, New York 1980, S. 152.
20 Jessica Benjamin, *The Bonds of Love;* dt.: *Fesseln der Liebe,* Frankfurt/M. 1990, S. 104.
21 Lora Heims Tessman, »A Note on the Father's Contribution to the Daughter's Ways of Loving and Working«, in: *Father and*

Child: Developmental and Clinical Perspectives, Hrsg. S. Cath, A. Gurwitt und J. M. Ross, Boston 1982, S. 210–230.

22 Benjamin, a. a. O. (s. Anm. 20), S. 107.

23 Simone de Beauvoir, *Le Deuxième Sexe;* dt.: *Das andere Geschlecht,* Hamburg 1951, S. 676.

24 Michele Roberts, »Outside My Father's House«, in: *Fathers: Reflexions by Daughters,* Hrsg. Ursula Owen, New York 1983, S. 90.

25 Henry B. Biller und Stephen D. Weiss, »The Father-Daughter Relationship and the Personality Development of the Female«, *Journal of Genetic Psychology* 116, 1970, S. 79–83.

26 Sigmund Freud, »Selbstdarstellung« (1925), in: *Gesammelte Werke,* Bd. 14, Frankfurt/M. 1968, S. 59.

27 Sigmund Freud, *Aus den Anfängen der Psychoanalyse.* Briefe an Wilhelm Fließ, Frankfurt/M. 1950, S. 187

28 Herman und Hirschman, a. a. O. (s. Anm. 15), S. 12 ff.

29 Judith Lewis Herman und Lisa Hirschman, »Father-Daughter Incest«, in: *Signs* 2. 4., Sommer 1977, S. 754.

30 Louise A. DeSalvo, *Virginia Woolf: The Impact of Childhood Sexual Abuse on Her Life and Work;* dt.: *Virginia Woolf. Die Auswirkungen des sexuellen Mißbrauchs auf ihr Leben und Werk,* München 1990, S. 10.

31 Herman und Hirschman, a. a. O. (s. Anm. 15), S. 71–78.

32 Ebenda, S. 56.

33 Ebenda, S. 54.

34 Luce Irigaray, *Speculum de l'autre femme;* dt.: *Speculum. Spiegel des anderen Geschlechts,* Frankfurt/M. 1980, S. 44 f.

35 Sharon Olds, »Looking at my Father«, in: *The Gold Cell,* New York 1988, S. 31.

36 Nancy Chodorow und Susan Contratto, »The Fantasy of the Perfect Mother«, in: N. Chodorow, *Feminism and Psychoanalytic Theory,* New Haven 1989, S. 81.

37 Virginia Woolf, *Moments of Being,* Hrsg. Jeanne Schulkind; dt.: *Augenblicke. Skizzierte Erinnerungen,* Stuttgart 1981, S. 111.

Kapitel 5: Die schwesterliche Gemeinschaft und der Patriarch

1 Robin Morgan, »Goodbye to All That«, in: *The Rat* 2, Februar 1970.

2 Valerie Solanas, »SCUM Manifesto«, 1967.

3 Paula Giddings, *When and Where I Enter: The Impact of Black Women on Race and Sex in America,* New York 1984, S. 60.

4 Sara Evans, *Personal Politics: The Roots of Women's Liberation in the Civil Rights Movement and the New Left,* New York 1980, S. 86.

5 Bell Hooks, »Representations: Feminism and Black Masculinity«, in: *Yearning: Race, Gender, and Cultural Politics,* Boston 1990, S. 71 ff.

6 Audre Lorde, *Sister Outsider: Essays and Speeches,* Trumansburg, NY, 1984, S. 99.

7 Combahee River Collective, »A Black Feminist Statement«, in: *All the Women Are White, All the Blacks Are Men, But Some of Us Are Brave,* Gloria T. Hull, Patricia Bell Scott und Barbara Smith, Hrsg., New York 1982, S. 17.

8 Morgan, a. a. O. (s. Anm. 1).

9 Marilyn Webb, »Women: We Have a Common Enemy«, in: *New Left Notes* 1968, 3, 10. 6. 1968, S. 15.

10 »The New Feminists: Revolt Against ›Sexism‹«, in: *Time,* 21. 11. 1969, S. 53 f.

11 Carol Tavris, »Who Likes Women's Liberation – and Why: The Case of the Unliberated Liberals«, in: *Journal of Social Issues,* 29/4, 1973, S. 196.

12 Lucie Gilbert und Paula Webster, *Bound by Love: The Sweet Trap of Daughterhood,* Boston 1982, S. 163.

13 Pamela Kearon, »Man-Hating«, *Notes From the Second Year,* Shulamith Firestone und Anne Koedt, 1970, S. 84.

14 Gloria Steinem, »Sisterhood«, in: *Outrageous Acts and Everyday Rebellions,* New York 1986, S. 129.

15 Eine gute Behandlung dieser Problematik findet sich in: Denise Riley, *Am I That Name? Feminism and the Category of Women in History,* Minneapolis 1988.

16 Pamphlet der New York Radical Feminists von März 1975.

17 Alice Echols, *Daring To Be Bad: Radical Feminism in America 1967–1975,* Minneapolis 1989, S. 6.

18 Nancy Chodorow und Susan Contratto, »The Fantasy of the Perfect Mother«, in: N. Chodorow, *Feminism and Psychoanalytic Theory,* New Haven 1989, S. 92.
19 Ebenda, S. 96.
20 Adrienne Harris, *Rocking the Ship of State,* Hrsg. A. Harris und Ynestra King, Boulder 1989, S. 104.
21 Alison M. Jagger, »Love and Knowledge: Emotion in Feminist Epistemology«, in: *Gender/Body/Knowledge: Feminist Reconstructions of Being and Knowing,* Hrsg. Alison M. Jagger und Susan R. Bordo, New Brunswick 1989, S. 160.
22 Virginia Woolf, *Three Guineas;* dt.: *Drei Guineen,* München 1977, S. 152.

Teil III: Leben mit der Ambivalenz

Kapitel 10: Rückzug

1 Connell Cowan und Melvyn Kinder, *Smart Women, Foolish Choices;* dt.: *Der falsche Prinz: Erfolgsfrauen und ihre Partner,* Düsseldorf 1986, S. 16.
2 Ebenda, S. 23.

Kapitel 11: Infiltration

1 U. S. Bureau of Labor Statistics, Januar 1976 und Januar 1989.

Kapitel 14: Verhandlung

1 Philip Blumstein und Pepper Schwartz, *American Couples,* New York 1983, S. 53.

Nachwort

1 Simone de Beauvoir, *Le Deuxième Sexe;* dt.: *Das andere Geschlecht,* Hamburg 1951, S. 670.
2 Ebenda, S. 669.
3 Virginia Woolf, *A Room of One's Own;* dt.: *Ein Zimmer für sich allein,* Frankfurt/M. 1989, S. 119 f.

PERSONENREGISTER

SACHREGISTER

Luise Eichenbaum/Susie Orbach
Was wollen die Frauen?
224 Seiten

»Was wollen Frauen eigentlich?« Diese ratlose Frage wird nicht nur von Männern gestellt. Auch Frauen spüren Unsicherheit, wenn sie ihre eigenen Wünsche und Bedürfnisse verständlich machen wollen. Genausowenig können Frauen jedoch oft das Verhalten von Männern begreifen. Die Untersuchung der amerikanischen Psychotherapeutinnen Luise Eichenbaum und Susie Orbach ist eine Forschungsreise in ein Konfliktgebiet: die Welt der Liebesbeziehungen. Eine Welt, die Frauen und Männer anders erleben und anders ausleben. Die Autorinnen analysieren das paradoxe Grundmuster, nach dem Männer und Frauen erzogen werden, beschreiben anerzogene Abhängigkeitsbedürfnisse der Frauen und entlarven den »Mythos vom unabhängigen Mann.«

Christel Vandré
Spiel mir das Lied vom Mann
160 Seiten

Die Männer spielen Göttermann, eiskalter Engel, Frauenheld, Lebenskünstler und Muttersohn; die Frauen spielen Märtyrerin, Traumtänzerin, Schneekönigin, Prinzessin und Amme. Thema dieses Buches ist das »Mann-im-Ohr-Syndrom«: die Sucht nach dem Männlichen, die Einflüsterungen des Patriarchats, welche Frauen und Männer gleichermaßen schädigen und zu grotesken Verzerrungen unserer gesamten Persönlichkeit führen. Die Autorin entwickelt mit ihren Rollenbeschreibungen eine verblüffende Typologie, die ständig Aha-Erlebnisse produziert und Selbsterkenntnis in Gang setzt. Wütend und witzig entlarvt sie die Maskerade der Selbstentfremdung.

ECON Taschenbuch Verlag
Postfach 4 04 03 · 40474 Düsseldorf

Susan Jeffers

... aber lieb sind sie doch

304 Seiten

Das heute noch von Teilen der Frauenbewegung propagierte Männerfeindbild ist überholt. Dieses Buch ist eine Orientierungshilfe, Männer nicht von vornherein als Fremde, sondern als liebende Mitmenschen zu sehen.

Lori Heymann-Gordon

Liebesknoten

Wie man die alltäglichen Frustrationen vermeidet

Partnerschaftskrisen entstehen oft deshalb, weil die Partner von irrigen Voraussetzungen ausgehen. Solche Annahmen sind »Liebesknoten«, von Mike Flint humorvoll illustriert, zu deren Auflösung die Autorin praktische Hilfe anbietet. Ein Buch, das die Entwirrung von Partnerschaftsproblemen einmal anders angeht.

Harville Hendrix

Soviel Liebe, wie du brauchst

320 Seiten

Liebe allein reicht nicht aus für eine harmonische Beziehung – dies ist eine alte Weisheit. Für Paare, die einen sensiblen Umgang miteinander erlernen wollen, hat der Autor ein Hilfprogramm entwickelt.